厦 门 大 学 法 学 院 教 学 资 料 系 列

（二版）

刑事诉讼法学习题集

李兰英 主编

编写者

谷宏进 刘金辉

柳文山 宋向岭

袁春怡 郑 昉

丛书总序

为了适应我院法律教学的需要，特编写这套教学资料系列。本丛书覆盖了教育部法学教学指导委员会确立的14门核心课程的全部内容。它既可作为我院各门课指定教材的配套读物，又可独立使用，旨在为广大读者提供一本不可多得的适用于不同人群的法学基本理论和实务问题兼备的参考书。

本习题丛书严格依据我院制订的教学大纲要求的范围与深度，注重理论联系实际，旨在使学生通过习题练习和案例分析，准确和深刻理解相关学科的基本概念和基本理论，把握学习重点和难点，掌握解答各种类型试题的技巧和提高分析问题及解决问题的能力。

目前市场上各类法学习题集已有多个版本，我们在汲取现有此类书优点的基础上，针对学习法学中普遍存在的问题，设计了本习题集的结构和内容。我们相信，本丛书能够帮助读者提高学习法学的效率，更好地把握法学各主要学科中各种理论的内在联系和逻辑关系，从而达到融会贯通、真正理解和掌握各学科理论体系的目的。本习题丛书具有以下特点：

1. 配套性、系列性。读者不仅能通过对各分册的练习，达到掌握各学科基本内容的目的，而且能通过对本系列全部分册的练习，扎扎实实地了解和掌握法学的各个主要领域，从而帮助读者迅速把握法学的整个体系。

2. 全面性、新颖性。本系列丛书除涵盖了教育部确定的14门法学核心课程的全部内容外，还增加了外国法律史等内容。它们以我院最新选定的教材为基础，思想丰富、内容广泛、观点新颖，融知识性和实用性于一体。

3. 代表性、典型性。本丛书在编写过程中，不仅参考了国内各种主要考试的试题，同时还收录了我院近年来硕士研究生入学考试试题及本科生试题。绝大部分习题均给出了参考答案，并有针对性地作了简要分析，从而有利于读者确定努力的方向和方法。

4. 针对性、实用性。本丛书利用多种题型对要点和难点进行了多角度的强化，以求达到举一反三的目的。学员可以通过各个项目的专项训练，找到差距和弱点，努力打好基础。在内容方面，不追求篇章平衡，对重要理论和难点、常考点不惜笔墨，但也力求包罗其他知识点。

该套习题丛书共12分册：法理学、宪法学、行政法与行政诉讼法学、法律史（中国法制史和外国法律史）、刑法学、民法学、商法学、经济法学、刑事诉讼法学、民事诉讼法学、国际法学（国际公法和国际私法）和国际经济法学。

每一分册大体上由五个部分组成：第一部分以各门课选定的教材为依据，按教材的每章内容编写；第二部分是跨章节内容的综合练习题，主要是论述题和案例分析；第三部分是模拟试题；第四部分是全真试题，收录了近几年我院的各学科考研试题和本科生试题；第五部分是参考答案，对相关内容进行了细致、深入的分析和解答。

本习题丛书不仅可供我院师生教学与研究使用，同时也可作为各类法律应试的参考书，特别是对有意参加考研的学生来说更是提供了尽可能详尽的备考指导。本丛书作者都深谙考试之道，以切身体会和丰富的考试经验为考生模拟出真实的考试情境。全部试题都经过精心推敲，以使内容明晰，叙述准确，题目严谨。全书内容丰富，对知识点和考点之间的关系都进行了深入挖掘，对典型例题进行了深入剖析，对于不同类型的读者全面掌握应知应会内容，提高专业水平具有重要的参考与指导价值。

本习题集以我院编写的、由厦门大学出版社出版的《刑事诉讼法学》教材和我院制定的《刑事诉讼法学》教学大纲为依据，习题突出本课程教学重点、难点和疑点的剖析，并且从不同角度反复加强学生对各知识点的理解和掌握。本书主要包括刑事诉讼法基本理论、基本原则和基本制度，诉讼管辖，诉讼主体，诉讼证据，刑事证明，诉讼程序，死刑复核程序，审判监督程序，执行程序和刑事特别程序等内容。

本书主编：李兰英

参加本习题集编写的人员有：

谷宏进：第七、八章。

刘金辉：第九、十、十一、十二章。

柳文山：第一、二、十七章。

宋向岭：第三、四、五、六、十八章。

袁春怡：第十三、十四章。

郑昉：第十五、十六、十九章。

在本习题丛书即将出版之际，本习题丛书编写团队特别感谢厦门大学出版社的领导和编辑，感谢他们给予我们的大力支持和帮助，使得这套丛书能与读者见面。

由于水平和能力所限，加之初次编写此种书籍，本习题丛书的疏漏和错误在所难免，敬请读者批评指正。

陈晓明

2006 年 9 月 1 日于厦门大学法学院

目 录

参考答案

第一部分

章节练习题

第一章　概述

一、单项选择题

1. 我国法律最早使用"诉讼"一词的是:(　　)。

A.《大元通制》　　B.《唐律》　　C.《宋刑统》　　D.《吕刑》

2. 按照通常的理解,我国的刑事诉讼指的是:(　　)。

A. 公安机关的侦查活动

B. 人民检察院提起公诉的活动

C. 人民法院对刑事案件的审判活动

D. 国家专门机关在当事人及其他诉讼参与人的参加下,解决被追诉人刑事责任的活动

3. 刑事诉讼活动的中心内容是:(　　)。

A. 对刑事被告人判处刑罚　　B. 对公众进行法制宣传教育

C. 解决犯罪嫌疑人、被告人的刑事责任问题　　D. 解决当事人双方权利与义务问题

4. 刑事诉讼法制定的根据是:(　　)。

A. 国务院的有关规定

B. 宪法

C. 有关的国际公约

D. 最高人民法院和最高人民检察院的司法解释

5. 我国古代第一部比较系统的刑事法典是:(　　)。

A.《吕刑》　　B.《法经》

C.《大元通制》　　D.《十二铜表法》

6. 封建社会的刑事诉讼一般实行:(　　)。

A. 控告式诉讼　　B. 当事人主义诉讼

C. 纠问式诉讼　　D. 混合式诉讼

7. 被告人在诉讼时不具有权利,只是刑讯的对象,是(　　)诉讼的一个重要特征。

A. 弹劾式　　B. 纠问式

C. 混合式　　D. 辩论式

8. 以下各部法律不是清朝末年由清政府制定的是:(　　)。

A.《大理院审判编制法》　　B.《各级审判厅试办章程》

C.《法院编制法》　　D.《暂行新刑事诉讼律》

二、多项选择题

1. 刑事诉讼的概念有狭义和广义之分,广义的刑事诉讼是指:(　　)。

A. 立案　　B. 侦查　　C. 起诉　　D. 审判

E. 执行

2. 刑事诉讼法也有狭义和广义之分,根据刑事诉讼理论,广义的刑事诉讼法是指:(　　)。

A. 系统地规定刑事诉讼原则、制度和程序的成文法典

B. 刑事诉讼法、六部委以及两高关于刑事诉讼的司法解释

C. 公安部、司法部为具体运用刑事诉讼法制定的行政规章

D. 规定刑事诉讼某些方面问题的法律

3. 按照法的不同角度的分类,刑事诉讼法属于(　　)。

A. 程序法　　B. 公法　　C. 私法　　D. 基本法

E. 一般法律

4. 我国刑事诉讼法的渊源是(　　)。

A. 宪法　　B. 诉讼法学家的著述

C. 国际公约　　D. 司法解释

E. 行政法规　　F. 地方性法规

5. 根据刑事诉讼的构造和诉讼模式,可以将刑事诉讼划分为:(　　)。

A. 控告式诉讼　　B. 社会主义社会的刑事诉讼

C. 纠问式诉讼　　D. 混合式诉讼

6. 以下属于我国社会主义刑事诉讼法的萌芽的法规是:(　　)。

A. 中央苏维埃 1931 年 12 月的《处理反革命案件和建立司法程序的训令(第 6 号)》

B. 陕甘宁边区 1943 年的《高等法院组织条例》

C. 中央苏维埃 1932 年 6 月的《裁判部暂行组织及裁判条例》

D. 苏中区 1944 年的《处理案件暂行办法》

7. 在 1931 年以前,工农民主政权便在各根据地建立起革命法庭或裁判部,当时实行的司法体制是:(　　)。

A. 中央实行审判权与司法权分开的"分立制"

B. 在地方采取审判权与司法行政权"合一制"

C. 审判机关分为四级

D. 实行三审终审制

E. 检察机关附设在审判机关内,实行"审检合一制"

8. 1954 年第一届全国人民代表大会指定颁布了:(　　)。

A.《中华人民共和国法院组织法》

B.《中华人民共和国人民检察院组织法》

C.《中华人民共和国刑事诉讼法》

D.《中华人民共和国拘捕逮捕条例》

9. 把控诉职能与审判职能分开的,有:(　　)。

A. 纠问式诉讼　　B. 弹劾式诉讼

C. 大陆法系的混合式诉讼　　D. 英美法系的混合式诉讼

三、简答题

1. 简述我国的刑事诉讼的特征。
2. 简述刑事诉讼法的基本内容。
3. 简述刑事诉讼法的宗旨。
4. 简述刑事诉讼法的任务。
5. 简述刑事诉讼法与刑法的关系。
6. 简要说明 1996 年《刑事诉讼法》修改主要涉及的内容。
7. 弹劾式诉讼的特点是什么？
8. 简要说明纠问式诉讼的特点。
9. 简述混合式诉讼的主要特点。
10. 简述刑事诉讼的目的。

四、论述题

1. 试论述司法公正。
2. 试论述当事人主义诉讼模式和职权主义诉讼模式的主要差异。

五、案例分析题

1985 年 6 月 3 日，湖边村发生了一起谋杀案。死者庄某某，女，70 岁。公安机关立案侦查，收集到以下情况：(1)经尸体检验表明，死者系被人用手掐住脖子窒息而亡；(2)死者与儿媳妇王某某关系不好，经常争吵，王某某有谋杀嫌疑；(3)经公安机关讯问，王某某也承认是自己用手掐死婆婆。于是公安机关逮捕了王某某。

公安机关在继续调查中又发现：(1)尸检呈现的痕迹无指纹鉴定；(2)犯罪嫌疑人与死者虽不和，但无利害关系，无足够的杀人动机；(3)王某某的口供时供时翻。因此本案认定王某某杀人证据不足。为了进一步查清案情，经有关各方同意，再次开棺验尸，结果在死者胃中发现大量农药残余，证实死者系中毒而亡。是死者自己服毒还是他人投毒便成了本案的关键。侦查人员经过调查又了解到：(1)供销社营业员证实，半年前死者曾到供销社购买了一定量的该种农药。(2)死者的女儿柳某某证实，其母早就对其表示过和儿媳妇无法相处，感到生活无望，不如死了算了。(3)死者身上整齐地穿着事先准备好的寿衣。经过侦查人员的深入调查，终于全部弄清了案情：死者生性固执，经常为小事与儿媳妇吵架，感到生活无望，早就产生自杀的念头；这次出事的前一天死者因买蚊帐一事与王某某发生争吵，一气之下于次日凌晨穿好自己准备好的寿衣，拿出早已准备好的农药服毒自尽。经查王某某没有犯罪行为，于是公安机关立即将其释放。

请结合本案说明刑事诉讼的任务。

第二章　刑事诉讼主体

一、单项选择题

1. 在整个刑事诉讼中，最基本的诉讼阶段是：（　　）。

A. 侦查　　B. 起诉　　C. 审判　　D. 执行

2. 上下级人民法院之间存在着如下关系：（　　）。

A. 领导关系　　B. 协同关系　　C. 监督关系　　D. 合作关系

3. 人民陪审员的任期为：（　　）。

A. 2 年　　B. 3 年　　C. 5 年　　D. 10 年

4. 担任人民陪审员，一般应当具有何种文化程度？（　　）

A. 大学专科以上　　B. 大学本科以上

C. 中专以上　　D. 大学法学本科以上

5. 最高人民法院复核死刑案件，高级人民法院复核授权核准的死刑案件和死刑缓期执行案件，合议庭的组成人数可以是：（　　）。

A. 3 人　　B. 4 人　　C. 5 人　　D. 7 人

6. 上下级人民检察院之间存在着以下何种关系？（　　）

A. 合作关系　　B. 监督关系　　C. 指导关系　　D. 领导关系

7. 刑事诉讼程序意义上的被害人是指：（　　）。

A. 可以是自诉人　　B. 所有遭受犯罪行为直接侵害的人

C. 仅仅指公诉案件的被害人　　D. 可以是附带民事诉讼的原告人

8. 在犯罪嫌疑人、被告人拥有的一系列诉讼权利中，最核心的是：（　　）。

A. 申请回避权　　B. 控告权　　C. 最后陈述权　　D. 辩护权

9. 我国刑事诉讼中的被告人（　　）。

A. 不能提起反诉

B. 可以是被自诉人向法院起诉指控有罪的人

C. 指在刑事诉讼过程中，被侦查机关、检察机关或审判机关追究刑事责任的人

D. 只能是被提起公诉的人

10. 以下各项中不属于自诉人的诉讼权利的是：（　　）。

A. 直接提起诉讼的权利

B. 提起附带民事诉讼的权利

C. 申请回避的权利

D. 对被告人采取强制措施的权利

11. 下列关于法定代理人的说法正确的是：（　　）。

A. 法定代理人在刑事诉讼中有独立的诉讼地位

B. 法定代理人在刑事诉讼中有着辅助的诉讼地位

C. 法定代理人的产生是基于被代理人的意思表示

D. 法定代理人在刑事诉讼中可以代行被代理人所有的诉讼权利和义务

12. 下列人员中，具有不可替代的特点的诉讼参与人是：（　　）。

A. 证人　　B. 翻译人员　　C. 辩护人　　D. 鉴定人

二、多项选择题

1. 以下属于刑事诉讼主体的是:(　　)。

A. 公安机关、法院和检察院

B. 被告人、被害人、自诉人等刑事诉讼的当事人

C. 到法庭旁听庭审的人

D. 证人、鉴定人、辩护人、诉讼代理人等诉讼参与人

2. 刑事诉讼中的职权主体包括:(　　)。

A. 法院、检察院、公安机关　　B. 军队保卫部门

C. 国家安全机关　　D. 监狱

3.《刑事诉讼法》和《人民法院组织法》赋予人民法院的职权包括:(　　)。

A. 对犯罪嫌疑人、被告人决定逮捕、拘传、取保候审和监视居住

B. 对犯罪嫌疑人、被告人决定通缉

C. 进行勘验、检查、扣押、鉴定、查询和冻结

D. 收缴和处理赃款、赃物及其利息

4. 中级人民法院审判下列案件:(　　)。

A. 法律、法令规定由它管辖的第一审案件

B. 基层人民法院移送的第一审案件

C. 基层人民法院请示的案件

D. 对基层人民法院判决和裁定的上诉案件和抗诉案件

5. 人民法院审判下列哪些案件,由人民陪审员和法官组成合议庭进行?(　　)

A. 社会影响较大的刑事、民事、行政一审案件

B. 刑事案件被告人申请由人民陪审员参加合议庭审判的一审案件

C. 适用简易程序审理的案件

D. 二审案件

6. 人民法院审理上诉和抗诉案件,合议庭的组成人数可以是:(　　)。

A. 3人　　B. 4人　　C. 5人　　D. 7人

7. 公安机关的职责包括对刑事案件的:(　　)。

A. 侦查　　B. 拘留　　C. 批准、执行逮捕　　D. 预审

8. 拥有刑事侦查权的机关有:(　　)。

A. 人民检察院　　B. 税务部门　　C. 公安机关　　D. 国家安全机关

9. 根据我国监狱法的规定,监狱的主要职权有:(　　)。

A. 刑事执行权　　B. 执行逮捕权　　C. 劳动教育权　　D. 侦查权

10. 诉讼参与人包括:(　　)。

A. 诉讼代理人、法定代理人　　B. 书记员

C. 鉴定人　　D. 司法警察

11. 刑事诉讼中的当事人包括:(　　)。

A. 被害人　　B. 自诉人　　C. 犯罪嫌疑人　　D. 被告人

E. 附带民事诉讼的原告人和被告人

12. 在单位犯罪的情况下,代表单位参加诉讼活动的诉讼代表人可以是:(　　)。

A. 单位的法定代表人　　B. 单位的主要负责人
C. 单位犯罪直接负责的主管人员　　D. 单位的其他负责人

13. 在我国刑事诉讼中，犯罪嫌疑人享有的诉讼权利包括：(　　)。

A. 法定情形下获得指定辩护的权利　　B. 聘请律师的权利
C. 沉默权　　D. 进行无罪辩解的权利

14. 在我国刑事诉讼中被害人可以：(　　)。

A. 向人民法院提起自诉　　B. 提起附带民事诉讼
C. 参加法庭审判　　D. 委托诉讼代理人

15. 在下列诉讼参与人中，不仅可以是自然人，还可以是单位的有：(　　)。

A. 鉴定人　　B. 证人
C. 附带民事诉讼的原告人　　D. 被告人

16. 下列所述各项诉讼权利中，所有的当事人都享有的权利是：(　　)。

A. 申请再审权　　B. 撤诉权
C. 提起上诉权　　D. 申请回避权

三、简答题

1. 简要说明人民法院上下级之间的关系。

2. 简述审判委员会和合议庭的关系。

3. 简述各级人民检察院的职权。

4. 简要说明当事人和其他诉讼参与人的主要区别。

5. 如何认识犯罪嫌疑人、被告人的诉讼地位？

四、论述题

1. 试论述公、检、法三机关之间的相互关系。

2. 如何认识被害人在刑事诉讼中的地位？

五、案例分析题

1. 某国有公司会计杨某，工作很不负责任，而且经常迟到早退。为此，年终时被经理扣发了年终奖。杨某对此十分不满，怀恨在心，决心伺机报复。一天，杨某乘经理一人在办公室之机，怀揣尖刀，以汇报工作为名进入经理办公室，并随手将门关上，然后要求经理给他补发所扣的年终奖，被经理拒绝。于是杨某拔出尖刀向经理刺去，正好刺中心脏，经理当场死亡。这时刚好有其他同事过来找经理汇报工作，发现发生了杀人案，马上大声呼叫，引来了公司其他同事，将杨某当场抓住并就近送往检察院处理。检察院初步审查认为，杨某杀人事实存在。另据杨交代，在其担任会计期间，还贪污过公款 50000 元。于是检察院决定立案。立案后，检察院考虑到此案主要是杀人罪，便与公安机关联系，要求将案件移送公安机关侦查。公安机关则认为，此案虽主要是杀人罪，但还有贪污罪，贪污罪的侦查依法应由检察院负责，况且现在检察院已经立案了，就不用再移送了，谁侦查都一样，不同意将案件移送公安机关侦查。

请问：此案应当由谁立案侦查？为什么？

2. 2000 年 11 月的一天深夜，张三无事闲逛，路过某建筑工地，见值班室无人，便溜进工地。在工地内靠近公路的某处，张见有一大捆待铺设的宽带线，想到这个东西很值钱，顿生贪念，决意把宽带线弄出去卖钱。于是他先把宽带线扔出围墙，然后自己从围墙上跳出。本以为已经得逞，没想到被下夜班回家的李四和王五碰到。两人见状灵机一动，马上跑过来喝道："你偷东西，我们要把你拉到公安局！"张三果然十分害怕，便同李、王两人商量，叫他们不要声张，待东西卖出得到钱后三人平分。李、王两人欣然同意，于是三人一起抬起宽带线就走。没想到被该工地巡逻的保安人员发现，遂将三人一起扭送到公安局。公安局接受案件后经过一番侦查，获取了相应证据后，将案件移送人民检察院审查起诉。人民检察院审查后将该案向区人民法院提起公诉。法院在开庭审理时，张三和李四分别聘请姚律师和曾律师为自己辩护，王五没有聘请律师，由其父亲出庭为其辩护。被盗工地委派保卫科长参加诉讼，要求追究被告人的刑事责任。法庭经过审理后依法判处张三有期徒刑4年，李四和王五有期徒刑各两年。宣判后张三的父亲依法为张三提起上诉，李四的大哥依法为李四提起上诉，王五没有上诉。

请问：(1)该案涉及的人员中，哪些是诉讼参与人？他们的具体称谓是什么？哪些不是诉讼参与人？

(2)本案诉讼参与人中，哪些是当事人？哪些是其他诉讼参与人？

第三章　刑事诉讼的基本原则

一、单项选择题

1. 人民法院在受理某虐待案件以后，认为有必要逮捕被告人，于是作出了逮捕被告人的决定，那么应当由哪个机关来执行逮捕？（　　）

A. 公安机关　　B. 国家安全机关
C. 人民检察院　　D. 人民法院

2. 某地发生一起涉税案件，对该案件的侦查应当由当地下列哪个机关进行？（　　）

A. 公安机关　　B. 人民检察院
C. 国家安全机关　　D. 税务局

3. 某案，省级人大常委会根据当事人的申诉，经过调查，认为法院对案件的判决确有问题，那么下列哪一种理解是正确的？（　　）

A. 人民法院依法独立行使职权，所以人大不能就此案干涉法院的工作
B. 人大是我国的最高审判机关，可以直接改判
C. 人民法院依法独立行使职权，只独立于行政，而不独立于立法，人民法院应当接受人大的监督，所以人大常委会有权要求法院对案件重新审查，决定是否再审
D. 人大代表可以自己到上级法院申诉，要求对案件重新审理

4. 某贩卖毒品案件，合议庭经过审理认为，应当判处被告人死刑立即执行，而审判委员会经过讨论，认为应当判处死刑缓期两年执行，那么，对于此案下列哪种理解是正确的？（　　）

A. 合议庭应当判处死刑立即执行，因为法官依法独立行使职权，不受他人的干涉
B. 合议庭应当服从审判委员会的决定，判处死刑缓期两年执行
C. 合议庭应当请示上级法院，然后再作出判决
D. 重新组成合议庭，对案件进行重审

5. 某案件，被害人有充分的证据证明犯罪嫌疑人的犯罪行为，而当地公安机关却作出不立案的决定，被害人到当地人民检察院反映，那么，检察机关应当如何处理？（　　）

A. 人民检察院自己立案

B. 人民检察院应当直接统治公安机关

C. 人民检察院应当说服被害人服从公安机关的决定

D. 人民检察院应当要求公安机关说明不立案的理由，如果认为公安机关不立案的理由不能成立的，应当通知公安机关立案

6. 某案件，公诉人在开庭过程中发现人民法院审判案件的合议庭审判长是被告人的哥哥，但是他本人没有回避，当事人也没有申请回避，那么该公诉人应当如何处理？（　　）

A. 应当履行监督职责，当庭要求该审判长回避

B. 应当建议休庭，然后向检察院汇报，由检察院向法院提出意见，要求更换审判长

C. 应当继续参加审理，待一审宣判后，再以一审违反法定程序为理由提出抗诉

D. 应当直接向人民法院院长提出更换审判长的要求

7. 在厦门市某区人民法院审理的一起刑事案件中，被告人为客家人，不会讲普通话，法庭为其配备了翻译，那么对该翻译人员的翻译费用，应当由谁支付？（　　）

A. 法院　　　　B. 被告人

C. 被告人的父母　　　　D. 被告人的辩护律师

8. 某案件经过某区人民法院适用第一审程序审理后，以盗窃罪判处被告人有期徒刑十年，宣判后，辩护人认为判得太重，提出上诉，但是被告人明确表示不上诉，而且不同意辩护人提出上诉。那么应当如何处理？（　　）

A. 辩护人的上诉有效，因为根据两审终审的原则，刑事案件必须经过两级法院的审判才能生效

B. 辩护人的上诉有效，因为他可以根据自己对事实和法律的理解独立行使上诉权

C. 辩护人的上诉无效，因为辩护人不是独立的上诉主体，他如果要上诉必须经过被告人的同意

D. 辩护人的上诉无效，因为辩护人的工作到第一审宣告判决就已经结束，如果要上诉，必须另行委托辩护人

9. 某案件，某市中级人民法院第一审以故意杀人罪判处被告人死刑缓期两年执行。宣判后，被告人及其家属均表示服判，不上诉，人民检察院也未提出抗诉，于是该中级人民法院将被告人移交监狱执行。该中级人民法院的这一做法是否正确？（　　）

A. 不正确，因为死刑案件还必须经过死刑复核程序才能生效

B. 不正确，因为没有问明白辩护律师是否提出上诉

C. 正确，因为根据两审终审的原则，只要没有上诉抗诉的案件就应该生效执行

D. 正确，因为该判决没有错误

10. 某共同犯罪案件共有三个被告人，其中一个被告人 17 岁，另外两名被告人为成年人，那么对于此案应当如何审理？（　　）

A. 全案都公开审理

B. 在征得未成年被告人的同意之后公开审理

C. 未成年人被告人不公开审理

D. 全案不公开审理

11. 某工厂职工李某经常旷工，平日游手好闲，一天车间被盗，单位领导怀疑李某有盗窃嫌疑，于是决定将其监禁，并要求其交待犯罪行为，这种做法违反了（　　）。

A. 公民在适用法律上一律平等的原则

B. 依法保障诉讼参与人诉讼权利的原则

C. 审判权、检察权、侦查权由专门机关依法行使的诉讼原则

D. 法律面前一律平等的原则

12. 根据我国刑事诉讼法的规定，下列哪一个表述不准确？（　　）

A. 涉及国家秘密的犯罪案件不公开审理

B. 有关个人隐私的犯罪案件不公开审理

C. 16 周岁以上不满 18 周岁的未成年人犯罪案件一律不公开审理

D. 14 周岁以上不满 16 周岁的未成年人犯罪案件一律不公开审理

13. 人民法院在审理王某强制猥亵妇女案件的过程中，依照有关规定不公开开庭审理了此案。在审理该案的过程中，可以进入法庭的是：（　　）。

A. 被告人的辩护人　　B. 被告人的近亲属

C. 新闻记者　　D. 任何人

14. 对于享有外交特权的外国人犯罪应当追究刑事责任的，通过（　　）解决。

A. 公安机关　　B. 外交途径

C. 人民法院　　D. 人民政府

15. 某国驻华商业联合会代表阿齐兹在我国策划组织了走私毒品的犯罪活动。对阿齐兹的刑事责任问题应当如何处理？（　　）

A. 适用外交途径追究其走私毒品犯罪的刑事责任

B. 适用我国法律规定追究其刑事责任

C. 直接驱逐出境

D. 适用其本国法律追究其走私犯罪的刑事责任

16. 根据我国刑事诉讼法，我国人民法院审判案件，依法实行人民陪审员陪审的制度。对于该制度，下述说法正确的是：（　　）。

A. 我国法院审理案件并非必须有陪审员陪审

B. 人民陪审员应是某一领域的专家

C. 人民陪审员应是法律领域的专家

D. 人民陪审员在审判中的权利是旁听和对事实作出判断，对法律问题不作表示

17. 在刑事侦查过程中，遇到法定不追究刑事责任的情形时，应当（　　）。

A. 撤销案件　　B. 不起诉

C. 宣告无罪　　D. 中止审理

18. 刘某为甲市公安局局长，因交通肇事罪和受贿罪而在乙市监狱服刑，在服刑期间，刘某又犯故意杀人罪，对于刘某的此种行为，应该由哪个机关行使侦查权？（　　）

A. 甲市公安机关　　B. 乙市检察机关

C. 乙市监狱　　D. 乙市公安机关

19. 某大学教授在讲授刑事诉讼法课程时，让学生回答如何理解“人民法院依法独立行使审判权”原则，下列四个同学的回答中，正确的理解是：（　　）。

A. 甲同学认为是指法官个人的独立审判案件，不受任何人的干涉

B. 乙同学认为是指合议庭的独立审判案件，不受任何组织或者个人的影响

C. 丙同学认为是指法院独立审判案件，不受行政机关、社会团体和个人的干涉

D. 丁同学认为是指法院依法独立审判案件，但上级法院必要时可以对下级法院正在审理的具体案件如何处理发布命令或指示

20. 某自诉案件被告人安某在自诉人提交自诉状后法院进行审查的过程中，因意外事件死亡，那么，法院应当如何处理？（　　）

A. 作出终止审理的裁定

B. 作出不予立案、驳回起诉的裁定

C. 作出撤销案件的决定

D. 作出不予立案的判决

二、多项选择题

1. 根据刑事诉讼法的规定，人民检察院作出的不起诉决定共有三类，即法定不起诉、酌定不起诉和存疑不起诉。下列情况人民检察院可以作出不起诉决定，其中哪些不属于法定不起诉的情况？（　　）

A. 聋、哑、盲人犯罪

B. 共同犯罪中的从犯

C. 犯罪情节轻微，依照刑法不需要判处刑罚

D. 犯罪嫌疑人自首后有重大立功表现

2. 在我国刑事诉讼中，哪些机关有权行使侦查权？（　　）

A. 公安机关　　B. 国家安全机关

C. 人民检察院　　D. 监狱

3. 邱某，女，16 岁，某中学学生。因故意伤害案被公安机关立案侦查。在侦查过程中，依照我国刑事诉讼法的规定，侦查人员讯问邱某时，下列做法错误的是：（　　）。

A. 可以通知其父母到场　　B. 应当通知其父母到场

C. 应当通知其班主任到场　　D. 应当通知妇联的工作人员到场

4. 某区人民法院公开审判张某强奸案，区人民检察院以人员不足为由，未派人员出庭支持公诉。人民法院经审理，判处张某有期徒刑 15 年。在法定期限内人民检察院没有抗诉，被告没有上诉，判决生效后，张某的近亲属向原审人民法院提出再审的申请，本案在诉讼程序上的错误是：（　　）。

A. 张某的近亲属向原审人民法院提出再审申请

B. 人民检察院未派人员出庭支持公诉

C. 法定期限内检察院没有抗诉

D. 公开审理

5. 根据我国刑事诉讼法的规定，下列哪些表述是正确的？（　　）

A. 涉及国家秘密的犯罪案件不公开审理

B. 有关个人隐私的犯罪案件不公开审理

C. 未成年人犯罪的案件一律不公开审理

D. 14 周岁以上不满 16 周岁的未成年人的犯罪案件一律不公开审理

6. 我国与甲国签订刑事司法协助协定，我国公民李某在我国盗运了一些黄金出境，并在甲国进行销赃活动。那么，我们可以请求甲国的司法机关进行哪些司法协助？（　　）

A. 请求甲国司法机关向李某送达拘传证

B. 请求甲国司法机关就李某在甲国境内的销赃活动进行调查取证

C. 请求甲国司法机关将李某引渡回我国境内进行侦查和审判

D. 请求甲国司法机关对李某进行侦查和审判，然后将其移送我国，由我国执行其判决中所确定的刑罚

7. 人民法院受理一起人民检察院提起公诉的案件后，进行庭前审查工作，那么在决定要不要开庭审理时，下列哪些事项是应当考虑的？（　　）

A. 是否为本院管辖

B. 被告人的行为是否构成犯罪

C. 是否有明确的指控犯罪事实

D. 是否有证据目录、证人名单和主要证据复印件或者照片

8. 李某今年 30 岁，其丈夫王某是甲国人，且为甲国驻乙国的外交官，在王某与李某途经中国时，李某故意杀人，按照中国法律的规定，司法机关应该：（　　）。

A. 建议甲国将其召回　　B. 宣布其为不受欢迎的人，令其限期出境

C. 宣布将其驱逐出境　　D. 由我国司法机关依法逮捕

9. 依据我国《刑事诉讼法》的规定："对于一切公民在法律适用上一律平等；在法律面前，不允许有任何特权。"该原则要求，在刑事诉讼中，（　　）。

A. 一切公民不论民族、种族、性别、职业等个人基本情况有何不同，在适用法律上一律平等

B. 任何公民犯了罪，都必须依法追究其刑事责任

C. 任何没有犯罪的公民，都不应使其受到刑事追究

D. 任何公民参与刑事诉讼，都同等享有法律赋予的诉讼权利，履行应尽的义务

10. 在刑事诉讼过程中，遇有法定不追究刑事责任的情形时，应当（　　）。

A. 撤销案件　　B. 不起诉　　C. 宣告无罪　　D. 中止审理

11. 被告人池某，15 岁，2001 年因故意伤害罪被甲县人民检察院提起公诉，甲县人民法院在公开审理本案的过程中，为了正确及时地揭露被告人的犯罪行为，让有关的证人、鉴定人旁听了本案的全过程。在听取了被告人的最后陈述后，县人民法院当庭宣告了判决，并于一周后将判决书送达被告人。此案中人民法院哪些做法是违反法律程序的？（　　）

A. 公开审理此案

B. 让有关的证人、鉴定人旁听本案的全过程

C. 当庭公开宣告判决

D. 一周后将判决书送达被告人

12. 根据我国刑事诉讼法的规定，具有下列哪些情形的，不追究刑事责任，已经追究的，应当撤销案件，或者不起诉，或者终止审理，或者宣告无罪？（　　）

A. 情节显著轻微危害不大，不认为是犯罪的

B. 犯罪已过追诉时效的

C. 犯罪嫌疑人被告人死亡的

D. 依照刑法告诉才处理的犯罪，没有告诉或者撤回告诉的

13. 下列说法正确的是：（　　）。

A. 我国刑事诉讼法确立了无罪推定原则

B. 未经人民法院依法判决不得确定有罪的原则是指确定被告人有罪的权力由人民法院

统一行使，人民法院确定任何人有罪必须依法判决

C. 犯罪嫌疑人在侦查阶段只能自己辩护，犯罪嫌疑人在审查起诉阶段、被告人在审判阶段既可以自己辩护也可以委托他人为自己辩护

D. 犯罪嫌疑人、被告人在整个刑事诉讼过程中都有权为自己辩护

14. 下列表述正确的是：（　）。

A. 除法律特别规定的以外，只有公、检、法三机关有权行使侦查权、检察权、审判权，其他任何机关、团体、个人都无权行使这些权力

B. 公、检、法三机关只能分别行使各自的职权，不能混淆和相互取代。但是对于不属于自己管辖而又必须采取紧急措施的，应当先采取紧急措施，然后移送主管机关

C. 公、检、法三机关必须依法行使职权，严格遵守法定程序

D. 侦查权、检察权、审判权由专门机关依法行使的原则，是我国刑事诉讼法科学化、民主化的重要表现之一，是在刑事诉讼法中逐渐确立起来的

15. 根据我国刑事诉讼法的理论和实践，我国刑事司法协助属于狭义的刑事司法协助，请问我国的司法协助包括以下哪些活动？（　）

A. 搜查、扣押以及移送物品　　B. 询问证人

C. 刑事判决的承认以及执行　　D. 通报诉讼结果

三、简答题

1. 简要陈述审判公开原则的内容。

2. 什么是人民检察院的法律监督原则，具体表现在哪几个方面？

3. 犯罪嫌疑人、被告人有权获得辩护原则的含义是什么？

4. 依法不予追究刑事责任的原则包含了哪些情形？

四、论述题

1. 试述未经人民法院依法判决不得确定有罪原则。

2. 试述公检法分工负责、互相配合、互相制约原则。

五、案例分析题

1. 某村村民李某某（男，21 岁）强奸了同村的女青年王某某（18 岁）。为了解决问题，该村村长和村委会的其他几位干部商议后决定，由村长主持对本案进行调解，以防止家丑外扬。此后，村长在双方家长的参加下，与其他村干部协商，让双方家长达成了一个调解协议，内容如下：(1)李某某向王某某赔礼道歉；(2)李某某家向王某某家赔偿 5000 元人民币；(3)李某某应娶王某某为妻；(4)王某某不再向有关机关告发李某某的强奸行为。事后不久，王某某不同意嫁给李某某为妻，并向司法机关告发了李某某的强奸行为。司法机关不但追究了李某某的刑事责任，而且也追究了村长的刑事责任。村长对判决迷惑不解，不理解自己本来是想化解一个纠纷，为什么最后反而要吃官司？

问：请运用我国刑事诉讼法中规定的某项基本原则分析本案中的现象。

2. 方某，某县一水泥厂厂长，因诬告陷害他人而被公安机关立案。在侦查过程中，公安机关因警力有限，就将这一不太复杂的案件交给该水泥厂保卫科侦查并起诉至人民法院。法院经审理后认为，应当判处方某有期徒刑两年。该县县长却建议对方某判处有期徒刑 6 个月。

最后该县人民法院以方某是厂长，曾经为该县的经济作出过比较大的贡献，应当给予减轻处罚为由，判处方某有期徒刑 6 个月。

问：本案有哪些违反了刑事诉讼法基本原则的地方？

第四章 回 避

一、单项选择题

1. 根据我国刑事诉讼法的规定，下列哪种人员不属于适用回避的人员？（ ）

A. 审判员　　B. 证人

C. 翻译人员　　D. 鉴定人员

2. 某被告人又聋又哑，受审判前要求其懂哑语的同胞妹妹当辩护人或翻译人员：（ ）。

A. 允许当辩护人　　B. 允许当翻译人员

C. 既允许当辩护人又允许当翻译人员　　D. 都不允许

3. 某区人民法院在审理一起抢劫案件时，被告人李某要求公诉人回避。理由是：检察官的态度不好，令人反感。对于被告人的回避申请，合议庭应当如何处理？（ ）

A. 合议庭决定休庭，由审判长转告提起公诉的检察院，由该院检察长决定

B. 合议庭决定休庭，向本院院长汇报，由院长决定并告知李某

C. 法庭应当当庭驳回，并不得申请复议

D. 法庭对此申请可以不予理睬，继续开庭

4. 在我国的刑事诉讼中，当事人对有关人员提出回避申请后，不能因此而暂停诉讼程序的是：（ ）。

A. 侦查程序　　B. 起诉程序　　C. 审判程序　　D. 执行程序

5. 被告人甲（聋哑人）因为与被告人乙长期通奸被丈夫发现，便与奸夫合谋杀死了亲夫。案发后，审判该案的司法人员都不懂哑语，而乙会哑语，在没有找到翻译人员的情况下，审判人员让乙为甲进行翻译。这种做法是否正确？（ ）

A. 正确，因为翻译人员不属于依法应当回避的人员之列

B. 正确，虽然翻译人员属于依法应当回避的人员范围，但是在一时找不到其他翻译人员的情况下，可以让乙暂时担任翻译人员

C. 不正确，因为翻译人员属于依法应当回避的人员之列，乙与本案有利害关系，应当回避

D. 不正确，翻译人员虽然不属于依法应当回避的人员之列，但是在本案件中，乙与案件处理结果之间有利害关系，所以也应当回避

6. 张某是某一公安机关的法医，在一刑事案件的法庭审理过程中，张某被法院聘请担任了该案件的鉴定人。但本案的被告人却对张某提出了回避的申请。依照有关规定，有权对张某是否回避作出决定的是：（ ）。

A. 公安机关负责人　　B. 该人民法院院长

C. 本案的合议庭　　D. 本案合议庭的审判长

7. 在一起盗窃案件审查起诉过程中，犯罪嫌疑人以公安局局长与本案有利害关系为由要求该公安局局长回避，这一回避申请应当由谁决定？（ ）

A. 同级人民检察院检察长　　B. 上级人民检察院检察长

C. 同级人民检察院检察委员会　　　　　　　　D. 公安委员会

8. 小刘是一起抢劫案的被害人，在该案的侦查阶段，小刘申请某侦查人员回避，但被驳回，对此，小刘可以：（　　）。

A. 向作出决定的机关申请复议一次

B. 向作出决定的机关的上一级机关申请复议一次

C. 向人民检察院申请复议一次

D. 向人民法院申诉

9. 某案件，在开庭审理过程中，被告人提出审理本案的审判长接受了本案被害人委托的诉讼代理人的礼金，因此要求该审判长回避，那么该案的被告人应该做的工作是什么？（　　）

A. 应当向法庭提供相应的证明材料

B. 应当提交书面回避申请

C. 应该通过其辩护律师提出这一回避申请

D. 应该指明他愿意接受哪个审判长审理本案

10. 张三与李四共同盗窃，李四因为情节轻微，被告被人民检察院作出不起诉决定。李四在开庭审判时，被法院通知出庭作证。受诉人民法院的院长胡某是被害人的姐姐，受法院聘请对被盗窃文物的价值进行鉴定的王五是被告人的哥哥。本案的审判长马六，是才从本市人民检察院调至法院工作的，本案的审查起诉工作就是由他在检察院工作期间进行的。那么，本案中，下列不用回避的人员为：（　　）。

A. 李四　　　　　B. 胡某　　　　　C. 王五　　　　　D. 马六

11. 某市居民安某被检察机关以盗窃罪向人民法院提起公诉。在案件的审判过程中，安某认为审判长是被害人的大学同学，因而要求审判长回避，人民法院院长经审查之后认为回避理由不能成立，于是驳回了安某的回避申请。安某如果不服，有何种救济手段？（　　）

A. 可以向上级人民法院上诉

B. 可以向作出决定的人民法院申请复议一次

C. 可以申请同级人民检察院就不批准回避的申请提起抗诉

D. 安某必须服从法院的这一决定，没有任何方式救济

二、多项选择题

1. 某诈骗案件，被告人甲 16 岁。在开庭审理过程中，甲的父亲乙提出申请，要求担任本案件庭审记录工作的书记员丙回避，理由是听人说被害人的父亲丁在开庭前曾经请丙喝过酒。关于本案中的回避，下列说法中哪些是正确的？（　　）

A. 乙提出回避申请，应当经过甲同意

B. 乙提出回避申请时，应当提供相应的证明材料

C. 是否批准本案中的回避申请，由审判长决定

D. 是否批准本案中的回避申请，由法院院长决定

2. 根据刑事诉讼法的规定，下列有关回避的决定的表述中哪些是正确的？（　　）

A. 公安机关侦查人员的回避由公安机关的负责人决定，在回避作出决定前被申请回避的人员应当暂时停止参加对本案的侦查工作

B. 公安机关负责人和人民检察院检察长的回避，由同级人民检察院检察委员会决定

C. 对书记员、翻译人员和鉴定人员的回避，由审判长决定，对合议庭成员的回避，由人民

法院院长或审判委员会决定

D. 对公诉人员提出申请回避的，人民法院应当通知指派该公诉人员出席的人民检察院，由该院检察长或检察委员会决定

3. 下列人员的回避需要由人民法院院长作出决定的有：（　　）。

A. 书记员　　B. 翻译人员　　C. 审判员　　D. 公诉人

4. 下列说法正确的是：（　　）。

A. 凡是在一个审判程序中参加过本案审判工作的合议庭组成人员，不得再参与本案其他程序的审判

B. 人民法院院长和审判长的回避都是由人民法院审判委员会决定的

C. 审判委员会讨论院长回避的时候，院长可以参加会议，但没有表决权

D. 在审判过程中检察人员的回避由人民检察院检察长决定

5. 根据我国刑事诉讼法的规定和有关的司法解释，我国的刑事诉讼中的回避种类有：（　　）。

A. 自行回避　　B. 无因回避　　C. 指定回避　　D. 申请回避

6. 在人民检察院中有权对有关回避的申请作出决定的有：（　　）。

A. 有关检察人员　　B. 检察长　　C. 检察委员会　　D. 公诉人

三、简答题

1. 什么是回避？回避的意义是什么？

2. 在我国刑事诉讼中回避的人员的范围是什么？

3. 我国刑事诉讼法规定的回避的种类有哪些？

四、论述题

试论述回避的适用情形。

五、案例分析题

某市印刷厂工人李某与本厂女职工王某谈恋爱，后王某认为李某的品行不端，于是与其断绝来往，李某怀恨在心，并多次在公开场合称要王某难堪。2000 年 6 月的一天晚上，与王某同住的另外几名女工外出，李某便趁机于午夜时分进入王某的宿舍。王某被惊醒后，李某拿刀威胁王某说要玩玩，王某无奈与李某发生了性关系。第二天一早，王某向当地公安机关报案。

人民检察院以强奸罪向当地基层人民法院起诉李某。在庭审过程中，李某提出担任本案书记员的刘某与被害人是朋友关系，因此要求刘某回避。合议庭对李某的回避申请进行讨论之后认为，刘某虽然与被害人认识，但不足以影响案件的公正审理。于是当庭作出决定，驳回被告人李某的回避申请。

问：在本案件中李某的回避申请是否成立？合议庭的处理是否正确？

第五章　管　辖

一、单项选择题

1. 某区政府几位领导干部共同组织实施了一起走私犯罪案件，区人民检察院认为此案如

果由检察机关立案侦查会取得更好的效果，那么，区人民检察院如果想取得该案件的管辖权需要履行的法律程序是：(　　)。

A. 经同级和上级公安机关的同意

B. 经区级政法委集体研究决定

C. 经省级以上人民检察院决定

D. 经上级人民检察院决定

2. 我国刑事诉讼法中的自诉案件包括三类，对于“被害人有证据证明的轻微刑事案件”，下列说法正确的是：(　　)。

A. 只能由人民法院依法受理　　B. 不能由公安机关受理

C. 可以由公安机关立案受理　　D. 不能向公安机关控告

3. 下列说法正确的是：(　　)。

A. 侮辱、诽谤案属于自诉案件中告诉才处理的案件

B. 故意伤害罪(轻伤害)属于告诉才处理的案件

C. 虐待致人死亡属于告诉才处理的案件

D. 重婚案属于告诉才处理的案件

4. 人民检察院认为可能判处无期徒刑、死刑而向中级人民法院提起公诉的普通刑事案件，中级人民法院受理后，认为不需要判处无期徒刑以上刑罚的，(　　)。

A. 应当移交下级人民法院

B. 可以依法审理，不再交基层人民法院审理

C. 应当依法审理，不再交基层人民法院审理

D. 应当由人民检察院决定是否继续起诉

5. 下列说法错误的是：(　　)。

A. 中级人民法院管辖的案件都是可能被判处无期徒刑、死刑的普通刑事案件

B. 高级人民法院管辖的第一审刑事案件，是全省(自治区、直辖市)性的重大刑事案件

C. 最高人民法院管辖的第一审刑事案件，是全国性的重大刑事案件

D. 基层人民法院管辖第一审普通刑事案件，但是依照刑事诉讼法规定由上级人民法院管辖的除外

6. 某市人民法院院长因为酒后驾驶机动车辆，致使 1 人死亡，6 人重伤。对于此案，应当由哪个部门立案侦查？(　　)

A. 人民检察院　　B. 监察部门和党的纪律检查委员会

C. 公安机关　　D. 人民法院

7. 根据我国刑事诉讼法的规定和有关的司法解释的规定，在下列案件中，不可以由人民法院直接受理的案件是：(　　)。

A. 侵占案件　　B. 过失致人死亡案件

C. 暴力干涉婚姻自由案件　　D. 妨害通信自由案件

8. 被害人李某在大街上因为小事与一个人发生争斗，在争斗的过程中，对方用铁棒打击李某后背致其受伤，后经鉴定为轻伤。李某到人民法院要求立案侦查，那么下列说法中哪个是正确的？(　　)

A. 人民法院应当将此案转送到公安机关，让公安机关立案侦查

B. 人民法院应当直接受理

C. 人民法院可以直接受理，但必须告诉人民检察院并由人民检察院派员出庭支持公诉

D. 人民法院不能直接受理此案

9. 在一起共同抢劫案件中，被告人李某为中国公民，被告人王某为美国公民。按照我国刑事诉讼法的有关规定，本案件的第一审应如何确定其管辖的人民法院？（　）

A. 由基层人民法院审判

B. 由中级人民法院审判

C. 对于李某，由基层人民法院审判；对于王某，由中级人民法院审判

D. 全案由高级人民法院审判

10. 下列关于移送管辖的说法正确的是：（　　）。

A. 上级人民法院认为有必要审理下级人民法院管辖的第一审刑事案件，应当向下级人民法院下达改变管辖决定书，并书面通知同级人民检察院

B. 上级人民法院如果认为可以将由其审判的案件移送给下级人民法院审判的，经上级人民法院同意，将案件移送给下级人民法院

C. 下级人民法院认为案情重大不宜由其审理的，可以不经上级人民法院的同意，直接移送

D. 上级人民法院在任何时候都有权决定一个案件的管辖权

11. 几个同级人民法院都有管辖权的案件，应由最初受理的人民法院审判，在必要的时候可以移送下列哪一个人民法院管辖？（　）

A. 犯罪地人民法院　　B. 被告人居住地人民法院

C. 主要犯罪地人民法院　　D. 被告人经常居住地人民法院

二、多项选择题

1. 下列属于中级人民法院管辖的第一审刑事案件有：（　　）。

A. 危害国家安全的案件

B. 可能判处无期徒刑、死刑的普通刑事案件

C. 外国人犯罪的案件

D. 中华人民共和国缔结或者参加的国际条约所规定的罪行，中华人民共和国在所承担条约义务的范围内行使管辖权的案件

2. 根据我国刑事诉讼法的规定，可以行使刑事侦查权的机关有哪些？（　）

A. 国家安全机关　　B. 检察机关

C. 海关缉私侦察局　　D. 军队保卫部门

3. 下列属于人民检察院可以直接立案侦查的案件有：（　　）。

A. 贪污贿赂案件

B. 国家工作人员的渎职犯罪

C. 国家机关工作人员利用职权实施的非法拘禁、刑讯逼供、报复陷害、非法搜查等侵犯公民人身权利的犯罪以及侵犯公民民主权利的犯罪

D. 国家机关工作人员利用职权实施的其他重大犯罪案件

4. 下列说法正确的有：（　　）。

A. 刑事案件由犯罪地的人民法院管辖，如果由被告人居住地的人民法院审判更为适宜的，可以由被告人居住地的人民法院管辖

B. 一人犯数罪、共同犯罪和其他需要并案审理的案件，只要其中一人或者一罪属于上级人民法院管辖的，全案由上级人民法院管辖

C. 正在服刑的罪犯在服刑期间犯罪的，由原审人民法院管辖

D. 外国人在中华人民共和国领域外对中华人民共和国国家或者公民犯罪，依照《中华人民共和国刑法》应受处罚的，由该外国人入境地的中级人民法院管辖

5. 下列哪些情形不由军事法院管辖？（　　）

A. 钢铁厂工人李某在军营盗窃军用物资构成犯罪的

B. 退役军人王某在服役期间犯故意伤害罪的

C. 现役军人邓某在参军前曾经犯强奸罪的

D. 刘某在办理退役手续后盗窃部队的枪支并出卖的

6. 某公安机关在侦查李某的交通肇事案时，发现身为公安局副局长的李某还涉嫌贪污，对于这种情况，依照有关规定公安机关应如何处理？（　　）

A. 由人民检察院对全案进行侦查

B. 公安机关将由人民检察院管辖的案件移送人民检察院

C. 由公安机关对全案进行侦查

D. 如果李某涉嫌的主罪是贪污，则该案件应该由人民检察院为主进行侦查，由公安机关予以配合

7. 根据我国诉讼法律的有关规定，单位犯罪的案件，其管辖法院为：（　　）。

A. 由犯罪地的人民法院管辖

B. 根据单位负责人的住所地确定管辖法院

C. 由被告人单位住所地人民法院管辖

D. 可以由上级人民法院管辖

8. 被告人居住地包括：（　　）。

A. 户籍所在地　　B. 居所地

C. 工作所在地　　D. 学习所在地

9. 下列属于公安机关立案管辖的案件有：（　　）。

A. 伪证案件　　B. 拒不执行判决裁定案件

C. 暴力干涉婚姻自由案件　　D. 公司人员受贿案件

10. 中国公民邱某在我国驻某中东国家大使馆内犯故意伤害罪，那么下列哪些法院对此案有管辖权？（　　）

A. 邱某离境前的居住地法院　　B. 邱某的原户籍所在地法院

C. 邱某的工作单位所在地法院　　D. 该中东国家的有关法院拥有管辖权

三、简答题

1. 什么是管辖？在理论上我国的刑事诉讼管辖可分为哪几种？

2. 由人民检察院立案侦查的案件有哪些？

3. 简述地区管辖的原则及地区管辖争议的解决办法。

4. 简要论述专门管辖。

四、论述题

1. 论述我国刑事诉讼法中的自诉案件。

2. 论述我国刑事诉讼法中的级别管辖。

五、案例分析题

1. 犯罪嫌疑人兰某，男，河北人。1997 年前后在河北、山东、河南、山西等省盗窃作案，盗窃财物数额高达 20 万元。2000 年 3 月的一个晚上，兰某流窜到浙江省宁波市入户盗窃时被户主发现，在户主拦截兰某时，被兰某用刀杀死。后兰某被宁波市公安局抓获。

问：该案件应该由哪一级人民法院管辖？由哪个地方的人民法院管辖？

2. 犯罪嫌疑人赵某，男，某外国有限公司驻华办事处首席代表，英籍华人。2001 年在北京某公园锻炼身体时与我国公民江某发生争执，并将江某打成重伤。北京市某区人民检察院对本案进行侦查并审查后，向某区人民法院提起了公诉，某区人民法院最终以故意伤害罪判处赵某有期徒刑 8 年。

问：(1)本案管辖是否合法？给出理由。

(2)假定，赵某为我国公民且人民检察院在起诉时认为赵某可能会被判处无期徒刑，因而向北京市中级人民法院提起公诉，中级人民法院受理后认为不需要判处无期徒刑以上刑罚，能否再将该案件交给区人民法院审理？

第六章　辩护与代理

一、单项选择题

1. 小李是一起故意伤害案中的被害人，公安机关将本案侦查终结后，移送至人民检察院审查起诉。人民检察院经审查后，将案件起诉至某人民法院。本案中，被告人兰某在公安机关侦查期间就聘请了律师，而对于小李，他何时有权聘请诉讼代理人？（　　）

A. 案件立案之日

B. 案件开始侦查之日

C. 案件移送至人民检察院审查起诉之日

D. 案件移送至人民法院审判之日

2. C 市人民法院受理陈某盗窃案件后，因陈某系未成年人，即指定律师高某作为陈某的辩护人。开庭时，陈某以刚刚知道自己的父亲与辩护人高某的姐姐在一个单位且向来关系不好为理由，拒绝高某继续为他辩护，同时提出不需要辩护人而由自己自行辩护。对此，C 市人民法院应按照下列哪个选项进行处理？（　　）

A. 应当准许，并记录在案

B. 准许陈某拒绝继续辩护，但要求陈某另行委托辩护人或者另行为陈某指定辩护人

C. 通知陈某的近亲属，由其近亲属决定是否需要辩护人辩护

D. 不准陈某拒绝高某继续为其辩护

3. 某市人民法院受理李某强奸案后，因李某系聋哑人，即指定律师王某作为李某的辩护人。开庭审理时，李某以辩护人王某的业务水平不高为理由，拒绝王某继续为他辩护，同时提

出不需要辩护人而由自己自行辩护。对此，某市人民法院应当：（　　）。

A. 准许，并不得再委托其他辩护人

B. 不准许李某拒绝王某继续辩护

C. 通知李某的近亲属，由其近亲属决定是否需要辩护人辩护

D. 准许李某拒绝王某继续辩护，但要求李某另行委托辩护人或另行为李某指定辩护人

4. 被告人李某、黄某因共同盗窃一案被人民检察院提起公诉。在法庭审判阶段，李某的律师可以做的工作是：（　　）。

A. 经人民法院同意，同被告人李某会见

B. 在会见李某时，有权要求人民法院不派员在场

C. 为了更全面更好地了解案情，可以同时接受黄某的委托为其辩护

D. 不经过人民法院的同意直接向被害人收集有关案件材料

5. 某案件，犯罪嫌疑人涉嫌间谍罪，在被有关机关逮捕后，委托律师胡某作为其侦查阶段的法律顾问，现在胡律师要会见犯罪嫌疑人，需要履行哪一个与一般刑事案件不同的程序？（　　）

A. 胡律师需要出具律师事务所会见犯罪嫌疑人的函件

B. 胡律师需要出具委托协议书和律师事务所的函件

C. 会见的时候，侦查机关可以派员在场

D. 胡律师的会见需要经过侦查机关的批准

6. 犯罪嫌疑人涉嫌故意伤害罪，李某是现场的目击证人，刘律师接受犯罪嫌疑人的委托后，想对李某就案件事实进行调查取证，那么他需要经过谁的同意才可以进行调查取证？（　　）

A. 被害人　　B. 被告人

C. 证人李某本人　　D. 人民检察院

7. 在刑事诉讼中，犯罪嫌疑人、被告人除自己行使辩护权以外，还可以委托几名辩护人为其辩护？（　　）

A. 一名　　B. 一名或者两名

C. 两名以上　　D. 最多三名

8. 下列说法错误的是：（　　）。

A. 被告人的辩护权属于自己的权利，因此任何时候都可以自行辩护

B. 人民法院指定的辩护人，应当是依法承担法律援助义务的律师

C. 人民法院指定的辩护人，可以是依法承担法律援助义务的律师或者其他懂得法律的人员

D. 人民法院在案件具有重大影响的情况下，如果被告人没有辩护人，则可以为其指定辩护人

9. 我国刑事诉讼中的刑事辩护与刑事诉讼代理是两种不同的制度，关于它们之间的差别，下列说法错误的是：（　　）。

A. 刑事辩护是针对公诉案件设立的，刑事诉讼代理是针对自诉案件而设立的

B. 辩护人与刑事诉讼代理人在刑事诉讼中有不同的权利

C. 辩护人与刑事诉讼代理人在刑事诉讼中的地位是不同的

D. 辩护制度中规定了指定代理制度，而刑事诉讼代理制度没有类似的制度

10. 犯罪嫌疑人王某涉嫌盗窃，8月8日被某区公安机关传唤未到，8月9日被公安机关拘传到区公安局，并于当天释放。8月21日被刑事拘留，接着于8月25日被逮捕，9月1日侦查终结。那么，从什么时间开始，王某可以聘请律师提供法律帮助？（　　）

A. 8月8日　　B. 8月9日

C. 8月21日　　D. 9月1日

二、多项选择题

1. 犯罪嫌疑人或者被告人可以委托下列哪些人为辩护人？（　　）

A. 律师

B. 人民团体或者犯罪嫌疑人或被告人所在单位推荐的人

C. 犯罪嫌疑人或被告人的监护人、亲友

D. 在缓刑执行期间，犯罪嫌疑人或者被告人的好朋友

2. 律师提出会见在押的犯罪嫌疑人的申请，有关侦查机关应当在五日内安排会见的案件包括哪几种？（　　）

A. 组织、领导参加黑社会性质组织罪

B. 组织、领导参加恐怖组织罪

C. 走私犯罪、毒品犯罪、贪污贿赂犯罪等重大复杂的两人以上的共同犯罪案件

D. 危害公共安全的犯罪

3. 在刑事审判过程中，被告人没有委托辩护人，人民法院必须为其指定辩护人的情形有：（　　）。

A. 盲、聋、哑人或者限制行为能力的人

B. 开庭审理时不满18周岁的未成年人

C. 可能被判处死刑的人

D. 共同犯罪案件中，其他被告人已经委托辩护人的情形

4. 甲(20岁)和乙(17岁)是盗窃案件的同案被告人，现在押。甲聘请了某律师为辩护人，乙的父亲(在国家机关任现职)担任乙的辩护人。乙的父亲有权行使下列哪些诉讼权利？（　　）

A. 有权独立进行辩护

B. 有权依法定程序向证人或者其他单位和个人调查取证

C. 有权在第一审判决宣告后，不经乙同意，提出上诉

D. 同甲的辩护人一样，享有独立的同被告人会见和通信的权利

5. 王某故意伤害一案，下列哪些人不得作为其辩护人？（　　）

A. 王某在公安机关任科长的哥哥　　B. 王某在本市人大常委会任职的朋友

C. 被害人李某的债务人方某，现为律师　　D. 王某的叔叔，外籍华人

6. 犯罪嫌疑人顾某因涉嫌妨害公务罪被公安机关逮捕。顾某在被逮捕之后，聘请了律师赵某，根据我国有关的法律规定，律师赵某在侦查阶段可以进行哪些工作？（　　）

A. 有权向侦查机关了解犯罪嫌疑人的罪名

B. 有权为被逮捕的犯罪嫌疑人申请取保候审

C. 有权会见在押的犯罪嫌疑人

D. 侦查机关对犯罪嫌疑人采取强制措施超过法定期限的，受委托的律师赵某可以要求侦

查机关解除

7. 自人民检察院对案件审查起诉之日起，担任犯罪嫌疑人的辩护人的律师从事辩护活动可以享有的权利有：（　　）。

A. 查阅、摘抄、复制该案件所指控的犯罪事实的材料

B. 同在押的犯罪嫌疑人会见和通信

C. 经证人同意向证人收集与本案件有关的材料

D. 经人民检察院许可，并且经被害人同意，向被害人收集与本案件有关的材料

8. 侯某因强奸而被人民检察院依法提起公诉。案件进入审判阶段以后，侯某一直想委托辩护人，在他想请的辩护人选中有以下几位：甲，侯某任职某单位的职工，懂得法律，但是一年前被法院判处管制两年；乙，侯某的好朋友，曾经因为赌博被治安拘留 10 天，刚刚从看守所出来；丙，侯某的一位表弟，国家机关工作人员；丁，某公司经理，半年前因为职务侵占罪被法院判处有期徒刑 1 年。那么，在这四位人选当中，能够被侯某委托为辩护人的是：（　　）。

A. 可以是甲　　B. 可以是乙　　C. 可以是丙　　D. 可以是丁

9. 下列说法正确的有：（　　）。

A. 辩护律师直接申请人民法院收集、调取证据，人民法院认为辩护律师不宜或者不能向证人或者其他有关单位和个人收集、调取，并确有必要的，应当同意

B. 辩护律师申请人民法院调集证据，可以以书面形式也可以以口头形式提出，但都要有正当的理由，并列举出需要调查问题的大纲

C. 人民法院根据辩护律师的申请收集、调取证据的时候，申请人可以在场

D. 人民法院根据辩护律师的申请收集、调取的证据，应当及时复制并移送申请人

10. 根据我国刑事诉讼法和律师法的有关规定，辩护人的责任是：（　　）。

A. 维护委托人的所有权益

B. 提出证明委托人有罪无罪或者罪重罪轻的材料和意见

C. 根据事实和法律来维护委托人的权益

D. 使用尽可能多的方式方法来维护委托人的合法利益

11. 下列属于辩护权行使方式的有：（　　）。

A. 犯罪嫌疑人、被告人的自行辩护

B. 犯罪嫌疑人、被告人委托辩护人进行辩护

C. 人民法院指定辩护人为被告人辩护

D. 律师为犯罪嫌疑人提供法律咨询

12. 我国刑事诉讼理论上对辩护的分类有：（　　）。

A. 自行辩护与辩护人辩护　　B. 有罪辩护与无罪辩护

C. 强制辩护与任意辩护　　D. 委托辩护与指定辩护

13. 代某（18 周岁）和刘某（19 周岁）是同一工厂的工人，因为工作上的一些事情引起纠纷，代某被刘某酒后打成轻伤。代某于是向人民法院提起刑事自诉，并附带民事诉讼，要求刘某赔偿损失。那么，下列哪些人可以委托诉讼代理人？（　　）

A. 代某　　B. 代某的父亲

C. 刘某　　D. 刘某的哥哥

14. 李某某被人民检察院指控犯有盗窃罪，同他一起被指控的还有赵某。在人民法院受理案件时，李某某的辩护律师陈某，提出要向被害人收集一些材料。身为某企业部门经理的钱某

被赵某委托为辩护人，因而以辩护人的身份提出要向被害人所提供的一名证人孙某收集一些材料。对于上述情况的处理，下列说法正确的是：(　　)。

A. 陈某与钱某都不能直接向被害人或孙某收集与案件有关的材料

B. 钱某向孙某收集有关材料需要经过孙某的同意，而陈某向被害人收集有关材料则不需要被害人的同意

C. 陈某可以申请人民法院向被害人收集有关材料，而钱某无权向人民法院提出类似的申请

D. 钱某向孙某收集有关材料要经过孙某和人民法院的同意，而陈某向被害人收集有关材料也需要经过被害人的同意和人民法院的许可

三、简答题

1. 什么是辩护？它的特征是什么？

2. 刑事诉讼代理的特征有哪些？

3. 刑事诉讼代理与辩护人辩护的区别在哪里？

4. 我国刑事诉讼中指定辩护必须符合哪些条件？

四、论述题

1. 试述我国刑事辩护人的诉讼地位。

2. 阐述我国刑事诉讼辩护律师的诉讼权利。

五、案例分析题

王某(男，23岁)1997年高中毕业后没有就业。1998年12月，王某在驾驶学校学会了开车，决定自己买车帮人拉活。因资金不够，王某便向本市A区的高中同学李某(男，24岁)借了10000元钱，称半年内还清。然而，两年过去了，王某一直没有还钱。2000年12月11日，李某到王某家里讨要欠款，王某非但不还，还说李某与他人开饭馆的时候曾经向他借过3000元钱，两人遂起争执，继而打起架来，引起王某家邻居的围观，李某当众打了王某一记耳光，说了句“要教训一下你这个忘恩负义的家伙”后被人拉开。王某感觉到受了侮辱，便于第二天带领陈某(男，24岁)、何某(25岁)到饭馆找李某报仇。因为李某不在，王某便打摔饭馆内的酒瓶，李某的酒店合伙人赵某(25岁)见状急忙劝阻，王某不听，反而指使陈某、何某一起殴打赵某，致使赵某受伤。赵某住院治疗花去医药费3000元、交通费300元，后来赵某的伤势被司法鉴定为轻伤。

事发后，王某出于恐惧心理，不仅将10000元钱还给了李某，并向赵某赔礼道歉，出资1000元给赵某治伤，还多次通过李某请求赵某不要将其告到法院。2001年初，何某因交通事故死亡。

假设你是接待赵某的律师：

(1)根据有关规定简要回答赵某的以下询问：

①可以采取何种方式追究陈某的刑事法律责任？此案由哪个部门受理？

②治伤医药费通过何种方式解决？应当要求谁给予赔偿？

③鉴于王某已经赔礼道歉，不告可以吗？

(2)根据案情帮赵某制作一份刑事自诉状。

第七章 证 据

一、单项选择题

1. 从狭义上理解，证据就是指：(　　)。

A. 诉讼证据　　B. 非诉讼证据
C. 案件事实　　D. 符合法律规定的事实存在

2. 下面对证据的理解最准确的是：(　　)。

A. 证据是证明案件事实是否存在的根据
B. 证据是证明案件事实的材料
C. 证据是指对指控事实的裁判者获得确定的基础所依赖的一种手段
D. 司法机关工作人员依法收集并审查核实，能够证明案件真实情况的事实根据

3. 下列对证据的理解不恰当的是：(　　)。

A. 证据的内容是案件事实的反映
B. 证据的功能是查明案件事实的方法途径
C. 证据的来源包括办案人员个人主观的判断和推理
D. 证据的形式是符合法律规定的客观存在

4.《刑事诉讼法》第 43 条规定："审判人员、检察人员、侦查人员必须依照法定程序，收集能够证实犯罪嫌疑人、被告人有罪或者无罪、犯罪情节轻重的各种证据。严禁刑讯逼供和以威胁、引诱、欺骗以及其他非法的方法收集证据。"最能说明证据的什么特点？(　　)

A. 证据的合法性　　B. 证据的客观性
C. 证据的关联性　　D. 证据的公正性

5. 我们运用证据证明案件事实所要达到的结果是：(　　)。

A. 充分发挥人的主观任意性　　B. 相对的没有合理怀疑的内心确信
C. 证明绝对真实性　　D. 认识到刑事诉讼活动的特殊性

6. 对诉讼过程中的"认识"理解错误的是：(　　)。

A. 具有绝对性　　B. 具有相对性
C. 要受各种客观条件的制约　　D. 毫无疑问的绝对性

7. 评价和判断一种法律制度是否具有正当证据的价值标准是(　　)。

A. 正义　　B. 程序　　C. 秩序　　D. 实用性

8. 随着科技的发展，现在的司法证明方法已经由以人证为主向以(　　)为主转变，并成为新一代的"证据之王"。

A. 书证　　B. 物证
C. 鉴定结论　　D. 视听资料

9. 书证是以文字、符号、图形等方式记载的(　　)来证明案件事实的文件或其他物品。

A. 内容　　B. 事实
C. 特征　　D. 犯罪嫌疑人、被告人的供述和辩解

10. 下列不属于证人证言特征的是：(　　)。

A. 陈述内容的主观性　　B. 证明方式的直接性
C. 证明内容的明确性　　D. 证明的稳定性

11. 下列属于书证的是:(　　)。

A. 裁判文书　　B. 拍摄的现场照片

C. 尸体检验笔录　　D. 录像资料

12.《刑事诉讼法》第 161 条规定:“在法庭审判过程中,如果诉讼参与人或者旁听人员违反法庭秩序,审判长应当警告制止。”根据这一规定,(　　)。

A. 作为诉讼参与人之一的证人,遵守法庭秩序是证人应尽的义务

B. 证人没有自由提供证言的权利

C. 证人必须无条件听从审判人在法庭上的任何行为

D. 证人享有安全保障权利

13. 对鉴定结论方面的内容认识错误的是:(　　)。

A. 鉴定结论的主体是鉴定人,而不是鉴定机构

B. 鉴定人与案件没有利害关系,能够公正无私地进行鉴定

C. 鉴定人可以由公安司法机关聘请,也可以由本案当事人聘请

D. 鉴定人之间可以相互讨论研究,有正当理由也可以拒绝鉴定

14.《刑事诉讼法》第 43 条规定,侦查人员、检察人员、审判人员必须全面收集能够证明犯罪嫌疑人、被告人有罪或无罪,犯罪情节轻重的各种证据。从此法条我们可以得出:(　　)。

A. 对每个案件既要查明对犯罪嫌疑人、被告人有利的情况,又要查明对犯罪嫌疑人、被告人不利的情况

B. 犯罪嫌疑人、被告人供认自己犯罪的证词,就是无罪证据

C. 无罪证据一般由人民检察院提起诉讼时提出

D. 侦查人员、检察人员、审判人员以外的任何人都不能收集证据

15. 根据证据的出处、来源不同,我国一般把证据分为:(　　)。

A. 有罪证据和无罪证据　　B. 直接证据和间接证据

C. 原始证据和传来证据　　D. 原始证据和传闻证据

16. 以证据的(　　)为标准,可以把证据分为原始证据和传来证据。

A. 内容　　B. 证明力　　C. 来源　　D. 形式

17. 控诉证据又叫作(　　)。

A. 有罪证据　　B. 无罪证据

C. 有利于被告的证据　　D. 真实证据

18. 收集证据的目的是:(　　)。

A. 研究案情,判断、认定案件事实

B. 如实反映案件事实的本来面目,查明案件的事实真相

C. 完成侦查任务

D. 防止办案人员从主观想象出发,并防止冤假错案的发生

19.《刑事诉讼法》第 45 条规定:“人民法院、人民检察院和公安机关有权向有关机关和个人收集、调取证据。有关单位和个人应当如实提供证据。”对这条规定的理解正确的是:(　　)。

A. 收集证据由公安司法机关的办案人员、当事人及其辩护人、诉讼代理人按照法定的程序去进行才是合法的,才是有法律效力的

B. 公安司法机关及其人员只有及时主动地调查收集证据,才能提高办案效率,保证办案

质量

C. 收集的证据越全面、越充分，越有利于全面查清案件事实的各种情节，从而根据案件事实作出正确的结论

D. 任何人都应当积极主动地配合公安司法机关工作人员，对于不配合的人员，应当追究其刑事责任

20.《刑事诉讼法》第 162 条规定："案件事实清楚，证据确实充分，依据法律认定被告人有罪的，应当作出有罪判决。"对这条规定的理解错误的是：（　　）。

A. 这里的"证据确实"就是证据的真实性

B. 这里的"证据充分"就是证据的证明力或价值足以证明案件中的待证事实

C. 公安司法机关在侦查过程中，必须收集到所有涉及案件的证据

D. 法律规定的证据必须经过查证属实，才能作为定案的根据

二、多项选择题

1. 在法庭辩论以后，几个人针对法庭上出示的证据进行了讨论，下列看法你认为正确的是：（　　）。

A. 甲认为，证据的效力是证明案件事实的凭据

B. 乙认为，证据事实与案件事实都有必然联系

C. 丙认为，一切用违法的方法收集的材料，原则上都不能作为定案的证据

D. 丁认为，司法证明任务不仅要查明案件事实，而且要证明案件事实，而证明案件事实只能依靠证据

2. 某地发生一起故意杀人案件，下面的表述中属于与案件事实有关联性的证据包括：（　　）。

A. 甲证明犯罪嫌疑人在案发当日正与其搓麻将

B. 乙证明亲眼看到犯罪嫌疑人用一把匕首刺向被害人

C. 法医丙证明被害人死于心脏病发作

D. 丁证明犯罪嫌疑人曾经与被害人发生过争论

3. 证据制度产生、存在和发展的理论基础是：（　　）。

A. 辩证主义认识论　　　　B. 程序正义论

C. 形而上学论　　　　D. 实体正义论

4. 如何理解程序正义？（　　）

A. 是指法律程序在具体运作过程中所要实现的价值目标

B. 与实体正义结合，构成司法正义

C. 主要体现在程序运作的过程中

D. 直接关系到司法的公正性

5. 程序正义作为刑事证据的理论基础，（　　）。

A. 是刑事制度本身的体现和要求

B. 是时代发展的要求和必然

C. 有利于维护被告人在诉讼中的主体资格

D. 有利于排除非法证据

6. 证据的种类包括：（　　）。

A. 物证　　B. 被害人陈述

C. 鉴定结论　　D. 视听资料

7. 根据物证的存在形态，一般可以将物证分为：(　　)。

A. 实体物证　　B. 痕迹物证

C. 微量物证　　D. 气味物证

8. 书证作为一种主要的证据，具有以下特点：(　　)。

A. 证明的直接性　　B. 证明的稳定性

C. 证明内容的主观性　　D. 表现形式及制作方法的多样性

9. 针对某地的一起故意杀人案件，对于下列看法你认为正确的是：(　　)。

A. 证人可以是了解案件真相的当事人

B. 即使是非常诚实的证人提供的情况，也有可能会是不真实的

C. 证人证言的内容包括证人所了解的事实，以及证人对案件事实的直接分析、判断

D. 证人在适当情况下可以书写证言

10. 几个同学对口供进行了探讨，下列属于口供的情形的是：(　　)。

A. 犯罪嫌疑人、被告人承认自己犯罪并就有关事实所作的供述

B. 犯罪嫌疑人、被告人说明自己无罪或者罪轻的辩解

C. 鉴定人对鉴定结果当庭陈述

D. 犯罪嫌疑人、被告人揭发、检举其他同案犯罪事实的陈述

11. 犯罪嫌疑人、被告人的供述和辩解的特征是：(　　)。

A. 可能是真实的，有可能全面、直接地反映案件的真实情况

B. 虚假的可能性较大，往往真假混杂

C. 公安司法机关在诉讼中一定要正确对待这一诉讼证据，不可盲目相信，也不能一概不信

D. 鼓励犯罪嫌疑人、被告人翻供

12. 鉴定的种类有：(　　)。

A. 法医鉴定　　B. 司法精神病鉴定

C. 化学鉴定　　D. 文件书法鉴定

13. 下列对证据的论断说法正确的是：(　　)。

A. 勘验、检查笔录就其实质而言，是一种反映、保全物证的方法和手段

B. 勘验笔录一般形成于案件发生过程中，可以由被害人、犯罪嫌疑人提供

C. 勘验、检查笔录的主体是司法工作人员

D. 勘验、检查笔录是由鉴定人运用专门知识进行检验、分析后所作的一种判断

14. 根据当前的科技水平和视听资料的运用，按照不同的表现形式，可以把视听资料划分为以下几种：(　　)。

A. 录音资料

B. 录像资料

C. 电子计算机储存资料

D. 运用专门技术设备对物体观察时所作的文字记载

15. 下列对证据的分类，你认为正确的是：(　　)。

A. 原始证据和传闻证据　　B. 直接证据和间接证据

C. 有罪证据和无罪证据　　D. 口头证据和实物证据

16. 一组同学对证据的种类和分类产生了争议，请问你赞同下列哪些观点？（　　）

A. 证据种类是证据的立法分类，具有法律约束力，在诉讼证明活动中必须予以遵从

B. 证据种类的划分根据具有多样性，产生的类型也是各不相同

C. 证据种类由于划分标准单一，对证据特性的表现比较狭窄，对证据的来源、证明力的强弱均无法反映

D. 证据种类以证据分类为研究对象，它不能离开证据分类而存在

17. 下列证据中，既属于直接证据又属于原始证据的有哪些？（　　）

A. 犯罪嫌疑人在侦查阶段向侦查人员所作的有关犯罪过程的供述

B. 侦查人员在现场提取的犯罪嫌疑人的脚印

C. 被害人张某对王某盗窃其汽车的供述

D. 沾有血迹的一把管制刀具

18. 证据的采纳标准是：（　　）。

A. 客观性　　B. 关联性

C. 真实性　　D. 合法性

19. 对于证据保全的种类，下列说法正确的是：（　　）。

A. 根据对象的不同，证据保全可以分为实物证据的保全和言词证据的保全

B. 根据方法的不同，证据保全可以分为原物保全、复制保全、笔录保全、照相保全、录像保全、封存保全等

C. 根据保全的证明价值不同，可以分为证人证言保全、被害人陈述保全、犯罪嫌疑人或被害人的陈述和辩解保全等

D. 根据主体不同，可以分为侦查机关的证据保全、审判机关的证据保全

20. 如何正确理解对犯罪嫌疑人、被告人的供述和辩解的审查判断？（　　）

A. 因为犯罪嫌疑人、被告人在诉讼中的地位和口供具有极大的虚假的可能性，因而对犯罪嫌疑人、被告人的供述和辩解进行审查判断是必要的和重要的

B. 犯罪嫌疑人、被告人的供述和辩解很复杂，有可能是真实的，也有可能是虚假的

C. 应当审查口供是在什么情况下取得的，以及口供是否符合情理，有无反复和矛盾

D. 应当审查口供和案内其他证据是否一致，有无矛盾

21. 刑事诉讼中收集证据工作的要求有：（　　）。

A. 依法进行　　B. 及时进行

C. 客观全面　　D. 深入细致

22. 刑事诉讼中审查判断证据的任务有：（　　）。

A. 鉴别证据的真伪

B. 判断证据事实对案件事实的证明力

C. 在对每个证据审查判断的基础上，审查判断全案证据

D. 对全案证据进行综合分析，排除矛盾，对案件事实作出结论

23. 在刑事诉讼中，对书证、物证的审查判断标准应注意：（　　）。

A. 审查书证、物证来源

B. 审查书证、物证与案件事实

C. 综合审查书证、物证同案内其他证据是否一致

D. 只有依法经过法庭出示、辨认的物证和当庭宣读的书证，确认其真实可靠以后，才能作为定案证据使用

24. 在刑事诉讼中，对证人证言的审查判断应注意：(　　)。

A. 审查证人证言的来源

B. 审查证人与案件的犯罪嫌疑人、被告人有无利害关系

C. 审查证人证言的内容是否受外界的干扰

D. 审查证人证言的内容是否合乎情理、符合逻辑、有无矛盾

25. 在刑事诉讼中，审查被害人陈述应注意：(　　)。

A. 审查被害人的思想品德与平时表现

B. 审查被害人与犯罪嫌疑人、被告人的关系

C. 审查被害人陈述的来源及形成过程

D. 审查被害人陈述的内容与其他证据是否一致

26. 在刑事诉讼中，审查犯罪嫌疑人、被告人的供述和辩解应注意：(　　)。

A. 审查犯罪嫌疑人、被告人供述和辩解的动机

B. 审查口供是在什么情况下取得的

C. 审查口供是否符合情理，有无反复和矛盾

D. 审查口供与案内其他证据是否一致

27. 在刑事诉讼中，对鉴定结论应从以下方面加以审查：(　　)。

A. 鉴定人的主体资格　　B. 送交的鉴定材料是否确实、充分

C. 所使用的鉴定材料是否科学　　D. 鉴定结论和案内其他证据有无矛盾

28. 在刑事诉讼中，应从以下方面对视听资料进行审查判断：(　　)。

A. 视听资料的来源　　B. 视听资料的制作过程

C. 视听资料是否被伪造、篡改　　D. 视听资料与其他证据有无矛盾

29. 对全案证据的审查判断应注意：(　　)。

A. 审查全案证据必须客观、全面

B. 对案件事实和相对应的证据加以分析和综合审查

C. 分析全案事实与结论之间是否符合情理

D. 全案证据应当形成一个协调一致的证据体系

30. 张某以盈利为目的，制作、贩卖淫秽书刊，公安机关没收了张某的书刊，这些书刊属于何种证据？(　　)

A. 书证　　B. 搜查记录

C. 物证　　D. 证人证言

三、简答题

1. 请简述你对证据客观性的理解。

2. 请简述程序正义与实体正义的关系。

3. 请简述物证的特征。

4. 简要分析书证的意义。

5. 简述证人的权利。

6. 简要分析鉴定结论和证人证言的区别。

7. 请简要说明勘验、检查笔录的种类和现实意义。

8. 请简要分析运用间接证据的时候,必须遵守哪些规则?

9. 请谈谈你对审查判断证据的理解。

四、论述题

1. 请分析证据的作用。

2. 试论述物证在整个证据体系中的地位。

3. 2004 年 3 月,陈某因曾揭发他人违法行为被两名加害人报复,在逃跑过程中,被两人砍成重伤,在公安机关侦查过程中,陈某对案件经过进行了陈述。试论述你对上述被害人陈述的理解。

五、案例分析题

1. 张某曾经是厦门一名白领丽人,但由于情感的变化,对丈夫陈某的外遇行为深表不满,并联合其朋友李某、王某等人,于 2004 年 4 月将陈某杀害于荒山之中。2004 年 6 月,张某因涉嫌故意杀人案而被捕。经调查取证,得到以下证据:(1)精神病医院为其开具的间歇性精神病情况的诊断结论;(2)案发现场找到张某写的一封尚未邮寄的信笺,通过对信纸上的字迹进行鉴定,找到了犯罪嫌疑人张某;(3)张某单位开具的关于张某一贯表现的证明;(4)被害人临死之前在山洞中留下一串数字,通过查证该数字为张某的门房号码。对于上述证据,属于书证的有哪些?并简要分析。

2. 某民政局会计张某涉嫌贪污,检察机关对其进行立案侦查。在查账过程中,张某经手的现金有 8000 元对不上账。后张某向检察机关提供了一张 8000 元的现金付款单,证明其没有贪污行为。检察机关对此进行了调查,查明张某提供的付款单上的 8000 元现金,并未按照付款单所载付往某单位。接着检察机关又对付款单进行了鉴定,结论是该单据有涂改痕迹,部分字迹与张某字迹相同,因此,检察机关认定张某犯贪污罪,遂向人民法院提出公诉。

请问:张某提供的付款单属于法定七种证据中的哪种证据?

3. 1992 年 7 月 13 日早晨,在杭州与萧山公路上发生了一起交通肇事案。事故现场有被害人的尸体和被害人骑的摩托车。尸体旁边有被害人的血迹。尸体不远处有汽车紧急刹车留下的摩擦痕迹。被害人手腕上的手表已被摔坏,时针指向 5 点 50 分,侦查人员对现场进行了勘验,拍摄了一张现场全景照片。法医鉴定结论:被害人系被汽车撞击而死。妇女张某对侦查人员说,她丈夫告诉她,事故发生时,他行走在离事故现场 50 米处,目击一辆解放牌大卡车撞击被害人后逃离。事故现场不远处有里程碑记载事故发生地距萧山 15 千米。萧山市交通管理局查明 5 点 50 分左右曾有辆解放牌大卡车经过了事故现场处,其中有一辆是萧山某厂车辆。经侦查人员查看,该车上有处漆皮新脱落的痕迹。厂调度证明司机刘某 13 日早晨驾车从杭州返回萧山,下车后脸上有慌张的神色。出车登记表证明司机刘某 13 日早晨于 5 点 55 分回厂。侦查人员询问刘某和同车司机赵某,两人均否认他们当天早晨发生过交通事故。

问:上述案例中,哪些证据属于物证?哪些证据属于书证?哪些属于直接证据?

4. 1996 年 9 月 6 日,某村李东突然死亡。村民反映可能是其妻朱笑伙同奸夫张通合谋将李杀害。县公安局接到报案后,立即组织力量对该案进行侦查,获得如下证据:

(1)朱笑最初说,李东是 1996 年 9 月 6 日晚上上楼取饲料喂牲口,不慎从楼上摔下来受伤死亡。后经反复对其进行政策教育,朱笑供认,因与张通长期通奸,与其夫李东的感情日渐淡漠。为达到与李东离婚的目的，曾和张通多次谋划杀李。1996 年 9 月 6 日，李的父母到亲戚家喝酒未归，朱、张两人乘李夜间熟睡之机，先由张卡住李的脖子，并把李的头按在炕沿上，用朱拿来的铁锤向李的头砸去，致李死亡。次日，李的父母回来后，张谎称是李昨日晚上同他一起偷本村菜园蔬菜时，被园主打伤，回来后死亡的。并说家丑不可外扬，对外只说李是上楼取饲料摔死的。

(2)李东的父母说，李死的当天他们不在家，回来后听朱、张说李因偷菜被打伤致死，也不敢向村里打听，怕有损名誉，只说李是上楼取饲料摔死的。

(3)该村干部以及菜园的主人均证实，今年一直未发生偷菜和打架的事情，更未发生打伤人的事情。

(4)李东的邻居证明，朱、张通奸是人所共知的事情，李东本人可能也知道，但李生性懦弱，敢怒不敢言。李死后，张就公开住在李家，与朱行同夫妻。李的父母年迈，已丧失劳动能力，要靠朱、张照顾，所以也不敢声张。

(5)张通被捕后，供认了杀李的经过，所述情节与朱的交代基本一致。

(6)在李家的柴堆里，提取了一把铁锤，锤头与木柄交接处有未擦净的血迹。

(7)经开棺验尸发现，李的尸体头部有一个 2 cm×2 cm 的凹形骨折。

(8)经公安局指派的法医鉴定，凹形骨折与铁锤的形状吻合。铁锤上的血迹与李的血迹均是 O 型。

问：(1)上述所有证据各属于法定七种证据中的哪一种？

(2)从理论角度对证据进行的四种分类，上述证据各属于哪一种？

5. 1996 年 2 月 18 日，某单位财务科被盗，存放在保险柜中的 4000 元人民币被盗走。公安机关接到报案后，立即组织力量开展侦查。在勘察现场时从保险柜的侧面发现了几个清晰的指纹。经过鉴定，这几个指纹与本单位职工张某的指纹完全相同，于是公安机关认定该案系张某所为，遂将其逮捕、起诉并由人民法院判处有期徒刑 5 年。半年后，公安机关又破获一起盗窃案件，抓获犯罪嫌疑人三名。在预审中三名犯罪嫌疑人均承认某单位财务科被盗事件是他们所为，交代的犯罪时间、地点、手段等与现场勘察情况完全一致，盗窃所得的 4000 元现金三人均分，并全部用于吃喝了。饭店的老板也出证予以证明。另外，三人还交代作案时为了不留痕迹，全部都戴了手套。那么保险柜上怎么会有张某的指纹呢？经过进一步调查，原来这个保险柜已经使用多年，油漆掉了，两个月前曾送出重新油漆过一次，修完后张某参加了搬运，故而留下了指纹。至此真相大白，张某被判处刑罚完全是冤枉的。

问：从证据学的角度分析，张某被错判的主要原因是什么？

6. 1996 年 6 月 7 日晚上，某县公安机关发现一起少女被害案，侦查人员收集到下列证据材料：(1)村民张某向侦查人员称："我邻居王望告诉我，他 15 岁的女儿王叶被人害死了。"(2)王望对侦查人员称："6 月 7 日晚上 6 点左右，我干活回家，见到我女儿满脸是血躺在地上，下衣被撕开，已经死了。"(3)经法医检验，"发现死者双眼球破裂，脸部有紫黑色血迹"。(4)经鉴定"受害人系他人用铁质棍类钝器袭击脑部致死"。(5)现场勘验笔录记载："在死者房屋西北角，发现一根带血迹的车轴。"(6)马某对侦查人员称："6 月 7 日下午，我看见王叶一人在家，便起了歹心，溜进她家，撕开她的下衣，她不从，我怕她告发，就掐死了她。"

问：(1)本案有哪几种证据？直接证据和传来证据各是什么？

(2)依据本案现有证据，能否证明马某杀死了王叶？为什么？

(3)如果马某被审判，请试论述本案的证明程序。

第八章 证 明

一、单项选择题

1. 下列对刑事证明的理解正确的是：(　　)。

A. 主体只能是审判人员

B. 诉讼代理人不能成为刑事证明的主体

C. 进行证明活动必须建立在证据确实、充分的基础上

D. 刑事证明既是执行法律的行为，也是制定法律的行为

2. 行为意义上的证明和结果意义上的证明划分的标准是：(　　)。

A. 证明的表现形态　　B. 证明对象所属领域

C. 主体的不同　　D. 证明对象的不同

3. 根据刑事诉讼法的有关规定，我国刑事诉讼法的证明标准是：(　　)。

A. 排除合理怀疑　　B. 排他性

C. 唯一性　　D. 犯罪事实清楚，证据确实充分

4. 衡量证据是否确实充分的根本性要求是：(　　)。

A. 排除合理怀疑　　B. 证据与案件事实存在客观联系

C. 证据之间没有矛盾　　D. 唯一性、排他性

5. 根据我国刑事诉讼法的规定，人民法院经法庭审理后，对于证据不足、不能认定被告人有罪的，应当作出：(　　)。

A. 无罪判决

B. 退回人民检察院补充侦查的决定

C. 建议人民检察院撤诉的决定

D. 证据不足，指控的犯罪不能成立的无罪判决

二、多项选择题

1. 根据证据法学理论，刑事诉讼证明具有下列特点：(　　)。

A. 刑事诉讼证明的任务是查明刑事案件的真实情况

B. 证明案件事实的过程就是反复认识案情的过程，是主观认识和客观存在相统一的过程

C. 刑事诉讼证明是在特定的诉讼形式下，依照法定的程序进行的证明活动

D. 刑事诉讼证明过程包括收集证据、审查判断证据和运用证据对案件事实加以认定并得出结论的全部活动

2. 根据证据法学理论，刑事证据的证明对象包括：(　　)。

A. 有关犯罪构成要件的事实　　B. 犯罪嫌疑人、被告人主体方面的事实

C. 程序法事实　　D. 刑事案件的所有事实

3. 在刑事诉讼证明中，作为证明对象的程序法事实包括：(　　)。

A. 对某些犯罪嫌疑人、被告人是否应当采取强制措施的事实

B. 有关回避方面的事实

C. 关于诉讼期限是否超越法律规定的事实

D. 侵犯犯罪嫌疑人、被告人的诉讼权利方面的事实以及剥夺或限制当事人的法定诉讼权利，可能影响公正审判的事实

4. 根据立法上的要求和刑事诉讼的实际工作经验，对于判断一个案件的查证是否达到确实充分的具体标准可以归纳为：(　　)。

A. 每一证据材料均经过查证属实

B. 证据和案件事实之间存在着客观内在联系

C. 证据与证据之间、证据与案情之间的矛盾都得到了合理排除

D. 结案时候认定的事实和情节，都有相应的证据予以证明

5. 逮捕时候的证明要求是同时具备下列情况：(　　)。

A. 有证据证明发生了犯罪事实

B. 有证据证明确实发生了犯罪事实

C. 有证据证明犯罪事实是犯罪嫌疑人实施的

D. 证明犯罪嫌疑人实施犯罪行为的证据已查证属实

6. 根据我国刑事诉讼法的规定，承担刑事诉讼证明责任的原则是：(　　)。

A. 证明责任应当是由提出诉讼主张的侦查人员和检察人员共同负担

B. 否定诉讼主张的犯罪嫌疑人、被告人没有证明责任

C. 侦查人员、检察人员、审判人员不仅要调查、收集犯罪嫌疑人、被告人有罪、罪重的证据，而且要调查、收集证明犯罪嫌疑人、被告人无罪、罪轻的证据

D. 犯罪嫌疑人、被告人提出无罪、罪轻和免予处罚的根据，是他们依法行使辩护权利，不是承担证明责任

7. 在刑事诉讼中，犯罪嫌疑人、被告人不承担证明责任的例外情况是：(　　)。

A. 在自诉案件中，被告人反诉

B. 被控巨额财产来源不明罪

C. 被控非法持有国家绝密机密文件罪

D. 作无罪辩护的犯罪嫌疑人、被告人

8. 在公诉案件中，承担证明责任的主体有：(　　)。

A. 侦查机关

B. 公诉机关

C. 人民法院

D. 犯罪嫌疑人、被告人

三、简答题

1. 简述我国刑事诉讼中证明责任的含义和特征。

2. 简述我国证据规则的体系。

四、论述题

1. 试述我国刑事诉讼中证明对象的范围。

2. 试述我国刑事诉讼中的证明标准及不同诉讼阶段的证明要求。

五、案例分析题

1. 被告人张强婚后家庭和睦，有一子张望。2003 年 3 月 2 日，张强骑自行车载着张望到邻村亲戚家喝酒。席间，张强喝酒过量。当晚推车回家，行至一块麦田，张强因酒性发作，胡蹦乱跳，口出狂言，说身边来了许多鬼，并把自己的鼻子打出血以驱鬼，把儿子张望当鬼按倒在地，骑在身上用拳猛打。附近村民李某等人听到喊声，迅速赶到现场，发现张强用手按住张望，

正喊道:“快来看啊,我抓住一个鬼。你们离开,看我打死他。”李某等人见张望满脸是血,生命垂危,随即将张望抢出送到医院。张望因抢救无效而死亡。经法医鉴定系头部受钝器打击造成脑出血,导致脑功能障碍而死亡。案发后,经对张强进行精神病司法鉴定,结论为张强当时处于病理性酒精中毒状态。

请说明本案中必须用证据加以证明的案件事实的范围。

2. 1997年5月5日,某市文化宫举办舞会,男青年陈大在舞会结束时邀请舞伴女青年张小到其家中玩。晚上10点左右,张小搭陈大的自行车到陈大家。陈大对张小大献殷勤,热情招待。之后甜言蜜语,并将张小推倒在床,两人发生了性关系。晚上11点左右,陈大将张小送回家。张小进屋后,其母见其神色不对,便对其追问。张小把事情告诉了母亲。其母遂带张小到公安局报案,说陈大强奸了张小。

公安局当即立案,并传讯陈大。陈大承认与张小发生了性关系,但不承认是强奸。公安机关又询问被害人张小,张说陈用暴力和胁迫手段将其强奸。强奸后为防止她告发还送她一些金钱。侦查人员听了被害人陈述后,认为陈大不老实,遂组织人员对陈进行突审并进行了刑讯,陈受刑不过遂承认了强奸事实,但不在口供笔录上签字。后经做工作3天以后才在笔录上补签了名字。公安机关认为陈大的犯罪事实已经查清,遂向人民检察院提请起诉。人民检察院经过审查,认为该案不符合起诉条件,遂作出不起诉决定。

请问:人民检察院对陈大强奸案作出不起诉决定是否正确?从证据学角度说明理由。

3. 某市中级人民法院受理一起轮奸案。经法庭调查得知,该案是通过一封匿名举报信而破获的。三名被告人张某、王某、李某均承认有此犯罪行为,交代的犯罪情节也大体一致,与检举材料也基本相同。公安机关根据犯罪嫌疑人的交代查找被害人,三个被害人一个也没有找到,也没有再收集到其他证据。此案审结后在定罪问题上发生了意见分歧,一种意见认为该案不能定罪,理由是证据不足;另一种意见认为可以定罪,因为三名被告供述基本一致,同检举材料也相近。

请问:从证据学角度看,该案的两种意见哪一种是正确的?为什么?

4. 1997年1月25日下午5时左右,某县女青年刘某下班骑车回家,被一骑车男子范某从后面撞倒,并把车把撞歪。范某下车后向刘某表示歉意,并说愿负责把车修好。遂带刘去了附近的一个农田灌溉井,说那里有修理的工具。刘随范到灌溉井旁后,范突然抱住刘就吻,并要与之发生性关系,遭到刘的反抗。范顺手卡住刘的脖子,将刘摔倒在地后,用刘的围巾将其勒昏,对刘进行了强奸。还抢走了刘的手表、钱包等物,之后逃跑。刘苏醒以后,立即向公安机关报案。

公安机关根据被害人提供的情况,很快将范某抓获。在审讯范的过程中,范突然提出要求审讯他的侦查员梁某回避,理由是梁过去和他打过架,并被他打破了头。梁某立即将情况报告给局长,并继续对范进行讯问。范拒绝回答梁提出的一切问题,说:“我已经要求你回避了,你为什么还问我?我拒绝回答你的问题。”结果使讯问无法进行下去。

请问:本案中有哪些情况属于证明对象?在回避未决定之前,范某对被要求回避的侦查人员的讯问拒绝回答对否?为什么?

5. 赵某,男,45岁,某服装厂工人。

钱某,女,39岁,某服装厂工人。

赵、钱两人是同一厂的工人,又是邻居,但两家素来不和,见面后谁也不和谁说话。一天,赵的妻子休假在家洗衣服,洗衣服的水流到钱的家门口。钱某中午回家看见此情况,勃然大怒，认为赵家欺人太甚，遂在门口对着赵家指名大骂，骂赵的老婆是“破鸡”，骂赵“不得好死”，招来无数人围观。赵忍无可忍，便出来与钱讲理，钱用头将赵撞倒，赵更加恼火，顺手捡起一砖头向钱投去，正好打在钱的头上，将钱的头打破。后群众将赵某拉开，将钱送往医院。经医院检查钱的头部组织破裂，缝合了 3 针，不久后出院。

出院后，钱以伤害罪将赵告到法院，法院在开庭审理的时候，赵以侮辱罪对钱提起反诉，要求追究钱的刑事责任。

请问：在这起自诉案件中，证明责任如何分配，并说明理由。

第九章　强制措施

一、单项选择题

1. 某自诉案件，法院开庭审理时，自诉人没有正当理由中途退庭，那么法院应当如何处理？(　　)

A. 缺席审理　　B. 将自诉人拘传到案

C. 按自诉人撤诉处理　　D. 判处被告人无罪

2. 某案，公安机关拘传犯罪嫌疑人以后，先给其 5 个小时的时间好好考虑，然后再进行讯问，那么该公安机关的这一做法是否正确？(　　)

A. 正确，给犯罪嫌疑人思考的时间，有利于其回忆有关案情

B. 正确，留出 5 个小时的时间，有利于侦查人员准备发问内容

C. 错误，应该多给犯罪嫌疑人留一点时间

D. 错误，拘传以后应当立即讯问犯罪嫌疑人

3. 某贪污案件，人民检察院反贪局在侦查过程中，鉴于已经羁押的犯罪嫌疑人蔡某患有急性肝炎，需要保外就医，作出了取保候审的决定，那么该决定应当由哪个机关执行？(　　)

A. 人民法院　　B. 人民检察院

C. 公安机关　　D. 犯罪嫌疑人就诊肝炎的医院

4. 犯罪嫌疑人符某，因涉嫌走私被取保候审，他住在某县 A 镇，在取保候审期间的某一天，他到本县 B 镇赶了一天集，晚上返回，没有向执行机关报告，如何评价他的这一行为？(　　)

A. 他未经执行机关批准，擅自离家外出，违背了取保候审的规定

B. 他虽然外出了，但没有逃跑，而是回到了家中，没有违背取保候审的规定

C. 他离开家以后，没有让公安机关派员跟随，所以违背了取保候审的规定

D. 他只是在本县范围内从 A 镇到 B 镇，所以没有违背取保候审的规定

5. 人民法院受理一起自诉案件以后，对被告人谢某作了取保候审的决定，由谢某的妻子王某作其保证人。但在取保候审期间，谢某骗过其妻子外逃。其妻王某发现情况后，直到有关机关发现，都没有报告。那么下列哪个机关可以对王某处以多少钱的罚款？(　　)

A. 人民法院，1500 元　　B. 公安机关，1500 元

C. 人民法院，800 元　　D. 公安机关，800 元

6. 某案，犯罪嫌疑人史某涉嫌交通肇事，被取保候审，向公安机关交纳了 1 万元保证金，在取保候审期间他遵守了一切规定，后来法院判处其有期徒刑一年，缓刑两年，那么，对这个保证

金应当如何处理？（　　）

A. 应当上交国库　　B. 应当交给被害人

C. 应当退给史某　　D. 应当交给法院

7. 某案，犯罪嫌疑人涉嫌过失伤害，被监视居住，在监视居住期间，他未经机关批准，约他所聘请的律师到家进行法律咨询，如何评价他的这一行为？（　　）

A. 他未经批准就会见他人，违反了监视居住期间应当遵守的规定

B. 他没有办理辩护委托手续就会见律师，违反了监视居住期间应当遵守的规定

C. 在监视居住期间，他会见其所聘请的律师，是正当的，不需要经过批准

D. 监视居住期间，他可以会见任何他人，他的行为是正当的

8. 某案，犯罪嫌疑人在监视居住期间，找人威胁证人华某，说如果华某乱说，他儿子可就没有好果子吃，致使证人华某拒绝作证，对此应当如何处理？（　　）

A. 将犯罪嫌疑人转为取保候审

B. 重新办理监视居住的手续

C. 威胁证人，说明其犯罪事实成立，直接由法院定罪量刑

D. 予以逮捕

9. 某人先后经历过三次拘留，第一次是因为无证酒后驾驶汽车，被公安局拘留；第二次是因为在一起民事诉讼中大闹法庭不听劝阻，被法院拘留；第三次是涉嫌受贿，被检察院拘留。这三种拘留分别称为：（　　）。

A. 刑事拘留、司法拘留、行政拘留　　B. 司法拘留、刑事拘留、行政拘留

C. 行政拘留、民事拘留、刑事拘留　　D. 治安拘留、民事拘留、刑事拘留

10. 某自诉案件，人民法院在审查起诉过程中，认为有必要逮捕被告人，但又担心证据不足，于是就先拘留了被告人。那么，法院的这一做法是否正确？（　　）

A. 正确，法院的做法是为了防止错捕

B. 正确，法院有进行拘留的权力

C. 错误，法院应该先拘传，然后再决定是否拘留

D. 错误，在刑事诉讼中，法院没有拘留权

11. 某地发生盗窃案，公民立即将犯罪嫌疑犯扭送到当地人民检察院，该人民检察院应当作出的处理决定是：（　　）。

A. 立即立案

B. 对公民的扭送不予理睬

C. 告知应扭送公安机关

D. 先采取紧急措施，然后再移送公安机关立案侦查

12. 取保候审、监视居住的执行机关是（　　）。

A. 人民法院　　B. 司法行政机关

C. 人民检察院　　D. 公安机关

13. 在逮捕的条件中，属于修正后的刑事诉讼法新规定的内容是：（　　）。

A. 主要犯罪事实已经查清　　B. 有逮捕必要的

C. 有证据证明有犯罪事实　　D. 可能判处徒刑以上刑罚

14. 对犯罪嫌疑人、被告人取保候审的最长期限是（　　）。

A. 6 个月　　B. 12 个月　　C. 3 个月　　D. 15 个月

15. 于某因故意杀人罪被公安机关抓获后，发现其已有五个月的身孕，公安机关对其应采取的强制措施是：(　　)。

A. 应当逮捕　　B. 应当取保候审或监视居住

C. 可以取保候审或者监视居住　　D. 不应当采取强制措施

16. 4 月 4 日甲市公安局对犯罪嫌疑人刘某提请逮捕，可市检察院认为证据不足，作出了不批准逮捕的决定，4 月 8 日市公安局认为此决定有错误，申请复议。4 月 12 日市检察院复议维持原决定，省检察院于 4 月 14 日收到甲市的提请复核意见书，省检察院应当在什么时间以前作出复核决定？(　　)

A. 4 月 19 日　　B. 4 月 21 日　　C. 4 月 28 日　　D. 4 月 29 日

17. 张某为美国人，长期以来在中国从事颠覆我国政权的活动，某市国家安全机关对张某进行侦查之后，认为应该对张某进行逮捕，于是报请该市检察院批准。下列做法正确的是：(　　)。

A. 该市人民检察院作出批准的决定

B. 该市人民检察院上报省人民检察院，该省人民检察院作出批准的决定

C. 该市人民检察院上报最高人民检察院，由最高人民检察院作出批准的决定

D. 该市人民检察院上报省人民检察院，该省人民检察院上报最高人民检察院，由最高人民检察院作出批准的决定

18. 对于逮捕的条件，我国刑事诉讼法作出规定，下列理解正确的是：(　　)。

A. 证明犯罪嫌疑人实施犯罪行为的证据已经查证属实

B. 有证据证明发生了犯罪事实，并有证据证明该犯罪事实为该犯罪嫌疑人所为

C. 上述两项应同时具备

D. 上述两项应至少具备其一

19. 王某因涉嫌盗窃在侦查期间被取保候审，而张某是王某的保证人。王某在取保候审期间逃匿，张某明知王某藏在何处，但是拒绝向公安机关提供该地点。有关机关不能对张某采取以下哪种措施？(　　)

A. 如果王某同时是附带民事诉讼的被告人，那么应该将张某也列为该附带民事诉讼的被告人

B. 张某应该对王某的附带民事诉讼的赔偿责任承担连带责任

C. 没收张某为王某交纳的保证金

D. 依照刑法规定对张某追究刑事责任

20. 张某因为涉嫌贪污而被检察院执行逮捕，按照法律规定，下列哪个机关应该将张某被逮捕的事情通知张某的家属？(　　)

A. 负责羁押的部门　　B. 决定逮捕的人民检察院

C. 执行逮捕的公安机关　　D. 人民检察院或公安机关都有义务

二、多项选择题

1. 人民法院、人民检察院和公安机关都有权决定适用的强制措施有：(　　)。

A. 拘传　　B. 取保候审

C. 监视居住　　D. 拘留

2. 对应当逮捕的犯罪嫌疑人、被告人，可以采用取保候审或监视居住的办法的情形有：

(　　)。

A. 患有严重疾病　　B. 怀孕的妇女

C. 未成年人　　D. 正在哺乳自己婴儿的妇女

3. 公安机关对于现行犯或重大嫌疑分子,可以先行拘留的情形有:(　　)。

A. 以前犯过相类似罪行的

B. 拥有的财产超过合法收入的

C. 被害人或者在场亲眼看见的人指认他犯罪的

D. 在其身边或者住处发现有犯罪证据的

4. 任何公民都可以立即扭送司法机关处理的情形有:(　　)。

A. 正在预备犯罪的　　B. 通缉在案的

C. 越狱逃跑的　　D. 正在被追捕的

5. 提请批准逮捕的期限可以延长至30日的嫌疑分子是指:(　　)。

A. 流窜作案的　　B. 多次作案的

C. 结伙作案的　　D. 不讲真实姓名和住址,身份不明的

6. 逮捕犯罪嫌疑人必须具备的条件有:(　　)。

A. 犯罪嫌疑人已被拘留

B. 有证据证明有犯罪事实

C. 可能判处徒刑以上的刑罚

D. 采取取保候审、监视居住等方法,尚不足以防止发生社会危险性,而有逮捕必要的

7. 下列方法中属于刑事诉讼强制措施的有:(　　)。

A. 取保候审　　B. 拘传

C. 训诫　　D. 责令具结悔过

8. 对于违反取保候审期间应当遵循的法定义务的犯罪嫌疑人、被告人,可以作出的处理决定有:(　　)。

A. 没收保证金　　B. 责令其具结悔过

C. 责令其重新交纳保证金、提出保证人　　D. 监视居住,必要时予以逮捕

9. 下列机关可以决定逮捕的有:(　　)。

A. 人民法院　　B. 人民检察院

C. 公安机关　　D. 国家安全机关

10. 取保候审的适用条件是:(　　)。

A. 可能判处有期徒刑的

B. 可能判处管制、拘役的

C. 可能判处独立适用附加刑的

D. 可能判处有期徒刑以上刑罚,采取取保候审不致发生社会危险性的

11. 某地发生一起伤害案件,被害人向法院提起自诉,法院准备传被告人到案接受讯问,那么下列理解中正确的是:(　　)。

A. 应当先传唤,传唤不到案时,再拘传　　B. 可以先传唤,传唤不到案时,再拘传

C. 可以不经传唤程序,直接进行拘传　　D. 应当直接进行拘传

12. 某案,已经逮捕犯罪嫌疑人,公安机关侦查终结后,移送人民检察院审查起诉,人民检察院作出了不起诉的决定,但是公安机关认为检察院的决定有错误,于是向人民检察院提出了

复议的要求，在人民检察院复议期间，公安机关如何处理已经羁押的犯罪嫌疑人？（ ）

A. 可以将犯罪嫌疑人的强制措施变更为取保候审

B. 可以立即释放在押的犯罪嫌疑人

C. 作出对犯罪嫌疑人进行劳动教养的处理决定

D. 对案件进行补充侦查

13. 某案，公安机关决定对犯罪嫌疑人实行取保候审，那么下列说法正确的是：（ ）。

A. 既让犯罪嫌疑人提供保证人，又要其交纳保证金

B. 既不让犯罪嫌疑人提供保证人，又不让其交纳保证金

C. 可以责令犯罪嫌疑人提供保证人，而不让其交纳保证金

D. 可以让犯罪嫌疑人交纳保证金，而不让其提供保证人

14. A 市公安机关决定拘留犯罪嫌疑人，但犯罪嫌疑人闻讯后逃到了 B 市，A 市公安机关决定到 B 市去执行拘留，那么在执行程序上，与在本市进行拘留不同的是什么程序？（ ）

A. 应当向被拘留人出示拘留证

B. 应当通知 B 市公安机关

C. 拘留后的讯问时限和通知时限从被拘留人被押解回 A 市时起开始计算

D. 应当通知被拘留人的家属一块去执行拘留

15. 某村村民潘某喜欢做好事，听说公民有扭送的权利，就向律师打听，下列哪些情况下，他可以行使这项权利。如果你是接待他的律师，你会选择哪些情形？（ ）

A. 他发现最近来本村做生意的胡某是公安机关通缉的逃犯

B. 他发现本村村民甲和乙之间有通奸行为

C. 他发现村民丙正在盗窃其邻居丁家的电视机

D. 他发现本村村民戊在家偷看黄色录像

16. 某市公安局侦查员张某涉嫌非法拘禁他人而被人民检察院立案侦查。如果人民检察院最终决定逮捕张某，则至少应该具备下列哪些条件？（ ）

A. 张某有很大的人身危险性

B. 张某可能会被判处 3 年有期徒刑以上的刑罚

C. 张某可能被判处徒刑以上刑罚

D. 非法拘禁这一行为有证据证明

17. 某县公安机关将正在实施强奸的张某先行拘留后，经审查认为需要逮捕，于是依法提请该县人民检察院审查批准。人民检察院在对案件进行审查后，可以依法作出下列哪些处理决定？（ ）

A. 退回补充侦查的决定　　B. 批准逮捕的决定

C. 不批准逮捕的决定　　D. 采取取保候审、监视居住的决定

18. 张某为政府公务员，因涉嫌贪污被人民检察院立案侦查，在侦查期间，张某聘请了律师王某为其提供法律帮助。在本案中有权为张某申请取保候审的人员有哪些？（ ）

A. 张某的父亲　　B. 张某的朋友

C. 张某　　D. 王某

19. 在上面的案件中张某的妻子为其保证人，为张某申请了取保候审，那么当张某未经批准而私自离开所居住的市时，其妻子对此知情，但是没报告执行机关。此时，执行机关可以作出哪些决定？（ ）

A. 责令张某具结悔过

B. 责令张某另行提供保证人

C. 对张某的妻子处以罚款

D. 提请人民检察院决定是否转为监视居住

20. 在上面的案件中，如果人民检察院认为张某在取保候审期间严重违反有关规定，需要变更为逮捕措施，下列说法正确的是：(　　)。

A. 由人民检察院决定逮捕张某　　B. 由公安机关决定逮捕张某

C. 由公安机关执行逮捕张某　　D. 由人民检察院执行逮捕张某

三、简 答 题

1. 简述被监视居住人应当遵守哪些规定。

2. 简述拘留的条件。

3. 简述刑事拘留与民事拘留的区别。

四、论 述 题

试述强制措施的适用原则。

五、案例分析题

1. 蒙某，女，34 岁，某镇农民。1998 年 3 月，蒙某因盖厨房和邻居张某发生口角，遭到张某的辱骂，后又和张某的老婆发生厮打，脸上、身上均被抓伤。蒙某一怒之下，产生报复杀人的想法。1998 年 5 月 2 日，蒙某趁张某夫妇外出，只有 4 岁的女儿在家之机，将小孩骗至家中，趁其不备，用菜刀将其活活砍死。然后将小孩身上浇满煤油，又托人告诉张某，说他的女儿被狗咬伤，让他赶紧回来。待张某的老婆进屋后，蒙某从外面将房门锁死，将房子点燃致使张某的老婆被活活烧死，小孩尸体被烧焦。蒙某犯罪后服毒自杀未遂，经抢救脱险。公安机关在调查中发现蒙某有一刚满月的婴儿，正在哺乳期，遂决定对蒙某采取监视居住的强制措施。后来当案件起诉到人民法院后，蒙某想到自己将被当作杀人犯执行枪决，十分恐惧，多次企图掐死婴儿而后自杀，幸好被邻居发现，将婴儿抱走，并派人日夜看住蒙某。而同时，张某发誓要为妻儿报仇，一定要亲手杀死蒙某，张的亲属也只得派人日夜看着他。人民法院在得知这些情况后，决定立即逮捕蒙某。并连夜派两名法警将蒙某逮捕，送至看守所关押，同时妥善安排了婴儿的抚养问题，并做了张某的说服教育工作。

问：(1)公安机关对蒙某适用监视居住的强制措施是否恰当?

(2)人民法院在执行逮捕过程中是否符合法律的规定？为什么？

2. 被告人崔某，1980 年出生。1999 年 5 月 7 日晚在一路口抢走一下班女工的提包，被过路群众抓获，扭送到附近的某人民法院。法院同志认为这是公安机关管辖的案件，告诉群众应将其扭送到公安局。崔某被扭送到公安局后，公安人员认为崔某符合拘留的条件，遂将其拘留。后公安局于 5 月 16 日向人民检察院提请批准逮捕，但未获批准。公安局认为这一决定是错误的，于是向检察院提出复议，但仍未被接受，遂向上一级检察机关申请复核，同时认为崔某态度恶劣，随时可能逃跑，而且刑事诉讼法规定拘留最长期限为 37 天，因此，尽管崔某多次提出应当释放，但一直未被批准。直至 5 月 25 日，上级检察机关作出不批准逮捕的决定，才将其释放。该案于 6 月 20 日由人民检察院提起公诉，在庭审过程中，人民法院认为，应对崔某实施逮捕，于是派法警将其逮捕归案。

问：本案的公、检、法机关在适用强制措施及程序方面存在哪些违反法律规定之处？

第十章　附带民事诉讼

一、单项选择题

1. 对于附带民事诉讼的案件在审结之前，原告要求撤诉的情况，人民法院应当如何处理？（　　）

A. 应当允许

B. 一般不允许

C. 不应当允许

D. 应视案件的具体情况决定允许还是不允许

2. 下列关于提起附带民事诉讼时间的说法中正确的是：（　　）。

A. 附带民事诉讼应当在刑事案件立案以后第一审法庭辩论开始之前提起

B. 附带民事诉讼应当在刑事案件立案以后第一审法庭调查开始之前提起

C. 有权提起附带民事诉讼的人在规定时间内没有提起的，不得再提起附带民事诉讼

D. 有权提起附带民事诉讼的人在规定时间内没有提起的，不得再提起民事诉讼

3. 被告人甲某，为了报复同事乙某，就捏造事实说乙某贪污腐败并广泛散布，造成了十分恶劣的影响，人民法院经过审理认定甲某构成了诽谤罪。在审理过程中，被害人乙某提出了精神损害赔偿的诉讼请求。人民法院应当如何处理这一诉讼请求？（　　）

A. 作出判决　　B. 告知乙某另行起诉

C. 进行调解　　D. 不予受理

4. 下列说法中错误的是：（　　）。

A. 人民法院收到附带民事诉状后，应当进行审查，并在 5 日内决定是否立案

B. 人民法院受理附带民事诉讼后，应当在 5 日内向附带民事诉讼的被告人送达附带民事起诉状副本，或者口头将起诉的内容及时通知附带民事诉讼的被告人

C. 附带民事诉讼的原告人和被告人通过第一审人民法院提起上诉的，第一审人民法院应当审查上诉是否符合法律规定；符合规定的，应当在上诉期满后 3 日内将上诉状连同案卷、证据移送上一级人民法院，同时将上诉状副本送交同级人民检察院和对方当事人

D. 附带民事诉讼的原告人和被告人直接向第二审人民法院提起上诉的，第二审人民法院应当在收到上诉状后 3 日内将上诉状交第一审人民法院

5. 人民法院对于被害人在审理过程中坚持提起的已经过人民检察院调解、双方达成协议并已经给付的附带民事诉讼，应当如何处理？（　　）

A. 应当驳回　　B. 应当另案处理

C. 可以受理　　D. 应当退还检察院处理

6. 在我国刑事诉讼中，直接向人民法院提起附带民事诉讼的，下列说法正确的是：（　　）。

A. 一般应当提交附带民事诉状　　B. 必须提交附带民事诉状

C. 不能口头起诉　　D. 可以选择口头起诉，也可以选择书面起诉

7. 人民法院审理附带民事诉讼案件时，对诉讼费用的说法正确的是：(　　)。

A. 参照民事诉讼法的规定收取诉讼费　　B. 按照民事诉讼法的规定收取诉讼费

C. 不收取诉讼费　　D. 适当收取诉讼费

8. 关于可以提起附带民事诉讼的“物质损失”的解释，下列说法错误的是：(　　)。

A. 被害人因人身权利受到犯罪侵犯而遭受的物质损失

B. 被害人因财物受到犯罪侵犯而遭受的物质损失

C. 被害人因犯罪行为已经遭受的实际损失和必然遭受的损失

D. 犯罪分子非法占有、处置被害人财产而使其遭受的物质损失

9. 在一附带民事诉讼中，被告人赵某的父亲提出要为儿子承担赔偿费用，则法院应当如何答复这一请求？(　　)

A. 应当准许　　B. 应当驳回

C. 可以准许　　D. 根据附带民事诉讼原告人的意思决定

10. 某法院在审理被告人甲某故意伤害一案时，被害人乙某提起了赔偿医疗费的附带民事诉讼的请求。在审理民事赔偿部分的时候，被告人甲某承认殴打了乙某，但是合议庭认为甲某是否参与殴打乙某的事实待查。此时法庭应当如何处理？(　　)

A. 宣布休庭，对有疑问的证据进行核实

B. 要求乙某提出证据证明甲某参与了殴打

C. 免除乙某的举证责任，直接认定这个事实

D. 交给检察机关进行补充侦查

二、多项选择题

1. 附带民事诉讼的起诉条件是：(　　)。

A. 提起附带民事诉讼的原告人、法定代理人符合法定条件

B. 有明确的被告人和请求赔偿的具体要求及事实根据

C. 被害人的物质损失是由被告人的犯罪行为造成的

D. 属于人民法院受理附带民事诉讼的范围

2. 审理附带民事诉讼，应当：(　　)。

A. 适用刑法、刑事诉讼法

B. 参照刑法、刑事诉讼法

C. 适用民法通则、民事诉讼法的有关规定

D. 参照民法通则、民事诉讼法的有关规定

3. 在刑事附带民事诉讼中，哪些人依法负有赔偿责任？(　　)

A. 刑事被告人(公民、法人、其他组织以及没有被追究刑事责任的其他共同致害人)

B. 未成年刑事被告人的法定代理人

C. 已被执行死刑的罪犯的遗产继承人

D. 对刑事被告人的犯罪行为应当承担民事赔偿责任的企业、事业单位、机关和团体

4.《刑事诉讼法》规定，附带民事诉讼的原告可以是：(　　)。

A. 公民、法人或者其他组织

B. 人民检察院

C. 已经死亡的被害人的近亲属

D. 无行为能力或者限制行为能力被害人的法定代理人

5. 在刑事附带民事诉讼中，只有附带民事诉讼的当事人就附带民事诉讼上诉时，该案件应当如何处理？（　　）

A. 二审案件只需审查附带民事诉讼

B. 在上诉期满后，第一审刑事部分判决生效

C. 如果第一审附带民事部分事实清楚，适用法律正确，刑事部分亦无不当，则应以刑事附带民事裁定维持原判，驳回上诉

D. 第一审刑事判决需要第二审判决或裁定作出之后，才能确定其效力

6. 甲某被乙某打成轻伤，向法院提起附带民事诉讼。在案件的审理过程中，被告人乙某因发生车祸死亡，则受理案件的法院应当如何处理？（　　）

A. 裁定中止审理，并告知自诉人对附带民事诉讼部分另行提起民事诉讼

B. 裁定中止审理，并根据已经查明的案件事实，由乙某的遗产继承人对甲某负责赔偿，对附带民事部分一并处理

C. 如果根据已经查明的案件事实和认定的证据材料，能够证明乙某打伤甲某完全是正当防卫，乙某无罪，则应当判决宣告乙某无罪

D. 只是裁定终止审理，对附带民事部分不做处理

7. 人民法院审理附带民事诉讼，下列说法正确的是：（　　）。

A. 所有的附带民事诉讼案件，人民法院可以调解

B. 附带民事诉讼案件应当与刑事案件一并审理

C. 附带民事诉讼案件可以在刑事案件审理以前进行审理

D. 附带民事诉讼案件可以在刑事案件审理以后进行审理

8. 甲某故意伤害乙某，乙某在刑事审判过程中提起了附带民事诉讼，在审判过程中，出现下列哪些情况时，人民法院可以决定在刑事案件审判后由同一审判组织继续审理？（　　）

A. 被害人乙某伤势严重，治疗仍在进行，治疗费用还不能确定

B. 被告人甲某的财产在案件审判之前已经被转移，公安机关正在追查

C. 在审判过程中，甲某的父亲提出愿意为儿子承担赔偿责任

D. 法庭在审理中认定被告人甲某的行为不构成犯罪

9. 下列说法中正确的有：（　　）。

A. 附带民事诉讼的调解应当在自愿合法的基础上进行

B. 调解书经双方当事人签收后即具有法律效力

C. 经调解达成协议的，都必须制作调解书

D. 经调解无法达成协议或者调解书签收前当事人反悔的，附带民事诉讼应当同刑事诉讼一并判决

10. 李某是一名16岁学生，在一起抢劫案件中被打成重伤，则下列哪些人有权提起附带民事诉讼？（　　）

A. 李某的母亲　　B. 李某的哥哥

C. 为李某交住院费的王某　　D. 李某的老师

11. 下列哪些情况不能提起附带民事诉讼？（　　）

A. 被害人放弃自己的权利　　B. 被告人的行为没有被指控为犯罪

C. 给被害人所造成的精神上的损失　　D. 保险公司在赔偿被告人财产损失之后

12. 甲某在一起交通事故中受重伤，如果他想提起附带民事诉讼，可以在什么时间内提起？（　　）

A. 公安机关进行侦查的阶段　　B. 审查起诉阶段
C. 在开庭后判决宣告之前　　D. 在判决宣告之后

13. 在一起故意伤害案件中，附带民事诉讼的原告人在法庭审理过程中，未经法庭许可中途退庭，下列做法错误的是：（　　）。

A. 用传票将其传唤到法庭　　B. 将其拘传到法庭
C. 延期审理　　D. 应当按照其自行撤诉处理

14. 下列说法中错误的有：（　　）。

A. 人民法院审理附带民事诉讼案件，依法判决后，查明被告人确实没有财产可供执行，则应强制执行其家庭财产

B. 人民法院审理附带民事诉讼案件，依法判决后，查明被告人确实没有财产可供执行，则应裁定中止或者终结执行

C. 经过追缴或者退赔仍然不能弥补被害人损失的，被害人向人民法院民事审判庭另行提起民事诉讼的，人民法院可以受理

D. 经过追缴或者退赔仍然不能弥补被害人损失的，被害人向人民法院民事审判庭另行提起民事诉讼的，人民法院应当驳回诉讼请求

三、简答题

1. 简述附带民事诉讼的意义。

2. 简述附带民事诉讼的审判方式。

四、论述题

试述附带民事诉讼的提起条件。

五、案例分析题

1. 被告人李某、郭某，在一次抢劫案件中，打伤了刘某和谢某两人，打死了万某。人民法院在审理此案的过程中，谢某和万某的儿子提起了附带民事诉讼，共要求赔偿损失约 30 万元。人民法院为了保证民事判决能够顺利进行，依法查封和扣押了两名被告人的部分财产。同时，人民法院将刘某、谢某和万某的儿子列为附带民事诉讼的共同原告人开始审判。在审判过程中，发现附带民事诉讼部分比较复杂，人民法院考虑到审判人员的业务能力，为了保障案件的质量，将附带民事诉讼部分移交民事审判庭审判。

问：(1)刘某是否有权不提起附带民事诉讼？本案中人民法院是否有权将刘某列为附带民事诉讼的共同原告人？

(2)人民法院能否将刑事案件和附带民事诉讼部分分开审理？能否将附带民事诉讼部分移交给民事审判庭？

(3)本案中，人民法院查封、扣押被告人的财产是否有法律依据？

2. 甲某一次骑自行车外出，出租车司机乙某强行超车，车身与甲某的自行车相擦，划掉一道油漆。乙某停车后就破口大骂，并对甲某拳打脚踢，造成甲某轻伤。人民检察院以故意伤害罪对乙某提起公诉，人民法院立案审理。同时，甲某提出附带民事诉讼。

问:(1)甲某要求乙某支付其医疗费、误工费、交通费、精神损害赔偿费等共计 5 万余元。人民法院是否应当支持此诉讼请求?

(2)如果甲某提出赔偿要求后,经公安机关调解,和乙某达成协议,并且已经支付了赔偿金,但是甲某又向法院提出附带民事诉讼,这时人民法院是否应当受理?

(3)如果在审理过程中,甲某经过法院传票传唤仍拒不到庭,又无正当理由,则人民法院应当如何处理?

第十一章 立 案

一、单项选择题

1. 赵某和罗某是邻居,两人常常因小事纠纷不断,一日,两人又起纠纷,争吵中罗某抄起木棍,打在赵某的头上,致使其严重脑震荡,左耳失聪。赵某因此报至公安机关,公安机关认为这是邻里纠纷,以民事调解为宜,不予立案。赵某又告至检察院,检察院以同样的理由不予立案。赵某即将本案诉至法院。下列选项中,哪项不属于法院在决定是否立案之前应当审查的内容?(　　)

A. 本院是否有管辖权

B. 自诉人是否有证明被告人犯罪事实的证据

C. 被告人是否下落不明

D. 被告人是否会提起反诉

2. 某地发现一具男尸,经初步确认,该尸体是他杀而不是自杀,但是没有其他线索,公安机关迟迟不予立案,那么检察院对于公安机关的做法可以:(　　)。

A. 要求公安机关立即立案

B. 要求公安机关立即立案,如公安机关还是不予立案,就自己立案侦查

C. 要求公安机关说明不立案的理由,认为理由不成立的,通知其立即立案

D. 要求公安机关说明不立案的理由,认为理由不成立的,建议其立即立案

3. 根据刑事诉讼法的规定,人民检察院按照管辖范围,对报案、控告和举报的材料进行审查后,如果决定不立案的话,则:(　　)。

A. 应当将不立案的原因通知控告人　　B. 应当将不立案的原因通知举报人

C. 应当将不立案的原因通知报案人　　D. 应当将不立案的原因上报上一级检察院

4. 对于不符合立案条件的,司法机关应当将不立案的理由通知控告人,如果控告人不服,可以(　　)。

A. 上诉　　B. 申请立案

C. 申请复议　　D. 直接起诉

5. 甲某被乙某打成重伤,甲某的母亲向公安机关报案后,公安机关却迟迟不予立案,甲某就向检察院申诉,检察院向公安机关发出“要求说明不立案理由的通知”,则公安机关应当(　　)。

A. 在收到通知书后 3 日内书面答复检察院

B. 在收到通知书后 7 日内书面答复检察院

C. 在收到通知书后 10 日内书面答复检察院

D. 在收到通知书后 15 日内书面答复检察院

6. 李某发现在其住处外面卖东西的赵某有盗窃行为，则他可以向下列哪个机关进行举报？（　　）

A. 公安机关　　B. 检察机关

C. 法院　　D. 公安机关、检察机关或者法院

7. 某地发生了盗窃案，当地群众把犯罪嫌疑人扭送到人民检察院，该人民检察院应当（　　）。

A. 不立案侦查

B. 对公民的扭送不予理睬

C. 立案

D. 先采取紧急措施，然后将该案件移送到公安机关立案侦查

8. 某县公安机关刑警队接到群众报案，在某一山顶上发现一具尸体。刑警队马上派人赶到现场勘查、检查，以收集证据。根据规定，公安机关收集的证据能够将案件事实证明到何种程度时，公安机关就应当对此立案侦查？（　　）

A. 有犯罪事实需要追究刑事责任　　B. 有明确的犯罪嫌疑人

C. 应当判处徒刑以上刑罚　　D. 犯罪事实清楚，证据确实充分

二、多项选择题

1. 关于立案的表述正确的是：（　　）。

A. 立案是开始程序　　B. 立案是必经程序

C. 立案是属于侦查中的一个程序　　D. 立案是侦查程序中的一个独立阶段

2. 立案的条件有：（　　）。

A. 客观上存在某种危害社会的犯罪行为

B. 要立案追究的必须是依照刑法的规定构成犯罪行为

C. 有一定的材料证明犯罪事实确已发生

D. 依法需要追究行为人的刑事责任

3. 立案的程序包括：（　　）。

A. 对立案材料的接受　　B. 对立案材料的审查

C. 对立案材料的处理　　D. 对立案活动的监督

4. 周某和李某为同村村民，两家素来有仇。一日，周某的房屋被人放火烧毁，邻居王某看见当时李某曾经从现场经过。王某立即向公安机关报案，但公安机关以证据不足不予立案。则下列说法中正确的有：（　　）。

A. 对公安机关的不立案决定，周某不服的，可以向人民检察院申诉

B. 对公安机关的不立案决定，周某不服的，可以向公安机关申请复议

C. 对公安机关的不立案决定，王某不服的，可以向公安机关申请复议

D. 对公安机关的不立案决定，王某不服的，可以向人民检察院申诉

5. 对于自诉案件，有权向人民法院直接起诉的人有：（　　）。

A. 被害人　　B. 被害人的法定代理人

C. 被害人的近亲属　　D. 被害人所在的单位

6. 公安机关、法院、检察院在遇到不属于自己管辖的报案、控告、举报时，下列处理方法错

误的是:(　　)。

A. 不应当受理　　B. 应当受理

C. 应当受理,告知其向主管机关报案、控告　　D. 应当接受,然后向主管机关移送

7. 公安机关或者人民检察院的立案材料来源主要是:(　　)。

A. 公安机关或者人民检察院发现的犯罪　　B. 任何个人发现犯罪的报案

C. 犯罪人的自首　　D. 任何单位发现犯罪的报案

8. 某检察院在接到公务员甲某贪污的线索后,认为需要进行初步审查,以确定是否立案,下列可以采取的做法有:(　　)。

A. 询问甲某的家属收入状况　　B. 查询甲某的账户

C. 对甲某的欠条进行鉴定　　D. 搜查甲某的房间

9. 下列关于人民检察院立案侦查程序的说法中正确的有:(　　)。

A. 人民检察院决定对案件立案侦查的,应当制作立案决定书

B. 人民检察院决定不予立案的控告,如果是被害人控告的,应当制作不立案通知书

C. 不立案通知书应当在 15 日内送达控告人,同时告知本院控告申诉检察部门

D. 对不立案的复议,由人民检察院控告检察部门办理,并在收到复议申请的 30 日内作出复议决定

10. 下列关于立案程序的表达不正确的是:(　　)。

A. 公安机关、人民检察院对于不属于自己管辖的控告,应当接受并移送主管机关处理

B. 公安机关对于属于自己管辖的举报无权采取紧急措施

C. 报案的控告和举报应当以书面形式作出呈报

D. 接受控告、举报的工作人员应当告知控告人、举报人诬告的法律后果

11. 根据《刑事诉讼法》的有关规定,有权对公安机关进行立案监督的主体是:(　　)。

A. 控告人　　B. 人民法院

C. 新闻媒体　　D. 检察机关

三、简答题

1. 简述立案的特点。

2. 简述立案材料的来源途径。

四、论述题

试述立案材料的接受应注意的问题。

五、案例分析题

甲某被乙某打伤,甲某的邻居丙某向公安机关报案。公安机关认为丙某不是甲某的近亲属,所以不予受理。随后甲某就亲自将乙某告到公安机关。公安机关在接待甲某的时候,要求甲某必须写出详细的报案材料,并且告知甲某诬告要承担法律责任。公安机关经过审查决定不立案,半个月后才将不立案的决定结果告诉甲某。甲某不服,向人民检察院提出控诉。人民检察院经审查后向公安机关发出“通知立案书”,公安机关在接到后的第 20 天决定立案。

请指出本案中的程序错误。

第十二章　侦　查

一、单项选择题

1. 某市公安机关在侦查一起故意伤害案中，需要询问在银行工作的职员李某以了解案发时的有关情况，下列选项中询问李某的地点不正确的是哪一项？（　　）

A. 李某的家里　　B. 李某的工作单位

C. 市公安局　　D. 市公安局的指定地点

2. 某市检察分院的反贪局侦查员李某，在办理自侦案件的过程中，认为本案中存在专门性问题，需要由本检察院的技术部门进行鉴定。下列什么人员或机构有权决定进行该项鉴定？（　　）

A. 侦查员李某　　B. 市检察分院反贪局领导

C. 市检察分院检察长　　D. 市检察分院检察委员会

3. 犯罪嫌疑人王某因涉嫌刑讯逼供被依法看押在看守所。检察员魏某如果在提讯王某时需要王某出看守所辨认证据，那么魏某需要经谁的批准，才可提押王某到人民检察院接受询问？（　　）

A. 检察委员会　　B. 检察长

C. 公安局局长　　D. 看守所所长

4. 某村农民二狗突然死在家里，死因不详，其有父母妻子儿女。如果需要进行尸体解剖以查明死因，公安机关需要得到哪方面的同意？（　　）

A. 必须得到二狗家属的同意

B. 有权自行决定

C. 应当报请同级人民检察院备案

D. 应当经检察机关批准后才有权解剖

5. 侦查人员为了确定某些特征、伤害情况或者生理状态，可以对（　　）的人身进行检查。

A. 证人　　B. 被害人　　C. 被告人　　D. 辩护人

6. 某故意伤害案件，公安机关没有对犯罪嫌疑人采取强制措施，在侦查过程中派侦查人员到犯罪嫌疑人的住所进行讯问，那么在讯问时，侦查人员应当向该犯罪嫌疑人出示的证件是：（　　）。

A. 传唤证　　B. 拘传证

C. 工作证　　D. 被害人报案的材料

7. 犯罪嫌疑人刘某涉嫌抢劫罪被某县公安机关立案侦查，在侦查过程中刘某认为公安机关对被害人所作的伤情鉴定不公正，下列刘某可选择的做法正确的是哪一项？（　　）

A. 自行到有关的专门机关鉴定

B. 向公安局的负责人提出申请，经负责人批准后由公安机关补充鉴定或重新鉴定

C. 向县级检察院提出申请

D. 向上级公安机关提出申请

8. 公安机关对李某涉嫌故意杀人犯罪侦查终结前，发现其还犯有强奸罪，对李某的羁押该怎么办？（　　）

A. 可以延期羁押，但要经过同级人民检察院的批准

B. 重新计算羁押期限,但需要经过同级人民检察院的批准

C. 重新计算期限,不需要同级人民检察院的批准,由公安机关自行决定,但要报检察机关备案

D. 重新计算期限,由公安机关决定,无须报送检察院备案

9. 某故意伤害案件,在犯罪嫌疑人住处发现有下列物品,其中哪项不属于应当扣押的范围?( )

A. 爆炸用的雷管　　B. 一把匕首

C. 黄色书刊　　D. 电脑一台

10. 某强奸案件,公安机关派了一位女医师对被害人的身体进行检查,但是被害人拒绝接受检查。那么,公安机关应当如何进行处理?( )

A. 应当强行检查

B. 可以强行检查

C. 不应当继续检查

D. 在征得被害人的父母同意和人民检察院的批准后可以进行强制检查

11. 犯罪嫌疑人李某 2001 年 2 月因涉嫌滥用职权罪被某市检察机关立案侦查,在该案侦查过程中,李某突发精神病而住院治疗,由于病情严重,检察机关无法继续侦查,那么,检察机关可以:( )。

A. 报请检察长或检察委员会决定撤销案件

B. 报请检察长或检察委员会决定不起诉

C. 对李某决定取保候审或监视居住,交由公安机关执行

D. 由检察长决定中止侦查

12. 在某盗窃案件的侦查过程中,公安机关怀疑某邮电局的邮件接发处有犯罪嫌疑人的与案件有关的信件,那么,公安机关应当怎样获取这封信件?( )

A. 由公安局局长决定,由公安机关的人员直接调取

B. 由公安机关的侦查人员直接提取,无须经公安机关的负责人批准

C. 侦查人员应当通知邮电局,由该邮电局将该信件交给公安机关

D. 除犯罪嫌疑人外任何人都不能取得该信件

13. 某县人民法院审理郑某盗窃案件过程中,检察机关发现本案件被告人郑某不仅有起诉书中所指控的两起盗窃行为,而且涉嫌另外两起盗窃案件。为此,检察机关要求延期审理,以便对此案件补充侦查。本案的补充侦查应以下列哪个方式进行?( )

A. 应当由公安机关进行侦查,必要的时候人民检察院可以协助

B. 人民检察院应当自行侦查,必要时可以要求公安机关协助

C. 应当由公安机关进行侦查,人民检察院不应当协助

D. 人民检察院应当自行侦查,公安机关不应当协助

14. 古某故意杀人一案被县公安机关立案侦查,并且被依法逮捕羁押。后因为案情复杂需要依法延长羁押期限,则有权对延长期限作出批准的机关是:( )。

A. 该公安机关　　B. 该公安机关的上级公安机关

C. 该公安机关的上级人民检察院　　D. 该公安机关的同级人民检察院

15. 下列说法错误的是:( )。

A. 讯问犯罪嫌疑人时,检察人员不得少于两人

B. 在人民检察院立案侦查的案件中，询问证人应当由检察人员进行，询问的时候不得少于两人

C. 询问证人，应当个别进行

D. 询问不满 18 周岁的证人，应当通知其法定代理人到场

二、多项选择题

1. 在侦查活动中，侦查机关可以扣押的物品和文件有：（　　）。

A. 与案件有关的物品和文件

B. 用以证明犯罪嫌疑人有罪的证明文件

C. 用以证明犯罪嫌疑人无罪的证明文件

D. 在侦查中发现的各种物品和文件

分析下列案情，然后回答 2～5 题。

王某因为涉嫌爆炸案被某市公安机关立案侦查并被逮捕，但是在侦查羁押期限已经届满的时候，又发现其还涉嫌抢劫。

2. 市公安机关的侦查部门到爆炸现场进行侦查。在现场，侦查人员应如何处置？（　　）

A. 应当进行勘验

B. 应当进行检查

C. 应当制作勘验笔录

D. 可以委派非公安机关的专门人员进行处置

3. 在本案件中，如果市公安机关需要继续对张某实施羁押时，该如何处理？（　　）

A. 由该市公安局直接决定继续羁押　　B. 需要经过同级人民检察院批准

C. 需要报请上级公安机关批准　　D. 需要报请同级人民检察院备案

4. 王某被逮捕后，哪些人员可以为他取保候审？（　　）

A. 王某聘请的律师　　B. 王某的父亲

C. 王某本人　　D. 王某的朋友

5. 王某聘请的律师在侦查阶段可以进行哪些符合法律规定的行为？（　　）

A. 向公安机关了解王某涉嫌的罪名　　B. 经公安机关同意，向被害人取证

C. 会见在押的王某　　D. 代王某申诉

6. 李某今年 14 岁，因为故意杀人而被公安机关拘留，那么公安机关在讯问他时，做法正确的是：（　　）。

A. 可以通知其法定代理人到场

B. 讯问时应由两个以上侦查人员到场

C. 第一次讯问应当在李某被拘留后的 24 小时内进行

D. 李某可以不回答问题，具有沉默权

7.《刑事诉讼法》规定，对犯罪嫌疑人逮捕后的侦查羁押期限不得超过两个月，下列哪些在侦查羁押期限内不能侦查终结的案件，经省级人民检察院批准或决定，可以延长两个月的侦查羁押期限？（　　）

A. 涉外刑事案件　　B. 重大的犯罪集团案件

C. 流窜作案的重大复杂案件　　D. 犯罪涉及面广，取证困难的重大复杂案件

8. 人民检察院对其自行侦查终结的案件，可以作出哪些决定？（　　）

A. 提起上诉　　　　B. 免予起诉
C. 不起诉　　　　D. 撤销案件

9. 下列关于补充侦查的过程的叙述哪些是正确的？(　　)

A. 人民检察院审查公安机关提请批准逮捕的案件，不适用补充侦查
B. 人民检察院审查起诉的案件中，对于需要补充侦查的，可以退回公安机关补充侦查，也可以自行侦查，必要时可要求公安机关协助
C. 在法庭审判过程中，检察人员发现提起公诉的案件需要补充侦查，在经合议庭同意延期审理后，应当自行侦查，必要时可要求公安机关提供协助
D. 合议庭在案件审理过程中，发现被告可能有自首、立功等法定量刑情节，而起诉和移送的证据材料中没有这方面的证据材料的，应当建议人民检察院补充侦查

10. 侦查机关因侦查案件，需要对有关地方进行搜查的时候，必须依据法定程序和方式，下述说法中正确的是：(　　)。

A. 进行搜查的搜查人员不得少于两人
B. 在任何时候进行搜查时，都必须出示搜查证
C. 在执行逮捕时，不另用搜查证
D. 在执行拘留时搜查，有时可以不用搜查证

11. 某案件有 a 和 b 两个证人，公安机关要对两人进行询问，那么下列说法正确的是：(　　)。

A. 可以将 a、b 叫在一起进行询问
B. 应当单独询问
C. 应当分别询问，如果有争议的话，可以让 a、b 商量
D. 询问 a 时，b 不得在场

12. 公安机关委托某鉴定人对某杀人案件的被告人衣服上的血迹进行鉴定。那么，公安机关应当向鉴定人提供下列哪些材料？(　　)

A. 委托鉴定书　　　　B. 被害人的血液样本
C. 犯罪嫌疑人的血迹样本　　　　D. 犯罪嫌疑人的陈述

13. 下列说法正确的是：(　　)。

A. 任何单位和个人，有义务按照人民检察院和公安机关的要求，交出可以证明犯罪嫌疑人有罪或者无罪的物证、书证、视听资料
B. 对于死因不明的尸体，公安机关有权决定解剖，并且通知死者家属
C. 检查妇女的身体，应当由女性工作人员或者医师进行
D. 为了查明案情，在必要的时候，经公安局局长批准，可以进行侦查实验

14. 下列说法错误的有：(　　)。

A. 应当逮捕的犯罪嫌疑人如果在逃，公安机关可以在其辖区范围内发布通缉令
B. 应当逮捕的犯罪嫌疑人如果在逃，公安机关可以在全国范围内发布通缉令
C. 对于人民检察院直接侦查的案件，如果应当逮捕的犯罪嫌疑人在逃，检察院可以直接在辖区内发布通缉令
D. 对于人民检察院直接侦查的案件，如果应当逮捕的犯罪嫌疑人在逃，检察院不可以直接发布通缉令，需要经过公安机关发布

15. 下列对于补充侦查的说法中正确的是：(　　)。

A. 对于退回补充侦查的案件，应当在一个月之内补充侦查完毕

B. 补充侦查以两次为限

C. 补充侦查没有次数限制

D. 补充侦查完毕，人民检察院重新计算审查起诉期限

三、简答题

1. 简述我国刑事诉讼法规定的侦查的种类。

2. 简述询问证人应当注意的问题。

3. 简述勘验检查的种类。

4. 简述通缉的对象。

四、论述题

1. 试述侦查的基本原则。

2. 试述我国刑事诉讼法中关于侦查羁押期限的规定。

五、案例分析题

1. 某市高校附近连续发生几起恶性事件，几名女生被打成重伤。该案由市公安局组织人员侦查，逮捕了犯罪嫌疑人甲某。甲某被捕后，聘请了乙律师作为自己的辩护律师。乙律师会见了甲某之后，向公安机关提出甲某有精神病。公安局为此专门请本市最权威的精神病医院进行鉴定。该医院非常重视，指定了本院3名主任医师进行了鉴定。鉴定结论是：甲某没有患精神病。

问题：(1)甲某在被捕后是否有权聘请律师？

(2)本案中的精神病鉴定结论能否作为证据使用？

(3)如果犯罪嫌疑人对鉴定结论有异议，可否要求重新鉴定？

2. 徐某和曹某共同走私毒品，被公安机关依法逮捕。在羁押期间，徐某的妻子提出要为徐某聘请一位律师，但侦查人员以必须由徐某亲自提出为由拒绝了该请求。最后，徐某自己聘请了律师郭某来收集自己的无罪证据。郭某接受委托后，提出要会见徐某，侦查人员以案件处于侦查阶段需要保密为由，拒绝了该请求。后在上级公安机关的干预下，该公安机关批准了郭某的会见请求，在郭某提出申请后的第7天安排了会见。曹某提出本案侦查员刘某是其前一次犯罪时的侦查员，申请该侦查员回避。刑警队长认为申请理由不能成立，驳回了曹某的回避申请，并规定不得申请复议。在此期间，刘某就停止了该案侦查工作。

问题：该案件在程序上存在什么错误？

3. 甲某因为涉嫌强奸被公安机关立案侦查并被逮捕。但是在侦查羁押期限已经届满的时候，又发现甲某还涉嫌盗窃。

问题：(1)公安机关的侦查机关到甲某盗窃的现场进行侦查，可以进行哪些侦查活动？

(2)如果公安局决定继续对甲某实施羁押时，需要履行什么手续？

(3)甲某被捕后，哪些人可以为他取保候审？

(4)甲某聘请的律师在侦查阶段可以进行哪些活动？

第十三章　起　诉

一、单项选择题

1. 某案，人民检察院的起诉书中指控被告人犯有抢劫罪，而在法庭审理过程中，公诉人根据法庭调查情况，认为被告人应被认定为抢夺罪。那么他应以什么方式支持公诉？（　）

A. 应当发表被告人的行为构成抢夺罪的公诉词

B. 应当发表被告人的行为构成抢劫罪的公诉词

C. 应当同时发表上述两种意见的公诉词，由法院裁判

D. 应当不发表任何意见

2. 甲某，因涉嫌挪用资金罪被公安机关立案侦查，侦查终结后移送人民检察院审查起诉。人民检察院经审查后，认为犯罪嫌疑人甲某没有犯罪行为，经检察委员会讨论，作出不起诉的决定。下列哪一表述是正确的？（　）

A. 人民检察院应当作出撤销案件的决定

B. 人民检察院应当写出书面解析，将案卷退回公安机关处理

C. 人民检察院作出不起诉的决定是正确的，但不应由检察委员会讨论决定

D. 本案应由人民检察院立案侦查

3. 某基层人民法院于 4 月 22 日受理了一起自诉案件，那么该法院最迟应当在哪一天作出立案或者不立案的决定，使用何种法律文书？（　）

A. 5 月 6 日，决定书　　B. 5 月 7 日，裁定书

C. 5 月 6 日，裁定书　　D. 5 月 7 日，决定书

4. 某县人民法院对甲某巨额财产来源不明案进行法庭审理后，合议庭评议认为，根据已经查明的事实和认定的证据材料，能够确认甲某不构成犯罪，但在作出判决前，甲某因突发心脏病而死亡。该县人民法院应如何处理？（　）

A. 裁定撤销案件　　B. 判决宣告甲某无罪

C. 裁定终止审理　　D. 退回人民检察院处理

5. 某案，公安机关移送的起诉意见书中认定，犯罪嫌疑人涉嫌犯有故意伤害罪和盗窃罪，但是人民检察院经审查起诉以后，认为故意伤害罪证据确实充分，盗窃罪则证据不足，不能认定，那么人民检察院应当如何处理？（　）

A. 对盗窃罪作出不起诉的决定　　B. 将盗窃罪退回公安机关补充侦查

C. 对盗窃罪作出撤销案件的决定　　D. 以故意伤害罪向人民法院提起公诉

6. 甲县人民检察院在侦查该县环保局负责人甲某环境监管失职案中发现甲某的犯罪已经过了追诉时效期限，对此应当作出何种处理？（　）

A. 作出起诉的决定　　B. 终止审理该案

C. 作出不起诉的决定　　D. 撤销案件

7. 某共同犯罪案件中，有三名被告人，人民检察院在提起公诉的时候，应当向人民法院提交多少份起诉书？（　）

A. 18 份　　B. 9 份　　C. 5 份　　D. 7 份

8. 人民检察院在审查起诉部门对于本院侦查部门移送的审查起诉的案件时，发现犯罪嫌疑事实并非犯罪嫌疑人所为，对这种情况应当如何处理？（　）

A. 应当将案件退回本院的侦查部门并建议作出补充侦查的处理

B. 应当将案件退回本院的侦查部门并建议作出撤销案件的处理

C. 应当书面说明解析，将案件退回侦查部门并建议侦查部门重新侦查

D. 应当书面说明解析，将案件退回侦查部门处理

9. 在某故意伤害案件中，人民检察院经过审查起诉，认为犯罪嫌疑人的行为属于正当防卫，而且没有超过必要限度，那么下列哪个说法是正确的？（　　）

A. 应当作出提起公诉的决定　　B. 应当作出不起诉的决定

C. 可以作出不起诉的决定　　D. 可以作出提起公诉的决定

10. 人民检察院在审查起诉甲某故意伤害一案后，认为犯罪嫌疑人甲某的犯罪事实已经查清，证据确实充分，依法应当追究其刑事责任，但是无法查清甲某作案时使用过的凶器的去向，而且甲某的真实姓名也有待查实，此时，检察机关应当如何处理？（　　）

A. 暂缓起诉　　B. 退回公安机关补充侦查

C. 自行补充侦查　　D. 按照甲某自报的姓名起诉

11. 以下几种情形中，不属于人民检察院依法作出不起诉决定的条件有：（　　）。

A. 依照刑法规定应当免除刑罚的案件

B. 外国人在中国犯罪的案件

C. 犯罪嫌疑人自杀身亡的案件

D. 公安机关移送审查，证据不足，不符合起诉条件的案件

12. 根据《刑事诉讼法》的有关规定，人民检察院作出的不起诉决定共有三类，即法定的不起诉、酌定的不起诉、存疑的不起诉。下列情况人民检察院均可以作出不起诉的决定，其中哪个属于法定不起诉的情况？（　　）

A. 情节显著轻微、危害不大，不认为是犯罪的

B. 犯罪情节轻微、依照刑法不需要判处刑罚的

C. 犯罪嫌疑人自首后有重大立功表现的

D. 共同犯罪中的从犯

13. 人民检察院提起公诉案件，应当向人民法院移送主要证据的复印件或者照片，对于适用简易程序的公诉案件，人民检察院可以派员也可以不派员出庭，这样的话，人民检察院应当怎么办？（　　）

A. 人民检察院派员出庭的，应当向人民法院移送主要证据的复印件和照片

B. 人民检察院不派员出庭的，可以向人民法院移送全部案卷和证据材料，也可以移送主要证据

C. 无论人民检察院是否派员出庭，都应当向人民法院移送全部案卷和证据材料

D. 无论人民检察院是否派员出庭，和适用普通程序一样，应当向人民法院移送主要证据的复印件或者照片

14. 甲、乙、丙因涉嫌绑架犯罪被逮捕。该案件经过人民检察院审查起诉，认为丙的犯罪证据不足，不符合起诉的条件，于是人民检察院作出不起诉的决定，该不起诉决定宣布后，将不会发生什么样的法律后果？（　　）

A. 不得因该案事实再次追究丙的刑事责任

B. 不起诉的决定书立即发生法律效力

C. 应当立即释放丙

D. 该案的被害人可以在法定期限内向上一级人民检察院申诉

15. 甲某因破坏交通设施而被公安机关移送到人民检察院审查起诉，人民检察院经过审查后，如果决定要对甲某提起公诉，则人民检察院收集的证据对全部案件事实的证明至少要达到何种程度？（　　）

A. 犯罪事实清楚，有足够的证据　　B. 犯罪事实清楚，证据确实充分

C. 能够证明有犯罪事实发生　　D. 能够证明甲某实施了犯罪

16. 犯罪嫌疑人甲某涉嫌盗窃罪和故意杀人罪两罪，该县公安局侦查终结并移送同级人民检察院审查起诉，该县人民检察院在收到有关材料后应当如何处理？（　　）

A. 将这两罪都移送市检察院审查起诉

B. 对盗窃罪审查起诉，将故意杀人罪的案件材料移送到市中级人民检察院审查起诉

C. 报请市中级人民检察院决定

D. 县人民检察院对两罪都进行审查起诉

17. 人民检察院对于公安机关移送审查起诉的案件，应当在一个月内作出决定。如果案情重大、复杂，可以延长多久？（　　）

A. 半个月　　B. 一个月

C. 两个月　　D. 两个半月

18. 在审查起诉的过程中，人民检察院对于需要补充侦查的案件，应当如何处理？（　　）

A. 应当自行侦查

B. 应当退回公安机关补充侦查

C. 可以自行侦查，也可以退回公安机关补充侦查

D. 由公安机关侦查的案件，退回公安机关补充侦查，由检察机关侦查的案件自行侦查

19. 在一起故意伤害案件中，人民检察院认为犯罪嫌疑人的行为虽然已经构成犯罪，但犯罪情节轻微，依照刑法规定不需要判处刑罚，则人民检察院可以作出什么决定？（　　）

A. 有罪性质的不起诉决定　　B. 有罪性质的免予起诉

C. 无罪性质的不起诉　　D. 无罪性质的免予起诉

20. 甲某因抢劫罪被逮捕，公安机关在侦查终结后移送人民检察院审查起诉。人民检察院在审查该案的时候如何处理？（　　）

A. 可以讯问甲某　　B. 应当讯问甲某

C. 特殊情况下可以不讯问甲某　　D. 一般情况下可以不讯问甲某

二、多项选择题

1. 甲县公安机关在对乙某（已经被批准逮捕）故意杀人一案侦查终结后，将该案移送甲县人民检察院进行审查起诉。经过审查后，检察机关发现乙某并非作案人，而是故意杀人案发生时的一名旁观者，被害人丙某指认错误。那么检察机关应当如何处理该案？（　　）

A. 撤销案件

B. 对乙某作出不起诉的决定

C. 将案卷退回县公安机关，并建议公安机关重新侦查

D. 撤销对乙某的逮捕决定，通知公安机关立即释放

2. 甲某是乙县人民商场的职工，因涉嫌盗窃犯罪而被乙县的公安机关侦查终结并移送到县人民检察院审查起诉。乙县人民检察院经过审查认为甲某的行为依照刑法规定不需要判处

刑罚，于是决定不起诉。乙县的人民检察院应当如何宣布和送达不起诉决定书？（　　）

A. 将不起诉决定书分别送达甲某和乙县人民商场

B. 将不起诉决定书送达乙县的公安机关

C. 将不起诉决定书送达该盗窃案的被害人

D. 不起诉决定书应当公开宣布

3. 甲县人民检察院对犯罪嫌疑人乙某抢劫一案审查起诉完毕后起诉到甲县人民法院，法院在开庭前审查该案时遇到下列哪些情形，可以将案件退回检察机关？（　　）

A. 经审查发现被告人乙某属于持枪抢劫，有可能被判处无期徒刑

B. 被告人乙某在起诉当天从看守所逃脱

C. 被告人乙某真实身份不明，但有自报姓名且案件证据确实充分

D. 对乙某的起诉书中未附有需出庭的证人名单

4. 某案，人民检察院审查起诉部门受理本院反贪局侦查终结的一起贪污案件，在审查起诉过程中，审查起诉部门应当进行下列哪些工作？（　　）

A. 退回补充侦查

B. 对案内证据进行自行调查

C. 听取被害人和犯罪嫌疑人、被害人委托的人的意见

D. 讯问犯罪嫌疑人

5. 甲某挪用公款 15000 元，因案发前主动归还，检察院作出不起诉决定，检察院可以对甲某作出如下哪些处理？（　　）

A. 对甲某予以训诫

B. 责令甲某具结悔过

C. 责令甲某赔偿损失

D. 根据情况提出检察意见

6. 某共同盗窃案中，有犯罪嫌疑人甲和乙两人，人民检察院在审查起诉的过程中，甲逃跑，乙在押。那么该人民检察院的审查起诉工作应当如何进行？（　　）

A. 不得中止对甲某的审查起诉

B. 不得中止对乙某的审查起诉

C. 可以中止对甲某的审查起诉

D. 全案中止审查起诉

7. 下列哪些不起诉决定需要检察委员会讨论后方可作出？（　　）

A. 犯罪情节轻微，依照刑法规定不需要判处刑罚的案件

B. 犯罪情节轻微，依照刑法规定可免除刑罚的案件

C. 经过补充侦查，仍然认为证据不足，不符合起诉条件的案件

D. 符合刑事诉讼法第 15 条的情形

8. 某诈骗案中，人民检察院决定提起公诉，并建议人民法院适用简易程序，那么人民检察院应当向人民法院移送哪些材料？（　　）

A. 证据目录、主要证据复印件或者照片

B. 全部证据材料

C. 全部卷宗材料

D. 起诉书

9. 依照我国刑事诉讼法以及相关司法解释的规定，公安机关在案件侦查终结移送审查起诉以后，仍需要与检察机关密切配合，下列有关表述正确的是：（　　）。

A. 人民检察院对公安机关制作的勘验、检查笔录有疑问的，可以要求侦查人员提供相关情况

B. 公诉人对于搜查、勘验、检查等侦查活动中形成的笔录存在争议，需要负责侦查的人员出庭陈述有关情况的，可以建议合议庭通知其出庭

C. 检察机关在审查起诉的过程中，发现公安机关有刑讯逼供情形时，应当要求侦查机关另行指派侦查人员重新调查取证，必要时也可以自行调查取证

D. 在法院作出判决之前，检察机关认为需要补充提供法庭审判所必需的证据的，可以书面要求公安机关提供

10. 被告人甲某因对单位领导乙某不满，于是捏造事实说乙某曾经利用职权帮自己的某某亲戚获取不正当的利益，而且自己还中饱私囊，并且到处散播。乙某知道后，非常生气，结果一气之下心脏病发作，住进了医院。为了洗清坏名声，乙某决定向法院起诉，要求追究甲某诽谤罪的刑事责任，但是他自己因为要治病，不能到法院起诉，那么下列哪些人员可以代为起诉？（　　）

A. 乙某的上级领导　　B. 乙某的妻子

C. 乙某的儿子　　D. 乙某的外甥女

11. 以下不起诉必须经过检察委员会讨论决定的是：（　　）。

A. 晚上女甲在下班回家的路上，一歹徒纠缠不休，在强取了财物之后，突起色心，于是想强行和女甲发生性关系，女甲奋起反抗，情急之中用随身带的水果刀将其捅死，检察院查明事实后认为女甲的行为属于正当防卫，决定不起诉

B. 丙某杀妻存在几个疑点，虽然经过两次的补充侦查，但检察院仍然认为事实不清楚，证据不足，决定不起诉

C. 甲某和妻子感情不和，一直耿耿于怀，一天他把毒药放在妻子的水杯中，后觉得不忍心，于是将水杯摔破。检察院认为甲某的行为虽然已经构成犯罪，但情节轻微，决定不起诉

D. 乙某遭到丙某的复仇，将丙某打死，自己也身受重伤，在审查起诉的时候因伤势严重而不治身亡。检察院决定不起诉

12. 在某案中，人民检察院作出不起诉的决定后，被害人对不起诉决定不服，对于他的救济方法，下列说法中正确的是：（　　）。

A. 可以向上一级人民检察院提出申诉

B. 也可以不经过申诉，直接向人民法院提起刑事自诉

C. 应当向作出不起诉决定的人民检察院提出申诉

D. 应当先向上一级人民检察院申诉，上一级人民检察院维持不起诉的决定后，再向人民法院提起自诉

13. 人民检察院在办理公安机关移送起诉的案件中，发现遗漏了依法应当移送审查起诉的同案犯罪嫌疑人，应当如何处理？（　　）

A. 应当建议公安机关补充移送审查起诉

B. 可以建议公安机关补充移送审查起诉

C. 对于犯罪事实清楚，证据确实充分的案件，人民检察院应当建议公安机关补充移送审查起诉。也可以直接提起公诉

D. 对于犯罪事实清楚，证据确实充分的案件，人民检察院应当直接提起公诉

14. 在侦查过程中，发现不应对犯罪嫌疑人追究刑事责任的情况时，侦查机关应当如何处理？（　　）

A. 中止诉讼

B. 撤销案件

C. 释放已经被逮捕的犯罪嫌疑人，并发给释放证

D. 公安机关释放被逮捕的犯罪嫌疑人的，应通知原批准逮捕的人民检察院

15. 某人民检察院在对犯罪嫌疑人乙某玩忽职守罪审查起诉后，认为乙某并没有实施犯罪行为，那么县检察院采取下列哪些做法不符合法律的规定？（　　）

A. 书面说明解析，将案卷退回公安机关处理

B. 退回公安机关补充侦查

C. 退回补充侦查

D. 不起诉

16. 下列的人员中，有权提起上诉的有：（　　）

A. 被害人及其法定代理人

B. 附带民事诉讼的当事人及其法定代理人

C. 被告人的辩护人及其近亲属，经被告人同意

D. 被告人、自诉人及其法定代理人

17. 甲某因涉嫌抢劫罪被逮捕，在人民检察院审查起诉期间，甲某的亲属为其聘请了一名律师。则该律师有权查阅、摘抄、复制该案的哪些材料？（　　）

A. 立案决定书和批准逮捕的决定书　　B. 起诉意见书

C. 被害人的陈述　　D. 物证技术鉴定

18. 关于审查起诉的说法，下列哪些是正确的？（　　）

A. 适用简易程序的建议，必须由检察长决定

B. 人民检察院审查起诉的案件，改变管辖的或者需要补充侦查的，人民检察院均需重新计算审查起诉的期限

C. 人民检察院提起公诉时，对依法可能处以剥夺政治权利的公诉案件，如果事实清楚，证据确实充分，可以向人民法院提出适用简易程序的建议

D. 人民检察院受理同级公安机关移送审查起诉的案件，按照《刑事诉讼法》的管辖规定，如认为案件应当由同级其他的人民检察院审查起诉，则应当由人民检察院将该案退回公安机关，并通知其他有管辖权的人民检察院审查起诉

19. 犯罪嫌疑人甲某委托他的舅舅（政府公务员，非律师）为其辩护。当案件移送到人民检察院审查起诉时，他的舅舅要求查阅、摘抄、复制有关的诉讼文书，人民检察院不予以许可，请问人民检察院这样做的原因可能是：（　　）。

A. 该案件涉及国家秘密

B. 该案件事实不清楚，证据不足

C. 犯罪嫌疑人委托的辩护人不是律师

D. 在审查起诉阶段，辩护人不可以查阅、摘抄、复制有关的诉讼文书

20. 犯罪嫌疑人甲某和乙某是合法的夫妻，被害人丙某是乙某的侄女，丙某一直在国外工作，而且收入不菲，今年回国探亲，特地来看望姑姑乙某并且在乙某家留宿了几日，甲某游手好闲，没有固定工作，看见丙某出手阔绰，于是心存歹意，想说服乙某与其一起偷窃丙某的财物，

一开始乙某不同意，甲某就威胁乙某，如果乙某不同意，那么甲某就不仅会偷窃，还会侮辱丙某。乙某了解丈夫是说得到做得到的，于是，她被迫帮助甲某在丙某睡着以后盗窃其财物，而乙某只是帮助打探丙某是否睡着，察看丙某的财物放在哪里，甲某在盗窃的过程中被丙某察觉，甲某见事情败露，于是拿起身边桌子上的器皿朝丙某的头部砸去，结果丙某当场死亡。案发后，该县公安机关经县人民检察院批准，将甲、乙两人逮捕。公安机关侦查终结后案件事实清楚，证据确实充分。于是将甲、乙两人移送到县人民检察院提起公诉。

(1)县人民检察院经过审查以后，对乙某作出不起诉的决定，请问这种不起诉不属于以下哪些类型？（　　）

A. 酌定不起诉　　B. 绝对不起诉
C. 法定不起诉　　D. 存疑不起诉

(2)人民检察院作出不起诉决定后，应当将不起诉的决定书送达以下哪些人员？（　　）

A. 被不起诉人的辩护人　　B. 被不起诉人所在的单位
C. 被害人的诉讼代理人　　D. 被害人的近亲属

(3)人民检察院决定不起诉，对于这种案件，以下做法正确的有:（　　）。

A. 如果被不起诉人在押，必须经过复议期限、申诉期限方可以释放
B. 应当公开宣布不起诉的决定
C. 根据案件的不同情况，人民检察院可以对被不起诉人予以训诫或者责令具结悔过、赔礼道歉、赔偿损失
D. 对被不起诉人需要给予行政处罚、行政处分或者需要没收他的违法所得的情况，人民检察院应当提出检察意见，连同不起诉决定书一起移送有关的主管机关处理

三、简答题

1. 试回答不起诉的几种类型。

2. 简述提起公诉的条件。

3. 试回答审查起诉的内容。

四、论述题

试析酌定不起诉的性质。

五、案例分析题

1. 甲某、乙某、丙某涉嫌抢劫罪而被逮捕，该案经过人民检察院审查。但是在审查过程中发现不应该追究乙某的刑事责任，而此时甲某已经逃跑，于是人民检察院将该案退回公安机关补充侦查。

问:本案中人民检察院的错误有哪些?

2. 某县人民检察院在对一起故意伤害案件进行审查起诉时，出现了两种不同的观点:一位办理该案的检察员甲某认为，公安机关已经收集了匕首和血衣等物证，而且还有证人乙某的证言，犯罪嫌疑人丙某也对案件的事实予以承认，所以，就没有必要再讯问犯罪嫌疑人了，而可以直接向人民法院起诉。另一位检察员丁某则认为，该案已经听取了辩护人和被害人委托的诉讼代理人的意见，被害人的要求已经由其诉讼代理人反映，所以，也没有必要再听取被害人的意见了。

请问:(1)甲某的观点是否正确？为什么？

(2)丁某的观点是否正确？为什么？

3. 某农村农民甲某是远近闻名的钓鱼、捕鱼的行家,经常往河边跑。一天,甲某到他的亲戚家串门,无意间看到抽屉里有两枚手榴弹。于是,想用手榴弹来炸鱼。他未经主人的同意就私自拿走了一枚手榴弹。一天晚上,甲某选择了一个偏僻的地方,用手榴弹炸死和炸伤一些鱼。第二天,乡派出所把他叫去,讯问他炸鱼的情况和手榴弹的来源。为此,甲某被依法批准逮捕,关押在看守所。公安机关在侦查终结后移送的起诉意见书中认定:甲某盗窃手榴弹,构成了盗窃弹药罪,要求人民检察院审查起诉。人民检察院经过审查认为甲某擅自拿走一枚手榴弹去炸鱼,其行为虽然违反了法律,但是情节显著轻微,危害不大,尚不构成犯罪。因此,人民检察院作出不起诉的决定,并将不起诉决定书送达公安机关。公安机关认为甲某即使不用判刑也应当作劳动教养处理,又将案件材料报上一级公安机关,但未被批准,公安机关办理该案的工作人员收到不批准劳动教养的决定后,未通知看守所放人结案,而是将甲某的案件材料退回原经办的派出所。两年之后,人民检察院在进行看守所检查时,发现甲某仍然被关押在看守所。

请问:该案中,公安机关的做法正确吗？

第十四章　第一审程序

一、单项选择题

1. 我国法院刑事审判的最基本的组织形式是什么？(　　)

A. 合议庭　　　　B. 独任审判

C. 审判委员会　　　　D. 陪审团制度

2. 我国各级人民法院审判第一审刑事案件的合议庭应当如何组成？(　　)

A. 一律由审判员组成

B. 必须由审判员和人民陪审员组成

C. 可以由审判员组成,也可以由人民陪审员和审判员共同组成

D. 一律由人民陪审员组成

3. 某案,被告人委托了辩护人,人民法院在决定开庭审判后,应当告知辩护人参加庭审。对此,下列说法哪个正确？(　　)

A. 应当至少在开庭 3 日以前向辩护人送达出庭通知书

B. 应当至少在开庭 3 日以前向辩护人送达传票

C. 应当至少在开庭 10 日以前向辩护人送达传票

D. 应当至少在开庭 10 日以前向辩护人送达出庭通知书

4. 某案,在开庭审理过程中,被告人认为其所委托的辩护人没有维护他的利益,于是当庭提出拒绝该辩护人继续为其辩护,要求另行委托辩护人。那么,合议庭应当如何处理？(　　)

A. 作出终止审理的决定　　　　B. 作出中止审理的决定

C. 作出延期审理的决定　　　　D. 当庭驳回被告人的要求

5. 根据我国刑事诉讼法的有关规定,当事人和辩护人、诉讼代理人有权申请通知新证人到庭,调取新的物证,申请重新鉴定或者勘验。该申请的时间应当是:(　　)。

A. 法庭审理前　　B. 法庭辩论前
C. 法庭审理过程中　　D. 合议庭评议前

6. 某案，在开庭审理过程中，公诉人要求传证人出庭作证，合议庭检验完证人的身份，履行完告知其如实作证的程序后，有关人员对证人的询问顺序应当是什么？（　）

A. 公诉人、被害人、被告人、辩护人　　B. 公诉人、被告人、被害人、辩护人
C. 辩护人、公诉人、被害人、被告人　　D. 辩护人、公诉人、被告人、被害人

7. 对于自诉案件，人民法院在审理的过程中，当事人的下列哪个做法正确？（　）

A. 当事人双方可以相互提起反诉　　B. 当事人双方可以自行和解
C. 被告人可以撤诉　　D. 判决宣告后自诉人可以撤诉

8. 某自诉案件，开庭前，法庭把出庭的传票送达给了自诉人，但是在开庭当天，自诉人却不愿意出庭，那么，法庭应当如何处理？（　）

A. 按自诉人撤诉处理　　B. 向自诉人再发一次传票
C. 强制自诉人到庭　　D. 对该案进行缺席审判

9. 根据有关的法律规定，对被告人在最后陈述中提出新的事实、证据的，合议庭应当如何处理？（　）

A. 置之不理，告诉被告人在上诉的时候再提出
B. 认为确有必要的，可以恢复法庭辩论
C. 可能影响正确裁判的，应当恢复法庭调查
D. 可能影响正确裁判的，可以恢复法庭调查

10. 自诉案件的被告人提起反诉的，被反诉的对象只能是下列哪一类人？（　）

A. 同案的自诉人　　B. 同案自诉人的近亲属
C. 同案自诉人的诉讼代理人　　D. 同案自诉人的法定代理人

11. 某案，在开庭审理的过程中，在控辩双方对案件中的事实和法律问题进行了多轮的辩论之后，公诉人和辩护人都表示没有新的观点，那么这时审判长应当进行什么工作？（　）

A. 宣布休庭，由合议庭对案件进行评议
B. 宣布休庭，由合议庭将案件提交审判委员会讨论决定
C. 宣布休庭，由合议庭对案件事实进行庭外调查
D. 让被告人进行最后陈述

12. 甲某，男，17 岁，因故意杀人罪被人民检察院依法提起公诉，人民法院在审理该案的时候应当如何处理？（　）

A. 应当公开审判并且应当公开宣判　　B. 应当不公开审判但应当公开宣判
C. 可以公开审判但应当公开宣判　　D. 不应当公开审判也不应当公开宣判

13. 在开庭审理某案后，合议庭评议的过程中，根据法庭调查的事实和证据，发现被告人在实施犯罪时处于精神病发作的状态，那么对于这种情况，人民法院应当如何处理？（　）

A. 作出终止审理的裁定　　B. 作出中止审理的裁定
C. 将该案延期审理　　D. 判决宣告被告人不负刑事责任

14. 某案涉及被告人的隐私，人民法院依法对该案进行了不公开的开庭审理。在审理的过程中，以下哪些人员可以进入法庭？（　）

A. 被告人的近亲属　　B. 被告人的辩护人
C. 与审理该案无关的法院工作人员　　D. 中央电视台记者

15. 人民法院在对一适用简易程序的公诉案件进行审理的过程中，认定公诉案件的被告人的行为不构成犯罪，这时人民法院应当如何处理？（　　）

A. 应当终止审理，宣布被告人无罪

B. 应当中止审理，并按照公诉案件的第一审普通程序重新审判

C. 应当退回人民检察院

D. 应当中止审理，宣布被告人无罪

16. 某县人民法院对人民检察院提起公诉的一起受贿案件进行审查后，发现虽然起诉书有明确的指控犯罪事实并附有证据目录、证人名单和主要证据复印件，但检察院尚未移送赃物等实物证据，此时，人民法院应当如何作出决定？（　　）

A. 决定开庭审判

B. 因移送的证据材料不充足，决定不开庭审判

C. 通知检察院补充移送相应的实物证据，待其移送后，再决定开庭审判

D. 通知检察院补充移送相应的实物证据，如果检察院仍然不移送，再决定不开庭审理

17. 某案，在法院宣判时，公诉人因临时有事而没有到场，那么法院应当如何处理？（　　）

A. 应当决定延期审理　　B. 应当继续进行宣判

C. 应当中止宣判　　D. 应当等公诉人到庭了再宣判

18. 在开庭审理过程中，被告人趁一个机会逃跑了，很长时间内都没有被抓住，人民法院应当如何处理？（　　）

A. 作出中止审理的决定　　B. 作出中止审理的裁定

C. 作出延期审理的决定　　D. 作出延期审理的裁定

19. 根据有关的法律规定，当被告人在庭审中的陈述与在侦查、审查起诉中的供述不一致时，合议庭应该：（　　）。

A. 在不影响定罪量刑时，应当不予考虑

B. 不论是否影响定罪量刑，都以庭审过程中的陈述为审查对象

C. 不论是否影响定罪量刑，都以在侦查中、审查起诉中作的笔录为审查对象

D. 影响定罪量刑时，可以宣读被告人的陈述，并针对笔录中被告人的供述内容对被告人进行讯问，或者提出其他证据进行证明

20. 某自诉案件，人民法院在受理该案以后，决定将案件由审判员一人独任审判，同时对被告人采取了取保候审。那么该案应当在受理后多少时间内宣告判决？（　　）

A. 20 天　　B. 一个月　　C. 一个半月　　D. 两个月

21. 自诉人甲某在 11 月 7 日收到一审的判决书，他在 11 月 11 日向二审法院提出上诉，但是在 11 月 18 日甲某经人劝说撤回上诉。那么下列哪个说法是正确的？（　　）

A. 应当由第二审人民法院进行审查后决定是否准许上诉

B. 第二审人民法院应当准许撤诉

C. 第二审人民法院应当不准许撤诉

D. 由第一审人民法院进行审查后决定是否准许上诉

22. 被告人甲某在法庭审判期间死亡，但是根据已经查明的案件事实和认定的证据材料，已能够确认甲某无罪，对该案人民法院应当作出何种处理决定？（　　）

A. 以裁定终止审理　　B. 以判决宣告无罪

C. 以决定终止审理　　D. 撤销案件

23. 人民检察院以贪污罪将甲某起诉到法院，法院在审理的过程中，发现新的事实材料，认为对甲某应当定受贿罪而不是贪污罪，对此人民法院应当如何处理？（　　）

A. 应当退回人民检察院进行补充侦查

B. 应当建议人民检察院变更起诉，如人民检察院不同意，人民法院应当作出无罪的判决

C. 应当建议人民检察院变更起诉，如人民检察院不同意，而人民法院审理认定构成受贿罪的，应当作出判决认定为受贿罪

D. 应当以指控的犯罪不能成立为由，判决宣告被告人无罪

24. 对于第一审人民法院作出的被告人无罪、免予刑事处罚的判决，如果被告人仍然在押，那么下列哪一种说法是正确的？（　　）

A. 判决生效后立即释放在押的被告人

B. 判决宣告后立即释放在押的被告人

C. 二审判决作出后立即释放在押的被告人

D. 上诉和抗诉期限届满以后立即释放在押的被告人

25. 人民法院在开庭审理甲某故意伤害致人重伤一案时，辩护人对人民检察院提供的被害人乙某的人身伤害鉴定结论有争议，经质证，存有疑问，人民法院对此应当如何处理？（　　）

A. 可以另行聘请其他鉴定机构进行鉴定

B. 可以另行聘请其他医院进行重新鉴定

C. 可以另行聘请省级人民政府指定的其他医院进行补充鉴定或者重新鉴定

D. 可以另行聘请某著名大学的专家进行鉴定

26. 某县人民法院在开庭审理甲某的故意伤害致人重伤一案的过程中，甲某的辩护人要求通知新的证人出庭，并请求重新勘验。根据有关的法律规定，人民法院对此应当如何处理？（　　）

A. 应当决定中止审理　　B. 可以决定中止审理

C. 应当决定延期审理　　D. 可以决定延期审理

27. 人民法院对某共同犯罪的案件作出第一审判决后，被告人之一的甲某对犯罪事实供认不讳，但是认为量刑过重，于是向二审人民法院提出上诉，其他同案被告人没有提出上诉，人民检察院也没有提出抗诉，二审人民法院在开庭审理的过程中，甲某突然死亡，那么对于这种情况，二审法院应当如何处理？（　　）

A. 裁定对该案终止审理，维持一审判决

B. 裁定撤销一审判决，发回原审人民法院重新审理

C. 对甲某宣布终止审理，对其他被告人仍应当作出判决或者裁定

D. 裁定对全案终止审理，原判决自行生效

28. 某县人民法院对人民检察院提起公诉的一起故意杀人案进行审查后，发现虽然起诉书有明确的指控犯罪事实并附有证据目录、证人名单和主要证据复印件，但是人民检察院尚未移送犯罪工具等实物证据。那么，对此人民法院应当如何处理？（　　）

A. 通知人民检察院补充移送相应的实物证据，等证据补齐后再决定开庭审判

B. 通知人民检察院补充移送相应的实物证据，如果仍然没有移送，决定不开庭审理

C. 决定开庭审判

D. 决定不开庭审判

29. 人民检察院指控犯罪嫌疑人甲某犯有盗窃罪（可能被判处 3 年以下有期徒刑，事实清

楚，证据确实充分），甲某也对此供认不讳。人民法院认为根据有关规定可以适用简易程序，但是被告人甲某不同意，要求适用普通程序。那么，对此人民检察院应当如何处理？（　　）

A. 应当建议适用简易程序，因为该案可能被判处 3 年以下有期徒刑，事实清楚，证据确实充分，符合适用简易程序的条件

B. 应当建议适用简易程序，因为人民法院认为可以适用

C. 不应当建议适用简易程序，因为被告人要求适用普通程序

D. 不应当建议适用简易程序，因为被告人已经对指控的犯罪事实供认不讳，如果适用的话，就会对被告人不公正

30. 根据刑事诉讼法的有关规定，合议庭对于认为难以作出决定的疑难、复杂、重大案件，由合议庭提请院长提交审判委员会讨论决定。请问这一做法应当在哪个阶段进行？（　　）

A. 合议庭评议后　　B. 合议庭开庭审理前

C. 合议庭开庭审理后评议之前　　D. 由院长决定

二、多项选择题

1. 我国《刑事诉讼法》规定了人民法院审判案件时合议庭的组成方式，以下说法中哪些正确？（　　）

A. 简易程序的案件应当由审判员一人独任审判

B. 人民陪审员参加审判时，同审判员具有同等的权利

C. 各级人民法院审判的第一审案件，都可以由人民陪审员参加组成合议庭

D. 院长参加审判案件的时候，可以指定他人担任审判长

2. 某案，人民检察院向某市中级人民法院提起公诉，人民法院受理后进行庭前审查工作，那么，在这一阶段法院应当查明下列哪些事项？（　　）

A. 是否属于本院管辖　　B. 是否有主要证据复印件或者照片

C. 是否移送全部卷宗材料　　D. 是否有证据目录以及证人名单

3. 第一审人民法院判处拘役并宣告缓刑的犯罪分子，如果在押，一审宣告后，人民法院应当如何处理？（　　）

A. 应当先行作出变更强制措施的决定，改为监视居住或者取保候审，并立即通知有关公安机关

B. 判决发生法律效力后，应当将法律文书送达当地的公安机关

C. 应当通知公安机关立即释放

D. 因判决尚未发生法律效力，不能立即交付执行

4. 人民法院在受理某泄露国家秘密后，决定不公开审理。下列说法中正确的是哪些？（　　）

A. 应当公开宣告判决

B. 不应当公开宣告判决

C. 应当在开庭审理时宣布不公开审理的解析

D. 应当在开庭审判三日以前公告不公开审理的解析

5. 某案，人民法院受理人民检察院提起的公诉以后，对案件进行初步的审查，那么在对案件的审查过程中，下列哪些工作是不应当做的？（　　）

A. 听取辩护人的意见

B. 听取公诉人的意见

C. 根据检察机关提供的证人名单对证人进行调查

D. 委托鉴定人对鉴定事项进行重新鉴定

6. 下列关于刑事诉讼中证人的说法哪些是错误的？（ ）

A. 甲某是见证人，所以不可以作为证人

B. 乙某又聋又哑，因生理上有缺陷，所以不能作为证人

C. 小明是三年级的小学生，虽然聪明伶俐，也很懂事，但是因其年纪还小所以不能作为证人

D. 小王患有精神分裂症，因精神上的缺陷，所以不能作为证人

7. 在某案的法庭审判过程中，被告人的妻子甲某对公诉人不满，冲进审判区，在法庭上对其大肆辱骂，还将一个茶杯向公诉人扔去，严重扰乱了法庭的秩序。对甲某的这种行为应当如何处理，下列哪些说法是正确的？（ ）

A. 审判长应当决定将其强行带出法庭

B. 审判长决定处以 1000 元以下的罚款

C. 经院长批准，处以 15 日以下的拘留

D. 合议庭当庭以藐视法庭罪判处其有期徒刑 1 年

8. 在法庭审理过程中，当事人和辩护人共同享有的权利有哪些？（ ）

A. 申请通知新的证人到庭　　B. 调取新的物证

C. 申请重新鉴定或者勘验　　D. 申请回避

9. 对于人民法院决定适用简易程序进行审理的案件，很多程序可以简化，那么在法庭审理的过程中，下列哪些程序可以简化？（ ）

A. 询问证人、鉴定人　　B. 法庭辩论

C. 讯问被告人　　D. 听取被告人的意见

10. 人民法院对甲某（15 岁）故意杀人案进行开庭审理。审判长在宣布开庭审理阶段，与审理一般案件相同的做法包括以下哪几项？（ ）

A. 告知被告人享有辩护的权利

B. 查明当事人是否到庭、宣布案由

C. 宣布本案不公开审理，并说明不公开审理的解析

D. 宣布合议庭的组成人员、书记员的名单

11. 在法庭审判的过程中，出现下列哪些情况，影响审判进行的，可以延期审理？（ ）

A. 由于当事人申请回避而不能进行审判

B. 检察人员发现提起公诉的案件需要补充侦查，而提出建议

C. 需要通知新的证人到庭，调取物证

D. 重新鉴定或者勘验

12. 在法庭审理过程中，公诉人认为需要变更、追加起诉时，下列哪些做法是正确的？（ ）

A. 应当以书面形式在被告人最后陈述之前向人民法院提出

B. 公诉人应当建议合议庭延期审理

C. 应当报经检察长或者检察委员会决定

D. 应当要求休庭，并记明笔录

13. 根据《刑事诉讼法》的有关规定，证人应当到庭作证。证人到庭后，审判人员应当做的工作包括下列哪些内容？（　　）

A. 证人作证前应当让其在如实作证的保证书上签名

B. 证人作证前应当核实证人的身份

C. 证人作证前应当核实证人和被告人的关系

D. 证人作证前应当告知有意作伪证要负的法律责任

14. 下列选项中，不应当适用裁定的有哪些？（　　）

A. 二审人民法院撤销一审人民法院事实不清、证据不足的判决

B. 对审判人员的回避申请

C. 对违反法庭秩序人员实施罚款、拘留

D. 宣告被告人无罪

15. 法律规定一律不公开审理的案件有哪些？（　　）

A. 涉及国家秘密的案件

B. 16 岁以上不满 18 岁的未成年人犯罪的案件

C. 涉及商业秘密的案件

D. 14 岁以上不满 16 岁的未成年人犯罪的案件

16. 根据有关规定，人民法院对自诉案件进行审查后，可以按照下列哪些情况分别处理？（　　）

A. 犯罪事实清楚，有足够证据的案件，应当开庭审判

B. 缺乏罪证的自诉案件，如果自诉人提不出补充证据，应当说服自诉人撤回自诉，或者裁定驳回

C. 被告人的行为不构成犯罪的案件，应当说服自诉人撤回自诉，或者裁定驳回

D. 必须由人民检察院提起公诉的案件，应当移送主管审查的人民检察院

17. 以下哪些案件既属于自诉案件又可以适用简易程序审理？（　　）

A. 告诉才处理的案件

B. 对依法可能判处三年以下有期徒刑、拘役、管制、单处罚金的，事实清楚、证据充分，人民检察院建议或者同意适用简易程序的公诉案件

C. 被害人有证据证明对被告人侵犯自己人身、财产权利的行为应当依法追究刑事责任，而公安机关或者人民检察院不予追究被告人刑事责任的案件

D. 被害人起诉的有证据证明的轻微刑事案件

18. 甲某曾捏造事实同时诽谤乙某、丙某、丁某。三人获知后，只有乙某独自向人民法院起诉。对于本案，人民法院哪些处理方式是正确的？（　　）

A. 人民法院应当通知丙某和丁某参加诉讼

B. 同意丙某和丁某不参加诉讼

C. 丙某和丁某不出庭，但允许他们在本案宣判后另行提起刑事自诉

D. 丙某和丁某不出庭，但人民法院事后又接受了他们另行提起的民事诉讼

19. 某县人民法院开庭审理甲某抢劫案，在调查证据时，宣读了因病不能出庭作证的乙某的证言笔录。依照刑事诉讼法的有关规定，对于该证言笔录，审判人员应当听取哪些人的意见？（　　）

A. 被告人　　　　B. 辩护人

C. 诉讼代理人　　　　　　　　　　D. 公诉人

20. 下列对简易程序的说法，哪些是正确的？（　　）

A. 简易程序除了再审程序外都适用

B. 适用简易程序的案件，必须是事实清楚、情节简单、犯罪轻微的刑事案件

C. 简易程序只能由第一审人民法院适用

D. 适用简易程序的案件，也要受到刑事诉讼法关于讯问被告人、法庭辩论程序的限制

21. 甲某以盗窃的手段获取了公司的商业秘密，被控侵犯商业秘密罪。在该案的诉讼中，被盗公司行使下列哪些诉讼权利在法律上可以找到根据？（　　）

A. 以涉及商业秘密为由申请不公开审理

B. 不服检察机关的不起诉决定而向上一级检察机关提出申诉

C. 委托诉讼代理人参加诉讼

D. 以审判人员违反规定会见当事人为由申请回避

22. 人民法院在审理自诉案件过程中可以对案件进行调解，被告人也可以提出反诉，下列哪些案件既可以进行调解也可以进行反诉？（　　）

A. 被告人甲某强奸案，人民检察院经审查不予起诉，被害人向人民法院提起诉讼，人民法院依法受理并开庭审判

B. 被告人乙某的暴力干涉婚姻自由案，由被害人提起诉讼

C. 被告人丁某的重婚案，他的妻子向法院提起诉讼，人民法院依法审理

D. 被告人丙某的故意伤害案，被害人向人民法院提起诉讼，人民法院认为证据不足，移交公安机关侦查后，又由人民检察院提起诉讼的

23. 甲某（聋哑人），是一所聋哑学校的职工，因涉嫌盗窃罪被该县的人民检察院提起公诉。甲某委托的辩护人乙某认为甲某并非该案的犯罪人。该县人民法院经审查决定按照普通程序审理该案。人民法院为什么决定按照普通程序而不是按照简易程序审理该案？（　　）

A. 被告人甲某涉嫌盗窃案

B. 被告人甲某是聋哑人

C. 人民检察院没有建议适用简易程序

D. 辩护人乙某认为甲某无罪

24. 公诉人在法庭审理过程中，传唤下列证人出庭接受询问，以下公诉人的发问中哪些不符合法律的规定？（　　）

A. “证人甲某，你是否是被告人包养的情妇？”

B. “证人乙某，你在案发当时是否看到被告人正在实施绑架活动？”

C. “证人丁某，你是否听说过被告人不务正业，负债累累？”

D. “证人丙某，你在现场看到的作案人和被告人是否为同一人？”

25. 在某自诉案件的审理过程中，法庭主持当事人双方进行调解。双方协商一致达成协议，但当法院向自诉人送达调解书时，自诉人发现调解书中的内容发生了不利于自己的重大变化。该自诉人的下列哪些做法是正确的？（　　）

A. 拒绝在送达回执上签字　　　　　　B. 接受调解书，然后提出上诉

C. 接受调解书，然后重新起诉　　　　D. 要求人民法院作出判决

26. 人民法院在审理被告人甲某的一起受贿案时，公诉人要求传唤证人乙某出庭作证，甲某的辩护律师认为检察机关庭前移送的证据目录中没有证人乙某的名字，并且对该证据准备

不足，无法质证，所以提出反对意见，对此人民法院应当如何处理？（　　）

A. 审判长应当先责令检察机关将该证人的证言交由辩护方阅览，然后继续审理

B. 审判长为避免“证据突袭”应当不允许该证人出庭

C. 审判长如果认为该证人有出庭的必要的，可以准许

D. 审判长可以宣布休庭，同时酌情确定休庭后给予辩护律师对证人证言做必要准备的时间

27. 人民法院在适用简易程序审理刑事公诉案件时，下列哪些选项是人民检察院应当要求人民法院将简易程序转化为普通一审程序审理案件的情形？（　　）

A. 人民检察院发现被告人有新的犯罪事实需要追加起诉一并审理的

B. 被告人是否犯罪，犯有何罪存在疑问的

C. 被害人有证据证明对被告人侵犯自己人身、财产权利的行为应当依法追究刑事责任，而公安机关或者人民检察院不予追究被告人刑事责任的案件

D. 发现依法应当判处三年以上有期徒刑的

三、简答题

1. 我国刑事审判中合议庭是怎样组成的？

2. 自诉案件第一审程序的种类和特点。

3. 简易程序审理方式的适用范围和特点。

四、论述题

为什么要对中国原有的刑事审判程序进行改革？试述新的刑事公诉案件第一审程序的特点。

五、案例分析题

1. 甲某、乙某、丙某三人共同抢劫杀人，手段极其残忍，情节极其严重，引起社会各界的关注。人民检察院将此案起诉到人民法院后，为了消除本案的恶劣影响，平息民愤，该人民法院在向三名被告人送达起诉书副本后的第二日即开庭审理该案。在案件的审理过程中，三名被告人被告知，由于他们的罪行极其严重，因此在法庭上不允许辩解，没有资格与公诉人辩论和向证人、鉴定人等发问，也没有权利提出自己的要求等。法庭上书记员宣读了起诉书后，公诉人开始讯问被告人，证人出庭作证，审判长向被告人出示物证，最后由公证人作总结性发言后，审判长立即宣布了对三名被告人的判决。对于本案的审理，有哪些做法不符合刑事诉讼法规定的内容？

2. 甲某涉嫌盗窃罪，县人民检察院决定立案侦查，并于 3 月 15 日将其逮捕。但是人民检察院经过审查认为甲某犯罪情节轻微，依照刑法规定不需要判处刑罚，于是作出免予起诉的决定。被害人不服，向人民法院提起刑事自诉。人民法院一开始不予受理，而要求被害人先向上一级人民检察院提出申诉。被害人只好向上级人民检察院提出申诉，上级人民检察院经过复查，将免予起诉决定改为不起诉决定。被害人接到不起诉决定书后，再向法院提起诉讼。这次法院受理了该案，依照简易程序对案件进行了审理。在法庭审理过程中，审判长组织双方当事人进行了调解，并最终达成了协议。

请问：在该案中，诉讼程序上存在哪些问题？

第十五章　第二审程序

一、单项选择题

1. 市中级人民法院在审理自诉案件原告人甲某提出上诉的案件时，该自诉案件的一审被告人乙某对甲某提出反诉。市中级人民法院对该反诉应当按照下列哪种方式进行处理？(　　)

A. 告知乙某，案件已经进行二审，他无权提起反诉

B. 告知乙某，应当另行起诉

C. 将乙某的反诉与原自诉案件合并处理

D. 将本案发回原审法院重新审理

2. 控辩双方对第一审刑事判决未提出抗诉或者上诉，但被告人对第一审刑事附带民事诉讼中的附带民事部分不服，提起上诉，第二审人民法院审查后，认为第一审民事部分判决正确，但刑事部分判决有错误。第二审人民法院应当如何处理？(　　)

A. 指令下级人民法院按审判监督程序再审刑事部分

B. 裁定将全案发回重审刑事部分

C. 按审判监督程序再审刑事部分，同附带民事部分一并审理，依法判决

D. 裁定将刑事部分发回重审

3. 法院在对一起共同犯罪案件进行审理后作出了一审判决，被告人甲某被判处有期徒刑6年，被告人乙某被判处拘役5个月。人民检察院以量刑过轻为由对乙某的判决部分提出了抗诉。在第二审程序中，下列说法中不正确的是：(　　)。

A. 被告人乙某有权委托辩护人为其辩护

B. 被告人甲某有权委托辩护人为其辩护

C. 被告人甲某应参加法庭调查

D. 被告人甲某应参加法庭辩论

4. 关于上诉不加刑原则，双方当事人都提出上诉的自诉案件，对被告人：(　　)。

A. 一律不得加重刑罚

B. 一般可以加重刑罚

C. 不受上诉不加刑原则的限制

D. 应受上诉不加刑原则的限制

5. 在第二审案件的裁判中，下列哪一个表述不违反上诉不加刑原则？(　　)

A. 第一审刑事附带民事诉讼判决后，被告人的父亲经被告人同意提出上诉，被害人对附带民事部分也提出上诉，法院第二审判决对被告人加刑

B. 被告人上诉的案件，第二审判决在不改变刑期的情况下，将抢夺罪改为抢劫罪

C. 被告人上诉的案件，第二审法院审理后，认为第一审判决认定犯罪事实和适用法律没有错误，但量刑偏轻，遂撤销原判，发回原审法院重审，原审法院重审后对被告人加刑

D. 第一审判处被告人盗窃罪和故意伤害罪，被告人提出上诉，第二审法院认为第一审判决对盗窃罪量刑偏轻，而对故意伤害罪量刑偏重，故在数罪并罚执行刑期不变的情况下，增加盗窃罪的刑期，减少故意伤害罪的刑期

6. 甲某，16岁，因为强奸罪被人民法院判处有期徒刑5年。在上诉期限内，甲某的父亲提出上诉，期满后，又要求撤回上诉，对此，下列哪个说法是正确的？(　　)

A. 法院应当准许

B. 法院不应当准许

C. 法院可以准许,也可以不准许

D. 甲某的父亲没有提出上诉的权利,也就无权撤回上诉

7. 下列有关刑事诉讼第二审程序中的抗诉的表述,不正确的是:(　　)。

A. 地方各级人民检察院对同级人民法院第一审判决、裁定的抗诉,应当通过原审人民法院提出抗诉书

B. 人民检察院在抗诉期限内撤回抗诉的,第一审人民法院不再移送案件

C. 提出抗诉的方式必须是书面的

D. 在抗诉期满后撤回抗诉的,应当由第二审人民法院进行审查,作出准许或者不准许撤回抗诉的裁定

8. 在甲市A区人民法院对乙某盗窃罪和抢劫罪作出判决后,人民检察院不抗诉,但乙某不服提出上诉。市中级人民法院审理后认为,一审判决事实清楚,证据确实充分,但量刑不当。一审对乙某盗窃罪和抢劫罪分别判处2年和9年有期徒刑,决定执行的刑期为10年,而两罪准确量刑应分别为5年和7年。二审法院应如何处理?(　　)

A. 直接改判两罪刑罚分别为5年和7年有期徒刑,并在7年以上12年以下决定应当执行的刑期

B. 直接改判两罪刑罚分别为5年和7年有期徒刑,并决定应当执行的刑期为10年

C. 维持一审判决

D. 维持一审判处的2年有期徒刑,将一审判处的9年有期徒刑改为7年,并在7年以上9年以下决定应当执行的刑期

9. 在交通肇事案中,16岁的被害人甲某在一审曾经提起附带民事诉讼,一审判决后,甲某的母亲对附带民事部分提起了上诉,对此下列说法正确的是:(　　)。

A. 甲某的母亲无权对附带民事诉讼部分提起上诉

B. 甲某母亲的上诉不影响对刑事部分进行审理

C. 人民法院也应当对刑事部分进行审理

D. 甲某的母亲无权对刑事部分提起上诉

10. 某市甲区人民检察院对某盗窃案的判决提出抗诉后,该市人民检察院认为抗诉不当。此时,市人民检察院应当:(　　)。

A. 通知甲区人民检察院,由其向甲区人民法院撤回抗诉

B. 通知甲区人民检察院,由其向市中级人民法院撤回抗诉

C. 直接向市中级人民法院撤回抗诉,并且通知甲区人民检察院

D. 直接向甲区人民法院撤回抗诉,并且通知甲区人民检察院

11. 甲某和乙某因共同抢劫被法院分别判处有期徒刑8年和6年。乙某对此不服,提出上诉。甲某没提起上诉,检察院也没对判决提起抗诉。第二审人民法院在审理案件时,下列说法正确的是:(　　)。

A. 应当只审理乙某的判决部分

B. 不仅要审查乙某的判决部分,也应当审查甲某的判决部分

C. 在二审程序中,如果发现第一审判决对甲某的判决部分认定事实清楚,证据确实充分,但是量刑过重的,应该按照审判监督程序进行改判

D. 在二审程序中，如果发现第一审判决对乙某的判决部分认定事实清楚，证据确实充分，但是量刑过轻的，可以查清事实后改判加重其刑罚

12. 甲某因交通肇事罪被判处有期徒刑三年，服刑期间因患有肝炎，需保外就医。对于甲某患有肝炎这一事实，应当由何种机关出具证明文件？(　　)

A. 省级人民政府指定的医院　　B. 省级人民法院指定的医院

C. 省级人民检察院指定的医院　　D. 省级公安部门

13. 某市中级人民法院以强奸罪判处被告人甲某无期徒刑，以抢劫罪判处有期徒刑 10 年，决定执行无期徒刑。在上诉期限内，甲某以一审判决对强奸罪认定事实不清为由提出上诉。对此，第二审人民法院在审理时，应当审查下述哪项内容？(　　)

A. 第一审法院判决中关于强奸罪的认定事实部分

B. 第一审法院判决中关于强奸罪的认定事实部分和适用法律部分

C. 第一审法院判决中认定的全部事实部分和适用法律部分

D. 根据案件的需要决定审查的范围

14. 甲某抢劫案经 A 市 B 区人民法院审理后判决甲某犯抢劫罪，处有期徒刑 11 年。一审判决宣判后，人民检察院以量刑畸轻为由向 A 市中级人民法院提出抗诉。A 市中级人民法院在决定开庭审理后，通知 A 市人民检察院派员出庭。在开庭审理时，A 市人民检察院并未派员出庭。对此，A 市中级人民法院应当如何处理？(　　)

A. 另定开庭日期并再次通知 A 市人民检察院派员出庭

B. 在 A 市人民检察院不派员出庭的情况下直接对该抗诉案件作出判决

C. 裁定按人民检察院撤回抗诉处理，并通知第一审人民法院和当事人

D. 另定开庭日期并通知 A 市人民检察院派员出庭

15. 甲某因盗窃罪被某区人民法院判处有期徒刑 4 年。人民检察院没有提起抗诉，但是甲某不服，提出了上诉。对于第二审人民法院的审理，下列哪种说法是正确的？(　　)

A. 应当组成合议庭进行审理　　B. 应当开庭审理

C. 应当到甲某的住所地审理　　D. 应当公开审理

16. 甲某因涉嫌贩毒被公安机关拘留，其住所亦被公安机关搜查，甲某的一部分物品、文件、邮件被扣押。后经查实所扣押物品确实与本案无关，公安机关应当在(　　)内解除扣押，退还原主或原邮电机关。

A. 3 日　　B. 5 日　　C. 7 日　　D. 10 日

17. 某区人民法院对甲某抢劫乙某一案作出了刑事附带民事判决。在一审宣判后，只有附带民事诉讼原告人乙某就附带民事诉讼部分提出上诉。刑事部分生效后，如果二审法院在审理过程中发现一审判决中的刑事部分确有错误，下列哪种说法是正确的？(　　)

A. 应当按照第二审程序对刑事部分和附带民事部分一并作出处理

B. 应当按照第二审程序对附带民事部分进行审理，然后再按照审判监督程序对刑事部分进行审理

C. 应该按照审判监督程序对刑事部分进行再审，并将附带民事部分与刑事部分一并审理

D. 应当裁定撤销原判，发回重审

18. 甲某因强奸罪被判处四年有期徒刑，于 2000 年 4 月 30 日收到判决书，他在(　　)期间享有上诉权。

A. 4 月 30 日—5 月 9 日　　B. 5 月 1 日—5 月 10 日

C. 4 月 30 日—5 月 10 日　　D. 5 月 1 日—5 月 11 日

19. 甲某被某区人民法院以盗窃罪判处有期徒刑 3 年，在上诉期限内，甲某通过口头、书状等形式，多次在提出上诉后又表示不上诉，几经反复，对于甲某是否提起上诉，下列哪个说法是正确的？（　）

A. 应当以甲某的第一次意思表示为准

B. 应当以甲某的最后一次意思表示为准

C. 应当以甲某第一次提出的书状的意思表示为准

D. 应当以甲某最后一次提出的书状的意思表示为准

20. 某县人民法院于 1998 年 11 月以盗窃罪判处甲某有期徒刑 3 年。一审判决生效后，1999 年 3 月，地区检察分院在工作检查中发现，甲某盗窃数额巨大，县人民法院判处其有期徒刑 3 年量刑畸轻，对此案应按照审判监督程序进行再审。根据刑事诉讼法的有关规定，检察院应（　）。

A. 由县人民检察院向县人民法院提起抗诉

B. 由县人民检察院向地区中级人民法院提起抗诉

C. 由地区检察分院向地区中级人民法院提起抗诉

D. 由地区检察分院向县人民法院提起抗诉

二、多项选择题

1. 被告人甲某，因故意杀人罪、间谍罪被中级人民法院一审判处死刑缓期两年执行。在上诉期间内，人民检察院认为人民法院的量刑不当，依法提起抗诉。二审法院不开庭审理后，认为一审法院认定事实没有错误，但量刑过轻，依法撤销原判，改判为死刑立即执行，并核准执行死刑立即执行。该案哪些做法是违法的？（　）

A. 二审法院改判被告人死刑立即执行

B. 二审法院核准执行死刑

C. 二审法院没有发回重审

D. 二审法院不开庭审理本案

2. 甲某与乙某因共同犯罪被一审法院分别判处有期徒刑，甲某不服，提起上诉，而乙某未上诉，下列说法正确的是：（　）。

A. 二审法院不得加重甲某的刑罚，但可以加重乙某的刑罚

B. 二审法院不得加重甲某的刑罚，也不能加重乙某的刑罚

C. 二审法院不得加重甲某和乙某的刑罚，但可以改变罪名

D. 二审法院既不得加重甲某和乙某的刑罚，也不得改变罪名

3. 刑事判决和裁定的区别是：（　）。

A. 解决的问题性质不同

B. 一个案件只能作出一个判决，但裁定在一个案件中可以作出几个

C. 上诉的期限不同

D. 判决书局限于书面形式，而裁定则可以采用书面或口头形式

4. 甲某因强奸罪被 A 县人民法院判处有期徒刑 8 年。判决宣告后，甲某以量刑过重为由提出上诉，但在上诉期满后又要求撤回上诉。对于甲某撤回上诉，二审法院应当如何处理？（　）

A. 允许甲某撤回上诉

B. 对上诉案件进行审查，如果原判认定事实和适用法律正确，量刑适当，应当裁定准许甲某撤回上诉

C. 对上诉案件进行审查，如果原判认定事实不清、证据不足或者适用法律错误、量刑不当，应当不允许撤回上诉

D. 如果原判认定事实不清、证据不足或者适用法律错误、量刑不当而不允许撤回上诉的，应当按照上诉程序进行审理

5. 二审法院审理后，应当如何审理？（ ）

A. 如果原判决认定事实和适用法律正确、量刑适当，应当裁定驳回上诉或抗诉，维持原判

B. 如果原判决认定事实和适用法律正确、量刑适当，应当判决驳回上诉或抗诉，维持原判

C. 如果原判事实不清、证据不足，可以查清事实后改判

D. 如果原判事实不清、证据不足，可以裁定撤销原判，发回重审

6. 如果第一审人民法院的审理有（ ）情况，第二审人民法院应当裁定撤销原判，发回原审人民法院重新审判。

A. 公开审判强奸案件的　　B. 未向当事人交代申请回避的权利的

C. 陪审员是本案的唯一目击证人的　　D. 没有通知被害人的委托代理人到庭的

7. 上诉权是一项重要的诉讼权利。根据刑事诉讼法的规定，下列哪些人具有独立的上诉权？（ ）

A. 被告人、自诉人　　B. 被告人、自诉人的法定代理人

C. 被告人的配偶　　D. 被告人的辩护人

8. 甲市某区人民法院对一起刑事案件作出了一审判决。人民检察院认为该判决确有错误，在抗诉期限内向同级人民法院提起抗诉。对于这一问题，下列说法正确的是：（ ）。

A. 必须以书状的形式提出抗诉　　B. 可以以口头的形式提出抗诉

C. 必须通过该区人民法院提出抗诉　　D. 可以直接向甲市人民法院提出抗诉

9. 在刑事诉讼的审判过程中，如果（ ），人民法院应当裁定中止审理。

A. 自诉人或者被告人患精神病或者其他严重疾病，致使案件在较长时间内无法继续审理

B. 案件起诉到人民法院以后被告人脱逃，致使案件在较长时间内无法继续审理

C. 被告人的精神或者体力方面难以承受审问

D. 被告人当庭拒绝指定的辩护人为其辩护，要求人民法院另行指定辩护律师

10. 根据《刑事诉讼法》的规定，合议庭在评议案件时，（ ）。

A. 评议案件应秘密进行

B. 合议庭成员应当表明自己的意见，不能沉默或者在表决中弃权

C. 如果意见分歧，应当按照多数人的意见作出决定，但是少数人的意见应当写入笔录

D. 评议笔录由合议庭的组成人员在审阅确认无误后签名

三、简答题

1. 简述两审终审制如何适用法定的例外情节。

2. 简述我国刑事诉讼法对不开庭审理的条件和程序所作的特别规定。

3. 简述我国刑事诉讼法所规定的二审程序的单一性特点。

四、论述题

1. 试述应否赋予被害人上诉权问题。

2. 全面审查原则是我国刑事诉讼法规定的一项重要原则，对其是否具有存在的必要理论界各有说法，请加以评述。

五、案例分析题

1. 被告人甲某，系某部研究所工程师。某年 8 月，甲与本所其他 5 名工程师一起接受了本所交给的仿制 74 个座位的大型“宇宙飞船”游艺机的任务。在设计过程中，甲某与其中 4 名工程师认为，将上述游艺机改成 45 个座位，将会有更好的销路。于是便私下改造，并卖给某单位，将所得报酬 3 万元私分，其中甲某获得 5000 元。案发后，某区人民法院以盗窃罪判处被告人甲某有期徒刑 6 年。被告人甲某认为自己的行为不构成犯罪，提起上诉。二审人民法院受理此案后，由审判员乙某、丙某和陪审员丁某组成合议庭，公开审理。

问题：人民法院审理二审案件，是否适用人民陪审员陪审制度？

2. 被告人甲某，男，1986 年 4 月 5 日出生。甲某因泄愤于 2000 年 8 月 3 日晚潜入邻居乙某家，将事先准备好的硫酸泼向熟睡中的乙某，致使乙某全身大面积烧伤，重度毁容。此案经县公安局侦查终结后，移送县人民检察院审查起诉。县人民检察院审查后向县人民法院提起公诉。县人民法院向被告人甲某送达起诉书副本，并告知甲某可以委托辩护人为其辩护，甲某表示不委托辩护人，县人民法院遂将这一意见记录在案。10 日后即 2000 年 9 月 22 日，县人民法院公开审理此案，认定甲某故意伤害罪成立，判处有期徒刑 15 年。被告人对判决不服，在上诉期内提起上诉。市人民法院对一审作出的判决书及相关的证据经过书面审查后，认为一审法院认定事实和适用法律正确，作出了驳回上诉、维持原判的终审判决。

问题：

(1)县人民检察院向县人民法院提起公诉是否正确？

(2)县人民法院审理过程中存在哪些错误？

(3)市人民法院审理过程中存在哪些错误？

第十六章　死刑复核程序

一、单项选择题

1. 被告人甲某因贪污罪被某市中级人民法院一审判处死刑，缓期两年执行。判决后被告人没有上诉，检察机关也没有抗诉，该中级人民法院遂在抗诉、上诉期满后第二天报请省高级人民法院核准。此时，省高级人民法院不得作出哪种处理？（　　）

A. 同意判处死缓、作出予以核准的裁定

B. 认为原判决适用法律错误，处刑太轻，应判处死刑，立即执行，直接改判并报最高人民法院核准

C. 认为原判刑罚太重，不同意判处死缓，直接改判有期徒刑 15 年

D. 认为原判事实不清、证据不足，发回重审

2. 下级人民法院接到最高人民法院执行死刑命令后，如果发现罪犯正怀孕，应当（　　）。

A. 立即执行

B. 停止执行，并立即报告最高人民法院

C. 停止执行，报告本级人民法院院长裁定

D. 停止执行，待分娩后报请最高人民法院院长再签发执行死刑的命令才能执行

3. 下列判处死刑立即执行的案件中，依法由高级人民法院核准的是哪个？（　　）

A. 贪污、贿赂案　　B. 泄露国家机密案

C. 走私案　　D. 暴力劫持航空器案

4. 甲某因故意杀人罪被某中级人民法院第一审判处死刑缓期两年执行，检察院提起抗诉。第二审人民法院审理后改判甲某死刑立即执行。对此案的处理，下列说法哪一个是正确的？（　　）

A. 第二审人民法院应另行组成合议庭进行死刑复核

B. 应当报请最高人民法院核准

C. 因杀人罪判处死刑的核准权已经授权高级人民法院行使，不必报请最高人民法院核准

D. 该死刑判决是高级人民法院作出的终审判决，应当生效，需立即执行死刑

5. 甲某犯杀人罪、贪污罪，被某市中级人民法院一审分别同时判处死刑，合并执行死刑。甲某不上诉，检察院不抗诉。对此案应当如何报请复核？（　　）

A. 报经省高级人民法院核准即可

B. 直接报经最高人民法院核准

C. 先报省高级人民法院复核，再报最高人民法院核准

D. 杀人罪报省高级人民法院核准，贪污罪报最高人民法院核准

6. 在一起共同犯罪案件中，被告人甲某被判处死刑，被告人乙某被判处有期徒刑 10 年，一审法院对本案作出上述判决后，被告人不上诉，人民检察院不抗诉，对此，下列哪种说法是不正确的？（　　）

A. 复核死刑的法院不仅应当审查被告人甲某的判决部分，而且还应当审查乙某的判决部分

B. 复核死刑的法院只应当对判处死刑的判决部分进行核准

C. 对甲某的死刑判决和对乙某的判决都应当是在复核死刑的裁定作出之后才生效

D. 复核甲某的死刑判决时，不影响乙某的判决生效和执行

7. 下列关于适用死刑复核程序的合议庭的组成的说法中，正确的有：（　　）。

A. 应当由审判员 3 人组成

B. 应当由审判员 3 人至 5 人组成

C. 应当由审判员 3 人至 7 人或者审判员和人民陪审员共 3 人至 7 人组成

D. 只要是 3 人以上且为单数即可

8. 被告人甲某，男，25 岁，因犯强奸罪被某市中级人民法院判处死刑。如果被告人不上诉，人民检察院不抗诉的，上诉期满后，该中级人民法院应：（　　）。

A. 在 3 日内，报高级人民法院核准　　B. 在 3 日后，报高级人民法院核准

C. 在 3 日内，报最高人民法院核准　　D. 在 3 日后，报最高人民法院核准

9. 甲某在云南贩卖毒品被抓获，一审昆明中级人民法院判其无期徒刑，市检察院提出抗诉。二审高级人民法院认为其情节恶劣，改判死刑立即执行。则：（　　）。

A. 由昆明市中级人民法院核准死刑　　B. 由云南省高级人民法院核准死刑

C. 无须核准，可立即执行　　D. 由最高人民法院核准死刑

10. 甲某因爆炸罪被某中级人民法院判处死刑缓期两年执行。一审宣判后，甲某没有上诉，检察院也没有提起抗诉。高级人民法院在核准此案时，认为原判决在认定事实上没有错误，但是量刑过轻，应当对被告人判处死刑立即执行。对此，下列哪种说法是正确的？（　）

A. 应当撤销原判，发回重新审判　　B. 应当裁定核准死刑缓期两年执行

C. 应当改判甲某死刑立即执行　　D. 应当以提审的方式判处死刑立即执行

11. 高级人民法院在复核或者核准死刑、死刑缓期两年执行的案件时，下列哪一表述是正确的？（　）

A. 必须公开审理　　B. 必须开庭审理

C. 必须书面审理　　D. 必须提审被告人

二、多项选择题

1. 下列选项中违背死刑复核程序的有：（　）。

A. 中级人民法院判处死刑的第一审案件，如被告人不上诉，都应当直接报请最高人民法院核准

B. 高级人民法院判处死刑的第一审案件，如被告人不上诉，一律由高级人民法院核准

C. 高级人民法院判处死刑缓期两年执行的案件，如在法定期限内当事人没有提出上诉，人民检察院也未提出抗诉，高级人民法院不必报请最高人民法院核准

D. 中级人民法院判处死刑缓期两年执行的案件，由高级人民法院核准

2. 高级人民法院对中级人民法院报请核准死刑缓期两年执行的第一审案件，如果被告人不上诉，检察院不抗诉，可以作出下列哪些处理？（　）

A. 同意判处死刑缓期两年执行的，裁定予以核准

B. 认为原判量刑过重的，对被告人的量刑依法改判

C. 认为原判量刑过轻的，对被告人的量刑依法改判

D. 认为原判事实不清、证据不足的，裁定发回原一审法院重新审判

3. 甲某因贩卖毒品，被甘肃省某中级人民法院判处死刑，甲某没有上诉，检察院也没有抗诉，下列说法正确的是：（　）。

A. 报甘肃省高级人民法院复核

B. 甘肃省高级人民法院不同意判处死刑的，应当提审

C. 甘肃省高级人民法院不同意判处死刑的，可以依法改判

D. 甘肃省高级人民法院不同意判处死刑的，可以发回中级人民法院重新审判

4. 被告人甲某被一审法院以强奸罪判处死刑，以虚开增值税专用发票罪判处死刑，对于本案的核准，下列哪些表述是错误的？（　）

A. 本案强奸罪由高级人民法院核准

B. 全案由高级人民法院核准

C. 全案由最高人民法院核准

D. 在核准该案时，必须提审被告人

5. 某市人民法院以杀人罪判处被告人甲某死刑缓期两年执行，检察院提出抗诉。该省高级人民法院经第二审审理认为被告人甲某不应当判处死刑缓期两年执行，该省高级人民法院可以：（　）。

A. 发回重审

B. 直接改判

C. 改变案件管辖级别，由高级人民法院作为第一审重新审判

D. 先维持原判，再通过审判监督程序解决

6. 原审人民法院在接到对一名贪污罪犯执行死刑的命令后，发现判决可能有错误，对此，下列做法哪些是正确的？（　　）

A. 应当停止执行

B. 应当暂停执行

C. 应当立即报告最高人民法院

D. 经审查判决没有错误，应当继续执行死刑

7. 下列有关死刑复核程序的说法中，不正确的有：（　　）。

A. 甲某因走私罪被某市中级人民法院判处死刑，甲某没有上诉。如果高级人民法院在复核时，不同意判处死刑的，必须发回重审

B. 高级人民法院复核中级人民法院判处的死刑缓期两年执行的案件，在认为必要时，可以提审被告人

C. 首犯乙某因抢劫罪被某市中级人民法院判处死刑，同案犯丙某、丁某分别被判处 10 年有期徒刑、无期徒刑。高级人民法院在进行死刑复核时，发现对乙某、丁某已经发生法律效力的判决确有错误时，可以提审

D. 戊某因强奸罪被某县人民法院判处有期徒刑 8 年，人民检察院以量刑畸轻为由，向某市中级人民法院提起抗诉，法院开庭审理后改判戊某死刑，那么此案应当报请最高人民法院核准

8. 被告人甲某涉嫌贪污、抢劫等犯罪，一审法院审理后判决其死刑。请问，下列说法中正确的是：（　　）。

A. 本案由高级人民法院复核死刑

B. 本案由最高人民法院核准死刑

C. 对死刑的复核必须一案一报

D. 对死刑的复核应由审判员 3 人或 7 人组成合议庭进行

9. 应当依法予以核准的死刑判决，必须符合：（　　）。

A. 认定事实正确　　B. 适用法律正确

C. 量刑适当　　D. 没有违反诉讼程序的情形

10. 依授权可以由高级人民法院核准的死刑案件，中级人民法院判处死刑后，如果被告人不上诉、人民检察院不抗诉的，高级人民法院可以：（　　）。

A. 同意判处死刑的，裁定予以核准

B. 认为事实不清、证据不足的，裁定发回中级人民法院重新审判

C. 不同意判处死刑的，应当依法改判

D. 不同意判处死刑的，裁定撤销原判，发回中级人民法院重新审判

三、简答题

1. 请简述死刑复核程序的特点。

2. 请简述报请复核死刑立即执行案件的要求。

3. 请简述对判处死刑立即执行案件的复核内容。

4. 请简述对判处死刑立即执行案件的复核方法。

四、论述题

1. 试论述死刑复核程序的性质。

2. 我国刑事诉讼法明确规定死刑缓期两年执行的案件的核准权由高级人民法院和解放军军事法院行使，你认为是否恰当？请说明理由。

五、案例分析题

1. 1999 年 9 月，云南省某村农民甲某到邻居乙某家串门。当时乙某不在家，只有其妻和其两个月大的孩子在家，于是甲某便待在乙某家等乙某回来。甲某和乙某的妻子聊天时，见乙家家具电器一应俱全，十分豪华，遂认为乙家有钱，是个肥主，而自己由于长期赌博欠债，家境日益贫寒，于是心生不轨，趁乙某的妻子到卫生间给孩子洗澡时跑到内室，盗得金项链一条，存折一个，以及现金若干。在乙家吃过午饭后，甲某即告辞。直到下午乙某回来，才发现被盗，向当地派出所报了案。当地公安机关很快侦破此案并将甲某刑事拘留，人民检察院经过审查，于 2000 年 1 月向人民法院提起公诉。

请问：

(1)假设在人民法院审理过程中，甲某指出审判员丙某是乙某妻子的弟弟，向法院申请回避，法院应如何处理？

(2)假设在人民法院审理过程中，甲某的家人在旁听席上大吵大闹，经审判员制止仍然不听，并且辱骂审判长，法院该如何处理？

(3)假设在人民法院审理过程中，甲某提出自己是与乙某的妻子串通，谋取乙某的钱财，并提供了新的证人，但该证人尚未到庭，法院该如何处理？

(4)假设一审认定甲某无罪，乙某不服，该如何处理？

(5)假设生效判决判处甲某有期徒刑 3 年，在送往监狱的过程中，甲某突然脑溢血，经抢救虽然保住了生命，但需要长期治疗，该如何处理？

2. 甲某和乙某利用职权之便，大肆虚开增值税发票，并多次强奸、轮奸妇女，情节恶劣，A 市中级人民法院判处甲某虚开增值税发票罪死刑，强奸罪死刑缓期两年执行，判处乙某无期徒刑。一审宣判后，两名被告人没有提起上诉，人民检察院也没有提起抗诉。请回答下面问题：

(1)本案应该由哪个人民法院核准甲某的死刑？程序是怎么样的？

(2)在人民法院核准甲某死刑缓期两年期间，能否执行乙某刑罚？

第十七章　审判监督程序

一、单项选择题

1. 对已经发生法律效力的判决、裁定，可以向人民法院或人民检察院提出申诉的主体是：(　　)。

A. 当事人及其法定代理人、近亲属　　B. 辩护人

C. 诉讼代理人　　D. 证人

2. 各级人民法院院长如果发现本院已经发生法律效力的判决和裁定确有错误，应当：(　　)。

A. 自己重新审理　　B. 指令原审合议庭重新审理
C. 向上一级人民法院请示该如何处理　　D. 提交审判委员会处理

3. 上级人民检察院对(　　)人民法院已经发生法律效力的判决或者裁定，如果发现确有错误，有权按审判监督程序提出抗诉。

A. 上级　　B. 下级　　C. 同级　　D. 各级

4. 审判监督程序必须是发现(　　)的判决和裁定确有错误才能提起。

A. 基层人民法院　　B. 高级人民法院
C. 中级人民法院的第一审　　D. 已经发生法律效力

5. 当事人对已经发生法律效力的判决和裁定提出申诉以后，(　　)。

A. 直接由人民法院执行庭变更执行　　B. 应当立即停止判决和裁定执行
C. 可以停止判决和裁定的执行　　D. 不能停止判决和裁定的执行

6. 按审判监督程序重新审判的案件，人民法院(　　)进行审理。

A. 应由原审法院的审判委员会　　B. 可由原来审理该案的合议庭
C. 应另行组成合议庭　　D. 应由原终审的合议庭

7. 人民法院按审判监督程序重新审判的案件，应当在作出提审、再审决定之日起(　　)内审结，需要延长期限的，不得超过(　　)。

A. 4 个月，6 个月　　B. 3 个月，6 个月
C. 2 个月，12 个月　　D. 3 个月，12 个月

8. 下列各项中属于审判监督程序与二审程序不同点的是：(　　)。

A. 审理的裁判是否已经发生法律效力　　B. 是否依照法定程序进行
C. 是否对案件进行全面审查　　D. 是否为了保证法院裁判的正确

二、多项选择题

1. 申诉权人的申诉具备哪些情形时，可以引起人民法院的重新审判？(　　)

A. 审判人员在审理该案的时候，有贪污受贿、徇私舞弊、枉法裁判行为的
B. 原判决、裁定适用法律确有错误的
C. 有新的证据证明原判决、裁定认定的事实确有错误的
D. 据以定罪量刑的证据不确实、不充分或者证明案件事实的重要证据之间存在矛盾的

2. 对已经发生法律效力的判决、裁定，可以向人民法院或人民检察院提出申诉的主体有：(　　)。

A. 被害人、被告人
B. 当事人的近亲属
C. 当事人的诉讼代理人
D. 为了正义而意在对法院生效裁判进行监督的任何公民

3. 某区人民法院以抢劫罪判处曾某有期徒刑 4 年。在上诉期限内没有上诉或抗诉。一审生效后，市人民检察院发现曾某的抢劫行为情节十分严重，区人民法院的判决畸轻，对此案按照审判监督程序提出抗诉。下列检察院提起抗诉的方法错误的是：(　　)。

A. 由区人民检察院向市中级人民法院提出抗诉

B. 由市人民检察院向区人民法院提出抗诉

C. 由区人民检察院向区人民法院提出抗诉

D. 由市人民检察院向市中级人民法院提出抗诉

4. 对于已经发生法律效力的判决，如果按照审判监督程序重新审判的，下列说法错误的是：（　）。

A. 人民检察院按照审判监督程序提出抗诉的，人民法院应当制作再审决定书

B. 人民检察院按照审判监督程序提出抗诉的，人民法院应当制作再审裁定书

C. 人民法院审判委员会讨论决定重新审判的，应当制作再审决定书

D. 人民法院审判委员会讨论决定重新审判的，应当制作再审裁定书

5. 某市中级人民法院对一起已经发生法律效力的刑事判决按照审判监督程序重新审判后，认为原判决认定的事实没有错误，但是适用法律有错误或者量刑不当，下述处理方式不符合法律规定的是：（　）。

A. 应当撤销原判，用判决予以改判　　B. 可以撤销原判，发回原审人民法院再审

C. 应当用裁定改判　　D. 应当撤销原判，发回原审人民法院再审

6. 人民检察院认为某已经生效的一审刑事判决有误，依法按照审判监督程序提出抗诉之后，接受抗诉的人民法院的下述做法错误的是：（　）。

A. 应当组成审判员合议庭重新审理

B. 可以指令下级人民法院再审

C. 应当进行审查以决定是否进行再审

D. 应当组成合议庭审理，并且合议庭的人数应该是 3～7 人

三、简答题

1. 简述审判监督程序的特点。

2. 简要说明刑事申诉的特征。

3. 人民法院按审判监督程序审理案件，哪些案件必须开庭、哪些案件可以不开庭？

四、论述题

1. 试比较审判监督程序与第二审程序。

2. 试论述审判监督程序的抗诉与第二审程序抗诉的区别。

五、案例分析题

1. 被告人张三，长期在外打工，2001 年春节回家过年，发现其妻和以前有点不一样，对他很冷淡，便怀疑其与邻居李四有奸情，并认为自己活得不如别人，于是产生了轻生的念头。春节过后某天张三两次自杀未遂，后又产生了杀害其妻与李四的念头，于当天晚上子夜时分，用斧子将妻子砍死，又将自己的胞兄打昏。然后，翻过邻居家的围墙进入李四家将李四砍死。作案后，跑到村外的小河中跳河自杀，但是摔伤未死。

一审法院审理后，认定被告人张三无端怀疑其妻与邻居通奸，故意杀死两人，打伤一人，犯罪事实清楚，证据确实、充分，其行为构成故意杀人罪和故意伤害罪，判处死刑，剥夺政治权利终身。被告人不服一审判决，并于法定期限内上诉至高级人民法院。省高级人民法院二审裁定驳回上诉，维持原判，并根据最高人民法院授权裁定核准死刑，等待执行。

被告人的父亲得知儿子被省高级人民法院核准死刑后，即以被告人近亲属的身份提出申诉，同时提交了被告人患有“精神分裂症”的医院诊断证明和病历，在申诉状中称：“张三的祖父系精神病死于自杀。”

省高级人民法院收到张三父亲的申诉后十分重视，认为申诉的理由说明原判决和二审裁定可能有错误，但尚不能确定张三在行凶时是否在精神分裂症的发病期，于是根据法律规定，将原审被告人张三交本省人民政府指定的某医院进行精神病的医学鉴定，结论为：“精神分裂症，发病期，无责任能力。”据此，省高级人民法院院长将该案提交本院审判委员会决定再审。经再审，撤销了原一审判决和本院的二审裁定及核准死刑的裁定，改判被告人张三无罪。

请问：本案在诉讼程序上是否合法？请说明依据。

2. 被告人杨某，某建筑公司高级工程师，于 1995 年到 2000 年间因工作关系，断断续续在正常工资外获得各种费用 10 万多元。后被人举报该 10 万多元为其受贿所得。经过依法立案、侦查，于 2000 年 10 月 8 日被某市中级人民检察院以涉嫌受贿罪向同级人民法院提起公诉。市中级人民法院经过公开审理，认定杨某受贿罪成立，判处无期徒刑，剥夺政治权利终身。杨某不服，向省高级人民法院提起上诉，省高级人民法院经依法审理，维持原判，并交付执行。在杨某服刑期间，其妻一直奔走于各级法院、检察院、政法委之间，送出申诉状多份，终于于 2002 年引起最高人民检察院的重视，按照审判监督程序向省高级人民法院提出抗诉。本案最终由原一审法院对案件进行了重新审判，原合议庭在仔细查阅案卷材料、调查核实证据的基础上，认为杨某所得 10 万多元属于正当所得，于 2003 年 6 月宣布撤销原判，改判杨某无罪。上诉期满后杨某被释放。

请指出本案在诉讼程序上的错误，并说明理由。

第十八章　执　行

一、单项选择题

1. 某案件，被告人李某，14 周岁，因故意杀人罪被人民法院判处有期徒刑 10 年，对本案件的判决应当由下列哪个机关执行？（　　）

A. 监狱　　B. 看守所

C. 拘役所　　D. 未成年犯管教所

2. 下列刑罚的执行机关符合刑事诉讼法规定的有：（　　）。

A. 对于被假释的罪犯，在假释考验期限内，由公安机关和监狱机关予以监督

B. 对于被判处罚金的罪犯，如果期满不缴纳，由人民法院执行

C. 对于被判处管制、剥夺政治权利的罪犯，由人民法院执行

D. 对于被判处没收财产的罪犯，附加适用的，由人民法院执行；独立适用的，必须由人民法院会同公安机关执行

3. 张某被判处无期徒刑，王某被判处拘役，李某被判处有期徒刑 11 年，赵某被判处死刑缓期 2 年执行。在符合法律规定的其他条件下，对谁可以依法暂予监外执行？（　　）

A. 张某和王某　　B. 王某和李某

C. 李某和赵某　　D. 张某和李某

4. 李某因为抢劫罪在 a 地监狱服刑，在服刑期间李某越狱逃跑，后来在 b 地作案时被公安

机关抓获，下列说法正确的是：（　　）。

A. 如果 b 地公安机关不知道李某为脱逃的罪犯，则办理逮捕手续

B. 如果 b 地公安机关知道李某是服刑期间的脱逃的罪犯，则同样要重新办理逮捕手续

C 如果 b 地公安机关知道李某是服刑期间的脱逃的罪犯，新行为又该逮捕的，则必须办理逮捕手续

D. 如果李某在脱逃期间服刑期届满，即使其又作新案，也不需要办理逮捕手续

5. 某罪犯被判处无期徒刑，后经高级人民法院裁定减为有期徒刑 15 年，在服刑 10 年后，又经某中级人民法院裁定减为有期徒刑 13 年。但检察机关认为减刑不当，向该中级人民法院提出书面纠正意见。人民法院就此给出了书面答复，没有更改裁定。上述案例中，何处程序违法？（　　）

A. 第二次减刑后没有由高级人民法院受理

B. 人民检察院认为人民法院减刑不当，没有以抗诉的形式提出

C. 人民法院对人民检察院的书面纠正意见没有重新组成合议庭进行审理

D. 人民法院对人民检察院的纠正意见没有先予执行

6. 对于判处有期徒刑的罪犯，应当由监狱机关负责执行，但是对于在交付执行刑罚前，剩余刑期在下列哪种情形下，可以由看守所代为执行？（　　）

A. 3 个月以下　　B. 6 个月以下

C. 1 年以下　　D. 3 年以下

7. 王某因抢夺而被依法逮捕，一审人民法院审理后判决被告人免除刑事责任。在上诉期间，人民检察院以量刑不当为由提出抗诉。对于被告人王某，下列哪一说法是正确的？（　　）

A. 应当在判决生效之日立即释放

B. 应当在判决宣告之后立即释放

C. 应当在判决书送达后立即释放

D. 应当在第二审判决或裁定作出后决定是否释放

8. 古某被法院判处有期徒刑 5 年，在判决确定前，古某并没有被羁押，在判决生效后，由哪个机关负责对古某的羁押以及交付执行？（　　）

A. 由监狱直接对古某收押

B. 由人民法院在判决后交付监狱执行

C. 由人民法院对张某羁押后送交公安机关，然后由公安机关送交监狱执行

D. 由人民检察院收押后交付监狱执行

二、多项选择题

1. 人民法院在接到执行死刑的命令后，在发现下列哪些情形时，应当停止执行，并立即报告核准死刑的人民法院？（　　）

A. 在执行前发现裁判可能有错误的

B. 在执行前罪犯揭发重大犯罪事实或者有其他重大立功表现，可能需要改判的

C. 罪犯正在怀孕的

D. 罪犯正在患严重疾病的

2. 对于被判处有期徒刑或者拘役的罪犯，在哪些情形下可以暂予监外执行？（　　）

A. 有严重疾病需要保外就医的

B. 怀孕或者正在哺乳自己婴儿的妇女
C. 自伤自残的
D. 是聋哑人的

3. 下列判决和裁判具有执行效力的有：(　　)。
A. 终审的判决和裁定
B. 最高人民法院核准的死刑的判决和高级人民法院核准的死刑缓期两年执行的判决
C. 判处死刑立即执行的二审判决
D. 已过法定期限没有上诉抗诉的判决和裁定

4. 罪犯在监狱服刑期间，向有关部门提出申诉，则监狱应当：(　　)。
A. 转请公安机关处理　　B. 转请人民检察院处理
C. 转请当地人民法院处理　　D. 转请原判人民法院处理

5. 下列对暂予监外执行的表述正确的有：(　　)。
A. 人民法院在作出判决交付监狱执行的时候可以根据案件情况决定暂予监外执行
B. 在执行过程中需要暂予监外执行的，由监狱或者未成年犯管教所提出书面意见，报省自治区直辖市的监狱管理机关审批
C. 对于罪犯确有严重疾病，必须保外就医的，由省级人民政府指定的医院开具证明文件，依照法律规定的程序审批
D. 发现保外就医的罪犯不符合保外就医条件的，或者严重违反有关保外就医的规定的，应当及时收监

6. 根据我国《刑事诉讼法》的规定，下述哪些判决应当由公安机关执行？(　　)
A. 管制　　B. 有期徒刑
C. 拘役　　D. 剥夺政治权利

7. 关于死刑执行的一些表述，正确的有：(　　)。
A. 死刑执行前，罪犯提出会见其近亲属的，人民法院应当准许
B. 采用枪决、注射以外的其他方法执行死刑的应当事先报请最高人民法院批准
C. 人民法院将罪犯交付执行死刑，应当在交付执行 7 日前通知同级人民检察院派员临场监督
D. 执行死刑完毕，交付执行的人民法院应当将执行死刑的情况及时逐级上报最高人民法院

8. 兰某因犯复制淫秽物品牟利罪被判处有期徒刑 3 年，在 a 市监狱服刑过程中，经 b 市中级人民法院审核裁定，减为有期徒刑 2 年，那么，该减刑裁定书应当送达下列哪些机关或者人员？(　　)
A. 兰某　　B. 兰某的家属
C. a 市监狱　　D. b 市人民检察院

9. 根据我国《刑事诉讼法》第 213 条的规定，将判处死刑缓期两年执行、无期徒刑、拘役的罪犯交付执行的机关是人民法院。罪犯被交付执行刑罚的时候，应当由交付执行的人民法院将有关的法律文书送达监狱或者其他执行机关。那么，此处所指的有关法律文书是指：(　　)。
A. 人民检察院的起诉书副本　　B. 人民法院的判决书
C. 人民法院的执行通知书　　D. 人民法院的“罪犯结案登记表”

三、简答题

1. 什么是刑事诉讼中的执行？有哪些特点？

2. 在死刑执行过程中，应当停止执行死刑的法定情形有哪些？

四、论述题

对于罪犯在服刑期间犯新罪或发现漏罪的情况，有关机关该如何处理？

五、案例分析题

某区人民法院对王某、李某、祖某和花某四人贪污一案作出了判决：王某被判处死刑，并处没收财产；李某被判处无期徒刑，并处没收财产；祖某被判处有期徒刑 2 年缓刑 4 年，花某被判处免除刑事处罚。一审后，法院立即对王某和李某判处的没收财产予以执行。王某和李某提出上诉。省高级人民法院经过二审程序后，裁定驳回上诉，维持原判。花某被释放。省高级人民法院核准了对王某的死刑判决。原审人民法院接到省高级人民法院院长签发的执行死刑的命令后，发现该死刑判决可能有错误，于是停止执行。经过有关法院依法审查，发现该判决并无错误后，原审法院立即对王某执行了死刑。李某在执行期间，由于有严重疾病而且生活不能自理，考虑到其身体原因不至于再危害社会，有关机关核准了对李某暂予监外执行。祖某在缓刑考验期间，由于有重大立功表现，需要予以减刑，公安机关提出了减刑建议书。县级人民法院收到减刑建议书 3 个月后裁定对祖某减刑。

问：本案中有哪些地方违反了刑事诉讼程序的规定？

第十九章 刑事特别程序

一、单项选择题

1. 被告人甲某，15 岁时犯有抢劫罪，17 岁时又犯有盗窃罪，被捕后，至审判时甲某已满 18 岁，法庭审理时，对本案应：(　　)。

A. 公开审理　　B. 一般不公开审理

C. 可以公开审理　　D. 一律不公开审理

2. 对于不满 18 岁的未成年人犯罪案件，在讯问和审判时，(　　)通知被告的法定代理人到场。

A. 可以　　B. 应当

C. 不　　D. 根据被告人的申请

3. 某驻华大使馆外交官，参与了走私犯罪，按照我国刑事诉讼法的规定，应当：(　　)。

A. 由中国司法机关审判

B. 由该国驻华使馆同中国司法机关协商解决

C. 通过外交途径解决

D. 由公安机关将其驱逐出境

4. "天翔号"中国客轮由韩国釜山港驶向大连，船行至公海领域时，韩国公民金某酗酒闹事，将中国公民甲某打成重伤。为及时抢救，船舶就近停靠威海港，将受害人送往医院，然后驶

往大连港。下列法院中，哪一个是本案的犯罪管辖法院？（　　）

A. 威海市中级人民法院　　B. 大连市中级人民法院

C. 韩国釜山地方法院　　D. 大连市或威海市地方基层法院

5. 被告人，大卫，男，32 岁，美国留学生。某月某日，大卫在北京的一家歌舞厅与他人发生争执，继而用刀将他人砍死。公安机关认为大卫的行为依照我国刑法规定，应当追究刑事责任。应当适用何种程序追究其责任？（　　）

A. 适用我国的刑事诉讼程序　　B. 适用美国的刑事诉讼程序

C. 适用我国或者美国的刑事诉讼程序　　D. 通过外交途径解决

6. 在一起故意杀人案件中，被告人为外国人。对于他的杀人行为，可以进行立案侦查的是：（　　）。

A. 公安机关　　B. 国家安全机关

C. 人民检察院　　D. 外交部

7. 在一起共同盗窃的案件中，被告人甲某为中国公民，被告人乙某为外国人。按照有关的规定，本案的第一审审判应如何确定管辖的人民法院？（　　）

A. 由基层人民法院审判

B. 由中级人民法院审判

C. 由高级人民法院审判

D. 被告人甲某由基层人民法院审判，被告人乙某由中级人民法院审判

8. 甲某为美国人，长期以来在中国从事颠覆我国政权的活动，某市国家安全机关对甲某进行侦查之后，认为应该对甲某进行逮捕，于是报请该市检察院批准。下列做法正确的是：（　　）。

A. 该市人民检察院作出批准的决定

B. 该市人民检察院上报省人民检察院，该省人民检察院作出批准的决定

C. 该市人民检察院上报最高人民检察院，由最高人民检察院作出批准的决定

D. 该市人民检察院上报省人民检察院，该省人民检察院上报最高人民检察院，由最高人民检察院作出批准的决定

9. 甲某，男，17 周岁，因故意杀人被人民检察院依法提起了公诉。人民法院在审理该案的时候，对于如何贯彻有关部门公开审判制度发生了意见分歧，下述哪种说法是正确的？（　　）

A. 应当公开审理并应当公开宣判　　B. 应当不公开审理但应当公开宣判

C. 可以不公开审理和不公开宣判　　D. 可以公开审理并应当公开宣判

10. 根据我国《刑事诉讼法》的规定，下列哪一表述是不准确的？（　　）

A. 涉及国家秘密的犯罪案件不公开审理

B. 有关个人隐私的犯罪案件不公开审理

C. 16 岁以上不满 18 岁未成年人犯罪案件一律不公开审理

D. 14 岁以上不满 16 岁未成年人犯罪案件一律不公开审理

11. 甲某虽然年纪不大，但是盗窃成性。一日，甲某正在行窃时，被公安机关当场抓获，甲某对盗窃行为供认不讳，于是被逮捕并关押在看守所。后被人民法院判处有期徒刑 1 年。执行中发现甲某当年刚满 15 岁，于是将其释放。国家是否应当承担刑事赔偿责任？（　　）

A. 国家不应当承担赔偿责任，因为司法机关的行为是依法行使职权的行为

B. 国家不应当承担赔偿责任，因为甲某是依照刑法第 14 条和第 15 条的规定不负刑事责

任的人，其被羁押，国家不承担刑事赔偿责任

C. 国家应当承担赔偿责任，因为甲某已经被判处了有期徒刑并已执行

D. 国家对甲某被判处刑罚前对其进行羁押的行为和对其判处并执行刑罚的行为，都应当承担赔偿责任

12. 甲某因为与乙某醉酒后打架斗殴将乙某的鼻子打出血而被公安机关拘留。然后由检察院批准逮捕，并向人民法院以故意伤害罪提起公诉。经法院审理认为甲某的行为不构成犯罪，甲某于是被释放。在本案中，应当作为刑事赔偿义务机关的是：（　　）。

A. 公安机关应当作为刑事赔偿义务机关，因为公安机关对甲某实施了拘留

B. 应当由检察机关赔偿，因为张某的行为并没有构成犯罪而被错误地逮捕

C. 应当由公安机关和检察院共同赔偿，因为两者都侵犯了甲某的人身权

D. 公安机关应当对其拘留行为承担赔偿责任，检察机关应当对其批准逮捕的行为承担责任

13. 公安机关在一起交通肇事案件的侦查中，认为甲某为肇事司机，遂将甲某刑事拘留，并将甲某的汽车扣押，后甲某被排除嫌疑而释放，汽车却迟迟不予返还甲某，如果甲某要求刑事赔偿，那么甲某应该怎样做？（　　）

A. 甲某应当先请求公安机关确认拘留和扣押行为违法

B. 如果公安机关对其行为违法性不予确认，甲某可以直接向人民法院提起诉讼

C. 如果公安机关对其行为违法性不予确认，甲某可以直接向人民法院赔偿委员会要求赔偿

D. 甲某应当首先向上级机关请求确认公安机关的行为违法

14. 某县人民法院以受贿罪判处甲某有期徒刑 7 年，甲某不服提起上诉。市中级人民法院经审理认为原判事实不清、证据不足，发回原审人民法院重新审判。原审法院经审理退回县人民检察院补充侦查。县人民检察院经补充侦查认定甲某构成犯罪证据不足，遂作出不起诉决定。甲某提起国家赔偿请求，本案的赔偿义务机关为下列哪一机关？（　　）

A. 县人民检察院和县人民法院　　B. 县人民法院和市中级人民法院

C. 市中级人民法院　　D. 县人民检察院

15. 国家赔偿法规定的侵犯公民人身自由的每日赔偿金应按下述哪一种方法计算？（　　）

A. 本年度职工年平均工资除以全年天数

B. 本年度职工年平均工资除以全年法定工作日数

C. 上年度职工年平均工资除以全年天数

D. 上年度职工年平均工资除以全年法定工作日数

二、多项选择题

1. 在人民法院审理的一件案子中，被告人甲某刚满 17 岁，人民法院依法为其指定了辩护人，但是被告人甲某坚持自己行使辩护权，拒绝人民法院指定的辩护人为其辩护，则下列说法符合有关规定的是：（　　）。

A. 被告人无权拒绝法院的指定辩护

B. 人民法院应当不予准许

C. 人民法院应当先审查，如被告人有正当理由，应当准许

D. 人民法院准许后，应当为其另行指定辩护人或者由被告人另行委托辩护人

2. 甲某现年 40 岁，其丈夫乙某是 A 国人，且为 A 国驻 B 国的外交官，现在乙某同甲某途经中国时，甲某在中国故意重伤他人，按照中国法律，司法机关应当：（　　）。

A. 建议 A 国将其召回　　B. 宣布为不受欢迎的人，令其限期出境

C. 宣布将其驱逐出境　　D. 由我国司法机关依法惩处

3. A 国公民甲某，从该国乘坐我国某民航公司的国际班机前往北京，上机后，见邻座乘客正忙于整理行李，乘机窃得其手提包，内有首饰、现金共约 1 万美元。飞机在上海停留加油时，失主发现，甲某被抓获。下列哪些说法是错误的？（　　）

A. 本案应通过外交途径解决　　B. 本案应由北京市中级人民法院管辖

C. 本案应由上海市中级人民法院管辖　　D. 本案应由犯罪地的 A 国法院管辖

4. 被告人经审判监督程序改判无罪前的哪些情形，国家不承担赔偿责任？（　　）

A. 执行刑罚中被保外就医的，对于保外就医期间的刑罚

B. 执行刑罚中被依法减刑的，对于被减刑部分的刑罚

C. 被告人被判处有期徒刑缓刑的

D. 被告人被判处管制刑罚的

5. 人民法院在民事诉讼、行政诉讼过程中，违法采取对妨害诉讼的强制措施、保全措施或者对判决、裁定及其他生效法律文书执行错误，造成损害，具有下列哪些情形之一的，适用刑事赔偿程序予以赔偿？（　　）

A. 违法使用武器、警械造成公民身体伤害或者死亡的

B. 刑讯逼供或者以殴打等暴力行为或者唆使他人以殴打等暴力行为造成公民身体伤害或者死亡的

C. 违法对财产采取查封、扣押、冻结、追缴等措施的

D. 错误实施司法拘留、罚款的

6. 公安机关在侦查一起盗窃案中，公安干警甲某发现乙某有嫌疑，于是将乙某带到一旅社中，以监视居住为名，对其关押长达两个月之久，后乙某被排除嫌疑甲某才将其释放。于是，乙某向公安机关提出刑事赔偿。那么下面说法中不正确的是：（　　）。

A. 乙某不能提起刑事赔偿，因为公安机关是行政机关，只能提起行政赔偿

B. 公安机关不应赔偿，因为国家赔偿法没有规定违法监视居住应予赔偿的情形

C. 公安机关应当给予刑事赔偿，因为公安干警甲某在行使侦查权的过程中，侵犯了乙某的人身权

D. 公安机关不应给予刑事赔偿，因为公安机关的行为属于行政强制措施

7. 甲某是监狱管理人员，与乙某有隙。后乙某因盗窃罪被关押于甲某所在的监狱。甲某于是在巡视时借机找茬，对乙某进行殴打。乙某被打成重伤，遂要求刑事赔偿。下列说法中正确的是：（　　）。

A. 国家不应当给予刑事赔偿，因为甲某的行为是个人行为

B. 国家应当给予刑事赔偿，因为甲某的行为侵犯了乙某的人身权

C. 国家在赔偿后，向甲某追偿

D. 甲某的行为如果构成犯罪，应当依法追究刑事责任

8. 公安机关在侦查一起强奸案中，对甲某刑讯逼供，导致甲某死亡。其父亲要求国家赔偿。对赔偿金的计算，下面的说法哪些是错误的？（　　）

A. 应当支付医疗费、死亡赔偿金、丧葬费。总额为国家上年度职工平均工资的 20 倍

B. 应当支付死亡赔偿金、丧葬费。总额为国家上年度职工平均工资的10倍

C. 应当支付死亡赔偿金、丧葬费。总额为国家上年度职工平均工资的20倍

D. 对死者生前扶养的无劳动能力的人，还应当支付生活费

9. 某区公安分局因追赃将甲厂的机器设备连同其产品、工具等物品一并扣押，经评估价值10万元。甲厂雇人看管扣押的设备等物品，共花费900元。后市公安局通过复议决定撤销区公安分局的扣押决定，区公安分局将全部扣押物品退还甲厂。甲厂将所退物品运回厂内安装，自付运费、装卸费800元。甲厂提出国家赔偿请求。依据国家赔偿法的规定，下列哪些损失应予赔偿？（　　）

A. 5000元的购买设备贷款利息

B. 设备被扣押期间的2万元的企业利润损失

C. 800元的运输、装卸费

D. 900元的看管费

10. 下列哪些情形属于国家赔偿的范围？（　　）

A. 警察甲某之子玩弄甲某手枪走火，而致人伤残

B. 乙某因盗窃被判刑后，为达到保外就医的目的而自伤

C. 民事诉讼中，申请人提供担保后，法院未及时采取保全措施致使判决无法执行，给申请人造成了损失

D. 警察接到报警后，拒不出警而造成财物被抢劫

三、简答题

1. 简述未成年人案件的诉讼原则。

2. 简述涉外刑事诉讼程序的特点。

3. 简述刑事赔偿的特征。

四、论述题

1. 试述国家不承担赔偿责任的情形。

2. 我国刑事诉讼法对未成年人案件的起诉程序未作专门规定，请你试述未成年人案件的起诉程序中应注意的地方。

五、案例分析题

被告人甲某，牙买加国籍，于1994年至1996年期间，多次伙同我国境内犯罪分子走私贩卖毒品，数量特别巨大，已经形成犯罪集团。甲某系集团主要领导者。1996年6月，我国公安部队顺藤摸瓜，摧毁了该团伙在我国境内的组织，甲某因有人通风报信，得以脱逃。但由于牙买加也在对其进行追捕，故停留在古巴。经对已经被缉获的犯罪分子的讯问和其他证据的收集，我侦查部门掌握了甲某的大量犯罪证据，并查悉甲某曾在1996年初参与海口市重大杀人案件和广州市走私毒品犯拒捕案件，案中造成我方公安人员2人死亡。据此，我方向古巴警方提出协助侦查并引渡的要求，经古巴警方合作，于1997年5月将其引渡到我国接受审判。

1. 谈谈刑事司法协助。

2. 谈谈国际上对刑事司法协助的理解有何不同？

3. 谈谈引渡制度。

第二部分

模拟试题

模拟试题一

一、单项选择题

1. 根据我国刑事诉讼的基本理论，我国刑事诉讼活动的中心内容是：（　　）。

A. 明确当事人双方的权利与义务

B. 对被告人判处刑罚

C. 解决犯罪嫌疑人、被告人的刑事责任问题

D. 对人民群众进行法制教育

2. 甲某为A市副市长，因交通肇事罪和贪污罪在B市监狱服刑。而在服刑期间，甲某有故意杀人之嫌，对于此行为，应该由（　　）行使侦查权。

A. A市公安机关　　B. A市检察院

C. B市监狱　　D. B市公安机关

3. 我国刑事诉讼中的被告人（　　）。

A. 只能是被人民检察院提起公诉的人

B. 是指在刑事诉讼过程中，被侦查机关、检察机关、审判机关追究刑事责任的人

C. 不能是已死亡的人

D. 不能提起反诉

4. 犯罪嫌疑人甲某大学毕业后分配到某沿海城市的消防局工作，授中尉军衔。2001年因涉嫌敲诈勒索罪而案发，下列选项中关于对该案的管辖机关表述正确的是哪一项？（　　）

A. 由该市公安机关立案侦查　　B. 由该市检察机关立案侦查

C. 由军队保卫部门立案侦查　　D. 由军队保卫部门和公安机关联合侦查

5. 某法院在审理甲某交通肇事案时，被害人乙某提出该法院院长是被告人的姐夫，因此申请该法院院长在审理该案时回避。对这一申请，有权作出决定的机关是：（　　）。

A. 同级人民代表大会　　B. 同级检察委员会

C. 本院审判委员会　　D. 上级人民代表大会

6. 刑事诉讼中的辩护人，或者是犯罪嫌疑人、被告人委托的，或者是由人民法院指定的，对于辩护人来说，他的辩护，（　　）。

A. 应受委托人要求的约束

B. 要受人民法院意见的约束

C. 要受维护社会利益的公诉人的意见的约束

D. 依法独立自主地辩护，不受委托人、人民法院、公诉机关的意见的约束

7. 在甲某故意杀人一案中，下列哪项事实不需要用证据来加以证明？（　　）

A. 是否存在排除甲某行为违法性的事实　　B. 审判员乙某是否收受被害人的贿赂

C. 行为和危害结果之间有无因果关系　　D. 杀人工具的生产厂家和出厂日期

8. 甲某因为涉嫌贪污被检察院执行逮捕，按照法律规定，下列哪个机关应该将甲某被捕的事情通知其家属？（　　）

A. 负责羁押的部门　　B. 决定逮捕的人民检察院

C. 执行逮捕的公安机关　　D. 人民检察院或公安机关都有义务

9. 市公安机关在侦查甲某的抢劫案时，发现甲某还涉嫌参与拐卖人口，需要另行计算侦查羁押期限，为此，该公安机关应该遵循什么程序？（　　）

A. 由公安机关决定，报同级人民检察院批准

B. 由公安机关决定，报上级人民检察院批准

C. 由公安机关决定，报同级人民检察院备案

D. 由公安机关决定，报上级人民检察院备案

10. 甲某发现在其住处卖东西的乙某有盗窃行为，他可以向下列哪个机关进行举报？（　　）

A. 公安机关　　B. 检察机关

C. 人民法院　　D. 公安机关、检察机关或者人民法院

11. 犯罪嫌疑人甲某涉嫌故意伤害罪被 A 县公安局立案侦查，在侦查过程中甲某认为公安机关对被害人所作的伤情鉴定不公正，下列甲某可以选择的正确做法是哪一项？（　　）

A. 自行重新鉴定

B. 申请县公安局局长批准后补充鉴定或重新鉴定

C. 向县检察机关提出异议

D. 向上级公安机关提出异议

12. 甲某因破坏交通设施而被公安机关移送人民检察院审查起诉，人民检察院经过审查后，如果决定要对甲某提起公诉，则人民检察院收集的证据对全部案件事实的证明至少要达到何种程度？（　　）

A. 能够证明有犯罪事实发生　　B. 能够证明甲某实施了犯罪

C. 犯罪事实清楚，有足够证据　　D. 犯罪事实清楚，证据确实充分

13. 按照我国现行法律和其他有关规定，人民陪审员参加合议庭审判案件时，（　　）。

A. 是审判的陪伴人员，不能发问

B. 是审判的陪伴人员，可以在法庭上提问，但在裁决时不能发表意见

C. 是审判的陪伴人员，可以对案件发表自己的见解，但无权参与裁决的表决

D. 可以对案件作出评价并享有表决权

14. 根据我国法律的规定，被告人在庭审中的陈述与在侦查、审查起诉中的供述不一致时，合议庭应该：（　　）。

A. 不影响定罪量刑时，应当不予考虑

B. 影响定罪量刑时，可以宣读被告人的陈述，并针对笔录中被告人的陈述内容对被告人进行讯问，或者提出其他证据进行证明

C. 不论是否影响定罪量刑，以庭审过程中的陈述为审查对象，因为反对一切传闻证据，即在侦查中，审查起诉中所作的笔录

D. 不论是否影响定罪量刑，以在侦查中、审查起诉中所作的笔录为审查对象，因为相对庭审过程中的陈述来说，其具有很高的真实性

15. 甲某被人民法院判处有期徒刑 2 年，缓刑 3 年。根据刑事诉讼法和刑法的有关规定，对于甲某的判决，应当由哪个机关负责执行？（　　）

A. 基层组织或者所在单位　　B. 人民法院

C. 公安机关　　D. 监狱

二、多项选择题

1. 关于减刑和假释的程序，下列说法正确的是：（　　）。

A. 在假释考验期内，在公安机关向人民法院提出撤销假释的建议，人民法院应该在 1 个月内予以审查裁定，特殊情况的可以延长至 3 个月

B. 人民法院审理减刑、假释案件应当组成合议庭进行

C. 减刑、假释的裁定不得上诉

D. 减刑、假释的裁定可以由执行机关代为宣告

2. 在抢劫案中，被告人是甲某，被害人是乙某，现年 16 岁。法院对该案的判决已经生效，那么有权对本案提起申诉的人有：（　　）。

A. 甲某　　B. 乙某

C. 乙某的做公务员的哥哥　　D. 乙某的老师

3. 在法庭审理过程中，公诉人认为需要变更、追加起诉时，下列说法正确的是：（　　）。

A. 无须经过检察长的同意

B. 应当以书面方式在被告人最后陈述之前向人民法院提出

C. 需要给予被告方必要时间的辩护准备

D. 公诉人可以建议合议庭延期审理

4. 我国刑事诉讼法明确规定了人民法院审判案件时合议庭的组成方法。下列各种说法中正确的有：（　　）。

A. 人民法院审判第一审案件，可以由人民陪审员参加组成合议庭

B. 独任审判员只能适用于简易程序

C. 最高人民法院审理刑事案件时，可以由人民陪审员参加组成合议庭

D. 人民陪审员参加审判时，同审判员有同等的权利，还可担任审判长

5. 甲某挪用公款 2 万元，因案发前主动归还，检察院作出不起诉决定，检察院可以对甲某作出如下哪些处理？（　　）

A. 对甲某予以训诫　　B. 责令甲某具结悔过

C. 责令甲某赔偿损失　　D. 根据具体情况提出检察建议

6. 侦查人员在紧急情况下，不用搜查证也可以进行搜查，这些紧急情况是指（　　）情况。

A. 可能随身携带凶器的　　B. 可能逃跑的

C. 可能隐匿证据的　　D. 可能隐匿其他犯罪嫌疑人的

7. 在某案的法庭审判中，被告人的母亲甲某对公诉人不满，冲进审判区，出言辱骂，并将一茶杯向公诉人掷去，严重扰乱了法庭秩序。对甲某这一行为的下列处理办法中正确的是：（　　）。

A. 合议庭当庭以藐视法庭罪判处其有期徒刑 1 年

B. 审判长决定将其强行带出法庭

C. 审判长决定处 1000 元以下罚款

D. 经院长批准，处以 15 日以下拘留

8. 甲、乙、丙因涉嫌绑架罪被逮捕。该案经人民检察院审查起诉，认为丙犯罪证据不足，不符合起诉条件，于是作出不起诉决定，该不起诉决定宣布后，发生哪些法律后果？（　　）

A. 不起诉决定书立即发生法律效力

B. 应当立即释放丙

C. 不得因该案事实再次追究丙的刑事责任

D. 该案被害人可以在法定期限内向上一级人民检察院申诉

9. 在我国刑事附带民事诉讼中，下列哪些人或单位是依法负有赔偿责任的人？（　　）

A. 没有追究刑事责任的共同致害人

B. 已经被执行死刑的罪犯的遗产继承人

C. 应当对被告人的犯罪行为承担民事赔偿责任的个人

D. 应当对被告人的犯罪行为承担民事赔偿责任的单位

10. 某公司发生盗窃案，办公室里三台笔记本电脑被盗。公安机关接到报案后立刻展开侦查。发现楼道清洁工甲某有嫌疑，遂带其至公安机关讯问。甲某开始不承认，公安人员便将其吊起来毒打。甲某受不了皮肉之苦，屈打成招，承认说是自己偷的。甲某于是被逮捕。后盗窃犯被抓获，甲某也被释放。甲某若提出赔偿请求，下面说法错误的是：（　　）。

A. 甲某不老实，公安机关对其进行教育是依法行使侦查权的行为

B. 公安机关对甲某毒打是个人行为，应当由公安人员自己承担赔偿责任

C. 甲某被逮捕是由于自己作虚伪供述造成的，所以国家不承担刑事赔偿责任

D. 甲某没有偷盗笔记本而被错误逮捕，所以国家应当承担赔偿责任

三、简答题

1. 简述刑事诉讼中的指定辩护。

2. 简述取保候审的适用对象。

3. 简述刑事诉讼中的补充侦查。

4. 简述第二审人民法院对上诉、抗诉案件经审查和审理后，可以作出的判决、裁定及其适用条件。

5. 什么是监外执行？其适用的具体情形有哪些？

四、论述题

任何证明活动都必须遵循一定的规则，否则便不能保障证明结果的正确性，由于司法证明活动的基本内容就是运用证据证明案件事实，所以司法证明的规则也就是证据规则。试论述我国刑事证据规则的现状。

五、案例分析题

1. 张某和李某系同班同学，张某 16 岁，李某 15 岁，均住 A 市。由于李某的家庭比较贫穷，平日里常受到张某的取笑，两人因此有一定的仇怨。对张某的冷言冷语，李某虽然表面上不言不语，但心里却恨透了张某。一天，李某穿了一件比较破旧的衣服去上课，课间休息时，张

某便大声喊道:"同学们快来看啊,咱们班来了个叫花子,快来看啊,哈哈哈……"说话的时候,眼睛还一直瞟向李某,明显在取笑他。这种明目张胆的挑衅令李某忍无可忍,他趁张某仰头大笑之际,迅速地从桌上抓起削铅笔用的小刀向张某的眼睛刺去,张某顿时昏倒在地,血流不止,还好被及时送到医院,没有发生生命危险。后经法医鉴定,张某的一只眼睛永久性失明,系重伤。

请问:(1)张某可否直接向人民法院起诉?

(2)如果李某可能被判处无期徒刑,则此案应当由哪个法院管辖?

(3)如果李某因经济困难而没有委托辩护人,则法院是否应当为其指定辩护人?

(4)张某可否提起附带民事诉讼?由谁承担赔偿责任?

2. 被告人王某,2000 年 6 月经人介绍与外地女青年肖某结婚。婚后王某一直看肖某不顺眼,后来又和同村的女青年徐某勾搭上,长期保持不正当关系。肖某发现后,向王某提出离婚。王某怕丢面子不肯答应,同时对其干涉自己与徐某的关系非常恼火,再加上本来就看她不顺眼,便经常对其拳打脚踢,有时还强迫她跪在碎玻璃渣上。2003 年的一天,王某又将肖某毒打一顿,并扒光肖某的衣服命其跪在碎玻璃渣上。邻居何某听到了肖某的哭声,便偷偷从墙缝向王家观望,看到肖某跪在碎玻璃渣上,旁边扔着一条绳子,王某手里拿着一条皮带,大声呵斥让肖某自己了断。何某怕出事,便赶紧去叫王某的大哥来劝架。等他找不到王某的大哥又赶回来后,发现肖某已被迫悬梁自尽。公安机关接到何某的报案称:邻居肖某被丈夫逼迫自杀身亡。公安人员赶到现场,在王家查出一堆碎玻璃渣、一条带血的皮带。法医检查尸体,发现死者尸体伤痕累累,膝盖被扎的伤口流着脓水,脖子上有一道紫褐色的勒痕,鉴定其为悬梁自杀而亡。公安人员对现场进行勘查后依法制作了笔录。邻居某甲、某乙证实,经常听到肖某被打得呻吟、看到肖某跪在院子里。王某对他虐待肖某的罪行供认不讳,但是不承认他曾逼迫肖某自杀,否认肖某之死与他有关。

请问:(1)在王某逼死肖某一案中,公安机关收集到了哪些种类的证据?

(2)如果王某拒不承认逼死肖某的事实,法院能否判定王某有罪?

模拟试题二

一、单项选择题

1. 诉讼必须具备的基本条件是:(　　)。

A. 当事人之间出现纠纷

B. 解决纠纷、协调关系

C. 国家司法机关参与并负责组织进行

D. 必须对被告判刑

2. 被告人在诉讼中不具有权利,只是刑讯的对象,是(　　)诉讼的一个重要特征。

A. 弹劾式　　B. 纠问式　　C. 辩论式　　D. 混合式

3. 证人与鉴定人都必须具备的条件是(　　)。

A. 必须要有一定的专业知识或技能　　B. 必须是知道案件情况的人

C. 必须具有正义感　　D. 必须是具有正常思维的自然人

4. 在我国刑事诉讼中,如果某人民法院因违法审判造成了错案,则根据我国宪法、刑事诉讼法和有关法律的规定,(　　)。

A. 可以由人民代表大会及其常务委员会对判决予以纠正

B. 可以由人民检察院行使监督权

C. 可以由同级党委对判决予以纠正

D. 可以由党的政法委对判决予以纠正

5. 被告人甲（聋哑人）与被告人乙长期通奸被丈夫发现，便与奸夫合谋杀死了亲夫。案发之后，审判该案的司法人员都不懂哑语，但乙会哑语，在没有找到翻译人员的情况下，审判人员让乙为甲进行翻译。这种做法是否正确？（　）

A. 正确，因为翻译人员不属于依法应当回避的人员之列

B. 正确，虽然翻译人员属于依法应当回避的人员范围，但在一时找不到其他翻译人员的情况下，可以让乙暂时担任翻译工作

C. 错误，因为翻译人员属于依法应当回避的人员之列，乙与本案有利害关系，应当回避

D. 错误，翻译人员虽然不属于依法应当回避的人员之列，但在本案中，乙与案件处理结果之间存在利害关系，所以也应当回避

6. 当事人或者法定代理人认为公安人员、检察人员和法庭审判人员有可能在处理本案时发生不公正情况，请求不让他参加本案的侦查或审判，而公安机关、检察机关和人民法院认为当事人或者其法定代理人提出的理由不充分，那么应该怎么做呢？（　）

A. 公安机关、检察机关和人民法院与当事人及其法定代理人协商解决

B. 上报同级人民代表大会、人民代表大会的决议发生强制效力

C. 公安机关、检察机关和人民法院不批准申请

D. 公安机关、检察机关和人民法院只能批准申请，保护人权

7. 辩护人最主要的诉讼权利是可以（　）。

A. 与在押的被告人会见和通信　　B. 参加法庭调查和辩论

C. 经被告人同意，依法提起上诉　　D. 独立收受诉讼文书

8. 证明被告人有罪的责任，应首先由（　）承担。

A. 人民检察院　　B. 人民法院

C. 基层群众组织　　D. 诉讼代理人

9. 下列选项中正确的是：（　）。

A. 在法定证据制度中，判断某证据有效，不仅必须要求其符合客观事实，还须符合法定条件

B. 审查证人证言要做到客观、公正，不应掺杂感情因素，所以不必考虑证人的思想品质以及他是否与当事人有特定利害关系

C. 司法工作人员所作的合乎程序的鉴定结论，无须审查

D. 审查书证、物证，不仅要查清其来源、属性、外部特征、完好程度，还应查明它与案件事实有无联系，对于案件事实之证明是否具有实际意义

10. 在逮捕行为完成后，除有碍侦查或无法通知的情况下，公安机关应当把逮捕的原因和羁押的处所，在（　）内通知被逮捕人的家属或者他的所在单位。

A. 12 小时　　B. 24 小时　　C. 48 小时　　D. 72 小时

二、多项选择题

1. 刑事诉讼法中规定的诉讼活动的主体是（　）。

A. 国家　　B. 司法机关

C. 当事人　　D. 其他诉讼参与人

2. 辩护人参加诉讼的意义是(　　)。

A. 可以弥补被告人自行辩护的不足,更有效地维护被告人的合法权益

B. 从协助人民法院正确行使审判权的角度来看,由于有辩护人特别是辩护律师参加诉讼,无疑使辩护职能得到了加强

C. 辩护人参加诉讼,有利于查清案情,准确地认定事实,正确适用法律

D. 还可以对被告人接受司法机关的正确裁判产生积极的影响

3. 犯罪嫌疑人黄某,因涉嫌杀人而被公安机关逮捕。在侦查过程中,侦查人员对黄某的住处进行了搜查,搜得匕首三把。经过鉴定,有一把匕首上的血迹与死者的血型相符,两处血迹上的 DNA 也相符,黄某也承认了该匕首是作案工具。本案中,三把匕首中有一把被认定为作案工具,是因为这把匕首有下列选项中不同于另两把的基本属性:(　　)。

A. 匕首上血迹的客观存在性

B. 匕首上的血迹与死者血型的相符性

C. 收集程序的合法性

D. 收集人员的合法性

4. 小张是一名 17 岁的高中学生,在 2000 年 10 月 2 日国庆节放假期间,潜入某公司办公室,盗窃人民币 3000 元。在公安机关对此案进行侦查时,下列哪些内容属于刑事诉讼的证明对象?(　　)

A. 小张盗窃的事实　　B. 小张的年龄

C. 2000 年国庆节放长假的事实　　D. 小张犯罪后的表现

5. 李某在法庭上作证说,他曾经听黄小发讲述其抢劫的详细过程。李某向法庭提供的证言,属于证据分类中的哪类证据?(　　)

A. 传来证据　　B. 直接证据　　C. 有罪证据　　D. 言词证据

6. 王凝是一起交通事故案件的受害者。经公安机关立案侦查并移送人民检察院审查,肇事司机以交通肇事罪被提起公诉。在人民检察院审查起诉期间,王凝委托黄律师作为自己的诉讼代理人,对于该诉讼代理人黄律师,下列各项中,说法正确的是:(　　)。

A. 在人民检察院审查起诉期间,可以不经人民检察院许可,查阅本案的诉讼文书和技术性鉴定材料

B. 在人民法院对案件审判期间,可以不经人民法院许可,查阅本案的有关材料,了解案情

C. 在人民检察院对案件审查起诉期间,摘抄、复制本案的有关诉讼文书、技术性鉴定材料要经过人民检察院的许可,并要向人民检察院提交由王凝签名的委托书

D. 在人民法院对案件审判期间,摘抄、复制本案的有关材料,要经过人民法院准许

7. 最高人民法院的司法解释中,对一些情况下的死刑案件,规定必须将全案报请最高人民法院核准。关于这方面的规定,下述说法正确的是:(　　)。

A. 被告人有数罪被判处死刑,只有当这些被判处死刑的数罪都应由最高人民法院核准时,才须全案报请核准

B. 被告人有数罪被判处死刑,只要有一罪的死刑应当由最高人民法院核准,就必须全案报请核准

C. 在共同犯罪案件中,只有所有被判处死刑的被告人的罪都应当由最高人民法院核准

时，才须全案报请核准

D. 在共同犯罪案件中，只要有一个被判处死刑的被告人的罪应当由最高人民法院核准，就须全案报请核准

三、简答题

1. 犯罪嫌疑人有哪些诉讼权利？

2. 请简要回答提起附带民事诉讼需要具备哪些条件。

四、论述题

1. 论人民检察院、人民法院依法独立行使检察权、审判权。

2. 试比较审判监督程序与第二审程序。

五、案例分析题

1. 张小明是某高中的学生，2004 年 3 月 6 日在教室上课的时候，被当地公安人员叫出来，告诉他，有人举报他有抢劫行为，请他到公安局去一趟。在接下来的一段时间内，公安机关发现确实有证据证明发生了抢劫的犯罪事实且需要追究刑事责任，但没有证据证明是张小明实施了犯罪行为。但是作为比较严重的抢劫案件的犯罪嫌疑人，小明还是被逮捕了。案件经过人民检察院审查而被起诉到人民法院。人民法院经过审理认为，被告人小明的年龄到底是 17 岁还是 16 岁，不太确切；同时，被告人小明是否实施了犯罪行为，公安机关提供的证据并不充分。而人民法院作出判决必须是犯罪事实清楚，证据确实充分，因而迟迟不作出判决。而人民检察院则认为，被告人的年龄是 17 岁还是 16 岁，并不影响犯罪是否成立，因而不是证明的对象，所以拒绝继续查找小明的年龄证明。同时，公诉机关认为，小明被人举报，作为重大抢劫案的犯罪嫌疑人之一，是不能被随便释放的，而且小明也有义务证明自己没有实施犯罪行为，以洗刷自己身上的疑点。最终，案件被一直推拖下去。

问：(1)本案中，人民检察院有哪些做法和观点是违反我国刑事诉讼证据理论的？

(2)本案中，人民法院哪些做法和观点是违反我国刑事诉讼证据理论的？

2. 2003 年 4 月 8 日，上午 10 点左右，某县某村村民黄某骑一辆自行车，行到某段盘山公路处，被汽车压死，肇事车辆不知去向。经过公安机关调查，发现以下证据：

(1)公安局现场勘验表明，死者身上呈粉碎性骨折，脑浆溢出，鲜血满地。死者衣服上有重复的汽车轮胎痕迹，经辨认，系东风牌大卡车胎印。

(2)公安局现场勘验表明，死者黄某所骑的自行车的车尾灯有明显的擦伤痕迹，尾灯离地面 58 厘米。

(3)拖拉机手高某证明，当天 10 点左右，在肇事现场，3 台拖拉机(包括他自己的在内)与一辆大卡车会车后，他偏头四处看时，发现左边倒着一个骑自行车的人。

(4)拖拉机手胡某证明：他跟着前面的拖拉机走过去的时候，曾与一辆东风牌大卡车会车，然后发现左边躺着一个死人，脑浆还在冒气。他认识那辆东风牌大卡车的司机，姓张，是附近某工厂的工人，身穿一件桃色毛背心，曾给他们乡拉过砂石。

(5)拖拉机手常某证明：那辆东风牌大卡车车厢里有一个汽油桶，车厢上有一根铁链。

(6)某单位东风牌汽车司机周某证明：当天上午，他的汽车通过出事现场时，在这条公路 56 千米处，发现驾驶东风牌汽车的张某停下来与别人吵架。此外，他再也没有超过别的东风

牌汽车。

(7)该路段交通管理站管理员钟某证实：当天上午天气不好，所以经过该管理站的东风牌卡车很少，但记得有一位穿桃色背心的东风牌卡车司机在交纳管理费时，神情十分慌张，并催促他快点。

(8)车队队长李某证言证实：张驾驶的东风牌汽车，根据车队早就安排的日程，于4月8日出车，4月9日拆散大修。

(9)张某驾驶的东风牌汽车捺印的车轮胎花纹，经过省公安厅司法鉴定部门鉴定，与死者衣服上留下的轮胎花纹种类相同。

(10)张某的邻居王某证言证明：当天张某确实穿了一件桃色背心，车厢上确实有一个汽油桶和铁链。

(11)公安机关的现场勘验笔录表明：该卡车的右轮护泥板前端离地面58厘米。

(12)4月8日上午10点以后，张某驾驶该卡车从现场到某县北大桥，也就是该公路42千米处，堵车半小时。前后没有其他东风牌卡车。回到厂里刚好是11点整。

(13)犯罪嫌疑人张某在公安机关对其的审讯中，一直否认自己是这起事故的肇事者。

请问：(1)本案中，公安机关收集到的证据，哪些属于直接证据？哪些属于间接证据？

(2)根据上述证据，能否确认此交通肇事案件系张某所为？为什么？

模拟试题三

一、单项选择题

1. 以下选项中属于其他诉讼参与人的是哪一项？（　　）

A. 翻译人员　　B. 附带民事诉讼的原告人

C. 被害人　　D. 自诉人

2. 某市人民法院在审理一起刑事案件中，被告人是彝族，不会讲普通话，法庭为其请来了翻译。那么对该翻译人员的翻译费用，应当由谁来支付？（　　）

A. 被告人　　B. 被告人的父母

C. 被告人的律师　　D. 法院

3. 甲某是国家公务员，在与外国客人交往的过程中，因疏忽大意将其掌握的国家秘密泄露，根据我国的刑事诉讼法和刑法的有关规定，该案应当由哪一个机关直接受理？（　　）

A. 应当由人民检察院立案侦查　　B. 应当由人民法院直接受理

C. 应当由国家安全机关立案侦查　　D. 应当由公安机关立案侦查

4. 在我国的《刑事诉讼法》的有关规定中，在当事人对有关人员提出回避的申请后，不能因此而暂停诉讼程序的是下列哪一项？（　　）

A. 起诉程序　　B. 审判程序

C. 执行程序　　D. 侦查程序

5. 在刑事诉讼中，犯罪嫌疑人和被告人可以委托他人作为自己的辩护人，根据有关的法律规定，一名犯罪嫌疑人或者被告人可以委托的辩护人数是多少？（　　）

A. 可以是3人　　B. 只能是1人

C. 可以是1人或2人　　D. 可以是2人或3人

6. 乙某是一杀人案的目击者，公诉人要求乙某出庭作证，乙某考虑到自己和家人的人身安

全，不愿意出庭作证，在这种情况下，下列哪个机关应当对乙某的安全负责？（　　）

A. 应当由公安机关负责

B. 应当由人民法院负责

C. 应当由人民检察院负责

D. 以上三个机关都有责任保障证人的安全

7. 下列哪一项不属于取保候审的犯罪嫌疑人或者被告人应当遵守的规定？（　　）

A. 未经批准，不得会见他人　　B. 在传讯时及时到场

C. 不得以任何形式干扰证人作证　　D. 不得毁灭、伪造证据或者串供

8. 被告人甲某为泄私愤，报复同事乙某，捏造并散布乙某贪污腐败的许多虚构事实，造成十分严重的后果，人民法院经审理认为构成诽谤罪。在审理过程中被害人乙某提出了精神损害赔偿的诉讼请求，人民法院应当如何处理这一诉讼请求？（　　）

A. 不予受理　　B. 进行调解

C. 作出判决　　D. 告知乙某另行起诉

9. 某县的郊区发现一具尸体，经初步鉴定是他杀而非自杀，但是一直找不到其他的线索，而公安机关却迟迟不肯立案，人民检察院对公安机关的做法应当如何处理？（　　）

A. 要求公安机关说明不立案的理由，认为理由不成立的，建议其立即立案

B. 要求公安机关说明不立案的理由，认为理由不成立的，通知其立即立案

C. 要求公安机关立即立案

D. 要求公安机关立即立案，在公安机关还是不立案的情况下，自己立案

10. 某市人民法院在审理甲某盗窃一案中，发现被告人可能有自首的法定从轻情节，但人民检察院起诉和移送的证据材料中却没有这方面的证据材料，那么审理本案的合议庭应当如何处理？（　　）

A. 应当退回人民检察院补充侦查

B. 应当建议人民检察院补充侦查

C. 可以建议人民检察院调取相应的证据材料

D. 应当向人民检察院调取相应的证据材料

11. 人民检察院提起公诉案件，应当向人民法院移送主要证据的复印件或者照片，对于适用简易程序的公诉案件，人民检察院可以派员也可以不派员出庭，那么在这种情况下人民检察院应当怎么办？（　　）

A. 无论人民检察院是否派员出庭，都应当向人民法院移送全部案卷和证据材料

B. 无论人民检察院是否派员出庭，和适用普通程序一样，应当向人民法院移送主要证据的复印件或者照片

C. 人民检察院不派员出庭的，可以向人民法院移送全部案卷和证据材料，也可以移送主要证据

D. 人民检察院派员出庭的，应当向人民法院移送主要证据的复印件和照片

12. 甲某因抢劫罪被判处有期徒刑 10 年，人民检察院没有提起抗诉，但是甲某不服，提出了上诉，对于第二审人民法院的审理，下列哪个说法是正确的？（　　）

A. 应当开庭审理　　B. 应当组成合议庭进行审理

C. 应当公开审理　　D. 应当到甲某的住所地审理

13. 高级人民法院在复核或者核准死刑、死刑缓期两年执行的案件时，下列哪一表述是正

确的？（　　）

A. 必须书面审理　　　　　　　　B. 必须公开审理

C. 必须开庭审理　　　　　　　　D. 必须提审被告人

14. 被告人甲某被人民法院以抢劫罪判处有期徒刑6年。判决发生法律效力后，甲某提出申诉，人民法院经过审查决定按照审判监督程序重新审判，对此，下列哪个表述是正确的？（　　）

A. 甲某申诉期间和人民法院决定重新审判后，都不停止原判决的执行

B. 甲某申诉期间和人民法院决定重新审判后，都停止原判决的执行

C. 甲某申诉期间不停止原判决的执行，人民法院决定重新审判后，人民法院应当根据案件情况决定是否停止原判决的执行

D. 甲某申诉期间不停止原判决的执行，人民法院决定重新审判后，应当停止原判决的执行

15. 对于判处有期徒刑的罪犯，应当由监狱机关负责执行。但是对于在交付执行刑罚前，剩余刑期在下列哪种情形下，可以由看守所代为执行？（　　）

A. 5个月以下　　　　　　　　B. 6个月以下

C. 1年以下　　　　　　　　　D. 3年以下

二、多项选择题

1. 在一起共同犯罪案件中，D省的S市人甲某、乙某在该省的C市内被抓获，人民检察院决定对本案提起公诉，那么两名被告人应当由哪些法院管辖？（　　）

A. 应当由S市人民法院管辖

B. 应当由C市人民法院管辖

C. 可以由S市人民法院管辖

D. D省高级人民法院可以指定本案的管辖法院

2. 在人民法院中，有权对有关回避申请作出决定的有哪些人？（　　）

A. 人民法院院长　　　　　　　B. 审判员

C. 合议庭审判长　　　　　　　D. 审判委员会

3. 在某案中，犯罪嫌疑人委托某律师担任其辩护人，那么，从审查起诉之日起，他有权到人民检察院查阅、摘抄、复制本案的哪些材料？（　　）

A. 技术性鉴定材料　　　　　　B. 诉讼文书

C. 指控的犯罪事实材料　　　　D. 全部卷宗材料

4. 甲某亲眼目睹了盗窃犯实施盗窃及被公安机关抓获的全过程，事后，侦查人员找到甲某取证，对此，下列哪些说法是正确的？（　　）

A. 甲某有作证的义务

B. 甲某有权要求公安司法机关保障自己的人身安全

C. 甲某有权要求公安司法机关保障自己近亲属的安全

D. 甲某有权要求对自己的姓名在整个刑事诉讼过程中保密

5. 某案，法院准备传唤被告人到案接受讯问，那么，下列哪些做法是正确的？（　　）

A. 可先传唤，传唤不到案时，再拘传

B. 可以不经传唤，直接进行拘传

C. 应当先传唤，传唤不到案时，再拘传

D. 应当直接进行拘传

6. 甲某由于被告人的行为遭受了严重的物质损失，如果甲某想提起附带民事诉讼，则可以选择下列哪些阶段？（　）

A. 在判决宣告以后　　B. 在审查起诉阶段

C. 在公安机关进行侦查阶段　　D. 在开庭后判决宣告之前

7. 下列说法中，哪些是不正确的？（　）

A. 人民检察院有权作出拘留的决定，但是要公安机关执行，人民检察院可以协助公安机关执行

B. 人民检察院享有与公安机关相同的拘留决定权，但是没有拘留执行权

C. 人民检察院享有拘留的决定权和拘留的执行权

D. 人民检察院不享有拘留的决定权和拘留的执行权

8. 一审法院判处甲某有期徒刑 6 年，被害人的妻子不服，请求人民检察院提出抗诉，检察院提出抗诉后，二审法院加重了刑罚，下列说法正确的是哪些？（　）

A. 二审没有违反上诉不加刑原则

B. 二审违反了上诉不加刑原则

C. 如果被害人的妻子没有请求抗诉，检察院也没有抗诉，而是甲某的近亲属提出上诉，二审应遵守上诉不加刑原则

D. 如果甲某同时上诉，二审应遵守上诉不加刑原则

9. 被告人涉嫌贪污、抢劫等犯罪，一审法院判处其死刑，下列哪些说法是正确的？（　）

A. 本案应当由最高人民法院核准死刑

B. 本案应当由高级人民法院核准死刑

C. 对死刑的复核应当由审判员 3 人或者 7 人组成合议庭进行

D. 对死刑的复核应当一案一报

10. 某案，人民检察院认为刑事判决确有错误，依法按照审判监督提出抗诉后，接受抗诉的人民法院的哪些做法是正确的？（　）

A. 应当组成合议庭重新审理

B. 应当组成合议庭审理，并且合议庭的人数应该是 3～7 人

C. 可以指令下级人民法院审理

D. 应当进行审查以决定是否进行再审

三、简答题

1. 简述回避的适用情形。

2. 简述辩护律师在刑事诉讼活动中的诉讼权利。

3. 试比较审判监督程序和二审程序。

四、案例分析题

1. 被告人甲某，17 岁，因涉嫌诈骗罪被人民检察院提起公诉。某县人民法院组成合议庭公开审理此案。甲某由于家境贫寒，没有聘请辩护人。在庭审过程中，甲某不仅交代了诈骗事实，还交代了自己于同年进入邻居家中偷得现金 8000 元。经法庭审理查明，甲某的行为构成

诈骗罪和盗窃罪。于是以诈骗罪判处甲某有期徒刑 4 年,以盗窃罪判处甲某有期徒刑 3 年,数罪并罚后确定执行刑期为 6 年。在上诉期间,甲某提出上诉,人民检察院没有提出抗诉。在二审中,市中级人民法院认为第一审人民法院的判决事实清楚,定性准确,但是诈骗罪量刑太轻。于是直接改判,以诈骗罪判处有期徒刑 7 年,以盗窃罪判处有期徒刑 3 年,数罪并罚后,确定执行的刑期为 8 年。

请问:本案的一审和二审程序中存在哪些问题?

2. 乙某,男,30 岁。2000 年 6 月乙某被县人民法院判处有期徒刑 10 年,判决宣告后,甲某没有上诉,同级人民检察院也未提出抗诉。同年 12 月,该县人民法院发生人事变动。新任院长在审查案卷时,发现该案认定事实有误,而且量刑过轻,于是决定提起再审。该院长指令原审判此案的合议庭重新审理。人民法院经过公开开庭审理,在 2001 年 12 月,宣布改判乙某有期徒刑 13 年。

请问:本案中审判监督程序存在哪些问题?

五、论述题

试述"未经人民法院依法判决不得确定有罪"原则。

模拟试题四

一、单项选择题

1. 甲某因倒卖外汇于 1995 年 9 月被法院以投机倒把罪判处有期徒刑 5 年,修改后的刑法实施后,甲某提出申诉,理由是现行刑法无此罪名,要求改判无罪。法院应当如何处理?(　　)

A. 撤销原判,改判无罪

B. 释放并给予国家赔偿

C. 驳回申诉,维持原判

D. 考虑到甲某已服刑两年,改判为有期徒刑两年并予以释放

2. 下列选项中,不是刑事诉讼法规定的保证人的条件是:(　　)。

A. 与本案无牵连

B. 有能力履行保证义务

C. 有自己的住房,且收入亦较固定

D. 虽不享有政治权利,但人身自由未受限制

3. 一审法院于 4 月 11 日向被告人送达起诉书副本并告知其有权委托辩护人,被告人表示不委托辩护人,法院最早可以在(　　)开庭审理本案。

A. 4 月 14 日　　B. 4 月 21 日

C. 4 月 18 日　　D. 4 月 22 日

4. A 市 B 区人民检察院经侦查查明该区工商局干部甲某利用职权报复陷害他人,但其犯罪已过追诉时效期限。对此,该人民检察院对甲某应当作出何种处理?(　　)

A. 免予起诉　　B. 不起诉

C. 撤销案件　　D. 宣告无罪

5. 下列情形中不符合刑事附带民事诉讼审判原则的是:(　　)。

A. 先处理刑事部分后处理民事部分

B. 附带民事诉讼审判结束以前，原告提出的撤诉申请被允许

C. 二审法院审理上诉、抗诉的附带民事诉讼案件的民事部分，不影响刑事部分的效力

D. 二审法院审理上诉、抗诉的附带民事诉讼案件的刑事部分，不影响民事部分的效力

6. 人民法院在审理被告人甲某职务侵占案时，因甲某未被羁押，决定对其取保候审。关于该取保候审，下列说法正确的是：(　　)。

A. 应当由公安机关执行，但保证金应由人民法院收取上交国库

B. 应当由人民法院执行，但保证金应由人民法院收取后经公安机关统一上交国库

C. 应当由人民法院执行，但保证金应由公安机关收取

D. 应当由公安机关执行，保证金也由公安机关收取

7. 在刑事诉讼中，人民法院在调查核实证据时，法律未赋予的调查手段是：(　　)。

A. 查询、冻结　　B. 勘验、鉴定

C. 检查、扣押　　D. 搜查

8. 关于刑事诉讼中的回避，下列说法中错误的是：(　　)。

A. 被害人认为证人甲某是被告人叔叔，申请其回避

B. 被害人有证据证明审判长乙某在审判期间收了被告人的财物，申请乙某回避

C. 开庭审判中，被告人认为审判长是原告的弟弟，申请其回避

D. 在侦查中，犯罪嫌疑人申请侦查人员丙某回避，在作出决定前，领导未让其停止侦查活动

9. 下列案件中，立案管辖和审判管辖重合的是：(　　)。

A. 强奸案　　B. 诈骗案

C. 贩毒案　　D. 侮辱、诽谤案

10. 甲某犯故意杀人罪，被一审人民法院判处死刑，甲某未上诉。最高人民法院经复核核准死刑，并下达死刑命令。执行死刑的人民法院在接到执行命令后，应当在(　　)日内将甲某交付执行。

A. 3　　B. 5　　C. 7　　D. 10

二、多项选择题

1. 目前我国加入的与刑事诉讼有关的国际条约有：(　　)。

A.《禁止酷刑和其他残忍、不人道或有辱人格的待遇和处罚公约》

B.《联合国少年司法最低限度标准规则》

C.《公民权利和政治权利国际公约》

D.《经济、社会和文化权利国际公约》

2. 在我国的藏族自治区，如果刑事诉讼的当事人中有汉族人，也有藏族人，那么，(　　)。

A. 汉族当事人必须使用藏族语进行诉讼

B. 对不通晓普通话的当事人的审讯应当用藏族语言

C. 每个当事人都可以选择使用普通话进行诉讼，也可以选择使用藏族语言进行诉讼

D. 在诉讼过程中，使用何种语言，应由人民法院、人民检察院或者公安机关决定

3. 某市的公园里发现一具女尸，公安机关为了确定其死因，决定对女尸进行解剖，下列说法正确的是：(　　)。

A. 要解剖女尸必须经该市公安局局长的批准

B. 要解剖女尸必须得到市检察院的同意

C. 要解剖尸体时，死者的家属必须到场，否则不得解剖

D. 要解剖尸体时，死者的家属如果拒绝到场不影响解剖的进行

4. 市检察院在接到公务员甲某贪污的线索之后，认为需要进行初查以确定是否立案，下列可以采取的做法是：(　　)。

A. 询问甲某的家属收入状况　　B. 询问甲某的账户

C. 对甲某的一张欠条进行鉴定　　D. 搜查甲某的房间

5. 甲某是一起抢劫案的犯罪嫌疑人，公安机关将案件移送到检察机关审查起诉，人民检察院将其拘传到人民检察院接受了 2 日的询问。甲某对此提出了申诉，认为检察院违法。对此，他提出的哪些理由是没有根据的？(　　)

A. 未经传唤，直接拘传　　B. 应由公安机关决定

C. 应由公安机关执行　　D. 时间延长到 2 日

6. 关于刑事诉讼中的反诉，下列说法正确的是哪些？(　　)

A. 反诉可在所有自诉案件中适用

B. 如原自诉人撤诉，反诉案件将终止审理

C. 反诉的内容必须是与本案有关的行为

D. 反诉应当与自诉案件一并审理

7. 下列证据中，既属于直接证据又属于原始证据的有哪些？(　　)

A. 犯罪嫌疑人在侦查阶段向侦查人员所作的有关犯罪过程的供述

B. 侦查人员在现场提取的犯罪嫌疑人的指纹

B. 被害人关于甲某抢劫其钱财的陈述

D. 沾有血迹的杀人凶器

8.《刑事诉讼法》规定，犯罪嫌疑人应当如实回答侦查人员有关本案的提问。该项规定意味着犯罪嫌疑人不享有沉默权。犯罪嫌疑人如果始终保持沉默将会产生什么样的后果？(　　)

A. 在对其定罪后，可以作为从重处罚的根据

B. 可以将其沉默直接作为定罪的根据

C. 由于没有犯罪嫌疑人的供述，故不能终结刑事侦查

D. 如果其他证据充分确实，足以认定被告人有罪，仍然可以终结侦查

9. 下列哪些情况可以导致审判监督程序的提起？(　　)

A. 证明案件事实的主要证据之间存在矛盾

B. 适用缓刑错误

C. 违反回避制度

D. 审判人员在审判该案时有贪污、受贿、徇私舞弊、枉法裁判的行为

10. 甲某喜欢编造并传播小道消息，她曾经捏造事实，同时诽谤乙、丙、丁三人。此后，乙独自向人民法院起诉。关于本案，人民法院下列哪些处理方式是错误的？(　　)

A. 人民法院不受理此案

B. 同意丙、丁不参加诉讼

C. 丙、丁不参加诉讼，但允许他们在本案宣判后另行提起刑事自诉

D. 丙、丁不出庭，但允许其保留告诉权

三、简答题

1. 简述纠问式刑事诉讼的特点。

2. 简述人民检察院依法对刑事诉讼实行法律监督原则。

3. 简述刑事拘留和民事拘留的区别。

4. 简述第一审程序中的审判原则。

四、论述题

1. 试述我国适用刑事简易程序审理的特点。

2. 辩护人制度是辩护制度的重要组成部分，委托辩护人辩护是犯罪嫌疑人、被告人的重要权利。但辩护人制度如果无法确保辩护人进行辩护活动，犯罪嫌疑人、被告人委托辩护人也就失去了意义。在我国的司法实践中，该制度就存在许多缺陷，导致辩护难问题的存在。针对应该如何消除问题来完善辩护人制度谈谈你的观点。

五、案例分析题

在严打期间，某县人民法院开庭审理一起组织、参加黑社会性质组织案件。为了贯彻从重从快原则，该院在向 10 个被告人送达起诉书后第三天就开庭审理此案。在审理中，审判长告知被告人，他们有权辩解，但无权向证人发问。法庭由书记员宣读了起诉书后，公诉人开始讯问被告人，证人出庭作证，审判长向被告人出示了物证，让其辨认并听取了被告人及辩护人的意见。最后，公诉人作总结发言，审判长即宣布了对被告人的判决。关于本案的审理，有哪些地方不符合《刑事诉讼法》的规定？

模拟试题五

一、单项选择题

1. 代表国家行使法律监督职能的机关是：（　　）。

A. 行政司法机关　　B. 人民法院

C. 人民检察院　　D. 公安机关

2. 公诉案件被害人如果对公诉案件第一审判决不服可以：（　　）。

A. 抗诉　　B. 上诉

C. 申诉　　D. 要求人民检察院提起抗诉

3. 张三和李四是抢劫罪的共犯，被人民法院判处有期徒刑后在同一监狱服刑。两人在服刑期间脱逃至 A 市。张三在 A 市某宾馆吃饭时被抓获，押解回监狱后发现张三在 A 市还犯有盗窃罪；李四在 A 市强奸时被当场抓获。对张三和李四所犯的新罪应如何确定管辖？（　　）

A. 均由监狱所在地法院管辖

B. 均由 A 市法院管辖

C. 张三由监狱所在地法院管辖，李四由 A 市法院管辖

D. 李四由监狱所在地法院管辖，张三由 A 市法院管辖

4. 下列说法正确的是：(　　)。

A. 上级人民法院不能指定下级人民法院审判应由上级人民法院审判的第一审刑事案件

B. 上级人民法院不能指定下级人民法院审判管辖明确的案件

C. 上级人民法院不能审判下级人民法院管辖的第一审刑事案件

D. 上级人民法院不能指定下级人民法院审判管辖不明的案件

5. 杨某是某公安机关的一名法医，在一起刑事案件的法庭审理中，人民法院聘请杨某担任该案鉴定人。本案被告人提出杨某与本案有利害关系，申请其回避。谁有权对杨某是否回避作出决定？(　　)

A. 该人民法院院长　　B. 本案的合议庭

C. 杨某所在公安机关的负责人　　D. 本案合议庭的审判长

6. 公诉案件犯罪嫌疑人有权委托辩护人的时间是：(　　)。

A. 立案之日　　B. 在整个诉讼过程中随时都可以

C. 一审开庭时　　D. 移送审查起诉之日

7. 李某因涉嫌间谍罪被有关机关立案侦查，后被依法采取强制措施。下列说法正确的是：(　　)。

A. 对李某的取保候审应由公安机关执行

B. 对李某的取保候审应由国家安全机关执行

C. 本案应由人民检察院立案管辖

D. 本案应由公安机关立案管辖

8. 下列哪些人不属于刑事附带民事诉讼中依法负有赔偿责任的人？(　　)

A. 刑事被告人的配偶或子女

B. 没有被追究刑事责任的其他共同致害人

C. 已被执行死刑的罪犯的遗产继承人

D. 对刑事被告人的犯罪行为依法应当承担民事赔偿责任的单位和个人

9. 在杀人案件现场有一封信和一张字条。信的内容与案件无关，但根据通信对方的姓名和地址查出了犯罪分子；字条的内容也与案件无关，但根据笔迹鉴定找到了字条的书写人，从而发现了犯罪分子。本案中的信件和字条属于何种证据种类？(　　)

A. 信件是物证，字条是书证　　B. 信件是书证，字条也是书证

C. 信件是物证，字条也是物证　　D. 信件是书证，字条是物证

10. 某县公安机关接到有关刘某拐卖妇女的报案，依法对报案材料进行立案前的审查。该公安机关决定立案的条件是：(　　)。

A. 案件事实已基本查清

B. 有明确的犯罪嫌疑人

C. 认为有犯罪事实需要追究刑事责任

D. 报案人提供了充分的证据

11. 人民检察院退回公安机关补充侦查的案件，补充侦查的期限是：(　　)。

A. 一星期　　B. 半个月　　C. 一个月　　D. 两个月

12. 某区人民检察院在对该区环保局负责人环境监管失职一案进行审查起诉时发现，犯罪嫌疑人的犯罪已超过追诉时效期限，对此应当如何处理？(　　)

A. 撤销案件　　B. 不起诉　　C. 终止审理　　D. 宣告无罪

13. 根据我国刑事诉讼法的规定，合议庭对复杂、重大等案件，可以提请院长决定将案件提交审判委员会讨论。合议庭提请院长将案件提交审判委员会讨论的时间应是：(　　)。

A. 合议庭开庭审理之前

B. 合议庭开庭审理并经评议之后

C. 合议庭开庭审理之前，院长认为应当提交审判委员会讨论的时候

D. 合议庭开庭审理之后进行评议之前

14. 下列事项中，应当适用裁定的是：(　　)。

A. 二审人民法院撤销一审人民法院事实不清，证据不足的判决

B. 宣告被告人无罪

C. 对审判人员的回避申请

D. 对违反人民法院秩序人员实施罚款、拘留

15. 甲被判处无期徒刑，乙被判处拘役，丙被判处有期徒刑 10 年，丁被判处死刑缓期两年执行。在符合法律规定的其他条件下，谁可以被依法暂予监外执行？(　　)

A. 甲和乙　　B. 乙和丙　　C. 丙和丁　　D. 甲和丙

二、多项选择题

1. 在某公安机关工作的法医某甲某一天下班途中，亲眼目睹了某乙故意杀人案的经过。下列说法正确的有：(　　)。

A. 某甲应当作证人，但不能作鉴定人

B. 某甲既可以作证人，又可以作鉴定人

C. 某甲既不能作证人，也不能作鉴定人

D. 某甲是本案的诉讼参与人

2. 下列第一审刑事案件，哪些应当由中级人民法院管辖？(　　)

A. 某外国公民在我国境内所犯的抢劫案件

B. 张三玩忽职守案

C. 李四组织武装叛乱案

D. 王五故意杀人案

3. 下列有关回避决定的表述中正确的是：(　　)。

A. 公安机关侦查人员的回避由公安机关的负责人决定，在回避作出前被申请回避的人员应暂停参加本案的侦查工作

B. 对公诉人员提出申请回避的，人民法院应当通知指派该公诉人员出庭的人民检察院，由该院检察长或检察委员会决定

C. 公安机关负责人和检察长的回避，由同级人民检察院检察委员会决定

D. 对书记员、翻译人员和鉴定人的回避，由审判长决定，对合议庭成员的回避，由院长或审判委员会决定

4. 人民法院审理被告人可能被判处死刑的刑事案件，人民法院依法为被告人指定了辩护人，但是被告人拒绝该指定的辩护人为其辩护。对此，下列说法正确的有：(　　)。

A. 人民法院应当先审查，被告人有正当理由的应当准许

B. 人民法院不应当准许

C. 被告人无权拒绝人民法院为其指定的辩护人

D. 人民法院准许后，被告人需另行委托辩护人或者人民法院应当为其另行指定辩护人

5. 下列证据中，既属于直接证据又属于原始证据的有：(　　)。

A. 侦查人员在现场提取的犯罪嫌疑人的指纹

B. 犯罪嫌疑人在侦查阶段向侦查人员所作的有关犯罪过程的供述

C. 沾有血迹的杀人凶器

D. 被害人关于某甲对其实施强奸的陈述

6. 居住在 A 县的犯罪嫌疑人被取保候审后，应当遵守的义务有：(　　)。

A. 未经 A 县公安机关批准不得会见他人

B. 未经 A 县公安机关批准不得离开所居住的市、县

C. 在传讯的时候及时到案

D. 未经 A 县检察机关批准不得离开 A 县

7. 某甲因强奸被某县公安机关依法逮捕，在侦查期间，某甲不讲真实姓名、住址，身份不明。对于该案，某县公安机关应当如何处理？(　　)

A. 如果犯罪事实清楚，证据确实、充分，可以按某甲自报姓名移送县人民检察院审查起诉

B. 侦查羁押期间自查清某甲真实身份之日起计算

C. 在查清某甲真实身份前，不允许其聘请律师为他提供法律帮助

D. 在查清某甲真实身份前，中止侦查活动

8. 在某案的审判过程中，被告人的妻子对公诉人不满，冲进审判区，对公诉人拳打脚踢，严重扰乱了法庭秩序。对被告人妻子这一行为的下列处理办法中正确的有：(　　)。

A. 经院长批准，处 15 日以下拘留

B. 合议庭当庭以藐视法庭罪判处其有期徒刑 1 年

C. 审判长决定将其强行带出法庭

D. 审判长决定处 1000 元以下罚款

9. 在刑事附带民事诉讼中，只有附带民事诉讼的当事人就附带民事诉讼上诉时，以下说法正确的是：(　　)。

A. 在上诉期满后，第一审刑事部分判决生效

B. 如果第一审附带民事部分事实清楚，适用法律正确，刑事部分亦无不当，则应以刑事附带民事裁定维持原判，驳回上诉

C. 第一审刑事判决需要第二审判决或裁定作出之后，才能确定其效力

D. 二审案件只需要审查附带民事诉讼

10. 高级人民法院对中级人民法院报请核准死刑缓期两年执行的第一审案件，如果被告人不上诉、人民检察院不抗诉，可以：(　　)。

A. 认为原判事实不清、证据不足的，裁定发回原一审人民法院重新审判

B. 同意判处死刑缓期两年执行的，裁定予以核准

C. 认为原判量刑过轻的，对被告人的量刑依法改判

D. 认为原判量刑过重的，对被告人的量刑依法改判

三、简答题

1. 简述适用不起诉的程序。

2. 简述人民法院对公诉案件审查后的处理。

3. 简述拘留的适用对象。

四、论述题

马克思曾指出："在刑事诉讼中，法官、原告和辩护人都集中到一个人身上，这种集中是与心理学的全部规律相矛盾的。"(《马克思恩格斯全集》第一卷，第30页)

请运用所学过的刑事诉讼理论解析这句话。

五、案例分析题

1. 被害人李菊因其男友张枫有赌博的不良嗜好，多次对其规劝无效，于是决定与其断绝恋爱关系，但张枫不同意，经常与李菊纠缠，并威胁说："你敢甩了我，你就别想有好日子过。"李对此没有理睬。张枫见纠缠、威胁都不起作用，便起了报复之心。一天，他怀揣一瓶浓硫酸，约李菊最后再谈一次。李没有怀疑，便一口答应。当李菊见到张枫时，张没说一句话便把浓硫酸泼到李菊脸上，致使李菊右眼失明，面容被毁。此案经过侦查、起诉和审判，一审判处被告人张枫犯故意伤害罪，处有期徒刑8年。判决宣告后，被害人李菊不服，向上级人民法院提出上诉，被上级人民法院驳回。李菊又请求人民检察院抗诉。人民检察院接受了李菊的请求，对该案提起了抗诉。后经第二审人民法院审理，决定撤销原一审法院判决，改判被告人张枫犯故意伤害罪，处有期徒刑13年。

请问：(1)上级人民法院不接受被害人李菊的上诉正确吗？请说明理由。

(2)人民检察院接受李菊的请求，并对该案提出抗诉正确吗？为什么？

2. 2000年8月4日晚上11时半，被告人张甲潜入一居民家中欲对女主人进行强奸，女主人奋力反抗并大声呼救，刚好路过此地的该区人民法院审判员李乙听到呼喊声立刻冲进房间，并将张甲抓获扭送公安机关。此案经公安机关侦查终结和人民检察院审查起诉后，人民检察院以强奸罪(未遂)向同级人民法院提起公诉。人民法院受理此案后，以审判员李乙为审判长与两名人民陪审员组成合议庭，公开审理了此案。在法庭审理中，张甲对被指控的犯罪供认不讳，并主动交代了其一年前实施的盗窃罪。合议庭经评议，当庭宣判，以强奸罪判处被告人张甲有期徒刑4年，以盗窃罪判处被告人有期徒刑3年，并处罚金2000元，决定执行有期徒刑6年。宣判后，告知张甲如不服本判决，可以在接到本判决书后的第2日起5日内上诉于市中级人民法院。张甲上诉。中级人民法院接到张甲的上诉状后，经审查认为，原审事实清楚，证据确实、充分，但量刑过轻，于是发回原审人民法院重新审判。原审人民法院接到案件后，以李乙为审判长与两位审判员组成合议庭重新审理此案。经审理，以强奸罪判处被告人张甲有期徒刑8年，以盗窃罪判处被告人有期徒刑5年，并处罚金2000元，决定执行有期徒刑10年。宣判时，告知张甲，本判决为终审判决，不得上诉。

请指出本案在诉讼程序上有哪些错误，并简要说明理由。

第三部分

全真试题

厦门大学 2002 年招收攻读硕士学位研究生入学考试试题

一、名词解释(每题 4 分,共 20 分)

1. 立案管辖
2. 取保候审
3. 回避制度
4. 附带民事诉讼
5. 审判监督程序

二、简答题(每题 8 分,共 40 分)

1. 简述未经人民法院判决不得确定任何人有罪原则的基本含义。
2. 诉讼参与人有哪些?他们有何异同点?
3. 简述不起诉的种类及其适用条件。
4. 法人单位能否成为刑事附带民事诉讼的原告人,为什么?
5. 根据上诉不加刑原则,二审法院应当遵守哪些规则?

三、论述题(每题 15 分,共 30 分)

1. 试论辩护人在刑事诉讼中的地位和职责。
2. 试论我国公诉案件第一审庭审制度的主要变革及其意义。

四、案例分析题(10 分)

蔡某因不守劳动纪律而受厂里处分,于是便对厂长怀恨在心。某日,蔡某在厂长办公室用匕首将厂长刺伤。在作案中,巧遇厂长秘书进来,蔡某便丢下匕首和皮包落荒而逃。但是蔡某在行凶前与厂长的对话被正开着的厂长办公室的录音机录下,而且其遗留在现场皮包内的笔记本也记载了其作案计划,公安机关根据报案,对现场进行了勘验,提取了全部证据,并将蔡某抓获。蔡某归案后虽然承认全部事实但自称有精神病,经指定的精神病院做司法鉴定,其一切正常,厂长和厂长秘书也到公安机关对案情做了陈述。

问:1. 本案中,哪些内容可以作为证据?

2. 从证据种类的角度,本案能够搜集到何种证据?

3. 从证据分类的角度,本案证据分别属于哪种证据?

厦门大学 2003 年招收攻读硕士学位研究生入学考试试题

一、简答题(每小题 8 分,共 40 分)

1. 简述人民法院、人民检察院依法独立行使职权原则。
2. 简述侦查阶段讯问犯罪嫌疑人的程序。

3. 简述控诉证据和辩护证据的关系。

4. 简述附带民事诉讼的成立条件。

5. 简述审判监督程序与二审程序的区别。

二、论述题(15 分)

试论现代刑事诉讼法的基本理念。

厦门大学 2004 年招收攻读硕士学位研究生入学考试试题

一、简答题(每题 8 分,共 40 分)

1. 简述刑事诉讼的功能。

2. 辩护人诉讼地位有何特点?

3. 什么是证明责任?其分配原则如何?

4. 简述控告式诉讼形式的特点。

5. 简述死刑复核程序的性质。

二、论述题(15 分)

试论司法公正。

厦门大学 2005 年招收攻读硕士学位研究生入学考试试题 A 卷

一、简答题(每题 10 分)

1. 简述犯罪既遂构成及其类型。

2. 简述法条竞合与想象竞合犯的区别。

3. 简述挪用公款罪与贪污罪的区别。

4. 简述走私罪既遂未遂的认定标准。

5. 简答不作为犯特定义务的来源。

6. 简述抢劫罪与抢夺罪的主要区别点。

7. 简述证人的权利。

8. 简述犯罪嫌疑人、被告人有权获得辩护原则及其体现。

9. 试比较审判监督程序和二审程序。

10. 简述刑事附带民事诉讼的提起条件。

二、论述题(每题 15 分)

1. 论我国刑法犯罪故意的构成及其认定。

2. 论我国目前刑事证据规则的现状。

三、案例分析题(每题 10 分)

案例一:出租车司机丁某于某晚上十时,载一外企文秘小姐回家。途中,丁见该女子年轻漂亮,遂起歹念,将车开到僻静处停下,在车内暴力将其奸污。该女子在奋力反抗中将丁脸抓破,丁认为这是给他留下的犯罪罪证,惟恐罪行暴露,即决定杀人灭口。于是丁揪住女子头发,将其头部猛撞车壁数下后,该女子昏死过去。丁以为该女子已经死亡,遂将其抛弃于一荒野后驾车逃逸。后该女子被人发现后送医院抢救,脱离危险。

问:对丁某的行为如何定性?应该怎样处罚?说明理由。

案例二:某公安派出所所长甲某,乘民航飞机执行任务,将 1 支“六四”式手枪和 50 发子弹及警用匕首两把放入公文包中,委托熟人避开机场安全检查带上飞机。在飞行中,甲某与邻座的乙在闲聊中发生激烈争吵，继而互相扭打，甲某恼羞成怒，掏出包中手枪，顶住乙某脑门说："信不信我一枪打死你!"乘客见此情景，惊惶失措，机舱内一片混乱，乙对此却不屑一顾，说："别拿玩具枪吓我!"甲某随手一枪将飞机舷窗击碎，导致机舱内气压剧降，所幸驾驶员经验丰富，迫降成功，才未发生空难惨剧。请对甲某的行为进行法律评价。

厦门大学2006年招收攻读硕士学位研究生入学考试试题A卷

一、简答题（每题10分）

1. 简述刑法的机能。
2. 简述挪用公款归个人使用的含义。
3. 简述教唆犯的性质及其处罚原则。
4. 简述伪证罪与诬告陷害罪的界限。
5. 简述刑罚的目的。
6. 简述绑架罪与抢劫罪的主要区别点。
7. 简述人民法院、人民检察院依法独立行使职权原则。
8. 简述主要证据移送主义的内涵与立法原因。
9. 简述死刑复核程序的特点与性质。
10. 简述证人的权利。

二、论述题（每题15分）

1. 论我国刑法中的假释制度。
2. 论刑事诉讼的证明责任。

三、案例分析题（每题10分）

案例一：被告人周某于某夜翻墙跳进某企业财务处，意欲行窃，但未能发现现金和可偷的财物。在翻找会计室办公桌时，周某发现一本尚未填写数额和加盖印章的空白现金支票，遂从中撕下一张。次日上午，周某到某市某刻章处，私自刻制了有该企业法定代表人"马春山"、主办会计"马勇"字样的印章两枚，加盖于所盗支票上，并用圆珠笔填写了35000元金额，然后便到某银行提款。银行工作人员核票后发现有诈，周某见状仓皇逃离，后被接到报警的公安干警抓获。请分析本案中对周某的行为应如何认定。

案例二：被告人潘某在家一贯专横霸道，经常因小事打骂其妻李某。潘某与李某生有1个女儿，由于受"不孝有三，无后为大"等封建思想的影响，潘某很想要个儿子传宗接代。为此，他多次与李某商量，要李某去外地再偷生一个。李某坚决反对。1998年6月，李某瞒着潘某去医院上了节育环。潘某知道后，对李某大为不满。1998年8月，潘某对李某说："咱们一起去看一看自家地里的庄稼。"欲将李某骗至偏僻处强行摘除节育环。行至预定地点，潘某见四下无人，猛然将李某按倒在地，用事先准备好的帕子将李某的嘴堵住，用绳子将李捆绑，连续在李的腹部划了四刀，在李的肚子里翻找节育环，致李当场死亡。李某死后，潘某大叫大喊："完了，完了。"并用刀割颈自杀，被当地群众送医院救活。

在起诉和审理过程中，对潘某行为的定性，形成了三种不同意见：第一种意见认为，潘某的行为构成(间接)故意杀人罪；第二种意见认为，潘某并无杀人的故意，而是具有伤害的故意，结果其行为导致了李某死亡的结果，应定故意伤害（致死）罪；第三种意见认为，潘某既无伤害的故意，也无杀人的故意，其行为只能构成过失杀人罪。

请你对以上的意见进行评析。并说明自己的观点和理由。

第四部分

参考答案

第一部分　章节练习题

第一章　概述

一、单项选择题

1. 解析:我国法律最早使用“诉讼”一词的是元代刑律《大元通制》,其中的第十三篇篇名为“诉讼”,虽然其中内容规定的是控告犯罪的有关问题,与现代意义上的诉讼不完全相同,但这在我国历史上是第一次在法律中使用“诉讼”一词。

答案:A

2. 解析:我国的刑事诉讼是指国家专门机关在当事人及其他诉讼参与人的参加下,依照法律规定的程序,追诉犯罪,解决被追诉人刑事责任的活动。

答案:D

3. 解析:刑事诉讼是指国家专门机关在当事人及其他诉讼参与人的参加下,依照法律规定的程序,追诉犯罪,解决被追诉人刑事责任的活动。在这个过程中,被追诉人的刑事责任是核心问题,整个诉讼活动就是为了解决被追诉人刑事责任的有无与大小。

答案:C

4. 解析:根据我国《刑事诉讼法》第1条的规定,刑事诉讼法制定的根据是宪法。宪法是国家的根本大法,规定了国家的社会制度、政治制度、国家机构及活动原则、公民的基本权利与义务,具有最高的法律效力,制定任何法律都须以宪法为依据,刑事诉讼法也不例外。

答案:B

5. 解析:《法经》是我国古代第一部比较系统的刑事法典。该法分为6篇,其中的《囚法》是关于诉讼、审判和刑罚执行方面的规定,《捕法》是关于追捕犯罪者的法律规定,这两篇都属于刑事诉讼法的内容。

答案:B

6. 解析:封建社会的刑事诉讼一般实行纠问式诉讼,这是国家集权统治日益强化的结果。

答案:C

7. 解析:在纠问式诉讼下,起诉权和审判权是合一的,法官有权力也有责任主动追究犯罪,揭发和惩罚犯罪,法官是唯一的诉讼主体;被告人不再是一方当事人,而只是被拷问的对象,不享有反驳控诉的辩护权利。

答案:B

8. 解析:清朝末年清政府进行刑事诉讼改制,制定了《大理院审判编制法》、《各级审判厅试办章程》、《法院编制法》、《刑事诉讼律草案》。《暂行新刑事诉讼律》是北洋政府制定的。

答案:D

二、多项选择题

1. 解析:刑事诉讼的概念有狭义和广义之分。狭义的刑事诉讼仅指法院的审判活动。而广义的刑事诉讼指国家为实现刑罚权所实施的全部具有诉讼意义的活动,包括立案、侦查、起诉、审判、执行等。

答案:ABCDE

2. 解析:刑事诉讼法也有狭义和广义之分,狭义的刑事诉讼法仅指国家制定的刑事诉讼法典;而广义的刑事诉讼法则包括刑事诉讼法典在内的一切法律、法规和司法解释中关于刑事诉讼活动的法律规范的总和。

答案:ABCD

3. 解析:刑事诉讼法是指国家制定的规范人民法院、人民检察院和公安机关进行刑事诉讼,当事人和其他诉讼参与人参加刑事诉讼的法律。它是基本法,其效力仅次于宪法,调整着国家、社会的基本问题;它是刑事法,属于公法的范畴,是有关国家刑罚权实现方式的法律;同时它属于程序法,是关于司法机关司法和行政机关执法程序的法律。

答案:ABD

4. 解析:刑事诉讼法的渊源是指刑事诉讼法律规范的存在形式。我国刑事诉讼法的渊源包括宪法,刑事诉讼法典,全国人大及其常委会制定的有关刑事诉讼的法律规定,国家立法机关就刑事诉讼程序有关问题所作的决定或补充规定,有关司法解释,国务院及其主管部门为了执行国家法律、法令而颁布的行政法规中有关刑事诉讼程序的规定,地方国家权力机关制定的有关刑事诉讼程序的地方性法规及经全国人大常委会批准的我国缔结或加入的国际条约等。

答案:ACDEF

5. 解析:根据刑事诉讼的构造特征和诉讼模式,即控诉、辩护及审判职能的相互关系,和当事人在诉讼中的地位与作用的不同,可以将刑事诉讼划分为控告式诉讼、纠问式诉讼和混合式诉讼三种类型。

答案:ACD

6. 解析:中央苏维埃于1931年11月和1932年6月分别发布的《处理反革命案件和建立司法程序的训令(第6号)》和《裁判部暂行组织及裁判条例》是我国社会主义刑事诉讼法的萌芽。

答案:AC

7. 解析:1931年中央苏维埃共和国中央工农民主政府在江西瑞金成立后,于1931年11月和1932年6月分别发布《处理反革命案件和建立司法程序的训令(第6号)》和《裁判部暂行组织及裁判条例》,规定:在中央设立最高法院,在地方设立裁判部,在中央实行审判权与司法权分开的"分立制",在地方采取审判权与司法行政权"合一制",审判机关的组织体系分为四级,实行两审终审。

答案:ABCE

8. 解析:1954年9月,第一届全国人民代表大会第一次会议在制定颁布《中华人民共和国宪法》的同时,制定颁布了《中华人民共和国法院组织法》和《中华人民共和国人民检察院组织法》;1954年12月在一届人大三次会议上,又颁布了《中华人民共和国拘捕逮捕条例》。而《中华人民共和国刑事诉讼法》则到1979年7月才在全国人大五届二次会议上通过。

答案:ABD

9. 解析：在弹劾式刑事诉讼下，个人享有控告犯罪的绝对权利，国家审判机关不主动追究犯罪，而是以居中仲裁者的身份处理刑事案件；在混合式刑事诉讼中，不论是英美法系还是大陆法系，起诉和审判都只能分离，实行“不告不理”是其重要的特点；而在纠问式诉讼中，控诉和审判职能是合一的。

答案：BCD

三、简答题

1. 我国的刑事诉讼是指国家专门机关在当事人及其他诉讼参与人的参加下，依照法律规定的程序，追诉犯罪，解决被追诉人刑事责任的活动。它有以下特点：

(1)刑事诉讼是国家机关行使国家刑罚权的活动。

(2)刑事诉讼由国家专门机关主持进行，属于国家的司法活动。国家专门机关主要指人民法院、人民检察院和公安机关(包括国家安全机关)，它们在刑事诉讼中分别行使一定的专门职权。

(3)刑事诉讼是严格按照法律规定的程序进行的活动。国家专门机关在追诉犯罪的活动中，应当有严格的程序对其加以规范和制约，以防其滥用权力，侵犯公民合法权利；当事人和其他诉讼参与人也只有严格遵循程序的要求，才能更有效地维护自己的诉讼权利。

(4)刑事诉讼是在当事人和其他诉讼参与人的参加下进行的活动。刑事诉讼不是公安司法机关单方面的行为，而必须有诉讼当事人和诉讼参与人的参与，这些参加者在诉讼中具有主体的资格。

2. 刑事诉讼法的基本内容包括：

(1)规定公安机关、国家安全机关、人民检察院、人民法院在刑事诉讼各个阶段的职责、权限，以及它们相互之间的诉讼法律关系；

(2)规定公安机关、国家安全机关、人民检察院、人民法院进行刑事诉讼应当遵守的原则、规则和制度；

(3)规定国家专门机关在刑事诉讼过程中收集和运用证据的规则和制度；

(4)规定当事人和其他诉讼参与人参加刑事诉讼活动的原则以及权利和义务；

(5)规定了刑事诉讼的程序。

3. 刑事诉讼法的宗旨，即制定刑事诉讼法的目的，是国家制定刑事诉讼法律、建立刑事诉讼制度、规范刑事诉讼程序、进行刑事诉讼活动所要达到的预期目标。我国《刑事诉讼法》第1条规定“为了保证刑法的正确实施，惩罚犯罪，保护人民，保障国家安全和社会公共安全，维护社会主义社会秩序，根据刑法，制定本法”。可见，我国刑事诉讼法的宗旨包含以下三个方面：

(1)保证刑法的正确实施。刑法是实体法，规定犯罪与刑罚，刑事诉讼法是程序法，规定如何追究犯罪和惩罚犯罪，两者相辅相成，缺一不可。

(2)惩罚犯罪，保护人民。这是刑事诉讼任务中不可分割的两个方面。两者共处于刑事诉讼活动这个统一体中，贯穿于刑事诉讼程序的始终，相互依存。

(3)保证国家安全和社会公共安全，维护社会主义社会秩序。

4. 刑事诉讼法的任务是制定刑事诉讼法所要取得的预期效果，是国家制定刑事诉讼法的动因。根据我国《刑事诉讼法》第2条的规定，我国刑事诉讼法的任务有以下四个层次：

(1)保证准确、及时地查明犯罪事实，正确应用法律，惩罚犯罪分子。这是我国刑事诉讼法的直接任务。

(2)保障无罪的人不受刑事追究。这是我国刑事诉讼法的一项独立而又重要的任务。

(3)教育公民自觉遵守法律,积极同犯罪行为作斗争。这是刑事诉讼法重要的具体任务,也是我国刑事诉讼法具有中国特色的社会主义性质的又一体现。

(4)维护社会主义法制,维护公民的人身权利、财产权利、民主权利和其他权利,保障社会主义建设事业的顺利进行。这是刑事诉讼法的根本任务。

以上四项任务是一个有机整体,直接任务之间、直接任务与根本任务之间都有十分密切的联系。在实践中应当全面、正确地把握刑事诉讼法任务的具体内容及其相互关系,并将其融合于具体的诉讼实践中,以使刑事诉讼法的任务由法律理想转变为现实。

5. 刑事诉讼法和刑法既有明显的区别,又有密切的联系。两者均属于刑事法,即均同犯罪这个社会现象具有密切关系。但刑法规定的内容是什么行为属于犯罪行为,属于什么种类的犯罪行为,以及对每种犯罪行为应该怎样处罚等问题;而刑事诉讼法规定的则是应当怎样揭露犯罪、证实犯罪和追究犯罪分子刑事责任等程序问题。刑法是刑事实体法,刑事诉讼法是刑事程序法,既有共同之处,又有重要区别。

它们之间的联系也是很密切的。刑事诉讼法功能之一便是保证刑法的正确执行,保证刑法得到贯彻实施。同时,在权限方面,两者的作用也是相辅相成的。罪刑法定原则明确限定了国家刑罚权的范围和界限;而刑事诉讼法一面赋予有关机关追究、审判的权力,一面严格限定刑罚权的实现方式,禁止国家机关滥用权力,要求国家机关自我限制。

总之,刑法与刑事诉讼法同属于国家的基本法律,两者在刑事诉讼中相辅相成、相互制约,在实现国家刑罚权的过程中缺一不可。

6. 1996 年 3 月《刑事诉讼法》修正案在八届人大四次会议上通过。这次修正,涉及刑事诉讼的各个环节,主要内容包括:调整了检察机关自侦案件的范围;完善强制措施,取消了收容审查;强化对犯罪嫌疑人、被告人以及被害人权利的保障;确立了未经人民法院依法判决不得定罪的原则;将律师介入诉讼的时间提前到侦查阶段;扩大了不起诉的范围,废除免予起诉;改革刑事审判程序,取消开庭前的实体审查,改革庭审方式,强化控辩双方的作用,发挥合议庭在审判中的决定性作用;增设简易程序;强化检察机关的法律监督职能等等。其中,最突出的是修正后的刑事诉讼法所确定的诉讼形式,吸收了混合式诉讼形式下当事人主义诉讼模式的合理成分,增加了庭审中双方的对抗性。

7. 弹劾式诉讼是人类在废弃了原始的同态复仇制度后建立的第一个诉讼制度,又称控告式刑事诉讼。在这种诉讼中,个人享有控告犯罪的绝对权利,国家审判机关不会主动追究犯罪,而是以居中仲裁者的身份处理刑事案件。它的主要特点包括:

(1)控诉与审判只能分离,实行"不告不理"原则。国家不设立专门的起诉机关,由被害人或其代理人作为原告向法院直接提出控诉,只有当原告起诉后,法院才受理并进行审判,这是弹劾式诉讼制度的显著特点。

(2)原告和被告的诉讼地位平等,享有对等的权利,承担对等的义务。

(3)与弹劾式诉讼相适应,各国多实行神示证据制度。所谓神示证据制度,是指法官根据神的启示,借助神的力量来判断是非曲直,确定诉讼争议。

8. 纠问式刑事诉讼即审问式刑事诉讼,是指国家司法机关对犯罪行为,不论是否有被害人控告,均依照职权主动进行追究和审判的诉讼制度。其主要特点包括以下几个方面:

(1)法院是唯一的诉讼主体,它既承担控诉职能,又执行审判职能。

(2)被告人处于没有任何诉讼权利的地位。在纠问式诉讼下,对被告人实行有罪推定原则。被告人从受到控诉开始,就被推定为有罪之人,在诉讼中只能承认有罪,没有任何辩护权利。

(3)刑讯逼供是主要的证明手段。在该种诉讼中,被告人的口供是定案的最有力证据,在所有证据中证明力最强,被视为“证据之王”,因此,被告人是特殊的证人,可以采用各种野蛮、不人道的手段从被告人口中获取证据材料。

(4)实行法定证据制度。在封建社会的纠问式诉讼中,法定证据成为判定案件的主要根据,即一切证据的证明力的大小以及对它们的取舍和运用,都由法律预先明文加以规定,法官在审理案件过程中不得自由评断和取舍。

9. 混合式刑事诉讼是现代资本主义各国普遍采用的诉讼制度,它吸收了弹劾式诉讼与纠问式诉讼的合理因素,将两者有机地结合在一起,所以也称为结合式刑事诉讼。它主要有以下特点:

(1)起诉和审判职能相分离,实行“不告不理”。但是,和弹劾式诉讼不同的是,由专门的检察机关代表国家对犯罪人提出公诉,而不是由被害人或其代理人作为原告向法院提出控诉。

(2)实行审判独立,法官独立行使刑事司法权。立法、行政、司法三种权力分立并相互制衡,构成了审判独立的政治基础。而审判独立作为刑事诉讼中的一项基本原则,在各国的宪法和刑事诉讼法中得到肯定。

(3)肯定被告人的主体地位和辩护人的能动作用,确认和保障被告人的辩护权。

(4)实行公开审判制度,肯定直接和言词原则。

(5)实行自由心证证据制度。该制度又称“内心确信证据制度”,是指法律对证据的证明力大小及如何运用,不预先作出规定,而是由法官在审理案件过程中加以自由判断和取舍的证据制度。

10. 诉讼目的就是程序主体根据自身的需要以及对程序性质的认识而为诉讼活动预先设定的目标,即进行诉讼活动所要达到的目标。因此,刑事诉讼的目的便是进行刑事诉讼活动所要达到的目标。我国《刑事诉讼法》第 2 条规定:“中华人民共和国刑事诉讼法的任务,是保证准确、及时地查明犯罪事实,正确应用法律,惩罚犯罪分子,保障无罪的人不受刑事追究……”这表明,刑事诉讼法的目的的具体内容包含:(1)惩罚犯罪,或称为“打击犯罪”或“控制犯罪”,这是刑事诉讼的中心内容。(2)保障人权,或称为“保护无辜”,具体可以概括为三方面的含义:①保障无罪的人不受刑事追究,保护有罪的被告人的合法权益以及辩护人的诉讼权利;②保护被害人、自诉人、证人等诉讼参与人的合法权益;③保护一般公民的合法权益。其中最关键的是保障犯罪嫌疑人、被告人的合法权利。

四、论述题

1. 通过司法实现公正,乃是现代社会公正理论体系中的一个基本命题,而且司法公正往往被看作是实现社会公正的最后一道防线。

(1)公正的含义。与公正相关的词有“公平”、“正义”,这三者之间有着密切的联系,又有一定的区别。从本质上讲,公平、公正、正义这三个概念是一致的,而且正义和公正可以相互替换着使用,因为两者实质一样,均代表正当的法律和正确、合理的判决。不过,严格地讲,三者的概念还是有一些区别,或者说侧重点有所不同。公平,可能更多地用来表述人们在法律面前或者纠纷中的双方当事人在审判(或仲裁)过程中应该得到的平等的地位和待遇。公正,更多地用于强调裁判者(法官或仲裁者)在对待当事人双方和适用法律时所应当具有的不偏不倚、公而无私的品质。从某种意义上讲,公平是正义的横坐标,公正是正义的纵坐标,正义恰好坐落在两者的交叉点上。因此,正义应该比公平、公正具有更大、更多的包容性,或者说正义包含了公平和公正。

(2)司法公正的含义和内容。在对司法公正的理解上，存在着不同的观点。一种观点认为，司法公正指的是司法程序正当、合法，即只要司法程序正当、合法，就是司法公正。另一种观点认为，司法公正是指司法结果公正，即司法结果符合客观实际，达到真正正确的目的。这两种观点都有失偏颇。司法公正，应该是司法机关在适用法律过程中体现的公平与正确，即现行法所设定的内容和价值，被司法机关准确地在裁判活动中加以贯彻和实现。司法公正可以分为实体公正和程序公正两个方面，体现不同的内涵及要求：

①实体公正。实体公正也称结果公正，就是说司法活动就诉讼当事人的实体权利和义务关系所作出的裁判或处理是公正、合理的。司法结果公正应当包括以下几个构成要素：a. 司法裁判所认定的事实清楚，即发现真实；b. 裁判的定性准确，即裁判对纠纷、争议性质的确定是准确无误的；c. 司法裁判适用法律正确；d. 案件的处理恰当，在认定事实、定性准确、适用法律正确的基础上，司法结果必须最终体现为所有案件、争议得到公正、合理的解决、处置。

②程序公正。程序公正也称过程公正，是指诉讼活动的过程对有关人员来说是公正的，即诉讼主体和参与人在诉讼活动过程中所受到的对待是公正的，所得到的权利主张机会是公正的。程序公正的具体内容或者说构成要素至少应当包括：a. 程序的独立性，即诉讼程序的启动和运作应当以实现法律为依托，免受其他法外程序和因素的干扰和影响。b. 审判人员的中立性，即法官在审判中保持中立，不偏不倚。这是公正审判的标准之一。c. 程序的平等性，即诉讼当事人地位的平等。d. 程序的民主性，指司法活动程序的民主要求，包括程序设置是否体现大多数人的意志、以大多数人的利益为重、便利大多数人等。e. 程序和裁决的参与性，指程序能使当事人以程序主体的身份，充分而富有影响地参与程序过程及裁决的形成。f. 程序的公开性，指司法过程和结果对当事人和社会公开。g. 程序的科学性，指程序法中彻底废除野蛮、落后的做法和习惯，采用现代社会所要求的科学、文明的司法手段。

(3)实体公正和程序公正的关系。司法结果公正，是人们对司法的基本价值要求，是司法公正的首义。而对程序公正的价值和作用，则有不同的认识。结果本位主义或称程序工具主义认为，程序只是实现实体目的的手段或工具，本身不具有独立的价值，衡量法律程序有效性的唯一标准就是实体目标的实现程序。而程序本位主义则认为，正义的程序或公正的程序不仅具有确保查明真相的实际价值，而且也具有使裁判实现"看得见的正义"的形式价值；程序公正既是实现实体公正的手段、工具，同时也是公正的标准之一，具有自身独立存在的价值。

我们认为，司法公正既要求法院的审判过程坚持正当程序的原则，做到程序公正，也要求法院的审判结果体现公平正义的精神，做到实体正义。通过公正的程序活动达到公正的裁判结果，才是司法公正的精义所在，也是司法公正所要努力追求的境界。其中，程序公正是裁判结果公正的前提和基础，裁判结果公正则是程序公正的归宿和目标，两者相辅相成，共同构成了完整的司法公正。

2. 英美法系当事人主义诉讼模式和大陆法系职权主义诉讼模式同属于混合式刑事诉讼，具有很多共同的特征。但两者的差别也是很明显的。

当事人主义诉讼模式和职权主义诉讼模式的区别关键在于控诉、辩护、审判三大诉讼主体发挥各自功能的方式不同。前者的机理是通过控辩双方作用与反作用，达到制约政府权力、揭示案件事实真相的目的。它体现了证据调查活动中的竞争机制，这种带有强烈对抗色彩的制度建立在这样的认识之上，即控辩双方的对抗被认为是发现案件真实的理想方式。职权主义诉讼模式则认为，发挥法官的主观能动性，有利于防止诉讼受控辩双方法庭技巧甚至伎俩的影响而难以发现案件的客观真实，法官主动依职权调查才是发现案件真实情况的最好手段。

从实际功效上看，当事人主义诉讼模式和职权主义诉讼模式都是发现案件真实的有效方式，两者各有所长，也各有所短，总的看来，在体现程序的公正性方面，当事人主义诉讼模式优于职权主义诉讼模式；而在诉讼效率方面，职权主义诉讼模式则优于当事人主义诉讼模式。

五、案例分析题

根据我国《刑事诉讼法》第 2 条的规定，刑事诉讼的任务包括两个基本的方面：准确、及时地惩罚犯罪分子与保障无罪的人不受刑事追究。两者构成了我国刑事诉讼法任务中不可分割的两个方面，相辅相成，缺一不可。准确、及时地惩罚犯罪分子是保护人民的一种有效手段，是实现刑事诉讼任务的具体要求；使无罪的人不受刑事追究同样也是保护人民的一种积极措施，是实现刑事诉讼法任务不可缺少的一个方面。在刑事诉讼中，准确、及时地查明犯罪事实，惩罚犯罪分子，是完成刑事诉讼的任务；准确、及时地查清事实，使无罪的人免受刑事追究，同样也是完成刑事诉讼的任务。两者是同等重要的。在本案中，公安机关本着认真负责的精神，深入调查，仔细研究案情，查清了案件的真实情况，使王某某免受刑事追究，可以说是很好地完成了刑事诉讼的任务。

第二章　刑事诉讼主体

一、单项选择题

1. 解析：审判是刑事诉讼中继侦查、起诉后的一个诉讼阶段。它针对控诉人的控诉和被告人及其辩护人的辩护，依照法定程序查明案件事实，根据刑法对被告人是否有罪，是否应处以刑罚以及如何处罚作出裁判，是整个刑事诉讼中具有决定意义的诉讼阶段，决定着案件的最后审理结果。

答案：C

2. 解析：人民法院上下级之间的关系是监督关系。这种关系有别于领导关系，上级法院对下级法院正在审理的案件不能作出处理并指令下级法院执行，下级法院必须独立地审理案件。另外，上下级法院之间也谈不上有协同和合作的关系。

答案：C

3. 解析：根据《全国人大常委会关于完善人民陪审员制度的决定》（2004 年 8 月 28 日通过）第 9 条的规定，人民陪审员的任期为 5 年。

答案：C

4. 解析：根据《全国人大常委会关于完善人民陪审员制度的决定》（2004 年 8 月 28 日通过）第 4 条第 2 款的规定，担任人民陪审员，一般应当具有大学专科以上文化程度。

答案：A

5. 解析：我国《刑事诉讼法》第 202 条规定：“最高人民法院复核死刑案件，高级人民法院复核授权核准的死刑案件和死刑缓期执行案件，应当由审判员三人组成合议庭进行。”

答案：A

6. 解析：根据《人民检察院刑事诉讼规则》第 6 条的规定，最高人民检察院领导地方各级人民检察院和专门人民检察院的工作，上级人民检察院领导下级人民检察院的工作。

答案：D

7. 解析：被害人是其合法权益遭受犯罪行为直接侵害的人，但是不是所有的遭受犯罪行为直接侵害的人都会进入刑事诉讼程序，有众多犯罪行为没有进入诉讼程序，而被这些犯罪行为直接侵害的人就不能称之为程序意义上的被害人；不仅公诉案件中有被害人，自诉案件中也有被害人；附带民事诉讼的原告人是指因被告人的犯罪行为而遭受物质损失，并在刑事诉讼中提出赔偿请求的人，实质上是一种特殊的民事诉讼的原告人。所以A项的说法是正确的。

答案：A

8. 解析：在犯罪嫌疑人、被告人拥有的一系列诉讼权利中，最核心的是辩护权。辩护权的行使是对抗控诉的最直接、最有效的手段，也是对犯罪嫌疑人、被告人的合法权利的最有效保障。犯罪嫌疑人、被告人可以自己也可以在辩护人的协助下行使该权利，可以在其被纳入刑事诉讼程序的任何一个阶段行使。

答案：D

9. 解析：在自诉案件中被告人是可以提起反诉的，因此A项错；在我国刑事诉讼中，涉嫌犯罪的人在不同诉讼阶段的称谓是不同的，在侦查和起诉阶段称为犯罪嫌疑人，在审判阶段才称为被告人，因此C项错；另外，被提起自诉的刑事案件被告人也称为被告人，所以D项错。

答案：B

10. 解析：为了便于自诉人维护自己的合法权益，自诉人除了享有诉讼参与人共同的诉讼权利外，还享有一系列独有的诉讼权利，其中就包括直接提起诉讼的权利(这是自诉人最主要的诉讼权利)、提起附带民事诉讼的权利(自诉人是被害人之一，所以也拥有该项权利)、申请回避的权利等，而对被告人采取强制措施则是国家机关的权力。

答案：D

11. 解析：法定代理人是一类独立的诉讼主体，在刑事诉讼中有着独立的诉讼地位，因此A项是对的，B项应该排除；法定代理人代理权的产生是法律直接规定的，而不是基于被代理人的授权和委托，也不是司法机关的指定或批准，因此C项是错的；一般而言，法定代理人的诉讼行为被视为被代理人的诉讼行为，具有相同的法律效力，但是，法定代理人不得为被代理人承担与其人身有关的特定诉讼行为，如不得代替被代理人进行供述、辩解或陈述等，故D项错。

答案：A

12. 解析：在刑事诉讼中，证人是指当事人以外的，向公安司法机关及其他有权收集证据的主体陈述自己所知道的案件情况的人，其最基本的条件是知道案件情况，谁有资格成为证人，既不取决于当事人或证人本人的意思，也不能由公安司法机关任意指定和选择，而是由知道案件情况这一客观事实来决定的，因此证人具有不可替代的特点；而辩护人、翻译人员和鉴定人都是可以替代的。

答案：A

二、多项选择题

1. 解析：刑事诉讼主体是所有参与刑事诉讼活动，在刑事诉讼中享有一定权利、承担一定义务的专门机关与诉讼参与人，具体包括：代表国家追诉犯罪、惩罚犯罪的公安机关、法院和检察院，被告人、被害人、自诉人等刑事诉讼的当事人，证人、鉴定人、辩护人、诉讼代理人等其他诉讼参与人。

答案：ABD

2. 解析：根据我国《刑事诉讼法》第3条、第4条、第225条的规定，法院、检察院、公安机关、军队保卫部门、国家安全机关、监狱等都是刑事诉讼的职权主体。

答案：ABCD

3. 解析:根据《刑事诉讼法》、《人民法院组织法》的规定,人民法院的职权包含了对犯罪嫌疑人、被告人决定逮捕、拘传、取保候审和监视居住,进行勘验、检查、扣押、鉴定和查询、冻结,收缴和处理赃款、赃物及其利息等内容,但是不包括对犯罪嫌疑人、被告人决定通缉。

答案:ACD

4. 解析:根据《人民法院组织法》的规定,中级人民法院审判下列案件:法律、法令规定由它管辖的第一审案件,基层人民法院移送的第一审案件,对基层人民法院判决和裁定的上诉案件和抗诉案件,按照审判监督程序提出的再审案件。另外,上级法院只能对下级法院享有监督权,下级法院必须独立地审理案件,不能向上级法院请示案件的审判问题。

答案:ABD

5. 解析:根据《全国人大常委会关于完善人民陪审员制度的决定》(2004 年 8 月 28 日通过)第 2 条的规定,人民法院审判社会影响较大的刑事、民事、行政一审案件和刑事案件被告人、民事案件原告或者被告、行政案件原告申请由人民陪审员参加合议庭审判的一审案件,由人民陪审员和法官组成合议庭进行,适用简易程序审理的案件除外。

答案:AB

6. 解析:根据我国《刑事诉讼法》第 147 条第 4 款和第 5 款的规定,"人民法院审理上诉和抗诉案件,由审判员三人至五人组成合议庭进行","合议庭的成员人数应当是单数"。故人民法院审理上诉和抗诉案件,合议庭的组成人数只能是 3 人或 5 人。

答案:AC

7. 解析:我国《刑事诉讼法》第 3 条第 1 款规定:"对刑事诉讼的侦查、拘留、执行逮捕、预审,由公安机关负责。"其中并没有包括批准逮捕。

答案:ABD

8. 解析:根据我国《刑事诉讼法》第 3 条、第 4 条的规定,人民检察院、公安机关、国家安全机关都拥有刑事侦查权,而税务机关则没有这方面的职能。

答案:ACD

9. 解析:根据我国监狱法的规定,监狱的主要职权有:(1)刑事执行权,依照刑法和刑事诉讼法的规定,被判处死刑缓期两年执行、无期徒刑、有期徒刑的罪犯,在监狱内执行刑罚;(2)侦查权,对罪犯在监狱内犯罪的案件,由监狱进行侦查;(3)劳动教育改造权。

答案:ACD

10. 解析:根据我国《刑事诉讼法》第 82 条的规定,"诉讼参与人"包括当事人、法定代理人、诉讼代理人、辩护人、证人、鉴定人和翻译人员,并不包括书记员和司法警察。

答案:AC

11. 解析:根据《刑事诉讼法》第 82 条第 2 款的规定,刑事诉讼中的当事人有被害人、自诉人、犯罪嫌疑人、被告人、附带民事诉讼的原告人和被告人。

答案:ABCDE

12. 解析:根据《最高人民法院关于执行〈中华人民共和国刑事诉讼法〉若干问题的解释》(以下简称《刑诉解释》)第 208 条对"单位犯罪案件的审理程序"的规定,"代表被告单位出庭的诉讼代表人,应当是单位的法定代表人或者主要负责人;法定代表人或者主要负责人被指控为单位犯罪直接负责的主管人员的,应当由单位的其他负责人作为被告单位的诉讼代表人出庭","被告单位的诉讼代表人与被指控为单位犯罪直接负责的主管人员是同一人的,人民法院应当要求人民检察院另行确定被告单位的诉讼代表人出庭"。可见,单位犯罪直接负责的主管人员是不能作为诉讼代表人出庭的。

答案:ABD

13. 解析:犯罪嫌疑人是对处在侦查、起诉阶段的被追诉人的称谓,而指定辩护只存在于审判阶段,因此犯罪嫌疑人是没有获得指定辩护的权利的;我国的《刑事诉讼法》第93条规定,犯罪嫌疑人对侦查人员的提问,应当如实回答。因此,在我国的刑事诉讼中,犯罪嫌疑人目前还没有沉默权。而聘请律师和进行无罪辩解是犯罪嫌疑人的两项重要权利。

答案:BD

14. 解析:在告诉才处理的案件,被害人有证据证明的轻微的刑事案件,以及被害人认为对被告人针对自己实施的犯罪行为应当依法追究刑事责任,而公安机关或人民检察院不予追究的案件中,被害人可以向人民法院提起自诉。同时,被害人由于被告人的行为而遭受物质损失的,在刑事诉讼过程中有权提起附带民事诉讼。还有,根据《刑事诉讼法》的规定参加法庭审判和委托诉讼代理人都是被害人的诉讼权利。

答案:ABCD

15. 解析:在我国的刑事诉讼法中,证人是指向公安司法机关陈述自己所知道的案件情况的第三人,而且证人必须是自然人;鉴定人指受公安司法机关的指派或聘请,运用自己的专门知识或技能,对案件中的专门性问题进行分析判断并提出科学意见的人,其必须具备法律规定的资格,并只能以自然人身份作出结论;而在我国刑事诉讼中,单位是可以成为当事人的,也可以成为犯罪嫌疑人、被告人和被害人。

答案:CD

16. 解析:我国《刑事诉讼法》第180条规定:"被告人、自诉人和他们的诉讼代理人,不服地方各级人民法院第一审的判决、裁定,有权用书状或者口头向上一级人民法院上诉。被告人的辩护人和近亲属,经被告人同意,可以提出上诉。附带民事诉讼的当事人和他们的法定代理人,可以对地方各级人民法院第一审的判决、裁定中的附带民事诉讼部分,提出上诉。对被告人的上诉权,不得以任何借口加以剥夺。"而被害人是没有上诉权的;在公诉案件中,当事人也当然没有撤诉权。另外,申请再审权和申请回避权则是当事人都拥有的诉讼权利。

答案:AD

三、简答题

1. 人民法院上下级之间的关系是监督关系。这种监督不是通过对具体案件的指导而实现的,各级人民法院都是独立地行使审判权的。上级人民法院只能按照法律规定的权限和程序监督下级人民法院的审判工作,不应对下级人民法院正在审理的案件作出处理并指令下级人民法院执行。下级人民法院也不应将案件在判决之前报送上级人民法院,请求审查批示。

根据刑事诉讼法的规定,上级法院对下级法院的审判监督主要表现在:上级法院有权依法决定案件的管辖,有权依照第二审程序和审判监督程序对案件进行审判;高级人民法院和最高人民法院有权按照死刑复核程序复核、核准死刑案件;最高人民法院有权对如何具体应用法律进行解释。

2. 审判委员会与合议庭既有区别,又有联系。两者的区别有:(1)任务不同,合议庭的任务是负责审判具体案件,审判委员会则不具体审判案件,其任务在于总结审判工作经验,讨论重大或疑难的案件和其他有关审判工作的问题。(2)组成根据和程序不同,合议庭是根据院长或庭长的指定组成的,某一具体案件的合议庭组成,由院长、庭长根据案件的具体情况而定。审判委员会则是根据人民法院组织法的规定设立的,各级人民法院审判委员会的委员,均由院长提请同级人大常委会任免，本院无权决定。(3)稳定性和数量不同，合议庭是因案件而组成的临时组织，其人数和结构也可以根据各个案件的实际需要而定；而审判委员会则是一个比较稳定的组织，其成员不能任意变动，而且，每个法院只设一个审判委员会，由它统一对审判工作的具体领导。

两者的联系表现在：如果合议庭的意见与审判委员会的意见存在分歧，合议庭应当服从并执行审判委员会的意见，按照审判委员会的意见制作判决书或裁定书，但判决书或裁定书仍由合议庭成员签名。可见，合议庭与审判委员会之间具有领导与被领导的关系。

3. 根据我国《人民检察院组织法》第5条的规定，各级人民检察院行使下列职权：

(1)对于叛国案、分裂国家案以及严重破坏国家的政策、法律、法令、政令统一实施的重大犯罪案件，行使检察权；

(2)对于直接受理的刑事案件，进行侦查；

(3)对于公安机关侦查的案件进行审查，决定是否逮捕、起诉或者不起诉；

(4)对刑事案件提起公诉、支持公诉，对人民法院的审判活动是否合法实行监督；

(5)对刑事案件判决、裁决的执行情况和看守所、监狱及其他执行机关的活动是否合法进行监督，同时，有权对人民法院作出的监外执行、减刑、假释的决定是否合法进行监督。

4. 当事人是指与案件的结局有着直接利害关系，对刑事诉讼进程发挥着较大影响作用的诉讼参与人，包括被害人、自诉人、犯罪嫌疑人、被告人、附带民事诉讼的原告人和被告人。其他诉讼参与人，是指除当事人以外，在诉讼中享有一定诉讼权利、承担一定诉讼义务的参与人，包括法定代理人、诉讼代理人、辩护人、证人、鉴定人和翻译人员。两者的主要区别是：

(1)当事人和案件结果有直接的利害关系，其他诉讼参与人则与案件结果没有利害关系。当事人的合法权益可能会受到刑事诉讼活动过程和结局的直接影响，而诉讼结果对其他诉讼参与人的实体权益并没有影响。

(2)当事人在诉讼中承担控诉职能或辩护职能，拥有较广泛的诉讼权利，承担较广泛的诉讼义务。其他诉讼参与人相对当事人而言，其享有的诉讼权利和应承担的诉讼义务都受到一定限制，不能独立承担诉讼职能，不是主要的诉讼主体。

(3)当事人应当参与刑事诉讼的全过程，而其他诉讼参与人一般只参与刑事诉讼的某些阶段或者某一阶段。

5. 在我国，对犯罪嫌疑人和被告人的诉讼地位问题，可以从以下几个方面来理解：

(1)犯罪嫌疑人、被告人是拥有一系列诉讼权利的诉讼主体，居于当事人的地位，这标志着他们不是被动地接受传讯、追究和审判，消极地等待国家专门机关处理的客体，而是可通过积极的防御活动与追究一方展开对抗，并对裁判一方施加积极影响的独立一方当事人。

(2)犯罪嫌疑人、被告人与案件结局有着直接利害关系。他们居于被追诉者的地位，国家追诉机关发动刑事诉讼的直接目的就在于通过对犯罪嫌疑人、被告人实施追诉，使那些在法律上构成犯罪的人受到定罪、判刑，从而剥夺其财产、自由乃至生命。

(3)犯罪嫌疑人、被告人本身还可以成为重要的证据来源。根据刑事诉讼法的规定，犯罪嫌疑人、被告人所作的供述和辩解是法定的重要证据。

四、论述题

1. 我国《刑事诉讼法》第7条规定："人民法院、人民检察院和公安机关进行刑事诉讼，应当分工负责，互相配合，互相制约，以保证准确有效地执行法律。"这是调整人民法院、人民检察院和公安机关三机关在刑事诉讼中相互关系的重要原则。

所谓分工负责，是指人民法院、人民检察院和公安机关在刑事诉讼中，根据法律规定有明确的职权分工，应当在法定范围内行使职权，各司其职，各负其责，既不能相互替代，也不能相互推诿。分工负责主要表现在两方面：一是诉讼职能与职权的分工，二是案件管辖上的分工。

所谓互相配合，是指人民法院、人民检察院和公安机关进行刑事诉讼，应当在分工负责的基础上，相互支持，通力合作，使案件的处理能够上下衔接，协调一致，共同完成查明案件事实，追究、惩罚犯罪的任务。

所谓互相制约，是指人民法院、人民检察院和公安机关进行刑事诉讼，应当按照诉讼职能的分工和程序上的设置，相互制约，相互制衡，以防止发生错误和及时纠正错误，保证准确执行法律。

在分工负责、互相配合、互相制约原则中，分工负责是互相配合、互相制约的基础和前提。互相配合首先是要把自己的本职工作做好，这样就是对其他机关的支持和配合；其次是科学地完善公、检、法之间的职权分工，加强三机关之间工作上的协调和衔接，以共同完成代表国家揭露犯罪、惩治犯罪的任务。互相制约则是加强各部门之间的相互监督，以保证准确有效地执行法律。诉讼职能的分工和司法职权的制衡是现代法制为保障诉讼的民主性、科学性而设置的基本结构，互相制约有利于各机关诉讼职能的充分发挥，使我国的刑事诉讼程序建立在科学的结构之上。

在刑事诉讼中，公、检、法三机关之间的制约是相互的，各机关之间都存在制约与被制约、监督与被监督的关系。不存在只监督、制约别人的机关，也没有只接受监督、制约的机关。

2. 被害人是指其合法权益遭受犯罪行为直接侵害的人。理解“被害人”的概念，应明确以下内容：

(1)遭受犯罪行为直接侵害的“合法利益”，包括荣誉、尊严、生命、健康、财产或其他方面的合法权利和利益；

(2)被害人是受犯罪行为直接侵害的人；

(3)被害人一般是指自然人，但在特殊情况下，法人或其他组织也可以成为被害人；

(4)被害人的属性是由犯罪行为导致的，因而具有不可替代性。

我国刑事诉讼法赋予被害人以独立的诉讼当事人地位。对于被害人的这一地位，可以从以下几个方面加以认识：

(1)被害人作为遭受犯罪行为侵害的主体，与案件结局有直接的利害关系。他们不仅有获得经济赔偿或补偿的欲望，而且有使对其实施侵害的犯罪行为人受到法律上的否定、惩罚的要求。刑事诉讼的过程，在使犯罪嫌疑人、被告人的刑事责任问题处于待定状态的同时，也使被害人的要求能否得以实现处于待定状态。这是将被害人列入当事人的理论基础。

(2)被害人基于要实现使被告人受到合法惩罚这一要求，具有积极主动地参与诉讼过程、影响裁判结局的愿望。只有满足被害人的这种愿望，使其作为拥有较广泛诉讼权利的当事人，诉讼活动的进行才能对国家、被告人、被害人等各方面的权益作出适当、合理的平衡。

(3)被害人作为诉讼当事人，与被告人居于大致相同的诉讼地位，也拥有许多与被告人相对应的诉讼权利。但是，刑事诉讼毕竟不同于民事诉讼，在检察机关已经作为国家追诉机关对被告人进行追诉，成为被告人的强大对手的情况下，被害人如果再拥有与检察机关相同的诉讼权利，那么被告人事实上将同时面对两方面的指控，其诉讼地位将处于十分不利的状态。而且，在强大的侦查、检察机关已介入案件，利用其拥有的各项权力和技术手段对被告人进行追诉的情况下，没有必要再赋予被害人完整的等同于原告人的诉讼权利。因此，刑事诉讼法对被害人的诉讼地位作了一些限制，使其不至于成为一般意义上的原告人。

(4)被害人尽管具有当事人的诉讼地位，但他一般也是了解案件事实的人，其陈述本身也是法定证据来源之一。被害人在提供陈述方面与证人具有相似的地位，有义务接受侦查人员、检察人员、审判人员的传唤，到场或出庭提供有关案件事实的陈述，并接受各方的询问和质证。

五、案例分析题

1. 公安机关和人民检察院都是国家的侦查机关，都有权对刑事案件依法进行侦查。根据刑事诉讼法的规定，普通刑事案件如杀人、放火、强奸等由公安机关侦查；贪污、贿赂等职务犯罪由人民检察院负责侦查。杨某案件有杀人罪，又有贪污罪，这两个机关依法都有侦查权。但根据六部委《关于刑事诉讼法实施中若干问题的规定》第6条的规定："公安机关侦查刑事案件涉及人民检察院管辖的贪污贿赂案件时，应当将贪污贿赂案件移送人民检察院；人民检察院侦查贪污贿赂案件涉及公安机关管辖的刑事案件，应当将属于公安机关管辖的刑事案件移送公安机关。在上述情况中，如果涉嫌主罪属于公安机关管辖，由公安机关为主侦查，人民检察院予以配合；如果涉嫌主罪属于人民检察院管辖，由人民检察院为主侦查，公安机关予以配合。"杨某案件的主罪是杀人罪，贪污罪是次要罪行，应当由公安机关为主侦查，人民检察院予以配合。人民检察院立案后考虑到主罪是杀人罪，主动与公安机关联系，要求公安机关侦查是正确的，但不将该案的全部犯罪事实，特别是贪污罪的事实，也移送公安机关侦查。公安机关不考虑该案的主要罪行和次要罪行，以该案有贪污罪而且检察院已经立案为由，不愿接受对该案的侦查是不正确的，不符合上述《规定》中关于公安、检察互涉案件处理的规定。

2. (1)该案处理过程中涉及的诉讼参与人有：①张三、李四、王五，他们是犯罪嫌疑人、被告人；②抓获张三等人的该工地巡逻人员，他们是证人；③被告人张三、李四委托的姚律师、曾律师，王五的父亲，他们都是辩护人；④张三的父亲和李四的大哥以近亲属的身份依法为其提起上诉，参与了诉讼活动，虽然不是完全意义上的辩护人，但他们行使了部分辩护权，因此也应属于辩护人的范围；⑤被盗单位参加诉讼的保卫科长是被害单位的诉讼代理人。

参与本案处理但不属于诉讼参与人的是侦查人员、检察人员和审判人员、书记员。

(2)上述诉讼参与人中属于当事人的是张三、李四、王五三名犯罪嫌疑人、被告人，及参加诉讼的被盗单位保卫科长(被害单位的诉讼代理人)。除此之外的诉讼参与人均属其他诉讼参与人。

第三章　刑事诉讼的基本原则

一、单项选择题

1. A

2. A

3. 解析：我国的法院不是建立在三权分立基础上的，所以要接受人大的监督，但是人大的监督不能代替法院的审判工作，而且这种监督必须是集体的，而非人大代表个人进行监督。

答案：C

4. B　**5.** D　**6.** B　**7.** A　**8.** C　**9.** A

10. 解析：共同犯罪案件只要有一个被告人不符合公开审理的条件，全案都不应该公开审理。

答案：D

11. C　**12.** C　**13.** A　**14.** B　**15.** B　**16.** A　**17.** A　**18.** C　**19.** C

20. 解析:本案还处在人民法院的立案审查阶段,当然应当作出不予立案驳回起诉的裁定,D项不正确,因为案件没有经过审理,便不能以判决的方式结案。

答案:B

二、多项选择题

1. 解析:参见刑事诉讼法第15条与刑事诉讼法第142条第2款的规定。

答案:ABCD

2. 解析:根据相关法律规定在我国享有侦查权的机关包括公安机关、检察机关、国家安全机关、监狱、军队保卫部门、海关缉私侦查局。

答案:ABCD

3. 解析:参见刑事诉讼法第14条第2款之规定。

答案:BCD

4. 解析:人民检察院作为国家的公诉机关应当依法进行公诉,涉及个人隐私的案件应当不公开审理,因此应当选BD。

答案:BD

5. 解析:参见刑事诉讼法第152条和《刑诉解释》第121条。

答案:ABD

6. 解析:ABC三项均为我国与有关国家进行刑事司法协助的内容。D项是判决的相互承认与执行,我国不接受这种司法协助形式。

答案:ABC

7. 解析:根据未经人民法院审判不得确定任何人有罪的原则,法院在决定是否开庭审理时,不应当以被告人的行为构成犯罪为前提,所以,不应选B。具体参见刑事诉讼法第150条。

答案:ACD

8. 解析:按照我国法律的规定,享有外交特权和豁免的其他来中国访问的外国人如犯罪而需要追究刑事责任的话,则通过外交途径解决。解决方式一般包括以下几种:(1)建议其派遣国召回;(2)宣布为不受欢迎的人,令其限期出境;(3)宣布将其驱逐出境。

答案:ABC

9. 解析:按照我国刑事诉讼法第6条的规定:"对于一切公民,在适用法律上一律平等,在法律面前,不允许有任何特权。"这一原则包括两方面的含义:一是公安机关进行刑事诉讼时,对于一切公民的犯罪行为,都必须严格按照法律来处理;二是公安机关在进行刑事诉讼时,对于一切公民的合法权益,一律依法予以保护,这也包括犯罪嫌疑人、被告人甚至罪犯的合法权益。

答案:ABCD

10. 解析:在刑事诉讼过程中,遇有法定不追究刑事责任的情形时,公安机关的做法主要有不予受理、不立案、撤销案件、不起诉、宣告无罪以及终止审理。

答案:ABC

11. 解析:参见刑事诉讼法第14条第2款和第163条第2款。

答案:ABD

12. 解析:参见刑事诉讼法第15条之规定。

答案:ABCD

13. 解析:我国刑事诉讼法中尽管确定了任何人未经人民法院依法审判不得确定有罪的原

则，但是，该原则与无罪推定原则的疑案无罪是有明显不同的。

答案：BCD

14. ABCD

15. 解析：参见我国刑事诉讼法第 17 条之规定。一般来说，我国刑事司法协助中并不包括刑事判决结果的承认和执行。

答案：ABD

三、简答题

1. 审判公开的内容包括以下几个方面：第一，审判信息的公开，即在开庭 3 日以前应当向社会公开所审理案件的案由、时间、地点、当事人姓名；第二，审理过程的公开，即法庭审理的全过程（不包括合议庭评议）应当公开，允许新闻记者采访报道，允许群众旁听；第三，审判结果的公开，即公开宣告判决。

2. 人民检察院是我国法律规定的专门的监督机关，人民检察院对刑事诉讼过程中实行法律监督的原则具体表现在以下几个方面：

(1)立案监督。对于公安机关不立案的决定，人民检察院如果认为有错误，应当要求公安机关说明不立案的理由；理由不成立的，应当通知公安机关立案，公安机关接到通知后，应当立案。

(2)侦查监督。表现在，一是通过审查批捕和审查起诉监督公安机关的侦查工作；二是对侦查过程中的违法情况有权提出纠正意见，向公安机关发出“纠正违法意见通知书”。

(3)审判监督。表现在：一是通过抗诉对法院确有错误的判决或者裁定提出抗诉，以提起第二审程序或者审判监督程序；二是对于人民法院审判过程中出现的违法情况，可以在开庭后，由人民检察院提出纠正违法的意见。

(4)执行监督。在死刑立即执行的过程中，人民检察院派员临场监督。对刑罚执行机关收押、监管、改造、释放犯罪嫌疑人、被告人或者罪犯的活动进行监督。对刑罚执行过程中的刑罚变更情况进行监督，发现不当的，应当在收到裁定书后的 20 日以内，要求人民法院重新审判。

3. 根据我国刑事诉讼法的有关规定，这一原则包括以下含义：

第一，犯罪嫌疑人、被告人在整个刑事诉讼过程中都有权为自己辩护。

第二，犯罪嫌疑人在侦查阶段只能自行辩护，犯罪嫌疑人在审查起诉阶段、被告人在审判阶段既可以自行辩护也可以委托律师或法律允许的其他人为自己辩护。

第三，犯罪嫌疑人在侦查阶段有权得到律师的法律帮助。

第四，公安机关、人民检察院有义务保证犯罪嫌疑人在侦查阶段获得律师的法律帮助，人民检察院有义务保证犯罪嫌疑人在审查起诉阶段获得辩护，人民法院有义务保证被告人在审判阶段获得辩护。

4. 我国《刑事诉讼法》第 15 条确立了具有法定情形不予追究刑事责任的原则。根据该条规定，具有下列情形之一的，不予追究刑事责任；已经追究的，应当撤销案件，或者不起诉，或者终止审理，或者宣告无罪：

第一，情节显著轻微，危害不大，不认为是犯罪的。第二，犯罪已过追诉时效的。第三，经特赦免除刑罚的。第四，依照刑法规定告诉才处理的犯罪，没有告诉或者撤回告诉的。第五，犯罪嫌疑人、被告人死亡的。第六，其他法律规定免予追究刑事责任的。

四、论述题

1. (1)未经人民法院判决不得确定有罪的原则是我国刑事诉讼法确立的一项基本原则。

该原则包含以下两点基本要求：第一，确定被告人有罪的权力由人民法院统一行使。定罪权是刑事审判权的核心，人民法院作为我国唯一的审判机关，代表国家统一行使刑事审判权。不论被告人事实上是否有罪，未经人民法院依法判决，在法律上不应确定他(她)是罪犯；第二，人民法院确定任何人有罪，必须依法判决。依法包括依照程序法和实体法的有关规定。未经依法审理，依据刑法作出判决，并正式宣判，人民法院也不得确定任何人有罪。

(2)该原则在刑事诉讼活动中具体体现为以下几个方面：第一，区分犯罪嫌疑人与刑事被告人。公诉案件在提起公诉前将被追究者称作犯罪嫌疑人，提起公诉后称为被告人。这表明受刑事追究者在整个诉讼过程中不是罪犯、人犯或有罪的人。由此，拥有当事人的资格和地位。第二，明确控诉方负举证责任。在法庭审判过程中，公诉人负责举证，被告人不负担提供证据证明自己无罪的责任和义务(当然，刑法上规定的特别的几种犯罪除外，如巨额财产来源不明罪的证明责任)，不能因为被告人不能证明自己无罪，便推定其有罪。第三，疑案做无罪处理。意思是，人民法院对被告人判决有罪都必须建立在事实清楚、证据确实充分的基础上。对于证据不足、处断难明的案件，明确应按无罪处理。该原则体现了无罪推定原则的基本精神。无罪推定原则是在废除中世纪纠问式诉讼制度的基础上形成并发展起来的一项刑事诉讼基本原则，它与罪刑法定原则共同构成了现代刑事法律制度的基础。无罪推定原则包含了三方面的含义：首先是指被告人的罪行须经依法证明才能确定；其次是指只有在法院通过合法正当的程序作出有罪判决之后，国家才能对被告人予以定罪；最后是指在未被法院判决有罪之前，被告人应被视为无罪的人，并应拥有为对抗国家追诉权所必备的程序保障。无罪推定原则与我国的未经人民法院判决不能确定被告人有罪的原则在内容上有所不同，即，我国立法坚持实事求是原则，在法院判决有罪之前被告人虽然在法律上无罪，但是涉嫌犯罪的人，与普通的公民应有所区别，因此与无罪推定原则中的被告人在有罪判决前推定为无罪的人的做法是不同的。

(3)我国刑事诉讼法确立被告人未经人民法院依法判决不得定罪的原则是我国刑事诉讼制度的重大发展，吸收了无罪推定原则的合理内核，体现了社会主义法治原则的精神。

2. 我国《刑事诉讼法》第7条规定："人民法院、人民检察院和公安机关进行刑事诉讼，应当分工负责，互相配合，互相制约，以保证准确有效地执行法律。"这是调整公检法三机关在刑事诉讼法中的相互关系的重要原则，其基本内容如下所述：

(1)分工负责，是指在刑事诉讼中人民法院、人民检察院和公安机关分别按照法律的规定行使职权，各负其责，各尽其职，不可混淆也不可替代。任何超越职权的诉讼行为都违反了该原则。具体体现在诉讼职能与职权的分工，还有案件管辖上的分工。

(2)互相配合，是指人民法院、人民检察院和公安机关进行刑事诉讼，应当在分工负责的基础上，相互支持，通力合作，使案件的处理能够上下衔接，协调一致，共同完成查明案件事实，追究惩罚犯罪的任务。相互配合具体体现在公安机关的立案侦查为检察院审查批准提起公诉做准备。人民检察院对公安机关提请逮捕而应逮捕的犯罪嫌疑人，要及时批捕。人民检察院需要通缉犯罪嫌疑人时，应通知公安机关执行，后者应积极配合。人民检察院的起诉为法院的审判做准备工作，人民法院对人民检察院的起诉，只要有明确指控的犯罪事实，并附有相关的证据材料，应及时开庭，而人民检察院应派员出庭支持公诉。

(3)互相制约，是指公检法三机关进行刑事诉讼，应当按照诉讼职能的分工和程序上的设置，互相制约，互相制衡，以防止发生错误或及时纠正错误，以保证准确执行法律，做到不枉不纵。

总之，分工负责、互相配合、互相制约是不可分割的一个整体，是我国司法的基本体制。一般认为三者是互相联系、相辅相成的，其中分工负责是基础。在分工负责的基础上，相互配合、互相制约是平等的两个方面。当然，还应注意，我国的司法制约与西方国家的司法制约是有所区别的。西方国家更注重审判机关对追究机关的单向制约，而我国的司法制约更倾向于双向性，且更突出检察机关的制约力量。

五、案例分析题

1. 本案应当运用我国刑事诉讼法中规定的侦查权、检察权、审判权由专门机关依法行使的原则来进行分析。

《刑事诉讼法》第3条第1款规定："对刑事案件的侦查、拘留、执行逮捕、预审，由公安机关负责。检察、批准逮捕、检察机关直接受理的案件的侦查、提起公诉，由人民检察院负责。审判由人民法院负责。除法律有特别的规定以外，其他任何机关、团体和个人都无权行使这些权利。"

这一原则一方面规定了公检法三机关在行使国家侦查权、检察权、审判权时的职责分工，另一方面也表明，侦查权、检察权和审判权只能由法律规定的机关行使，除公检法和法律特别规定的机关或部门以外的其他任何机关、团体和个人，都无权行使侦查权、检察权和审判权。

在本案中，李某某的行为已经构成了犯罪，按照法律规定，应当由公检法三机关分别进行侦查、起诉和审判。而本案却在村长的主持下进行了调解，这是严重违反国家法律规定的违法犯罪行为。村长作为公民个人无权行使应由法院行使的判决权。该村长的行为不但违反了刑法的规定，而且也破坏了刑事诉讼法中规定的侦查权、检察权、审判权由专门机关行使的原则。

2. 本案件当中的违法行为有以下几个方面：

第一，违反了侦查权、检察权由专门机关行使的原则。本案应该由公安机关进行侦查，由检察机关进行起诉，但是公安机关却将案件交给保卫科侦查并起诉，这是严重违反刑事诉讼法的规定的。

第二，违反了人民法院依法独立行使职权的原则。人民法院独立行使职权是刑事诉讼法的基本原则，其基本含义就是人民法院独立行使审判权，不受行政机关、社会团体和个人的干涉。而在本案中，县委书记却直接对案件的审理提出建议，干涉法院对案件的审理，而法院也最终听从了县委书记的建议，从而违反了人民法院依法独立行使职权的原则。

第三，违反了一切公民在法律适用上一律平等的原则。刑事诉讼法中的这一原则是我国宪法规定的中华人民共和国公民在法律面前一律平等原则在刑事诉讼中的具体体现。要求公安司法机关在进行刑事诉讼活动时，对一切公民的犯罪行为，不管其地位高低、家庭出身，都必须按照法律规定来处理，应当追究的必须追究。而本案人民法院以方某是厂长且对本县作出过贡献为由对其减轻处罚，是明显违反平等原则的。

第四章　回避

一、单项选择题

1. 解析：证人是知道案件事实的第三者，在诉讼中有不可替代的地位，不是回避的对象。

答案：B

2. 解析：适用回避的人员包括审判人员、检察人员、侦查人员、书记员、翻译人员、鉴定人员，参见《刑事诉讼法》第29条、第31条。

答案：A

3. 解析：参见《刑事诉讼法》第29条之规定。

答案:C

4. 解析:在我国刑事诉讼中,当事人对有关人员提出回避申请后,对侦查人员提出回避申请后,对侦查员的回避作出决定前,侦查人员不能停止对案件的侦查。

答案:A

5. 解析:翻译人员属于回避的人员适用范围,本案中乙是涉案的当事人之一,涉及刑事责任的分担,与刑事案件有直接的利害关系,所以不能由他做翻译。

答案:C

6. 解析:关于侦查人员、鉴定人、翻译人员的回避,在侦查阶段由侦查机关的负责人决定,在审查起诉阶段由检察长决定,在审判阶段由法院院长决定。在本案中,被告人是在审判阶段提出回避申请的,所以应该由法院院长决定。

答案:B

7. 解析:刑事诉讼法中明确规定,对于公安机关负责人的回避,由同级人民检察院检察委员会决定,所以选C,D项所说的公安委员会是根本不存在的。

答案:C

8. 解析:刑事诉讼法中的决定一般一经作出就发生效力,但是对于回避问题上有特殊性,《刑诉解释》第28条规定:"被决定回避的人员对决定有异议的,可以在恢复庭审前申请复议一次;被驳回回避申请的当事人及其法定代理人对决定有异议的可以当庭复议一次。"

答案:A

9. 解析:以审判人员接受请客送礼为理由申请回避的,应当由申请人提供证明材料,《刑诉解释》第27条对此问题有规定。回避既可以是口头的也可以是书面的;申请回避是当事人的一项权利,不必必须通过其代理人提出;当事人有申请回避的权利,却没有选择审判人员的权利。

答案:A

10. 解析:在刑事诉讼中,由于证人具有不可替代性,因此本案中只有李四不用回避。

答案:A

11. 解析:驳回回避是以决定的方式作出的,所以不存在上诉的问题。

答案:B

二、多项选择题

1. BD

2. 解析:通常来说,当事人的代理人提出回避申请,必须经过本人的同意,但是,本案所涉及的被告人是未成年人,所以,甲的父亲乙就有权单独决定是否申请回避。对于回避这一程序性事项,提出申请,当事人应当提供相应的证明材料。依据《刑事诉讼法》第30条的规定,审判人员、检察人员、侦查人员的回避,应当分别由院长、检察长、公安机关负责人决定。对于侦查人员的回避作出决定前,侦查人员不能停止对案件的侦查,参见《刑事诉讼法》第30条。

答案:BD

3. 解析:参见《刑事诉讼法》第30条与《六部委规定》第8条。

答案:ABC

4. 解析:参见《刑诉解释》第31条、第30条、第25条,《刑事诉讼法》第30条之规定。

答案:AD

5. 解析:我国不存在无因回避。

答案:ACD

6. BC

三、简答题

1. 刑事诉讼法中的回避,是指侦查人员、检察人员、审判人员以及书记员、翻译人员和鉴定人,因与案件的当事人有利害关系或者其他可能影响案件公正处理的关系,不得参与办理该案件或者参与该案的其他诉讼活动的一项诉讼制度。

实行回避的根本目的是保证客观公正地处理案件,防止先入为主或徇私舞弊。回避制度有重大意义:第一,有利于刑事案件得到客观公正的处理,这是回避制度的实体意义;第二,有利于当事人在刑事诉讼中受到公正的对待,这是回避制度的程序意义;第三,回避制度的实施及其所保障的程序公正价值,还可唤起社会公正对法律制度和法律实施过程的普遍尊重,从而有助于法治秩序的建立和维护。

2. 在我国刑事诉讼中适用回避的人员有六种人,即侦查人员,检察人员,审判人员以及在侦查、起诉、审判活动中的书记员,翻译人员和鉴定人。

(1)审判人员包括:负责审判本案的审判员、助理审判员和人民陪审员,人民法院院长,审判委员会成员。

(2)检察人员包括:负责本案审查批准逮捕或审查决定起诉工作的检察员、助理检察员,对本案有处理决定权的检察长,检察委员会成员。

(3)侦查人员包括:负责本案侦查工作的公安人员或检察人员,领导指挥侦查工作,对本案有处理决定权的公安机关负责人或检察长,讨论本案侦查工作的检察委员会成员。

(4)书记员:包括所有在侦查、起诉、审判阶段中担任记录工作的书记员。

(5)翻译人员:包括所有在侦查、起诉、审判阶段中担任翻译的人员。

(6)鉴定人:包括所有对本案有关专门问题承担鉴定工作,并且提出鉴定结论的人员。

3. 在诉讼法学理论上,回避可依据不同的标准有多种分类方法。根据我国刑事诉讼法的规定,将回避分为以下几种:

(1)自行回避,这是指审判人员、检察人员、侦查人员等在诉讼过程中遇有法定回避情形时,自行主动地要求退出刑事诉讼活动的制度。

(2)申请回避,是指案件当事人及其法定代理人认为审判人员、检察人员、侦查人员等具有法定回避情形,而向他们所在的机关提出申请,要求他们回避的一种制度。

(3)指令回避,是指审判人员、检察人员、侦查人员遇有法定的回避情形而没有回避,当事人及其法定代理人也没有提出申请回避,法院、检察院、公安机关等有关机关的有权人员或组织有权作出决定,令其退出诉讼活动的一种制度。

四、论述题

回避的适用情形包括以下几个方面:

(1)是本案的当事人或者是当事人的近亲属的。本案的当事人,是指本案的被害人、自诉人、犯罪嫌疑人、被告人、附带民事诉讼的原告人和被告人;所谓近亲属,根据《刑事诉讼法》第82条的规定,是指夫妻、父母、子女、同胞兄弟姐妹。而根据最高人民法院《关于贯彻执行民法通则若干问题的意见》第12条的规定,近亲属的范围还包括祖父母、外祖父母、孙子女、外孙子女。但是根据最高人民法院《关于审判人员严格执行回避制度的若干规定》第1条第1款的规定,审判人员是本案的当事人或者与当事人有直系血亲三代以内旁系血亲及姻亲关系的,都应自行回避或被要求回避,显然,这样的规定是合适的,因为由具有本款规定情形的人员与案件的处理结果有直接或间接的利害关系，让他们担任本案的侦查人员、检察人员、审判人员，容易造成审判的不公，即便他们公正地处理了案件，也会给人们留下怀疑的借口。

(2)本人或者其近亲属与本案有利害关系的。办案人员或某些诉讼参与人虽然不是本案的当事人或者当事人的近亲属，但是他们或其近亲属仍有可能与本案有利害关系。

(3)担任过本案的证人、鉴定人、辩护人、诉讼代理人的。这是因为证人具有不可替代性，办案人员事前如已经了解了案情，就只能当作证人。另外，在同一案件中，既作证人、鉴定人、辩护人、诉讼代理人，又作审判人员、检察人员、侦查人员，就容易先入为主，主观臆断，不利于案件的公正处理。

(4)与本案当事人有其他关系，可能影响公正处理案件的。这是一项原则性授权规定，必须围绕回避的立法宗旨，紧紧把握有可能影响公正处理案件这一限定条件。

(5)审判人员、检察人员、侦查人员等接受当事人及其委托的人的请客送礼，违反规定会见当事人及其委托的人的。这是因为侦查人员、检察人员、审判人员享有法律赋予的一定权力，一旦发生了请客送礼的情形，侦查人员、审判人员、检察人员就与当事人之间建立了某种经济上或者其他方面的关系，这样就容易影响案件的公正审理。

(6)审判人员曾经作为裁判者主持或参与对某一案件的审判活动，而该案件后又被同一人民法院重新审判，该审判人员遇有这种情形，应当回避。这是因为，参加过本案原审的审判人员对案件的事实与证据有着先入为主的预断，这时再由他们参与或主持对该案的重审，就难以保证审判的公正性。

五、案例分析题

在本案中李某在回避申请中提出的理由并不必然导致书记员刘某的回避。因为，根据我国《刑事诉讼法》关于回避理由的规定，刘某与被害人王某互相认识的这种情形，只能归入《刑事诉讼法》第 28 条第 4 款的范围，即与本案当事人有其他关系，可能影响公正处理案件的。但是，单纯具有这种关系不能成为应当回避的理由，只有在具有互相认识可能影响案件公正处理的情况，才成为回避的理由，当然，是否可能影响案件的公正处理，要从案件的具体情况来看。

在本案中，合议庭对李某的回避申请作出的处理是错误的。我国《刑事诉讼法》第 30 条第 1 款规定："审判人员、检察人员、侦查人员的回避，应当分别由院长、检察长、公安机关负责人决定；院长的回避，由本院审判委员会决定；检察长和公安机关负责人的回避，由同级人民检察委员会决定。"另外，根据《刑事诉讼法》第 31 条的规定："书记员、翻译人员和鉴定人的回避，在侦查阶段应当由公安机关负责人或者检察长（检察机关立案侦查的案件）决定；在提起公诉阶段，由检察长决定；在审判阶段由人民法院院长决定。"在审判阶段，审判长和合议庭无权决定书记员、翻译人员和鉴定人的回避问题，这一点是刑事诉讼在回避问题上同民事诉讼不同的一个地方。因此在本案中，合议庭对被告人提出的回避申请，未提交本院院长决定，便直接驳回回避申请的做法是错误的。

第五章 管辖

一、单项选择题

1. 解析：根据我国刑事诉讼法的规定，对于国家工作人员利用职权实施的重大犯罪案件，需要由人民检察院直接受理的时候，经省级以上人民检察院决定，可以由人民检察院立案侦查。参见《刑事诉讼法》第 18 条第 2 款之规定。

答案：C

2. 解析:对于被害人有证据证明的轻微刑事案件并非只能由人民法院直接受理,如被害人向公安机关控告,公安机关应当受理。这也说明了这类案件与告诉才处理的案件有所不同。如果被害人直接向人民法院起诉的,人民法院应当依法受理,对于其中证据不足,可以由公安机关受理的,应当移送公安机关立案侦查,人民法院认为对被告人可能判处 3 年有期徒刑以上刑罚的,应当移送公安机关立案侦查,参见《六部委规定》第 4 条和《刑事诉讼法》第 1 条之规定。

答案:C

3. 解析:参见《刑诉解释》第 1 条第 1 款和《刑法》第 260 条第 2 款之规定。

答案:A

4. 解析:参见《刑诉解释》第 4 条之规定。

答案:B

5. 解析:中级人民法院管辖的案件还可以是外国人犯罪的案件或反革命案件、危害国家安全案件,参见《刑事诉讼法》第 19 条、第 20 条、第 21 条、第 22 条之规定。

答案:A

6. 解析:该案件不属于国家工作人员的渎职犯罪,应当由公安机关立案侦查,所以应当选 C。

答案:C

7. 解析:我国《刑事诉讼法》第 18 条规定,自诉案件由人民法院直接受理。第 170 条规定,自诉案件包括:告诉才处理的案件;被害人有证据证明的轻微刑事案件;被害人有证据证明对被告人侵犯自己人身财产的行为应当依法追究刑事责任,而公安机关或人民检察院不予以追究被告人刑事责任的案件。而过失致人死亡案件不属于自诉案件,不应当由人民法院直接受理。

答案:B

8. 解析:故意伤害致人轻伤的案件属于自诉案件,被害人可以到人民法院提起自诉,人民法院应当直接受理此自诉案件。

答案:B

9. 解析:本题考察了审判管辖的级别管辖问题。此处应当注意,外国人犯罪的案件应当由中级人民法院审判。

答案:B

10. 解析:参见《刑诉解释》第 15 条之规定。根据我国现行刑事诉讼法的规定,案件管辖权不能下移,因此本题应当选 A。

答案:A

11. 解析:《刑事诉讼法》第 25 条有规定。

答案:C

二、多项选择题

1. 解析:参见《刑事诉讼法》第 20 条和《刑诉解释》第 7 条之规定。

答案:ABCD

2. ABCD

3. 解析:国家机关工作人员利用职权实施的其他重大的犯罪案件,人民检察院如需要直接立案侦查,必须经过省级人民检察院批准才可以,因此 D 项表述不准确,参见《刑事诉讼法》第

18 条第 2 款。

答案:ABC

4. 解析:对于正在服刑而在服刑期间又犯新罪的罪犯,由服刑地的人民法院管辖,参见《刑诉解释》第 14 条第 2 款。

答案:ABD

5. 解析:军事法院管辖的一般都是现役军人在服役期间犯罪的案件,而且该犯罪还应当是在服役期间被发现。

答案:ABCD

6. 解析:《六部委规定》第 6 条规定:"公安机关刑事侦查案件涉及人民检察院的贪污贿赂案件时,应当将贪污贿赂案件移送人民检察院;人民检察院侦查贪污贿赂案件时涉及公安机关管辖的刑事案件,应当将属于公安机关管辖的案件移送公安机关。在上述情况下,如果涉嫌主罪属于公安机关管辖,由公安机关为主侦查,人民检察院配合;如果涉嫌主罪属于人民检察院管辖,由人民检察院为主侦查,公安机关配合。"

答案:BD

7. 解析:根据《刑诉解释》第 6 条的规定:"单位犯罪的刑事案件,由犯罪地的人民法院管辖,如果由被告单位住所地的人民法院管辖更为合适的,可以由被告单位住所地的人民法院管辖。"另外,在一些情况下,管辖权可以上移,因此 D 项也是正确的。

答案:ACD

8. AB

9. 解析:暴力干涉婚姻自由案件属于告诉才处理的案件,不属于公安机关的管辖范围,参见《刑诉解释》第 1 条、《六部委规定》第 4 条第 3 款和第 2 条之规定。

答案:ABD

10. 解析:参见《刑诉解释》第 11 条之规定。

答案:BC

三、简答题

1. 我国刑事诉讼中的管辖,是指公安机关、人民检察院、人民法院在刑事案件受理范围上的分工以及人民法院系统内审判第一审刑事案件的分工制度。

根据我国刑事诉讼法的规定,在理论上可以将我国刑事诉讼管辖分为立案管辖和审判管辖。立案管辖是指公安机关、人民检察院、人民法院三机关在立案受理刑事案件上的分工;后者是指人民法院系统内部在审判第一审案件上的分工。审判管辖又分为普通管辖和专门管辖,普通管辖进一步分为级别管辖、地区管辖和指定管辖。

2. 根据我国刑事诉讼法及有关的司法解释,人民检察院立案侦查的案件有以下几种:

(1)贪污贿赂犯罪案件,主要是指刑法分则第八章规定的贪污贿赂罪和其他章节中明确规定按照刑法分则第八章贪污贿赂罪的规定定罪处罚的犯罪。

(2)国家工作人员的渎职犯罪案件,即刑法分则第九章规定的犯罪案件。

(3)国家机关工作人员利用职权实施的侵犯公民人身权利和民主权利的犯罪案件,包括非法拘禁案、非法搜查案、刑讯逼供案、暴力取证案、体罚虐待被监管人员案、报复陷害案、破坏选举案。

(4)其他由人民检察院直接受理的案件。此类由人民检察院直接受理的案件,必须符合下列条件:第一,必须是国家工作人员利用职权实施的;第二,属于上述三类案件以外的其他案件；第三，需要由人民检察院直接侦查；第四，经省级人民检察院决定。

3. 地区管辖的一般原则是刑事案件应当由犯罪地的人民法院审判，如果由被告人居住地人民法院审判更为适宜的话，也可以由被告人居住地人民法院审判。

地区管辖如果发生争议，可以按照以下方法解决：(1)优先管辖，即几个同级人民法院都有权管辖的案件，由最先受理的人民法院审判；(2)移送管辖，即最先受理的人民法院在必要的时候也可以将案件移送到主要犯罪地的人民法院审判；(3)指定管辖，即由发生管辖争议的法院的共同上级法院指定其中一个法院审判，或者指定下级人民法院将案件移送到其他人民法院审判。

4. 专门管辖是指专门人民法院与普通人民法院之间，各种专门人民法院之间以及各专门人民法院系统内部在第一审刑事案件受理范围上的分工。解决的是哪些案件由专门人民法院审判的问题。根据我国的有关法律规定，具有刑事管辖权的专门法院有军事法院和铁路运输法院。

(1)军事法院管辖的案件有：违反军人职责案件及现役军人、在军队编制内服务的无军职的人员、普通公民危害与破坏国防军事的犯罪案件。对于军队与地方互涉案件，原则上实行分别管辖的制度，但是涉及国家军事秘密的，全案由军事法院管辖。

(2)铁路运输法院管辖的案件主要是铁路系统公安机关负责侦破的刑事案件，包括危害和破坏铁路运输和生产的案件、破坏铁路交通设施的案件、在火车上发生的犯罪案件以及违反铁路运输法规制度造成重大事故或严重后果的案件。铁路运输法院与地方人民法院因管辖不明发生争议的，一般由地方人民法院管辖。

四、论述题

1. 所谓自诉案件，又称作人民法院直接受理的刑事案件，是指被害人本人及其法定代理人、近亲属，为追究被告人的刑事责任而直接向人民法院提出诉讼的案件。具体包括以下几类案件：

(1)告诉才处理的案件。告诉才处理的案件，是指被害人及其法定代理人提出控告和起诉，人民法院才予以受理的案件。如果被害人及其法定代理人没有告诉或者告诉后又撤回告诉的，人民法院就不予以追究。被害人不起诉必须是他(她)本人的真实意思，如果是因受到强制恐吓而无法告诉的，人民检察院或者被告人的近亲属也可以告诉。我国刑法规定的告诉才处理的案件有侮辱诽谤案件、暴力干涉婚姻自由案件、虐待案件、侵占案件。

(2)被害人有证据证明的轻微刑事案件。这类自诉案件必须符合两个条件：第一，必须是轻微的刑事案件。轻微是指罪质轻微和情节轻微。第二，被害人必须有相应的证据证明被告人有罪。被害人在追诉时处于原告地位，应负举证责任，提出证据证明其诉讼主张。这类案件包括：故意伤害案(轻伤)，重婚案，遗弃案，妨害通信自由案，非法侵入他人住宅案，生产销售伪劣产品案(严重危害国家利益和社会秩序的除外)，以及刑法分则第 4 章、第 5 章规定的，对被告人可能判处 3 年有期徒刑以下刑罚的其他轻微刑事案件。

(3)被害人有证据证明对被告人侵犯自己人身财产的行为应当依法追究刑事责任，而公安机关或者人民检察院不予追究被告人刑事责任的案件。这类案件从性质上说属于公诉案件范围，之所以成为自诉案件，必须具备三个条件：一是被害人有证据证明；二是被告人侵犯了自己的人身财产权利，应当追究被告人刑事责任；三是公安机关或者人民检察院不予追究，并已经作出书面决定。上述由被害人起诉的案件，由人民法院直接受理。有无证据证明、是否属于不需要侦查的轻微刑事案件，应由人民法院根据立案标准予以确认，并可以进行调解。

2. 级别管辖是指各级人民法院审判第一审刑事案件的职权范围。级别管辖所解决的是各级人民法院之间在审判第一审刑事案件上的权限分工问题。

我国刑事诉讼法划分级别管辖的主要依据是:案件的性质,罪行的轻重程度和可能判处的刑罚,案件涉及面和社会影响的大小,以及各级人民法院在审判体系中的地位、职责和条件等。根据我国刑事诉讼法以及有关的司法解释,各级人民法院在行使第一审管辖权的时候应当遵守以下规定:

(1)基层人民法院管辖的第一审刑事案件。基层人民法院管辖第一审普通刑事案件,但是依照法律规定由上级人民法院管辖的除外。

(2)中级人民法院管辖的第一审刑事案件。中级人民法院管辖的第一审刑事案件包括反革命案件和危害国家安全案件,主要是指刑法分则第一章所列罪名;可能判处无期徒刑或死刑的普通刑事案件,这是以可能判处的刑罚的轻重为标准进行的界定;外国人犯罪的刑事案件,这里的外国人包括具有外国国籍的人、无国籍人和不明国籍的人。

(3)高级人民法院管辖的第一审刑事案件。高级人民法院管辖的第一审刑事案件是全省性的重大刑事案件。高级人民法院管辖的第一审刑事案件,应符合两个条件:一是全省性的案件,二是重大刑事案件。

(4)最高人民法院管辖的第一审刑事案件。最高人民法院管辖的第一审刑事案件,是全国性的重大刑事案件。

(5)上级人民法院在必要的时候可以审判下级人民法院管辖的第一审刑事案件;下级人民法院认为案情重大、复杂,需要由上级人民法院审判的第一审刑事案件,可以请求移送上级人民法院审判。

(6)人民检察院认为可能判处无期徒刑或死刑而向中级人民法院提起公诉的普通刑事案件,中级人民法院受理后,认为不需要判处无期徒刑以上刑罚的,可以依法审理,不再交基层人民法院审理。

(7)一人犯数罪、共同犯罪和其他需要并案审理的案件,只要其中一人或者一罪属于上级人民法院管辖的,全案由上级人民法院管辖。

(8)基层人民法院对已经受理的公诉案件,认为可能判处死刑或无期徒刑的,应当请求移送中级人民法院。

五、案例分析题

1. 从级别管辖上看,兰某犯有盗窃抢劫罪,可能被判处无期徒刑以上刑罚,根据我国刑事诉讼法关于级别管辖的规定,应当由中级人民法院管辖。从地区管辖上看,我国刑事诉讼法规定以犯罪地管辖为原则,而犯罪地在数个法院管辖区域内的,由最初受理的法院审判。在必要的时候,可以移送主要犯罪地的人民法院审判。本案中,兰某的案件最先由宁波市公安机关立案,且抢劫罪是主罪,因此应当由宁波市中级人民法院管辖。

2. (1)本案的管辖存在很多违法之处。首先,本案由人民检察院立案侦查是错误的,我国《刑事诉讼法》第18条规定:"贪污贿赂犯罪,国家工作人员的渎职犯罪,国家机关工作人员利用职权实施的非法拘禁、刑讯逼供、报复陷害、非法搜查等侵犯公民人身权利的犯罪以及侵犯公民民主权利的犯罪,由人民检察院立案侦查。对于工作人员利用职权实施的其他重大的犯罪案件需要由人民检察院立案侦查的时候,经省级以上人民检察院决定,可以由人民检察院立案侦查。"因此,本案不应当由检察院立案侦查,而应由公安机关立案侦查。其次,本案应当由北京市中级人民法院进行审判,按照我国刑事诉讼法的规定,对于外国人犯罪的案件由中级人民法院审判，基层人民法院无权受理，而赵某是英国人，因此不应当由某区人民法院受理。

(2)不必再将案件交区人民法院审理。《刑诉解释》第 4 条规定："人民检察院认为可能判处无期徒刑、死刑而向中级人民法院提起公诉的普通刑事案件，中级人民法院受理后，认为不需要判处无期徒刑以上刑罚的，可以依法审理，不再交基层人民法院审理。"对于这类案件已经到了中级人民法院，如果再将其退回到基层人民法院，则是一种法律资源的浪费，因此，由中级人民法院审理而不退回才是符合刑事诉讼法的基本理论的。

第六章　辩护与代理

一、单项选择题

1. 解析：我国《刑事诉讼法》第 40 条规定："公诉案件的被害人及其法定代理人或者近亲属，附带民事诉讼的当事人及其法定代理人，自案件移送审查起诉之日起，有权委托诉讼代理人。自诉案件的自诉人及其法定代理人，附带民事诉讼代理人及其法定代理人，有权随时委托诉讼代理人。"

答案：C

2. 解析：本题考察指定辩护的相关问题。《刑诉解释》第 36 条规定："被告人没有委托辩护人而具有下列情形之一的，人民法院应当为其指定辩护人：(一)盲、聋、哑人或者限制行为能力的人；(二)开庭审理时不满十八周岁的未成年人；(三)可能被判处死刑的人。"《刑诉解释》第 38 条规定，被告人具有本解释第 36 条规定情形之一，拒绝人民法院指定的辩护人为其辩护有正当理由的，人民法院应当准许，但被告人需另行委托辩护人，或者人民法院应当为其另行指定辩护人。本案中的被告人是未成年人，属于法律规定的情形之一，因此其拒绝辩护人为他辩护时，人民法院应当先审查理由，而且在准许后，还应当要求被告人另行委托辩护人，或者另行为其指定辩护人。

答案：B

3. 解析：理由同上述第 2 题。

答案：D

4. 解析：根据我国《刑事诉讼法》第 36 条、《六部委规定》第 12 条之规定，辩护律师有权同在押的被告人会见和通信，并且不论案件是否涉及国家秘密，都不需要经过审判机关的批准，人民法院也不派员在场。因此 A 错，B 对。根据刑诉解释第 35 条的规定，在共同犯罪的案件中，一名辩护人不得为两名以上的同案被告人辩护，因此 C 项错误。根据刑事诉讼法第 37 条第 2 款的规定，辩护律师经人民法院许可，并且经被害人或者其近亲属提供的证人同意，可以向他们收集与本案有关的材料。因此 D 项不正确。

答案：B

5. 解析：根据我国刑事诉讼法第 96 条之规定，涉及国家秘密的案件，律师会见犯罪嫌疑人需要经过侦查机关的批准，本案件属于涉及国家机密的案件，所以 D 项正确。其他几项是所有案件中都会要求的，没有特别之处。

答案：D

6. 解析：律师调查证人取证，只需要取得证人本人的同意即可，不需要经过其他个人或者机关的同意，参见《刑事诉讼法》第 37 条之规定。

答案：C

7. 解析：犯罪嫌疑人可以委托一至两人作为辩护人，参见《刑事诉讼法》第 32 条之规定。

答案:B

8. 解析:辩护权是刑事诉讼过程中犯罪嫌疑人、被告人享有的一项重要的权利,不论处于刑事诉讼的何种阶段,都可以自行辩护,因此A项是正确的,对于B、C项可以参见《刑诉解释》第39条之规定,D项可以参见《刑诉解释》第37条之规定。

答案:C

9. 解析:公诉案件的被害人及其法定代理人或者近亲属,自诉案件的自诉人及其法定代理人或者近亲属,在符合法定条件下都可以委托诉讼代理人,因此说刑事诉讼代理是针对自诉案件而设立的制度是不正确的。

答案:A

10. 解析:根据《刑事诉讼法》第96条第1款的规定:"犯罪嫌疑人在被侦查机关第一次讯问后或者采取强制措施之日起,可以聘请律师为其提供法律咨询,代理申诉、控告。如犯罪嫌疑人被逮捕,其聘请的律师可以为其申请取保候审。涉及国家秘密的案件,犯罪嫌疑人聘请律师,应当经侦查机关批准。"

答案:B

二、多项选择题

1. 解析:参见《刑事诉讼法》第32条。

答案:ABC

2. 解析:参见《六部委规定》第11条之规定。

答案:ABC

3. 解析:D项是属于可以为被告人指定辩护人的情形,因此D项错误,参见《刑诉解释》第36条和第37条之规定。

答案:ABC

4. 解析:本题考察辩护律师和其他辩护人在诉讼权利上的区别。所有的辩护人都有权利进行独立辩护,因此A项正确。根据《刑事诉讼法》第36条和第37条的规定,B、D项都不正确。

答案:AC

5. 解析:参见《刑事诉讼法》第33条、《人民检察院刑事诉讼规则》第316条、《法官法》第17条、《检察官法》第20条和《律师法》第36条。

答案:CD

6. 解析:参见《六部委规定》第11条、第20条,《刑事诉讼法》第75条、第96条之规定。

答案:ABCD

7. 解析:A项表述不准确,应该为查阅、摘抄、复制本案件的诉讼文书和技术性鉴定材料,参见《刑事诉讼法》第36条之规定。

答案:BCD

8. 解析:根据我国《刑事诉讼法》第32条和《刑诉解释》第33条之规定,被宣告缓刑和刑罚尚未执行完毕的人,不得被委托为辩护人,因此甲丁不可以成为辩护人,而乙丙是侯某的亲友且未被限制人身自由,是可以成为辩护人的。

答案:BC

9. 解析:参见《刑诉解释》第45条、第46条之规定。

答案:ACD

10. 解析：本题考察了辩护人责任，在这里我们应该理解所谓维护犯罪嫌疑人、被告人的合法权益，并不是犯罪嫌疑人、被告人的所有权益，更不是非法利益。

答案：CD

11. ABCD

12. ABCD

13. 解析：代某与刘某都已成人，委托代理人应当由他们自己进行，不存在法定代理人。因此仅仅 A、C 项正确。

答案：AC

14. 解析：本题考察的是律师的调查取证权，我国《刑事诉讼法》第 37 条规定："辩护律师经证人或者其他有关单位和个人同意，可以向他们收集与本案有关的材料，也可以申请人民检察院、人民法院收集调取证据，或者申请人民法院通知证人出庭作证。辩护律师经人民检察院或者人民法院许可，并且经被害人或者其近亲属提供的证人的同意，可以向他们收集与本案有关的材料。"《刑诉解释》第 43 条规定："辩护律师申请向被害人及其近亲属提供的证人收集与本案有关的材料，人民法院认为确有必要的，应当准许，并签发准许调查书。"第 44 条规定："辩护律师向证人或者其他有关单位和个人收集、调取与本案有关的材料，因证人有关单位和个人不同意，申请人民法院收集、调取，人民法院认为有必要的，应当同意。"另外，我们需要注意的是律师所拥有的调查取证权是其他辩护人不具有的。

答案：AC

三、简答题

1. 辩护是指犯罪嫌疑人、被告人及其辩护人针对刑事指控进行反驳解释，以消除或者降低刑事指控，维护犯罪嫌疑人、被告人的权益而进行的诉讼活动。其特征有如下几个方面：

第一，刑事诉讼的辩护是针对刑事指控进行的。这是刑事诉讼辩护区别于日常生活的辩护活动的关键所在。

第二，刑事辩护的主体是犯罪嫌疑人、被告人及其辩护人，其中犯罪嫌疑人、被告人是辩护的固有主体，辩护人是辅助主体。

第三，辩护方式是针对刑事指控进行反驳解释，其具体的手段是根据事实和法律，提出证明犯罪嫌疑人、被告人无罪、罪轻或者应当对犯罪嫌疑人、被告人从轻、减轻或者免除处罚的材料和意见。

第四，辩护活动是诉讼活动，是在刑事诉讼过程中进行的行为。

2. 刑事诉讼代理也称为刑事代理，是指在刑事诉讼中，律师或者法律许可的其他人，经有委托代理权的主体委托并授权后，以当事人诉讼代理人的身份参加刑事诉讼，代理当事人行使诉讼权利、实施诉讼行为，以维护当事人（被代理人）合法权益而进行的诉讼活动。作为刑事诉讼活动的组成部分，刑事诉讼代理是一种特殊的代理，具有以下特征：

第一，刑事诉讼代理是诉讼代理，因此一般不存在处理实体权利的代理活动，特别是在公诉案件的代理中。

第二，刑事诉讼的代理是委托代理，它存在的前提是当事人有委托代理权。

第三，刑事诉讼代理一般是代为行使控诉职能。

3. 刑事诉讼代理与刑事诉讼辩护虽然都是刑事诉讼法律的一种协助活动，都具有帮助当事人行使诉讼权利、维护委托人合法权益的功能，但是由于法律对辩护与代理的调整的情形不一致，决定了辩护与代理是两种不同职能的法律协助。

首先，辩护的职能具有单向性，即是针对指控进行反驳解释以降低或者消除行使指控的效果，而刑事诉讼代理，一般而言是履行控诉职能，但并不以控诉职能为限。

其次，辩护在体现犯罪嫌疑人、被告人的意志的同时，也注意对实体公正和程序公正的追求。而代理则更充分体现当事人的意志，诉讼代理人的具体代理权限由当事人与代理人协商，司法机关也不存在为当事人指定诉讼代理人的要求。

再次，协助犯罪嫌疑人、被告人辩护的辩护人具有独立的诉讼地位，可以不受犯罪嫌疑人、被告人的意志的约束，为犯罪嫌疑人、被告人独立地进行辩护，维护犯罪嫌疑人、被告人的合法权益。而代理当事人进行刑事诉讼的诉讼代理人却没有独立的诉讼地位，其进行刑事诉讼活动受到委托人的意志的约束。

最后，由于辩护是构成刑事诉讼的必要职能，因此辩护人协助辩护也是现代形式诉讼的主要功能，一些国际司法准则甚至将辩护人的辩护视为刑事诉讼进行的必要要素，而代理并不是刑事诉讼的必要职能。

4. 我国刑事诉讼中指定辩护必须具备以下条件：

(1)指定辩护必须以被告人没有委托辩护人为前提，如果被告人已经委托辩护人，则在任何情况下，均不存在指定辩护的问题。

(2)被告人必须存在法定的特殊情形，根据法律规定只有在以下特殊情形下，人民法院才应当为被告人指定辩护人：被告人是聋、盲、哑或者限制行为能力人，或者被告人可能被判处死刑。

(3)指定辩护的时间，只能在审判阶段，且由人民法院为其指定。

(4)指定辩护的对象，只能是承担法律援助义务的律师，其他人不能被人民法院指定担任辩护人。

四、论述题

1. 辩护人的诉讼地位可以概括为：辩护人是犯罪嫌疑人、被告人合法权益的专门维护者。辩护人的这一诉讼地位包括两个不可分割的方面。一方面，辩护人在刑事诉讼中维护的是犯罪嫌疑人、被告人的合法权益，而非非法权益。因此辩护人只能依据法律和事实为犯罪嫌疑人、被告人辩护，而不能为其当事人谋求非法利益，更不能帮助、教唆、引诱犯罪嫌疑人、被告人证人作伪证或者进行其他妨害司法的行为。另一方面，辩护人在刑事诉讼中的唯一职能就是辩护，虽然司法机关也具有维护犯罪嫌疑人、被告人合法权益的职责，但是只是在履行其他诉讼职能的过程中，兼顾犯罪嫌疑人、被告人的合法权益，只有辩护人才是犯罪嫌疑人、被告人合法权益的专门维护者。所以，辩护人在刑事诉讼中，绝对不能充当第二控诉人，去检举揭发犯罪嫌疑人、被告人已经实施的犯罪行为，即使这种行为并没有被司法机关所掌握。辩护人的诉讼地位有以下特点：

第一，辩护人不是基于法律的直接规定而参加刑事诉讼，而是基于委托或者指定而参加的。辩护人参加诉讼的基础是犯罪嫌疑人、被告人的辩护权，是犯罪嫌疑人、被告人行使辩护权的体现。

第二，辩护人是专门维护犯罪嫌疑人、被告人合法权益的诉讼参与人。这一特点是辩护制度确立的目的所决定的，是辩护人参与刑事诉讼的前提与基础所决定的，也是辩护人区别于其他参与诉讼的人的标志所在。从我国的刑事诉讼构造而言，侦查机关、公诉机关、审判机关及其工作人员都有维护犯罪嫌疑人、被告人合法权益的职责，但是他们所承担的职能并不是辩护职能，参与刑事诉讼的目的也不是如此。

第三，辩护人是独立的诉讼参与人。辩护人诉讼地位的独立性表现在三个层次：(1)辩护人是独立于犯罪嫌疑人、被告人以外的诉讼参与人；(2)辩护人是独立于公安机关、司法机关及其工作人员之外的；(3)辩护人是独立于犯罪嫌疑人、被告人的。虽然辩护人参加刑事诉讼是基于犯罪嫌疑人、被告人的辩护权，但因为辩护人的职责是法律规定的，而不是犯罪嫌疑人、被告人与辩护人约定的，因此，辩护人是独立于犯罪嫌疑人、被告人的，辩护人在进行辩护时不受犯罪嫌疑人、被告人的意志约束。

要正确理解辩护人的诉讼地位，还必须明确以下几个方面的问题：第一，辩护人与控诉是一对相对应的诉讼职能，这就决定了辩护人与公诉人的关系是对立统一关系；第二，辩护人与犯罪嫌疑人、被告人的关系不同于诉讼代理人和当事人的关系；第三，辩护人和审判人员的关系在本质上是一种协作关系。

2. 辩护人特别是辩护律师在进行辩护活动，履行辩护职责过程中，具有以下权利：

(1)独立进行辩护权。根据刑事诉讼法及其律师法的有关规定，辩护律师依法履行辩护职责，其人身权利和诉讼权利不受侵犯。辩护律师可以根据事实和法律，独立地为犯罪嫌疑人、被告人辩护，不受犯罪嫌疑人、被告人以及公安司法机关的意志的约束，也不受其他单位或者个人的非法干涉。

(2)会见通信权。会见通信权是指辩护人有权与在押的犯罪嫌疑人、被告人会见通信。当然，在侦查阶段律师会见在押的犯罪嫌疑人时，侦查机关可以派员在场。但在审查起诉及审判阶段，法律没有规定公诉机关及审判机关可以派员在场，因此，应当理解为辩护律师会见在押犯罪嫌疑人、被告人时，公诉机关及审判机关无权派员在场。

(3)阅卷权。阅卷权是指辩护人查阅、摘抄、复制刑事诉讼案件诉讼书面材料的权利。辩护律师自人民检察院对案件审查起诉之日起，可以查阅、摘抄、复制本案的诉讼文书、技术性鉴定材料；自人民法院受理案件之日起，可以查阅、摘抄、复制本案所指控的犯罪事实的材料。

(4)调查权。调查权是指辩护人在刑事诉讼过程中，可以向有关单位或者个人调查收集证据。辩护律师经证人或者其他有关单位和个人的同意，可以向他们收集与本案有关的材料，也可以申请人民检察院、人民法院调查收集证据，或者申请人民法院通知证人出庭作证。辩护律师经人民检察院或者人民法院许可，并且经被害人或者其近亲属提供的证人的同意，可以向他们收集与本案有关的材料。

(5)提出意见权。提出意见权是指辩护人在审查起诉阶段，可以向检察机关提出犯罪嫌疑人无罪、罪轻或者具备减轻免除处罚的情节的意见。

(6)出庭辩护权。该权利是指辩护人有权出席人民法院的法庭审理，参加法庭调查法庭辩论，针对公诉机关或者自诉人对被告人的刑事指控在证据上、事实上、法律上进行反驳，并且提出有利于被告人的证据上、法律上、事实上的意见和材料。

(7)准上诉权。这是指辩护人征得被告人同意的上诉权，因该上诉权是以被告人同意为前提的，是不完整的上诉权，所以称之为准上诉权。

(8)拒绝辩护权。这是指辩护人在出现法律规定的事由导致辩护人无法继续合法履行辩护职责时，辩护人可以拒绝辩护。

(9)要求解除或变更强制措施权。辩护人可以向公安司法机关提出解除或者变更对犯罪嫌疑人、被告人所采取的强制措施的要求或者请求。

(10)控告权。控告权是辩护人对于侵犯自己人身权利及其诉讼权利的行为，有权向有关部门提出控告，请求消除侵犯、恢复权利的一种权利。

五、案例分析题

本题考察了代理制度以及诉讼文书的写作。

(1)对于赵某的问题可以回答如下：

第一，本案件属于自诉案件中的一种，因此赵某可以提起刑事自诉，由人民法院直接受理案件。

第二，治伤的费用，可通过提起附带民事诉讼解决。

第三，可以不告王某。刑事自诉案件的自诉人有权决定是否起诉。

(2)刑事自诉状

自诉人：赵某，男，25岁，汉族，籍贯××，住址××市A区××路××号。

被告人：陈某，男，24岁，汉族，籍贯××，住址××市××区××路××号。

案由：指控被告人陈某犯有故意伤害罪。

诉讼请求：

①追究被告人陈某故意伤害罪的刑事责任。

②要求被告人陈某赔偿犯罪行为所造成的损失：

a.赔偿医药费3000元(可以扣除未被起诉的另一行为人王某已经给付的1000元治伤费)；

b.治伤花去的交通费300元。

事实与理由：

2000年12月12日上午12时，行为人王某(因事后态度较好，已经预付治伤费1000元，并已经赔礼道歉，自诉人放弃对其追究刑事责任)因前一天与李某发生债务纠纷，而带领被告人陈某和另一行为人何某(已经死亡)到我与李某合开的饭馆找李某报仇。因李某不在饭馆，王某便打摔饭馆的酒瓶。本自诉人见状上前劝阻。王某不听，反而指使陈某和何某殴打自诉人，致使自诉人受伤，经司法鉴定为轻伤。被告人陈某殴打自诉人的事实，有饭店帮工钱某、胡某和在饭馆就餐的孙某的证言。伤害程度有司法鉴定和就诊医院的诊断证明为证。

根据上诉证据和事实，被告人陈某听从别人指使，故意殴打本自诉人，给本自诉人的身心健康造成了极大的伤害，已经触犯了《刑法》第234条第1款之规定，应当追究刑事责任。根据《刑事诉讼法》第77条之规定，自诉人提起附带民事诉讼，要求法院判决被告人陈某赔偿上列物质损失。

此致

××市A区人民法院

自诉人：赵某
2000年12月30日

附：

1.证据和证据来源

(1)证人钱某，住×市A区××路××号。

(2)证人胡某，住×市B区××路××号。

(3)证人孙某，住×市B区××路××号。

(4)鉴定结论1份。

(5)××诊断证明和医药费收据×张。

(6)交通费收据×张。

2. 本诉状副本两份。

第七章 证据

一、单项选择题

1. 解析：广义的证据包括诉讼证据和非诉讼证据，而狭义上则仅指诉讼证据。在众多教材中也提到证据概念一般都是指狭义的证据概念，使理论更符合实践需要。

答案：A

2. 解析：选项A是理论上的“根据说”，其缺陷在于，片面理解了查证属实，将不真实的证据和不能查实的证据等同有欠妥当，证据不能包含不真实的证据。选项B是理论上的“材料说”，其缺陷在于，没有立法上的根据，证明事实的材料不能等同于《刑事诉讼法》第42条之规定“证明案件真实情况的一切事实，都是证据”，而且实践中的证据标准也不是以此为标准。选项C是理论上的“手段说”，其缺陷明显，根本没有揭示出证据概念的本质。选项D更准确地揭示了证据的内涵和外延，且与立法相一致。

答案：D

3. 解析：选项A、B、D都是从证据的概念引申出来，分别从不同角度作出的理解，恰当地指出了证据与事实的关系。而C项违反了证据的客观性特征，在实践中的证据必须是现实的存在，办案人员的个人主观判断，或人们的想象、假设、推理、臆断、虚构等不能作为定案的根据使用。

答案：C

4. 解析：为了确保证据的合法性，刑事诉讼法对于收集证据、固定和保全证据、审查和判断证据、查证核实证据等，都规定了严格的程序和制度。因此我国法律规定严格禁止司法人员以刑讯逼供和威胁、引诱、欺骗以及其他非法的方法收集证据。证据的合法性也称为许可性，指证据只能由审判人员、检察人员、侦查人员依照法律规定的诉讼程序，进行收集、固定、保全和审查认定。证据的客观性指的是证据是不以人们的意志为转移的客观存在。证据的关联性指证据必须同案件事实存在某种联系。而证据的公正性则不是从证据特点的角度谈的，所以应当首先排除。

答案：A

5. 解析：辩证唯物主义认识论告诉我们认识是决定性和相对性的统一，在诉讼过程中，我们对案件的认识只是一种相对的认识，而非绝对的认识。对于证据本身的真实性，需要证据来证明，但这种证明只能在人类共同认知的经验知识背景中对某一环节上的证据的真实性达成共识，因为人们的认识还要受到众多主客观因素和条件的限制。

答案：B

6. 解析：认识是绝对性和相对性的统一是不用多说的，由于现实与理论的差距，因此，认识必然受到各种主客观条件的制约也是毋庸置疑的。毫无疑问的绝对性，抹杀了理论与现实的差距，人类是不可能认识到现实的绝对事实的。

答案：C

7. 解析：正义是法律制度所要实现的最高理想和目标，没有正义，法律制度就没有任何存在的价值。作为法律制度的重要组成部分，刑事证据制度也必须符合正义的要求，只有这样才能具有一种内在的品质。

答案：A

8. 解析：就目前的司法实践而言，物证是检验言词证据是否真实的依据，是查明或证明案件真实情况的有效手段，因为物证具有一些其他证据所不具有的特点，如：证明方式的特定性，证明价值的客观性等。

答案：B

9. 解析：书证能以本身所记载的内容直接进入认证程序来发挥证明价值，而不必像物证那样必须借助鉴定或勘验等环节共同证明案件事实，因此书证的内容一般都可以直接证明待证的案件事实。书证的形成大多是在诉讼以外形成的，能真实反映当时的事实情况，而且书证的内容往往通过文字、符号、图形等方式予以固定而不易变化。证据本身不能说就是事实，故 B 项错误。强调特征的是物证，故 C 项错误。D 项是一种独立的证据种类。

答案：A

10. 解析：证人证言与物证、书证相比，比较容易受人的主观因素的影响。只有了解案件具体情况的人才能成为证人，道听途说或者臆造的情况不能作为证据。证人证言必须是证人把对案件事实所感知、记忆的情况向公安司法机关所作的陈述。而证人的证言经常会出现翻供的情况，尤其在刑事诉讼中，所以其稳定性是很差的。

答案：D

11. 解析：诉讼中使用的以文字的内容证明案件真实情况的文件当然包括裁判文书。现场照片属于物证的范围。尸体检验笔录属于勘验检查笔录的一种。录像资料属于视听资料的范围。

答案：A

12. 解析：证人是诉讼参与人之一，在法庭审理过程中，违反法庭秩序，将会受到警告、罚款或者拘留的处罚。证人应当遵守法庭秩序，这是为了案件的正常审理。证人有权按照自己知道的案件情况提供证言，不受任何机关、团体、单位和个人的干涉，享有证言自由提供权。

证人的合法权益如果受到侵害，则有权提出控告，并不是无条件容忍司法工作人员的违法行为。选项 D 虽然正确，但是与题意不符。

答案：A

13. 解析：首先要看清楚题目是选择错误的。鉴定人是具有一定的专门知识，接受公安司法机关的指派或者聘请，解决公安司法机关向他提出的某些专门性问题的人。因为鉴定人还要签名或盖章，是个人利用专门知识或技能提供结论，故主体不是单位。鉴定人相对独立，如果与当事人有利害关系，将影响到鉴定的公正性。鉴定人不能由个人聘请，否则会影响到鉴定结论的合法性。因为不是每个人都懂得所有知识，因此可以互相讨论研究。

答案：C

14. 解析：本条规定是从全面角度要求公安司法机关工作人员在面对案件的时候，必须从全局考虑，既要查明犯罪嫌疑人、被告人有罪或罪重的情况，又要查明犯罪嫌疑人、被告人无罪或减轻罪责的情况。只有全面收集和运用证据，才能查明案件的事实真相。犯罪嫌疑人、被告人供认自己犯罪，经查证属实就是有罪证据，而不是无罪证据。无罪证据一般由犯罪嫌疑人、被告人及其辩护人进行辩护时提出，而不是由人民检察院提出。收集证据并不是完全由公安司法机关工作人员进行，经批准，辩护律师也可以收集证据，并且有权要求相关人员进行协助。

答案：A

15. 解析：此题答案很明显，关键在于区分后两项到底是传来证据还是传闻证据。传闻证据是英美法系的用法，强调证据法上的“传闻”强调以法庭审判为中心，凡是在法庭审判外提供的证言，非证人当庭口头作证，或陈述的内容非本人亲自耳闻目睹的证言，均属于传闻证据。而我国的传来证据仅以证据是否是从第一来源直接获得的为标准。至于法庭上宣读未出庭证人的证言笔录，只要该证言为证人亲自耳闻目睹，而不是别人转告的，仍属原始证据。

答案:C

16. 解析:本题比较简单，只要了解一下证据的内容，就可以判断。

答案:C

17. 解析:从字面意思即可以看出来，控诉当然是要追究犯罪嫌疑人、被告人的法律责任，也就是证明嫌疑人、被告人有罪的证据，即有罪证据。

答案:C

18. 解析:收集证据是整个刑事诉讼活动的基础和核心工作，因为收集证据是分析研究案情的前提和先决条件，是判断、认定案件事实的基础。收集证据的目的是在取得充分、确实的证据的基础上，对犯罪嫌疑人、被告人是否犯罪、犯什么罪，作出正确的结论，以完成刑事诉讼的任务。收集证据贯穿于刑事诉讼各个阶段，所以不能说仅仅为了完成侦查任务。为防止办案人员从主观想象出发而要求全面客观地收集证据，是对司法工作人员的要求。

答案:B

19. 解析:收集证据是一项法律性很强的活动，《刑事诉讼法》第 43 条规定:“审判人员、检察人员、侦查人员必须依照法定程序，收集能够证实犯罪嫌疑人、被告人有罪或者无罪、犯罪情节轻重的各种证据。严禁刑讯逼供和以威胁、引诱、欺骗以及其他非法的方法收集证据。必须保证一切与案件有关或者了解案情的公民，有客观地充分地提供证据的条件，除特殊情况外，并且可以吸收他们协助调查。”司法机关工作人员只有严格执行这些规定，收集来的证据才有合法性。选项 B 强调的是及时进行，而不是题目中的合法性问题。选项 C 强调客观全面。选项 D 是错误的，不能因为对于不配合的人员，就追究其刑事责任。

答案:A

20. 解析:要作出正确的选择，必须明白怎样才是证据的确实、充分，确实就是真实，充分就是证据的证明力或价值足以证明案件重点和待证事实。就整个案件而言，确实指案件中的全部证据的证明价值是否足以证明案件的真实情况。证据是否充分，主要是对证据的证明价值进行分析与评断。

答案:C

二、多项选择题

1. 解析:案件的事实需要由证据来证明，没有证据证明的事实就不能认定是事实。证据事实与案件事实之间的关联是复杂多样的，在联系的规律上，有的是因果联系的必然联系，有的是个别情况下偶然的巧合而形成偶然联系。用违法的方法收集的证据根据最高人民法院《关于执行〈中华人民共和国刑事诉讼法〉若干问题的解释》第 61 条之规定:“严禁用非法的手段收集证据。凡经查证确实属于采用刑讯逼供或威胁、引诱、欺骗等非法方法取得的证人证言、被害人陈述，不能作为定案的根据。”司法人员只有依照法定程序来收集证据，审查和运用证据，才能使证据具有法律效力。查明案件事实只完成了司法证明任务的一半，更重要的任务是证明案件事实，证据的作用就是证明案件事实。

答案:ACD

2. 解析:所谓证据的关联性，就是证据同案件事实存在某种联系，并因此对证明案情具有实际意义。而证据事实与案件事实之间的关联是复杂多样的。选项 A 是时间上的联系，选项

B 是直接联系，选项 C 是否定联系，选项 D 是间接联系。不管从什么角度，只要证据与事实存在一定的联系，就应当予以适当考虑。

答案：ABCD

3. 解析：本题可以采取排除方法，众所周知，形而上学在哲学上是一种违背马克思主义的观点；而实体正义论更好地体现在司法程序的结果中，程序正义是从司法程序运作的“过程”中体现的。

答案：AB

4. 解析：程序正义作为司法正义的一部分，无论从价值角度还是从规范证据制度角度考虑，都必须以正义作为评价和判断一种法律制度是否具有正当根据的价值标准。正义是法律的基本价值之一，而体现在诉讼程序中，无论是证据的概念和特征，还是各种证据的收集、审查和判断，乃至运用全案的证据对案件事实进行认定，都无不需要以程序正义作为价值判断的标准。

答案：ABCD

5. 解析：程序正义作为刑事证据的理论基础，更充分体现了公平和正义的基本价值。没有程序正义，刑讯逼供、非法搜查、扣押、冻结等行为将严重侵害人们的合法权益，必然无法实现司法公正和社会的正义。刑事诉讼中对于程序的严格规定一方面使证据的收集在法律的范围内进行，另一方面，对于诉讼参与人特别是被告人的保护尤其突出，现行法律程序赋予公民更多的权利以对抗公诉机关，因此充分体现了程序过程的正义。

答案：ABCD

6. 解析：我国《刑事诉讼法》第 42 条明文规定：“证据有下列七种：(一)物证、书证；(二)证人证言；(三)被害人陈述；(四)犯罪嫌疑人、被告人供述和辩解；(五)鉴定结论；(六)勘验、检查笔录；(七)视听资料。”

答案：ABCD

7. 解析：从物体的存在形态分析很容易理解，实体、痕迹、微量、气味就是对物体和痕迹的划分。

答案：ABCD

8. 解析：书证与物证的区别就在于其已记载的内容证明案件事实，因此具有直接性。因为书证的内容往往通过文字、符号、图形等方式予以固定而不易变化，因此书证具有稳定性或固定性。所谓主观性就是比较容易受到主观内容的影响，这不符合书证的特点。最后，物证既可以是文字、图形，也可以是符号，制作可以用笔墨、刀具、机器等。

答案：ABD

9. 解析：证人是知晓案件的有关情况，应当事人的询问和人民法院的传唤到庭作证的人。由于每个证人的情况不同，在对案件的感觉能力、记忆能力、表达能力等方面的千差万别，存在失真的可能是正常的，因此证人证言的证明力具有不可确定性。而且证人只对案件事实的感知作陈述，不能对案件事实作出判断。证人证言应当用言语口头形式提供，以便办案人员经过询问全面了解证人所提供的情况，从而对证言作出正确的判断。在口头陈述的基础上，证人请求书写证言的，办案人员应当允许。

答案：ABD

10. 解析：通常所说的口供就是犯罪嫌疑人、被告人的供述和辩解，指犯罪嫌疑人、被告人就有关案件的事实情况向司法机关所作的陈述。当然包括承认自己犯罪，认为自己无罪或罪轻，揭发他人等情况。鉴定人对鉴定结果当庭陈述，属于鉴定结论的范畴。

答案：ABD

11. 解析：选项A、B没有任何问题，很好理解，关键是C项；C项讲述的是公安司法机关工作人员的态度问题，而不是口供的特征，因此应当排除。D项的说法属于主观臆测，没有现实根据。

答案：AB

12. 解析：鉴定的种类问题是在司法实践中形成的。根据刑事诉讼法的规定，凡是为了查明案情需要解决的专门性问题，都应当进行鉴定。主要有以下几种：法医鉴定，主要用于确定死亡原因、伤害情况等；司法精神病鉴定，目的在于确定犯罪嫌疑人、被告人、被害人、证人的精神状况是否正常，以便确定被鉴定人有无行为能力和责任能力；痕迹鉴定，包括对指纹、脚印、工具、枪弹等痕迹进行鉴定，确定是否同一；化学鉴定，目的在于确定毒物等的化学性质和剂量，对人体或其他物体的危害或伤害程度、伤害性质等；会计鉴定，确定账目表册是否真实，是否符合有关规定等；文件书法鉴定，用于确定文件的书写、签名是否伪造或同一等；以及其他。

答案：ABCD

13. 解析：勘验、检查笔录是办案人员对与案件有关的场所、物品、人身、尸体进行勘验、检查时，所作的文字记载。其证明作用在于它固定和保全的内容同案件事实具有关联性。勘验笔录形成于案件发生以后，主体是司法工作人员，决定了D项肯定错误。

答案：AC

14. 解析：选项A、B、C都没有问题，很好理解，关键在于D选项，注意是文字记载，而且观察活动属于勘验行为，故而D为勘验、检查笔录。不要认为运用专门技术设备就肯定是视听资料。

答案：ABC

15. 解析：对刑事证据进行分类，在理论和实践上具有重要的意义。首先便于从理论上研究分析各类证据的特点、作用和规律，其次便于从实践上提供理论指导，提高司法工作人员收集、固定、审查、运用证据的能力，实现办案的规范化、科学化。一般传统理论上的分法，正如选项所列。

答案：ABCD

16. 解析：证据分类以证据种类为研究对象，它不能离开证据种类而存在。但由于证据分类是对各种证据的特点、作用进行深入全面的研究后所形成的一种理论体系，因而又是证据种类的丰富和深化。证据种类由法律直接规定，因此必须予以遵守。其以证据的存在形式为划分依据，类型、数量确定。而从理论上所作的分类完全是从现实中根据法律规定而从学理上的划分，不具有法律效力。划分根据具有多样性，标准丰富，能够揭示各类证据的认识规律和运用规则，能够全面揭示诉讼证据的各种特性。

答案：AC

17. 解析：刑事证据的分类，指按照证据本身的特点，从不同的角度在理论上对证据进行的划分。根据不同的标准，证据可以有不同的分类。根据证据材料来源的不同，可以分为原始证据和传来证据。凡是直接来源于案件事实，未经复制、转述的证据是原始证据；凡是间接来源于案件事实，经过复制、转述的证据，是传来证据。根据证据与案件主要事实的证明关系的不同，可以将证据划分为直接证据和间接证据。凡是可以单独直接证明案件主要事实的证据属于直接证据。凡是必须与其他证据相结合才能证明案件主要事实的证据，属于间接证据。也就是说，间接证据与案件主要事实的关联方式是间接的，一个间接证据只能证明案件主要事实的个别情节或片段。本题中，B选项中的侦查人员在现场提取的犯罪嫌疑人的脚印和D选项中沾有血迹的一把管制刀具不能单独直接证明案件主要事实，属于间接证据。

答案：AC

18. 解析：认定证据是否具有证据资格，首先应该审查证据的客观性，没有客观性的证据是不能作为证据使用的。同样，只有确实与案件事实存在关联性的证据才可以被采纳为诉讼中的证据，不具备关联性的证据不得采纳。诉讼双方提交法庭的证据必须在证据的主体、形式以及收集提取证据的程序和手段等方面都符合法律的有关规定，才能采纳为诉讼中的证据。真实性是证据采信的标准，是对证据的更高要求。采信标准的认识对象是证据，其衡量的标准是证据的真实性和证明力。

答案：ABD

19. 解析：证据保全的分类问题应该是很简单的，只要明白了证据保全的含义，作出判断应该是没有问题的。本题中对C项的判断很关键，证据保全的价值在于对案件事实的证明作用，故而对于证人证言保全、被害人陈述保全、犯罪嫌疑人或被害人的陈述和辩解保全等内容属于言词证据的保全的内容，而不是证据保全的种类。

答案：ABD

20. 解析：由于犯罪嫌疑人、被告人在诉讼中的特殊地位，其供述肯定是为了自己的利益考虑，一般而言，犯罪嫌疑人、被告人期望借助虚假陈述达到大事化小、小事化了的目的，所以对待口供要采取特别谨慎的态度。既不能盲目轻信，也不能完全不信。犯罪嫌疑人、被告人供述和辩解有的是出于自愿，有的是在威胁、利诱的情况下陈述的，是否真实反映了案件事实，必须仔细分析。

答案：ABCD

21. 解析：收集证据是一项法律性很强的活动，只有依法定的程序进行才是合法的。同时这也是一项时间性很强的工作，只有及时主动地调查收集证据，才能提高办案效率，保证办案质量。证据的真实性要求收集必须客观全面。而且要善于细致地从细小的材料中去发现和收集证据，防止马虎从事，粗心大意，而丢掉重要证据。

答案：ABCD

22. 解析：此题主要是从审查判断证据对于案件的审理所起到的作用角度进行分析。审查判断的目的和价值就在于更好地查清案件事实。

答案：ABCD

23. 解析：物证和书证虽然客观性较强，真实的可能性较大，但也存在不真实的可能性，所以对物证和书证必须经过认真审查、仔细鉴别，确定其真实可靠后，才能作为认定案件事实的根据。

答案：ABCD

24. 解析：证人证言属于言词证据，是一种人证。相对而言客观性较差，尤其是在社会风气不正的情况下，各种复杂的主客观因素也直接影响证言的质量。因此，在办案的过程中，必须对证人证言进行审查判断。

答案：ABCD

25. 解析：被害人陈述的特点有，一是具有真实的一面，二是可能又有虚假的一面。被害人对案件事实陈述的情况是复杂的，不同案件中不同的被害人出于不同的心理状态，有的可能反映案件的真实情况，有的可能是一些虚假材料。因此对于被害人的陈述，既不能盲目轻信，也不能随便否定，而必须采取谨慎的态度，认真地审查判断。

答案：ABCD

26. 解析：犯罪嫌疑人、被告人的供述和辩解具有极大虚假的可能性，因而对犯罪嫌疑人、被告人的供述和辩解进行审查判断是必要和重要的。一定要认真审查判断、查证核实后才能作为证据使用。

答案：ABCD

27. 解析：由于科学技术及生产力发展水平所限，同时由于存在影响鉴定结论真实性的主客观因素，鉴定结论不可能是科学的判决。对鉴定结论和其他证据一样，必须经过审查判断确定其真实可靠以后，才能作为证据使用。

答案：ABCD

28. 解析：依法进行勘验、检查是勘验、检查笔录真实可靠的重要保障。对勘验、检查笔录的审查判断，必须首先解决现场是否受到保护，遗留在现场的实物证据是否有伪造和变化的问题。办案人员的态度如何，技术水平和业务能力的高低，对于笔录的全面性和准确性都会有直接影响。

答案：ABCD

29. 解析：视听资料虽然具有较强的客观性，但是也容易对其进行修改，因此也必须认真对待。对于证据的合法性是首先应当引起注意的，而且是否在正常情况下形成的，设备的先进性等都应当审查。伪造的方便性，仅凭感官是很难判断的，还要考虑相互之间的一致性。

答案：ABCD

30. 解析：物证是以其内在的属性、外部特征、空间方位等客观存在的特征证明案件真实的物品和痕迹。而这些书刊正好以外部特征证明了张的行为。书证能以本身所记载的内容，直接进入认证程序发挥证明价值，而不必像物证那样必须借助鉴定或勘验等环节共同证明案件事实，因此书证的内容一般都可以直接证明待证的案件事实。书刊的内容属于淫秽性质，所以是书证。这里没有证人，因此D项是错误的。搜查记录不是证据的种类。

答案：AC

三、简答题

1. 证据的客观性是指证据必须是伴随着案件的发生、发展的过程，而遗留下来的不以人们的主观意志为转移的客观存在。可以从两个方面理解：(1)证据反映内容的客观性，即证据必须是对客观事物的反映。(2)证据表现形式的客观性，即证据必须是人们可以某种方式感知的载体的反映。

2. 程序正义是指法律程序在具体运作过程中所有事项的价值目标。程序正义与实体正义结合构成司法正义即司法公正。实体正义主要表现为一种“结果价值”，它体现在司法程序的结果之中，而程序正义则是一种“过程正义”，它体现在程序运作的过程中，是评价程序本身是否正义的价值标准。

按照程序正义的理论和要求，作为规范证据资格、证据的收集和审查判断，以及司法证明活动的规则体系的证据制度，也必须体现程序正义的“过程价值”。因为以证据制度为主要内容的证据法是程序法的核心和基础，其内在的公正和正义，直接关系到司法的公正性，直接关系到诉讼的结果价值，即实体正义。

3. 物证是以其内在的属性、外部特征、空间方位等客观存在的特征证明案件真实的物品和痕迹。具有以下特点:(1)物证具有证明方式的特定性。物证以其内在属性、外部形态、空间方位等客观存在的特征来证明案件事实。(2)物证具有证明价值的客观性。(3)物证具有证明范围的狭窄性。物证不能单独作为案件的主要证据,一般表现为间接证据。(4)物证具有证明过程的被动性。

4. 书证是以其所记载的内容来证明待证事实的。书证的这一本质特征决定了书证在诉讼中有极其重要的意义:(1)书证所记载的内容往往能直接证明有关的案件事实,因为书证的特征就是以其所记载的内容或所表达的思想来证明案件事实的。(2)书证同其他证据相比,其证明力强,证明作用发挥得更充分。因为书证是以文字的形式表现出来的,而书面文字相对于口语而言,具有意思更清楚、明确,表达的意思更具有逻辑性的特点。能够比较准确地反映出所要证明的案件事实。

5. 在我国的刑事诉讼中,证人依法享有以下诉讼权利:(1)证言自由提供权。证人有权按照自己知道的案件情况提供证言,不受任何机关、团体、单位和个人的干涉。(2)民族语言使用权。证人有权使用本民族语言文字进行诉讼。(3)侵权控告提出权。证人对司法工作人员侵犯其诉讼权利和人身侮辱的行为,有权提出控告。(4)安全保障请求权。证人有权要求公安司法机关保障自身及近亲属的安全。(5)诉讼信息知情权。司法工作人员到证人所在单位进行询问时,证人有权要求他们出示公安司法机关的证明文件。(6)经济费用求偿权。证人有权向公安司法机关要求赔偿因到庭作证所支出的费用,以及所减少的劳动收入。

6. 鉴定结论是一种独立的诉讼证据,虽然在证据分类上同属人证,但两者区别明显:

(1)鉴定结论是鉴定人对于与案件事实有关的某些专门性问题进行鉴别、判断后所作出的结论。证人证言是证人就其所知道的案件事实情况所作的陈述,是对案件事实的如实反映,而不是对案件事实的判断。

(2)鉴定结论是公安司法机关为解决案件中的专门性问题,指派或者聘请鉴定人而作出的书面结论,鉴定人具有可替代性,鉴定结论也具有可替代性。证人证言因证人的不可替代性而具有不可替代性。

(3)鉴定结论的内容是鉴定人对案件中某些专门性问题所作的判断结论,而不是对有关案件事实作出的法律评价,并且是在案件发生后形成的。而证人证言是证人对案件事实所作的陈述,是在案件发生过程中形成的。

7. 在刑事诉讼中,经常使用的勘验、检查笔录有:(1)现场勘验笔录,对于客观准确地反映现场的实际情况,证明犯罪案件的事实情节具有重要的意义;(2)尸体检验笔录,有助于查明死亡原因、死亡时间、致死方法和手段;(3)物证检验笔录,对于查明物证的性质、特征,证实犯罪,查明犯罪嫌疑人具有重要意义;(4)人身检查笔录,有助于查明被害人、犯罪嫌疑人的某些特征、伤害情况、生理状态等;(5)侦查实验笔录,有助于查明在一定条件下某一事件或者现象是否发生以及后果如何。

8. 从间接证据的特点可以看出,完全运用间接证据来认定案件事实,要比运用直接证据困难、复杂,稍有不慎,就容易出现偏差和错误。因此一定要遵循以下规则:(1)审查每个间接证据是否真实可靠。如果间接证据本身不可靠,当然不可能得出正确的结论。(2)审查间接证据与案件事实有无客观的内在联系,防止把那些与案件毫无关系的材料当作间接证据加以收集和使用。(3)审查各间接证据之间是否互相衔接、协调一致,不能互相矛盾,互相脱节。(4)所有的间接证据结合起来,对案件主要事实只能作出唯一性的结论,这个结论必须排除了其他一切可能性。

9. 解析：审查判断证据是公安司法机关人员及其办案人员对证据材料进行分析、研究和判断，以鉴别其真伪，确定其有无证据能力和证明力以及证明能力大小的一种诉讼活动。审查判断证据应从以下几点理解：(1)审查判断证据的主体既包括国家专门机关，也包括当事人及其辩护人或者诉讼代理人。(2)审查判断证据的本质是一种思维活动。(3)审查判断证据的目的是确定证据是否具有证据能力和证明力以及证明力的大小。(4)审查判断证据的任务是审查判断证据的证据资格和证据效力，也即证据的采纳和采信。

四、论述题

1. 证据即证明的凭证，是指用已知的事实根据来证明未知的事实。证据的目的是证明案件中的待证事实。

证据的证明作用表现在以下三个方面：第一，证据是查明案件事实的基本方法和途径。案件是发生在过去的事件，具有不可回溯性，司法人员无法直接去感知那些与案件有关的事实，只能通过各种证据来查明或重建案件事实。第二，证据是证明案件事实的依据。查明案件事实只完成了司法证明任务的一半，更重要的任务是证明案件事实，而证明案件事实只能依靠证据。第三，证据是审查判断其他证据的依据。证据不仅可以作为证明相关案件事实的依据，还可以作为审查判断其他证据的依据。在各种案件中，证明一般都不能依靠单个证据来完成，都要有多个证据共同证明、相互印证。

证据的价值作用是从证据的证明作用派生出来的，是通过证明案件事实间接发挥的作用。表现在：第一，证据是实现司法公正的前提。第二，证据是维护当事人合法权益的保障。证据对于当事人合法权益的保障主要体现在两个方面：(1)保护诉讼当事人合法的实体性权益。(2)维护诉讼当事人合法的程序性权利，主要是证据规则的使用。

2. 物证在整个证据体系中居于重要地位：(1)物证是制伏翻证的有力武器。有了确实可靠的物证，不管双方当事人如何巧言善辩，都可以认定案件事实。(2)物证是检验言词证据是否真实的依据。案件中的各种言词证据，各说各的理，甚至以假代真，千变万化。唯有物证的客观性较强，它可以检验真假，衡量虚实，去伪存真。(3)物证是查明或者证明案件事实的有效手段。任何违法犯罪行为，在实施的过程中，必然会在客观外界留下各种痕迹和影像，甚至留下各种物品。这些物品和痕迹，可以帮助我们确定侦查方向，提供侦查线索，推定作案手段，判定作案性质，同其他证据相结合，可以确定犯罪嫌疑人，查获罪犯，甚至可以解决其有罪、无罪或者罪行轻重的问题。(4)物证是制伏犯罪嫌疑人、被告人的有力武器，也是促使当事人如实陈述的有力手段。在刑事诉讼中，无论犯罪嫌疑人、被告人想如何反侦查，在铁证面前也会从根本上被制伏，并认罪伏法。

3. 被害人陈述是指受犯罪行为直接侵害的人向司法工作人员就其遭受犯罪行为侵害的事实和有关犯罪嫌疑人、被告人的情况所作的陈述。

被害人有以下特征：(1)被害人是犯罪行为的直接受害者。(2)被害人是合法权益受到侵害的人，包括其人身权利、财产权利、民主权利和其他合法权利。(3)被害人既可以是自然人，也可以是法人。(4)被害人具有不可替代性和特定性。由于被害人诉讼地位的特殊性，因此被害人的陈述可以为案件的侦破提供线索，协助侦破案件，确认犯罪嫌疑人，证实犯罪事实。同时对控诉犯罪、教育群众，具有更为生动、具体和深刻的作用。

被害人陈述具有以下特点：(1)证明的直接性。被害人是直接遭受犯罪行为侵害的人，一般都清楚地了解犯罪行为侵害的后果乃至侵害过程和作案人员的情况，因此其陈述往往可以直接证明有关的案件事实。(2)陈述主体的不可替代性。被害人陈述的主体只能是遭受犯罪行为直接侵害的人。(3)陈述内容的特定性。遭受犯罪行为直接侵害的人就有关犯罪事实和情况所作的陈述可以作为证据的一种，被害人其他陈述都不能作为认定案件事实的证据而仅仅对公安司法机关具有一定的参考价值。(4)形成方式的多样性。被害人陈述在表达方式上是多种多样的，通常是采用口头形式，也可采用书面形式，还可以采用录音、录像等方式予以表达。(5)认证程度的复杂性。由于被害人是直接受犯罪行为侵害的人，与诉讼结果有着直接的利害关系，所以其陈述往往容易受情感等主观因素的影响。

五、案例分析题

1. 本题应当选择(3)、(4)。证据的种类指表现证据事实内容的各种外部形式。《刑事诉讼法》第 42 条规定了七种证据：(1)物证、书证；(2)证人证言；(3)被害人陈述；(4)犯罪嫌疑人、被告人的供述和辩解；(5)鉴定结论；(6)勘验、检查笔录；(7)视听资料。所谓书证，是指以文字、符号、图形等记载的内容和表达的思想证明案件事实的书面文件和其他物品。所谓物证，是指以其外部特征、存在场所和物质属性证明案件事实的实物和痕迹。书证是以其记载的内容和表达的思想起证明作用的，而物证则是以其外部特征、存在场所和物质属性起证明作用的。本题中，张某单位开具的关于张某一贯表现的证明和被害人临死之前在山洞中留下的一串数字，都是以文字、符号、图形等记载的内容和表达的思想来证明案件事实的书面文件，属于书证。(2)中的信笺，是以外部特征，即笔迹起作用的，属于物证而非书证。

2. 物证是以其存在状况、外部特征和性质等对案件起证明作用的证据。张某提供的付款单有他涂改的痕迹，其痕迹证明他提供的付款单是虚假的，也证明张某有贪污的可能性。因此，该付款单为物证。书证是以其记载的内容来证明案件事实的根据。张某提供的付款单记有 8000 元现金的去向，而付款单记载的去向单位又未收到 8000 元人民币。说明付款单记载的内容是虚假的，也说明张某有贪污的可能性。因此该付款单又是书证。这就是说，张某提供的付款单既是物证又是书证。

3. 物证：(1)被害人尸体；(2)被害人血迹；(3)路面上刹车的痕迹；(4)解放牌大卡车；(5)解放牌大卡车漆皮新脱落的痕迹；(6)被害人骑的摩托车；(7)被害人手上被摔坏的手表。书证：(1)被害人的手表时间；(2)萧山某厂的出车登记表；(3)证明离萧山 15 千米的里程碑。

直接证据：(1)被害人的尸体；(2)妇女张某的证言；(3)司机刘某的供述；(4)同车司机赵某的供述；(5)法医鉴定结论；(6)勘验现场的事故全景照片。

4.《刑事诉讼法》第 42 条规定，证据有七种，即物证，书证，证人证言，被害人陈述，犯罪嫌疑人、被告人的供述和辩解，鉴定结论，勘验、检查笔录，视听资料。

本案中，证据(1)、(5)，即朱笑与张通的供认，是犯罪嫌疑人、被告人的供述和辩解。犯罪嫌疑人、被告人的辩解，是指犯罪嫌疑人、被告人向公安司法机关承认或者否认被指控犯罪行为的陈述。证据(2)、(3)、(4)是证人证言。证人证言是证人就其直接或间接感受到的有关案件的事实向公安司法人员所作的陈述。证据(6)、(7)即铁锤和铁锤伤的血迹、李东的尸体及头部伤痕均为物证。物证是能够证明案件真实情况的物品或痕迹。证据(7)即开棺后对李东尸体检验后所作的笔录，为勘验、检查笔录。勘验、检查笔录是侦查人员对与犯罪有关的场所、物品、尸体等进行勘验、检查后所作的笔录。证据(8)即法医对李东骨折痕迹与铁锤形状的同一认定、铁锤上的血迹与李东血迹的同一认定均为鉴定结论。鉴定结论是鉴定人受司法机关的指派或聘请，就案件的某些专门性问题进行鉴定后作出的书面结论。

从学理的角度根据不同标准，证据可以作出四种分类：一是人的陈述和实物证据，二是控诉证据和辩护证据，三是原始证据和传来证据，四是直接证据和间接证据。

本案中，证据(1)、(2)、(3)、(4)、(5)、(8)属人的陈述证据。证据(6)、(7)属于实物证据。这是从证据的存在和表现形式的角度来划分的。凡是以人的语言表述作为存在和表现形式的证据，称为人的陈述。凡是以实物形态作为存在和表现形式的证据，均为实物证据。

根据证据的证明对犯罪嫌疑人、被告人是有利还是不利，证据又可以分为控诉证据和辩护证据。本案中，证据(1)、(3)、(4)、(5)、(6)、(7)、(8)都是控诉证据，证据(2)是辩护证据。

根据证据的来源，证据又可分为原始证据和传来证据。凡是直接来源于案件事实，即来源于第一手材料的证据，均属于原始证据。凡不是直接来源于案件事实，而是来源于第二手以上材料的证据，属于传来证据。本案中，证据(1)、(3)、(4)、(5)、(6)、(7)、(8)是原始证据，证据(2)是传来证据。

以能否单独证明主要犯罪事实是否存在为标准，证据又可分为直接证据和间接证据。凡是能单独直接证明主要犯罪事实存在或不存在的证据，是直接证据。凡不能单独直接证明主要犯罪事实存在或不存在的证据，均为间接证据。本案中，证据(1)、(5)是直接证据。证据(2)、(3)、(4)、(6)、(7)、(8)是间接证据。

5. 张某被错判的原因是多方面的，但最主要的原因是认定事实的错误，认定事实的错误又主要是判断和运用证据上的错误。

判断证据的错误主要是把与犯罪事实没有联系的事实当成证据并把它作为认定案件事实的根据。证据必须是与犯罪事实有内在联系的客观事实。客观事实如果与犯罪事实没有因果关系、条件关系等内在联系，就不能成为刑事诉讼证据，不能作为认定犯罪事实的根据。在本案中，张某留在保险柜上的指纹是客观存在的事实，但指纹这一客观事实同盗窃事实有无联系，侦查人员没有调查，而是主观地把它认定为犯罪嫌疑人盗窃时留下的，并据此认定张某是盗窃犯，结果造成错判。从证据特征角度讲，本案中用以认定案件事实的证据，是与盗窃事实没有联系的客观事实，不能成为刑事诉讼证据。侦查人员、检察人员、审判人员以这种不具备证据资格的事实作为定案的根据，必然造成错案。

运用证据的错误主要是违反间接证据的运用规则来认定案件事实。在本案中张某的指纹是间接证据。运用间接证据认定案件事实，必须遵循间接证据的运用规则。规则中首先就是必须有若干个间接证据才能证明案件事实。单独一个间接证据不能证明案件事实。而在该案中，认定张某盗窃罪的根据就是他留在保险柜上的一个指纹，指纹属于间接证据，间接证据只有一个是不能证明张某是否实施盗窃行为的。公安司法工作人员违反间接证据的运用规则，仅凭一个指纹就认定张某犯罪，这也是造成这起错案的重要原因之一。

6. 解析：(1)本案有以下几种证据：证据(1)、(2)是证人证言。证人证言是指证人就其所了解的案件情况向司法机关所作的陈述。所以，本案中，张某、王望向侦查机关所作的陈述是证人证言。证据(2)中王望称其女儿的尸体、下衣又可作物证，它们是以其物质属性、存在状况来证明案件真实情况的。证据(3)是法医检验结果，证据(4)是鉴定结论。证据(5)是勘验、检查笔录，而笔录中“带血迹的车轴”可作物证。证据(6)是犯罪嫌疑人的供述和辩解。证据(1)中张某的陈述是王望告诉他的，是经过转述的对案件事实的反映，不是从第一来源直接获得的证据，所以是传来证据；而本案中犯罪分子实施犯罪行为的工具、被害人的伤害情况等，不能单独直接证明案件主要事实，需要和其他证据结合起来才能证明案件的主要事实，是间接证据，本案中不存在直接证据。

(2)根据本案现有的证据，不能证明马某杀死了王叶。犯罪嫌疑人马某的口供说，被害人王叶不从，他就掐死了她。犯罪嫌疑人的口供是直接证据，是定案的主要依据。而法医检验报告说死者眼球破裂，鉴定结论说受害人系他人用铁质棍类钝器袭击脑部致死，现场勘验、检查笔录记载在犯罪现场发现一带血迹的车轴，从以上间接证据推断被害人不是被掐死的。这与犯罪嫌疑人的口供产生了矛盾。所以，依据现有证据，并不能证明马某杀死了王叶。

(3)如果马某被审判，对证据的审查基本程序是：

①在法庭上宣读起诉书以后，被告人就起诉书指控的犯罪进行陈述，公诉人可询问被告人。

②证人、鉴定人作证，公诉人和辩护人等经审判长许可，可对证人、鉴定人发问。

③公诉人、辩护人向法庭出示物证，让当事人辨认，对未到庭的证人的证言笔录、鉴定人的鉴定结论等应当庭宣读。

第八章　证明

一、单项选择题

1. 解析：刑事诉讼证明的主体包括司法机关、当事人、诉讼代理人和辩护人。只有真正查明了案件事实，科学地进行诉讼证明，完成了证明任务，整个刑事诉讼任务才能结束。

答案：C

2. 解析：以证明的表现形态为标准进行分类，则行为意义上的证明是证明行为，指证明主体根据已知事实查明案件事实的活动。结果意义上的证明指运用已知事实查明案件事实的结果，特别是指司法人员对案件事实形成确信的心态。

答案：A

3. 解析：根据我国《刑事诉讼法》第 129 条、第 137 条、第 141 条、第 162 条的规定，我国刑事诉讼中的证明标准是“犯罪事实清楚，证据确实、充分”，其含义包括：一是诉讼证明必须达到案件事实、情节清楚的程度；二是证明案件事实、情节的证据必须达到确实、充分的程度。

答案：D

4. 解析：一个具体案件证据充分，是从内容方面说的，它应具备足以证明案件发展、犯罪人个人情况、犯罪行为、危害后果和作案时的态度等方面的各种材料，并且这些材料之间协调一致，形成一个完整的证据锁链，能够得出排他的、唯一性的结论。

答案：D

5. 解析：根据我国《刑事诉讼法》第 162 条的规定，被告人最后陈述后，审判长宣布休庭，合议庭进行评议，根据已经查明的事实、证据和有关的法律规定，分别作出以下判决：……证据不足，不能认定被告人有罪的，应当作出证据不足、指控的犯罪不能成立的无罪判决。

答案：D

二、多项选择题

1. 解析：刑事诉讼的过程就是证明的过程，因此司法工作人员办理刑事案件的首要职责就是进行证明活动，也就是收集、核实和运用已知的证据事实，达到案件的真实。证明是司法实践和逻辑思维的统一，也是一种法律活动，必然要受到法律的制约。诉讼主体是在诉讼中享有一定诉讼权利，并承担相应诉讼义务的人。

答案：ABCD

2. 解析：证明对象是证明活动中需要证明的事实，又称待证事实或要证事实，是指司法人员和诉讼当事人及其律师在诉讼中必须用证据加以证明的各种案件事实。在刑事诉讼中，凡是与追究犯罪嫌疑人、被告人刑事责任有关的一切需要查明的事实，都是证明的对象。一般来说，案件事实就是证明的对象的范围。这是由法律规范所规定的，这就是诉讼中证明对象的基本特征。

答案：ABCD

3. 解析：根据我国《刑事诉讼法》第 191 条之规定，程序法事实是证明对象的重要内容。刑事诉讼法对采取的各种强制措施必须作出明确的规定，回避也是为了保证刑事诉讼的公正，保障诉讼当事人的合法权益。

答案：ABCD

4. 解析：证据确实、充分中的"确实"是指证据要真实可靠，能如实地反映案件的事实真相。这是对证据"质"的要求。首先，证据必须是真实、客观存在的，不是主观臆造出来的东西。其次，证据必须确实与犯罪事件有关联。证据充分是对证据"量"的要求，证据的量因案件而异，在不同的案件中有不同的规定，不能以数学的多少为标准，要以能够证明案件的事实情况为标准。证据的确实和充分是相互联系、密不可分的。

答案：AD

5. 解析：根据 1998 年六部委《关于刑事诉讼法实施中若干问题的规定》第 26 条的规定："其中'有证据证明有犯罪事实'，是指同时具备下列情形：(1)有证据证明发生了犯罪事实；(2)有证据证明犯罪事实是犯罪嫌疑人实施的；(3)证明犯罪嫌疑人实施犯罪行为的证据已经查证属实。犯罪事实可以是犯罪嫌疑人实施的数个犯罪行为中的一个。"

答案：ACD

6. 解析：根据刑事诉讼法的规定，刑事诉讼证明责任的原则主要是：(1)公诉案件由公诉方承担证明责任；(2)自诉案件由自诉人承担证明责任；(3)犯罪嫌疑人、被告人不承担证明责任。

答案：ABCD

7. 解析：刑事案件的证明责任一般由公诉方或提出具体事实主张的一方承担，但是在特殊情况下，法律也规定证明责任由被告方或者具体事实主张的相对方承担，这就是证明责任的倒置，即在特殊情况下对证明责任的非常规性配置。一般都是由法律以推定的形式明确规定的。根据我国《刑法》第 395 条、第 282 条，以及《民法通则》第 123 条的规定可以判断本题的正确选项。

答案：ABC

8. 解析：在刑事诉讼法中，决定证明责任分配的首要原则是无罪推定原则。我国《刑事诉讼法》第 12 条规定："未经人民法院依法判决，对任何人都不得确定有罪。"这一规定在刑事诉讼中有两层含义：其一是公诉方承担证明责任，被告人不负有证明责任；其二是在公诉方举出的证据未能达到法定证明标准的情况下，法院应当宣布被告人无罪。

答案：ABC

三、简答题

1. 刑事证明作为一种特殊的证明，要受到刑事诉讼法的限制，因此，我国刑事诉讼中证明责任是指：由公安司法机关工作人员或当事人及其委托的辩护人、代理人依法收集、审查判断和运用证据，认定犯罪是否发生、谁是犯罪分子、罪责轻重以及其他有关案件事实的活动。刑事证明和存在于自然科学中的一般证明相比，具有以下特点：(1)刑事证明责任的任务是查明刑事案件的真实情况。(2)刑事证明是一种运用逻辑思维发现揭示案情的实践过程。(3)刑事证明是在特定的诉讼形式下，依照法定的程序进行的。(4)刑事证明的主体是诉讼主体。诉讼主体是在诉讼中享有一定诉讼权利，承担相应诉讼义务的人。

2. 我国的证据规则体系由四个方面的内容组成：

(1)取证规则。取证是指在刑事诉讼过程中，证明主体运用法律许可的方法和手段，发现、收集、提取证据的各种活动。取证规则应当包括询问规则、讯问规则、搜查规则、辨认规则、勘验检查规则等。

(2)举证规则。举证是指刑事诉讼的公诉方和辩护方在审判中向法庭提供证据证明其主张之案件事实的活动。举证责任应当包括证明责任分配的一般原则、证明责任倒置规则、证明责任转移规则、免予举证规则等。

(3)质证规则。质证指在审判人员主持下，由法律允许的质证主体对各种证据进行审查、质疑、说明、解释、咨询、辩驳等活动。质证规则应当包括当庭质证、直接质证、公开质证等。

(4)认证规则。认证是指审判人员在诉讼过程中，尤其是在庭审过程中，就当事人举证、质证、法庭辩论过程中所涉及的与待证事实有关联的证据加以审查认定，以确定其证明力的大小、强弱的诉讼行为和职能活动。

四、论述题

1. 在刑事诉讼过程中，凡是与追究犯罪嫌疑人、被告人刑事责任有关的一切需要查明的事实，都是证明的对象，与此无关的事实不应成为证明对象。一般来说，案件事实就是证明对象的范围。这是由法律规范所规定的，这就是诉讼中证明对象的基本特征。凡不涉及法律问题的事实，都不属于诉讼中的证明对象。因此，我们认为形式证据的证明对象大致可以归纳为三类：

(1)有关犯罪构成要件的事实

这部分事实是指对解决案件实体问题具有法律意义的事实，是直接关系到对犯罪嫌疑人、被告人的定罪量刑的事实。包括：

①犯罪行为是否已经发生。在绝大多数情况下，犯罪事实是否发生比较容易查明，但也有许多案件情况比较复杂，一下子难以判断清楚。如果粗枝大叶，就有可能把本来不是犯罪的事实认定为犯罪事实，重者造成冤假错案，轻者浪费大量的人力、物力和时间。

②犯罪嫌疑人、被告人是否实施了犯罪。这是刑事案件的主要事实，是刑事诉讼中需要证明的核心问题。刑事证明从实体法上来看通常包括主观要件和客观要件两个方面，犯罪嫌疑人是否实施了犯罪直接关系到犯罪主观要件和客观要件的连接，即被指控的行为人与被指控的行为是否具有关联性。刑事诉讼中有些事实证明的认识错误只会导致冤枉无辜，如将不构成犯罪的行为错误认定为构成犯罪；有些事实证明的认识错误只会放纵犯罪，如将构成犯罪的行为错误认定为不构成犯罪；而对犯罪嫌疑人是否实施了犯罪这一主要事实认识的错误不仅会冤枉无辜，而且会使真正的犯罪嫌疑人逃脱法网。

③犯罪过程，包括犯罪时间、地点、作案手段、方法、动机和目的等。这些内容直接影响到定罪和量刑，这几个方面的内容又是相互关联的。

④有无依法应当从重、从轻、减轻或免除处罚的事实。

⑤行为的结果以及行为与结果之间是否存在因果关系，这也是刑事诉讼中重要的证明对象。

(2)犯罪嫌疑人、被告人主体方面的事实

①犯罪嫌疑人、被告人的个人情况。公安司法机关在办案过程中，首先要查明犯罪嫌疑人、被告人的犯罪事实，同时又要注意查明犯罪嫌疑人、被告人的个人情况，因为犯罪分子的主观恶性程度影响着其人身危险性的大小及改造的难易程度。

②法律对犯罪嫌疑人、被告人规定的有关情况。刑法对犯罪实施者是否达到刑事责任年龄、有无责任能力的情况作出了明确的规定。

③犯罪后的表现。犯罪后的表现直接关系到对其是否处刑和处刑轻重。因此,必须将这部分内容列为必须证明的对象。

(3)程序法事实

这部分证明对象是指在办理刑事案件过程中,在诉讼程序上具有法律意义的事实。因为程序法的事实关系到诉讼主体的诉讼行为是否正确、合法。这些事实证明与否,不仅关系到实体法事实是否存在以及真伪问题,而且关系到裁判是否正确的问题,因此不能忽视。我国《刑事诉讼法》第 191 条规定:“第二审人民法院发现第一审人民法院的审理有下列违反法律规定的诉讼程序的情形之一的,应当裁定撤销原判,发回原审人民法院重新审判。”可见,程序法事实是证明对象的重要内容,包括以下方面:

①对某些犯罪嫌疑人、被告人是否应当采取某种强制措施的事实。刑事诉讼法对采取每种强制措施的条件都有明确的规定,如果违反法定的条件而使用了强制措施,必然会引起强制措施的变更或撤销。

②有关回避方面的事实。审判人员、检察人员、书记员、翻译人员、鉴定人,凡是与案件具有近亲属关系或其他利害关系,可能影响到公正合理地处理案件的应当自行回避;或由有关机关、领导决定他们回避,当事人及其法定代理人也有权申请他们回避。

③关于诉讼期限是否超越法律规定的事实。它有力地保证了诉讼活动及时、正常地进行。没有一定时间和期限加以保证,诉讼活动便无法迅速推进,当事人的诉讼权利也无法得以保障。同时,期限的要求也是对司法工作人员、当事人及其辩护人、诉讼代理人的一种约束,避免他们拖延诉讼。因此,对于超越法律规定的诉讼期限的事实,必须加以证明。

④侵犯犯罪嫌疑人、被告人的诉讼权利方面的事实,剥夺或限制当事人的法定诉讼权利,可能影响案件的公正审判。

⑤其他违反法定程序的事实。

2. 刑事诉讼中的证明标准又称证明要求,是指司法工作人员在诉讼活动中运用证据证明案件事实需要达到的程度。众所周知,我国刑事诉讼的根本任务是惩罚犯罪,使无辜的人不受刑事追究。为了实现刑事诉讼的这一任务,刑事诉讼对运用证据证明案件真实情况的程度和客观标准提出了要求。

我国刑事诉讼中的证明标准是“犯罪事实清楚,证据确实、充分”,其含义有二:一是诉讼证明必须达到案件事实、情节清楚的程度;二是证明案件事实、情节的证据必须达到确实、充分的程度。案件事实、情节清楚,是指与定罪量刑有关的事实、情节都必须查清。证据确实、充分中的“确实”是指证据要真实可靠,如实地反映案件的事实真相。这是对证据“质”的要求。首先,证据必须是真实、客观存在的,不是主观臆造出来的东西,也不是假设、估计、捏造、歪曲的事实。其次,证据必须确实与犯罪事件有关联。证据充分是对证据“量”的要求,证据的量因案件而异,在不同的案件中有不同的规定,不能以数学的多少为标准,要以能够证明案件事实情况为标准。证据的确实和充分是相互联系、密不可分的。确实,是就个别证据而言的;充分,是就全案件证据而言的。充分又以确实为基础,如果充分不是建立在确实的基础之上,而是建立在虚假的证据材料的基础上,就不能证明案件的真实情况。证据的确实与充分,是互相渗透和互相转化的。根据立法上的要求和刑事诉讼实际工作的经验,对于判断一个案件的查证工作是否达到证据确实充分的具体标准,可归纳为以下几点:

(1)每一证据材料均经过查证属实,准确无误,符合客观事实;

(2)证据和案件事实之间存在客观内在的联系性,而且这种联系并不是牵强附会的联系,据以定案的全部证据应形成一个体系(锁链),一环扣一环,无懈可击;

(3)证据与证据之间、证据与案情之间的矛盾,都得到了合理的排除;

(4)结案时认定的事实与情节,都有相应的证据予以证明;

(5)形成的证据体系所得出的结论是唯一的、排他的,不可能再有其他的可能性。

以上五点紧密联系在一起,必须同时具备。

在不同的诉讼阶段,其要求和标准也各有不同。因为一个案件在开始的阶段不可能立即达到证据确实、充分的程度,所以,在立案、拘留、逮捕、起诉等不同的阶段和环节上,诉讼的证明要求有所不同。

(1)立案阶段的证明要求。拘留是刑事诉讼的开始,证明要求比较低。《刑事诉讼法》第86条规定:"人民法院、人民检察院或者公安机关对于报案、控告、举报和自首的材料,应当按照管辖范围,迅速进行审查,认为有犯罪事实需要追究刑事责任的时候,应当立案。"这清楚地表明,立案阶段的证明要求有两条:一是确实发生了犯罪事实,不管是否查明了犯罪嫌疑人;二是需要追究刑事责任,而不存在《刑事诉讼法》第15条所规定的不需要追究刑事责任的六种情况。

(2)拘留时的证明要求。拘留是比较严厉的一种强制措施,其证明程度自然应比立案要求高。《刑事诉讼法》第61条规定:"公安机关对于现行犯或者重大嫌疑分子,如果有下列情形之一的,可以先行拘留:一、正在预备犯罪、实行犯罪或者在犯罪后即时被发觉的;二、被害人或者在场亲眼看见的人指认他犯罪的;三、在其身边或者住处发现有犯罪证据的;四、犯罪后企图自杀、逃跑或者在逃的;五、有毁灭、伪造证据或者串供可能的;六、不讲真实姓名的,住址、身份不明的;七、有流窜作案、多次作案、结伙作案重大嫌疑的。"上列七种情况,都是对拘留人犯在证据方面的要求。这比立案阶段的证明要求相比,就高多了。

(3)逮捕时的证明要求。关于逮捕的证明要求,《刑事诉讼法》第60条规定,必须是"有证据证明有犯罪事实,可能判处有期徒刑以上刑罚";根据第65条的规定,对于需要逮捕而证据不足的,可以取保候审或者监视居住,而不能逮捕。

(4)案件侦查终结移送起诉、提起公诉和有罪判决的证明标准是一致的。按照我国刑事诉讼法的规定,都应该是案件事实、情节清楚,证据确实、充分,从质上达到排他性的要求。

五、案例分析题

1. (1)被害人张望头部受钝器打击造成脑出血,导致脑功能障碍死亡的事实,由法医鉴定的鉴定结论证明;

(2)被告人张强为侵害行为时候的病理性酒精中毒状态由精神病司法鉴定的鉴定结论证明;

(3)被告人行为时所采用的方法、手段、造成的危害后果及行为与后果之间的因果关系,由附近村民李某等人证言证明。

2. 人民检察院对陈大作出不起诉决定是正确的。

《刑事诉讼法》第141条规定:"人民检察院认为犯罪嫌疑人的犯罪事实已经查清,证据确实、充分,依法应当追究刑事责任的,应当作出起诉决定。"这是起诉的法定条件,根据这一规定,起诉的案件必须符合:(1)犯罪事实已经查清;(2)证据确实、充分;(3)依法应当追究刑事责任。三个条件同时具备才能决定起诉。陈大强奸案仅从证据讲,没有达到证据确实、充分的要求。首先是认定陈大作案的证据不确实，陈大虽然有承认强奸事实的口供，但这一口供是在经过刑讯后作出的。根据《刑诉解释》第61条的规定，采用刑讯逼供等非法手段取得的证人证言、被告人供述等不能作为定案的根据，因此陈大的认罪口供不能作为认定陈大犯罪的根据。另外，陈大的认罪口供当时并没有签字，三天后虽经"工作"补签名字，但签名的时间与讯问的时间也不一致，再者，陈大只是在口供笔录上签了姓名，没有注明"此笔录我已看过"或者"向我宣读过无误"的字样，这也与刑事诉讼法的要求不符，即使没有刑讯这样的笔录也不能作为定案的根据。其次是证据不充分。认定陈大作案的主要根据，就是被害人的陈述。被害人与案件有直接利害关系，如果没有其他证据，仅凭被害人陈述是不能认定是犯罪嫌疑人作案的。在本案中，仅凭被害人陈述认定案件事实，证据显然不充分。根据起诉的案件必须同时具备的三个条件的规定，本案不具备证据条件，当然只能作不起诉处理。

3. 我们认为第一种意见是正确的，这是因为：

(1)匿名举报信只能作为证据线索，而不能作为证据。匿名举报没有检举人，这种证据无法在法庭上质证，因此也就难以判断其真伪。另外，这种不具名检举，一旦出现伪证，无人承担法律责任，因此它不具有证据的意义。

(2)仅靠被告人口供，没有其他证据，不能认定被告人有罪。《刑事诉讼法》第46条规定："只有被告人陈述，没有其他证据的，不能认定被告人有罪和处以刑罚。"在该案中，虽然三个被告人都承认犯罪，而且是在不同场合在没有串供的情况下分别供出的，但他们所讲的仍然是被告人口供。口供与口供之间只能起印证作用，而不能起认证作用。因为他们都是被告人，他们都同案件处理有直接的利害关系。如果仅凭被告人一致的口供定案，将来一旦有的被告人翻供，则整个定案的根据就会发生动摇，就可能出现错判。因此，本案中被告人一致的口供，也不能作为定案的根据。

根据以上两点，我们认为从证据的角度，该案认定有罪是证据不足的，应当继续侦查，或者宣告无罪。

4. 证明对象是案件中需要用证据证明的某些事实。在本案中证明对象包括：(1)犯罪嫌疑人范某的基本情况，即范某的姓名、性别、年龄、职业、住址等。(2)范某的犯罪事实情况，包括实施强奸行为的时间、地点、手段、动机等，还包括抢走刘某的手表、钱包等物品的事实情况。(3)程序性的事实情况，即犯罪嫌疑人范某要求侦查人员梁某回避的事实情况，包括侦查员梁某是否同范某打过架，并被范某打破头等，这一事实虽然同范某是否犯罪、应否追究其刑事责任无关，但这一事实却是决定侦查程序是否合法的重要情节，也必须由证据加以证明。

犯罪嫌疑人范某要求侦查员梁某回避，在决定是否回避之前，范某对侦查人员梁某的讯问拒绝回答是不对的。《刑事诉讼法》第30条规定："对侦查人员的回避作出决定前，侦查人员不能停止对案件的侦查。"侦查人员梁某将犯罪嫌疑人要求他回避的情况报告局长后，在局长作出回避决定之前，梁某应依法继续履行侦查职务，犯罪嫌疑人范某依法应接受讯问，并回答侦查人员提出的有关问题。范某以要求梁某回避为由，拒绝接受讯问，是违背刑事诉讼法的规定的。

5. 根据刑事诉讼法的规定，自诉案件由自诉人负举证责任，被告人不负举证责任。在本案中钱某控告赵某犯伤害罪，钱是本案的原告人，是控诉的一方，钱某对伤害罪负举证责任。赵某是被告人，对伤害罪不负举证责任。在本案审理过程中，赵某提出反诉，控告钱某犯侮辱罪，要求法院追究其刑事责任。在反诉中，赵某成为反诉的原告人，钱某成为反诉的被告人，在反诉中，赵某对侮辱罪应负举证责任，钱某对侮辱罪不负举证责任。这是因为在反诉案件中，案件原来的原告人和被告人互换位置，按照自诉案件举证责任的分配原则，举证责任也就发生了相互对换的变化。原来负举证责任的人变为不负举证责任，原来不负举证责任的人变为负举证责任。

第九章　强制措施

一、单项选择题

1. 解析：刑事诉讼中没有缺席审理的制度，没有经过审理也不能对案件作出判决，所以选项 A、D 明显错误；B 项之所以错误是因为自诉人不是拘传的适用对象。C 项是正确的，因为自诉人中途退庭，意味其放弃诉权。

答案：C

2. 解析：拘传的性质是强制就讯，而不是羁押，因此拘传以后必须立即讯问，所以 A、B 项明显不对。C 项虽然结论是正确的，但理由错误，也不能选。

答案：D

3. 解析：人民检察院和人民法院作出的取保候审的决定也应交公安机关执行。

答案：C

4. 解析：该犯罪嫌疑人没有离开其所居住的市、县，无须向执行机关报告，更不需要派员跟随。

答案：D

5. 解析：对保证人违反义务的罚款，应当由执行取保候审的机关负责，且罚款数额应确定在 1000 元至 20000 元之间。

答案：B

6. 解析：在被取保候审的人遵守了取保候审规定的情况下，案件审结后，就应当返还给被取保候审的人。

答案：C

7. 解析：犯罪嫌疑人在监视居住期间会见律师和共同生活的家庭成员是不需要经过批准的。

答案：C

8. 解析：被取保候审的人和被监视居住的人违反规定的处理办法是不一样的，被取保候审的人如果违反规定，可以根据其情节有多种处理办法，而被监视居住的人违反规定，情节严重的，则应予以逮捕。

答案：D

9. 解析：第一种拘留是根据治安管理处罚条例对行为人的一种行政处罚，第二种拘留是法院在民事诉讼过程中采取的一种强制措施，第三种拘留是刑事诉讼法中的一种强制措施。

答案：C

10. 解析：我国刑事诉讼中，拘留权只能由公安机关和检察院行使，法院没有拘留权。所以，A、B 两个选项不正确；C 项虽然结论是正确的，但理由不成立，也不应选。

答案：D

11. 解析：见《刑事诉讼法》第 84 条。

答案：D

12. 解析：见《刑事诉讼法》第 51 条。

答案:D

13. 解析:见《刑事诉讼法》第 61 条。

答案:C

14. 解析:见《刑事诉讼法》第 58 条。

答案:B

15. 解析:见《刑事诉讼法》第 60 条。

答案:D

16. 解析:我国《人民检察院刑事诉讼规则》第 106 条规定:对公安机关提请上一级人民检察院复核的不批准逮捕的案件,上一级人民检察院应当在收到提请复核意见书和案卷材料后 15 日内由检察长或者检察委员会作出是否变更的决定,并通知下级人民检察院和公安机关执行。如果需要改变原决定,应当通知作出不批准逮捕决定的人民检察院撤销原决定,另行制作批准逮捕决定书。必要时,上级人民检察院也可以直接作出批准逮捕决定,通知下级人民检察院送达公安机关执行,对不批准逮捕案件的复核,由人民检察院审查逮捕部门办理。

答案:D

17. 解析:《人民检察院刑事诉讼规则》第 94 条规定:"外国人、无国籍人涉嫌危害国家安全犯罪的案件或者涉及国与国之间政治、外交关系的案件以及在适用法律上确有疑难的案件,需要逮捕犯罪嫌疑人的,由省、州、市人民检察院审查并提出意见,层报最高人民检察院审查。最高人民检察院经征求外交部的意见后,决定批准逮捕。经审查认为不需要逮捕的,可以直接作出不批准逮捕的决定。"

答案:D

18. 解析:《六部委规定》第 26 条规定:修改后的刑事诉讼法将原刑事诉讼法关于逮捕条件中"主要犯罪事实已经查清"的规定修改为"有证据证明有犯罪事实"。其中"有证据证明有犯罪事实",是指同时具备下列情形:(1)有证据证明发生了犯罪事实;(2)有证据证明犯罪事实是犯罪嫌疑人实施的;(3)证明犯罪嫌疑人实施犯罪行为的证据已有查证属实的。犯罪事实可以是犯罪嫌疑人实施的数个犯罪行为中的一个。

答案:C

19. 解析:《刑诉解释》第 73 条规定:"根据案件事实,认为已经构成犯罪的被告人在取保候审期间逃匿的,如果保证人与该被告人串通,协助其逃匿以及明知藏匿地点而拒绝向司法机关提供的,对保证人应当依照刑法有关规定追究刑事责任。具有前款规定情形的,如果取保候审的被告人同时也是附带民事诉讼的被告人,保证人还应当承担连带赔偿责任,但应当以其保证前附带民事诉讼原告人提起的诉讼请求数额为限。"

答案:C

20. 解析:本题考查了逮捕的权限分工问题,逮捕的执行机关是公安机关,而通知是执行的内容之一,因此应该由公安机关进行。

答案:C

二、多项选择题

1. 解析:刑事诉讼法规定,人民法院、人民检察院和公安机关根据情况对犯罪嫌疑人和被告人都有权决定采用的强制措施只有 A、B、C 项。

答案:ABC

2. 解析:见《刑事诉讼法》第 60 条。

答案:ABD

3. 解析:见《刑事诉讼法》第 61 条,要注意,犯罪后企图自杀、逃跑或者在逃的,也属于先行拘留的对象。

答案:CD

4. 解析:见《刑事诉讼法》第 63 条,其中还有一条是正在实行犯罪或者在犯罪后及时被发觉的。

答案:BCD

5. 解析:参见《刑事诉讼法》第 69 条第 2 款。

答案:ABC

6. 解析:见《刑事诉讼法》第 60 条。

答案:BCD

7. 解析:注意,除了 A、B 项之外还有监视居住和逮捕。

答案:AB

8. 解析:见《刑事诉讼法》第 56 条第 2 款。

答案:ABCD

9. 解析:见《刑事诉讼法》第 59 条。

答案:AB

10. 解析:见《刑事诉讼法》第 51 条第 1 款第 1 项、第 2 项。

答案:BCD

11. 解析:在刑事诉讼中,拘传不以传唤为前提,但并不禁止在拘传以前进行传唤。

答案:BC

12. 解析:已经作出不起诉的决定,便不存在补充侦查的问题,补充侦查是在不起诉决定作出以前进行的;不起诉决定还在复议期间,不能作劳动教养的决定。在此情况下,公安机关既可以选择释放在押的犯罪嫌疑人,也可以选择变更逮捕为取保候审。

答案:AB

13. 解析:保证人和保证金是两种不同的取保候审方式,但这两种方式只能选用,不能同时采用。

答案:CD

14. 解析:A 项是所有的拘留都必须进行的程序;D 项是所有的拘留都没有的程序;B 项是到异地执行拘留的必经程序;C 项是根据期间的计算方法,即期间的计算不包括在路途上耽误的时间而推出来的。

答案:BC

15. 解析:扭送有特定的含义,指的是在法定情形下,将人扭送到公安机关、人民检察院或者人民法院进行处理。

答案:AC

16. 解析:我国《刑事诉讼法》对逮捕的条件有了明确的规定,第 60 条规定:对有证据证明有犯罪事实,可能判处徒刑以上刑罚的犯罪嫌疑人、被告人,采取取保候审、监视居住等方法,尚不足以防止发生社会危险性,而有逮捕必要的,应即依法逮捕。

答案:ACD

17. 解析:人民检察院对提请逮捕的案件进行审查之后,一般应该作出两种处理:(1)批准逮捕的决定；(2)不批准逮捕的决定。对需要补充侦查的案件，应该同时通知公安机关。

答案：BC

18. 解析：犯罪嫌疑人及其法定代理人、近亲属以及犯罪嫌疑人聘请的律师可以为犯罪嫌疑人申请取保候审。

答案：ACD

19. 解析：我国《刑事诉讼法》第 56 条第 2 款规定：被取保候审的犯罪嫌疑人、被告人违反前款规定，已交纳保证金的，没收其保证金，并且区别情形，责令犯罪嫌疑人、被告人具结悔过，重新交纳保证金、提出保证人或者监视居住、予以逮捕。犯罪嫌疑人、被告人在取保候审期间未违反前款规定的，取保候审结束的时候，应当退还保证金。

答案：ABCD

20. 解析：本题比较简单。逮捕的决定是由检察机关决定，而由公安机关执行的，这是刑事诉讼法中强制措施的一项规定。

答案：AC

三、简答题

1. 根据《刑事诉讼法》第 57 条的规定，被监视居住的犯罪嫌疑人、被告人应当遵守以下规定：

(1)未经执行机关批准不得离开住处，无固定住处的，未经批准不得离开指定的居所。固定住处是指犯罪嫌疑人、被告人在办案机关所在的市、县生活的合法住处。所谓指定的居所是指办案机关根据案件情况在办案机关所在的市、县内为犯罪嫌疑人指定的生活居所。

(2)未经执行机关批准不得会见他人。根据公安部《规定》第 97 条第 2 款的规定，这里的“他人”，是指与被监视居住人共同居住的家庭成员及其聘请的律师以外的其他人。这样，既不影响被监视居住人的正常生活，又保障了犯罪嫌疑人、被告人的律师会见权的实现。如果被监视居住人要会见他人，必须经过执行机关批准方能会见。

(3)在传讯的时候及时到案。监视居住的目的之一就在于保障刑事诉讼的顺利进行，因此，被监视居住的犯罪嫌疑人、被告人在被公安司法机关传讯时，必须及时到案，接受讯问。

(4)不得以任何形式干扰证人作证。既包括自己不能直接进行干扰，也包括不能指定、唆使他人干扰。

(5)不得毁灭、伪造证据或者串供。

需要指出的是，监视居住只是对犯罪嫌疑人、被告人的居住活动和行动自由加以监视，并不具有拘禁的性质，不能将犯罪嫌疑人、被告人变相羁押。公安机关不得建立专门的监视居住场所，不得在看守所、行政拘留所、留置室或者公安机关其他工作场所执行监视居住。

2. 根据刑事诉讼法第 61 条的规定，公安机关对于现行犯或者重大嫌疑分子，如果有下列情形之一的，可以先行拘留：

(1)正在预备犯罪、实行犯罪或者在犯罪后及时被发觉的。所谓预备犯罪是指为了犯罪准备工具、制造条件的。所谓实行犯罪是指正在进行犯罪活动的。

(2)被害人或者在场亲眼看见的人指认犯罪的。即遭受犯罪行为直接侵害的人或者在犯罪现场亲眼看到犯罪活动的人，并指认某人是犯罪嫌疑人。

(3)在身边或者住处发现有犯罪证据的。所谓身边指身体、衣服、随身携带的物品等。所谓住处包括永久性住处和临时性居所、办公地点等。

(4)犯罪后企图自杀、逃跑或者在逃的。犯罪后有一定证据证明其有自杀、逃跑的企图或迹象，或者犯罪后已经逃跑的。

(5)有毁灭、伪造证据或者串供可能的。

(6)不讲真实姓名、住址，身份不明的。指本人拒不说明其姓名、住址、职业等基本情况的。

(7)有流窜作案、多次作案、结伙作案重大嫌疑的。根据公安部《规定》第 110 条的规定，流窜作案，是指跨市、县管辖范围连续作案，或者在居住地作案后逃跑到外市、县继续作案。多次作案，是指 3 次以上作案。结伙作案，是指 2 人以上共同作案。

3. 民事拘留，是在民事诉讼过程中，对于严重妨碍民事诉讼程序的诉讼参与人以及其他人员采用的一种强制措施。刑事拘留和民事拘留的主要区别是：

(1)法律性质不同。刑事拘留是一种预防性措施，在现行犯和重大嫌疑分子可能实施妨碍刑事诉讼的行为时即可决定采取；而民事拘留是一种排除性措施，必须是被拘留人已经实施了妨碍民事诉讼程序的严重行为时采取的。

(2)法律依据不同。刑事拘留的法律依据是《刑事诉讼法》第 6 章的有关内容，而民事拘留的法律依据是《民事诉讼法》第 10 章的有关内容。

(3)适用机关不同。刑事拘留的决定机关是公安机关或人民检察院，执行机关是公安机关，而民事拘留的决定机关只能是人民法院，并由人民法院的司法警察执行，然后交公安机关有关场所看管。

(4)适用对象不同。刑事拘留只适用于现行犯和重大嫌疑分子；而民事拘留适用于实施了妨碍民事诉讼程序行为的所有人员，既包括当事人、诉讼参与人，又包括案外人。

(5)羁押期限不同。在一般刑事案件中，刑事拘留的羁押期限最长为 14 天，对流窜作案、多次作案、结伙作案的重大嫌疑分子，拘留的羁押期限最长可达 37 天；而民事拘留期限为 1 日以上、15 日以下。

(6)与判决的关系不同。刑事拘留的羁押期可以折抵刑期；民事拘留与判决结果不发生关系，不得因司法拘留而要求减轻或者免除判决应负的义务。

四、论述题

强制措施的适用原则，是指公安司法机关在对犯罪嫌疑人、被告人采取强制措施时，所应遵守的基本准则。由于刑事强制措施是同各种刑事犯罪作斗争所必不可少的手段，同时，它是一种限制或剥夺人身自由的强制方法，涉及公民的基本权利，如果适用不当，势必对公民的合法权益构成侵犯。因此，公安司法机关在适用强制措施时，必须坚持惩治犯罪与保障人权、严肃与谨慎相结合的方针。具体说来，应遵守以下原则：

(1)合法性原则。刑事强制措施只能由公安机关、人民检察院、人民法院适用，其他任何机关、团体和个人都无权采取强制措施。同时，公安司法机关在采取强制措施时，必须严格遵守法律规定的权限、适用对象、条件、程序和期限。

(2)必要性原则。强制措施的目的是保证诉讼活动的顺利进行，并非对每一案件中的犯罪嫌疑人、被告人都必须采用，只有当妨碍刑事诉讼顺利进行的情形存在时，才有适用刑事诉讼强制措施的必要。没有这种必要，就不应当适用强制措施。对于一个具体案件，是否需要采取强制措施，或者采取何种强制措施，都应当充分考虑以下情况：犯罪嫌疑人、被告人犯罪行为的性质，对社会危害性的大小；犯罪嫌疑人、被告人的人身危险程度，是否有逃避、妨碍侦查、起诉、审判活动或者发生意外情况的可能，公安司法机关对犯罪嫌疑人、被告人的犯罪证据的掌握情况；犯罪嫌疑人、被告人的年龄、性别、职业、身体健康状况、家庭状况等个人情况，比如其身体健康状况，是否为正在怀孕、哺乳自己婴儿的妇女。

(3)相当性原则。又称比例性原则,是指采取强制措施的种类、力度应当与犯罪嫌疑人、被告人的人身危险性程度和犯罪的轻重程度相适应。各种强制措施是按照强制力度的大小依次排列的,各自有其适用的对象、条件和方法,在诉讼过程中,能够采取强制程度低的措施,就不要采取强制程度高的措施;反之,罪行严重,社会危险性大,需要采取强制程度高的措施,就不能采取强制程度低的措施。只有这样,才能既保证对犯罪的打击力度,又防止滥用强制措施而造成对公民人身权利的侵犯。

(4)变更性原则。在刑事诉讼中,某种强制措施在采用后,并不是一成不变的,随着诉讼的进展和案情的变化要对其及时进行变更或解除。比如,有的原先适用的强制力较弱的措施已不足以约束犯罪嫌疑人、被告人时,有的已不需要采取逮捕羁押这种严厉的强制措施,有的是法定羁押期限届满又不能结案,或者对被拘留的人需要逮捕而又证据不足的,这些都应当及时变更强制措施。对于发现对犯罪嫌疑人、被告人不应当采取强制措施或者取保候审、监视居住期满的,应当及时解除强制措施。

五、案例分析题

1. (1)本案中,公安机关决定对蒙某适用取保候审的强制措施是适当的。《刑事诉讼法》第60条第2款规定:“对应当逮捕的犯罪嫌疑人、被告人,如果患有严重疾病,或者是正在怀孕、哺乳自己婴儿的妇女,可以采取取保候审或者监视居住的方法。”但这一条款中对于两种情况采用取保候审和监视居住用的是“可以”一词而不是“应当”。也就是说,不逮捕是相对的,要视情况而定。本案中蒙某在一审程序期间,企图杀死婴儿,又企图自杀,不仅严重妨碍了刑事诉讼的顺利进行,而且危及婴儿的安全,已经和前述对其取保候审的目的大相径庭,加之被害人家属情绪激动,有引发新的犯罪的可能。因此,这时人民法院决定对其逮捕是正确的,也是及时的。

(2)本案中,逮捕的执行程序存在错误。根据刑事诉讼法的规定,人民法院只有逮捕的决定权,没有逮捕的执行权,人民法院决定逮捕的案件,应该交由公安机关执行,执行逮捕时,要向犯罪嫌疑人出示公安机关负责人签发的逮捕证。而本案中人民法院没有制作逮捕决定书,也没有将案件交由公安机关执行,而是自己直接派两名法警逮捕犯罪嫌疑人,在逮捕犯罪嫌疑人时,更无法出示公安机关负责人签发的逮捕证。这些做法违背了刑事诉讼法有关执行逮捕的上述规定。

2. 本案程序上存在着如下错误:

(1)人民法院不接受群众的扭送的做法是错误的。根据我国刑事诉讼法第84条第3款的规定,公安机关、人民检察院或者人民法院对于报案、控告、举报都应当接受。对于不属于自己管辖的,应当移送主管机关处理,并且通知报案人、控告人、举报人;对于不属于自己管辖而又必须采取紧急措施的,应当先采取紧急措施,然后移送主管机关。

(2)公安局直接拘留崔某不当。根据刑事诉讼法第64条第1款的规定,公安机关拘留人的时候,必须出示拘留证。

(3)公安局于5月16日向检察机关提请批准逮捕不当,根据刑事诉讼法第69条第1款的规定,公安机关对被拘留的人,认为需要逮捕的,应当在拘留后的3日以内,提请人民检察院审查批准(在特殊情况下,提请审查批准的时间可以延长1日至4日)。

(4)公安局在检察机关不批准逮捕的情况下不释放崔某不当。根据刑事诉讼法第69条第3款的规定,人民检察院应当在接到公安机关提请批准逮捕书后的7日以内,作出批准逮捕或者不批准逮捕的决定。人民检察院不批准逮捕的,公安机关应当在接到通知后立即释放,并且将执行情况及时通知人民检察院。对于需要继续侦查，并且符合取保候审、监视居住条件的，依法取保候审或者监视居住。

(5)上一级检察机关经过复核，作出不批准逮捕的决定不当。根据刑事诉讼法第70条的规定，公安机关对人民检察院不批准逮捕的决定，在认为有错误的时候，可以要求复议，但是必须将被拘留的人立即释放。如果意见不被接受，可以向上一级人民检察院提请复核。上级人民检察院应当立即复核，作出是否变更的决定，并通知下级人民检察院和公安机关执行。

(6)人民法院派法警逮捕崔某的做法不当，应当由公安机关执行逮捕决定。根据刑事诉讼法第59条的规定，逮捕犯罪嫌疑人、被告人，必须经过人民检察院批准或决定，由公安机关执行。

第十章　附带民事诉讼

一、单项选择题

1. 解析：附带民事诉讼实质上属于民事诉讼范畴，因此作为当事人之一的原告有权处分自己的诉讼权利，即有撤诉权，这是当事人处分权的体现。

答案：A

2. 解析：参见《刑诉解释》第89条。附带民事诉讼应当在刑事案件立案以后第一审判决宣告之前提起。有权提起附带民事诉讼的人在第一审判决宣告以前没有提起的，不得再提起附带民事诉讼，但是可以在刑事判决生效后另行提起民事诉讼。

答案：C

3. 解析：根据《最高人民法院关于刑事附带民事诉讼范围问题的规定》第1条的规定，对于被害人因犯罪行为遭受精神损失而提起附带民事诉讼的，人民法院不予受理。

答案：D

4. 解析：参见《刑诉解释》第92条、第93条、第236条、第237条。人民法院收到附带民事诉状后，应当进行审查，并在7日内决定是否立案。

答案：A

5. 解析：参见《刑诉解释》第90条。

答案：C

6. 解析：根据《刑诉解释》第91条的规定，在我国提起附带民事诉讼的形式，一般应当提交附带民事诉状，书写诉状确有困难的，可以口头起诉。

答案：A

7. 解析：根据《刑诉解释》第102条的规定，人民法院在审理附带民事诉讼案件的时候，不另行收取诉讼费。

答案：C

8. 解析：参见《最高人民法院关于刑事附带民事诉讼范围问题的规定》第1条、第2条。物质损失不包括精神损害赔偿。对于被害人因犯罪行为遭受精神损失而提起附带民事诉讼的，人民法院不予受理。

答案：D

9. 解析：根据《刑诉解释》第87条的规定，附带民事诉讼的成年被告人，应当承担赔偿责任，如果其亲属自愿代为承担，应当准许。

答案：A

10. 解析:参见《刑诉解释》第 100 条和《最高人民法院关于民事诉讼证据的若干规定》第 8 条第 1 款,人民法院审理附带民事诉讼案件,除适用刑法、刑事诉讼法外,还应当适用民法通则、民事诉讼法的有关规定。在诉讼中,一方当事人对另一方当事人陈述的案件事实明确表示承认的,另一方当事人无须举证。

答案:C

二、多项选择题

1. 解析:参见《刑诉解释》第 88 条。

答案:ABCD

2. 解析:参见《刑诉解释》第 100 条。人民法院审判附带民事诉讼案件,除了适用刑法、刑事诉讼法外,还应当适用民法通则、民事诉讼法的有关规定。

答案:AC

3. 解析:参见《刑诉解释》第 86 条。附带民事诉讼中负有赔偿责任的人包括:(1)刑事被告人(公民、法人和其他组织)以及没有被追究刑事责任的其他共同致害人;(2)未成年刑事被告人的监护人;(3)已经被执行死刑的罪犯的遗产继承人;(4)在共同犯罪案件中,案件审结前已经死亡的被告人的遗产继承人;(5)其他对刑事被告人的犯罪行为依法应当承担民事赔偿责任的单位和个人。

答案:ABCD

4. 解析:参见《刑诉解释》第 84 条。人民检察院代表国家行使检察权,而不是附带民事诉讼的原告。

答案:ACD

5. 解析:参见《刑诉解释》第 249 条、第 250 条。审理附带民事诉讼的上诉、抗诉案件,应当对全案进行审查。

答案:BC

6. 解析:参见《刑事诉讼法》第 15 条、《刑诉解释》第 86 条。附带民事诉讼中依法负有赔偿责任的人包括案件审结前已死亡的被告人的遗产继承人。《刑诉解释》第 176 条第 9 款规定:被告人死亡的,应当裁定终止审理,对于根据已查明的案件事实和认定的证据材料,能够确认被告人无罪的,应当判决宣告被告人无罪。

答案:BC

7. 解析:对人民检察院提起的附带民事诉讼案件,人民法院不能调解。附带民事诉讼案件应当与刑事案件一并审理,但是为了防止刑事案件审判的过分迟延,附带民事诉讼案件可以在刑事案件审理后进行审理。

答案:BD

8. 解析:本题考察合并审理和分别审理。参见《刑诉解释》第 99 条。附带民事诉讼的成年被告人,应当承担赔偿责任,如果其亲属自愿代为承担,应当准许。对于被害人遭受的物质损失或者被告人的赔偿能力一时难以确定,以及附带民事诉讼当事人因故不能到庭等案件,为了防止刑事案件审判的过分迟延,附带民事诉讼部分可以在刑事案件审判后,由同一审判组织继续审理。

答案:AB

9. 解析:参见《刑诉解释》第 96 条、第 97 条。调解达成协议并当庭执行完毕的,可以不制作调解书,但应当记入笔录,经双方当事人、审判人员、书记员签名或者盖章即发生法律效力。

答案：ABD

10. 解析：根据《刑诉解释》第 84 条的规定，有权提起附带民事诉讼的人，除了被害人本人外，还包括被害人之外的因犯罪行为遭受物质损失的人；被害人是限制行为能力人或者无行为能力人时，其法定代理人和近亲属也有权提起附带民事诉讼。

答案：ABC

11. 解析：参见《刑事诉讼法》第 77 条第 1 款。附带民事诉讼必须由被害人一方申请，并且要针对物质损失。

答案：ABC

12. 解析：提起附带民事诉讼的时间是立案之后到一审判决之前。

答案：ABC

13. 解析：参见《刑诉解释》第 98 条。附带民事诉讼的原告人经人民法院传票传唤，无正当理由拒不到庭，或者未经法庭许可中途退庭的，应当按自行撤诉处理。附带民事诉讼对中途退庭的处理和民事诉讼一致。

答案：ABC

14. 解析：参见《最高人民法院关于刑事附带民事诉讼范围问题的规定》第 5 条之规定。

答案：AD

三、简答题

1. 附带民事诉讼是刑事诉讼中的一项重要制度，其意义在于：

(1)有利于正确处理案件。被告人的行为既触犯了刑律，又给被害人或者国家、集体财产造成了损失，应当既追究刑事责任，又追究民事责任。由于两种法律责任同出一源，所以，合并进行有利于查清事实，落实责任，使案件得到正确处理。

(2)有利于保护公民和国家、集体财产。由于犯罪行为使公民、国家、集体财产遭受了损失，所以，在追究被告人刑事责任的同时，解决其行为所造成的财产损害赔偿问题，可以使公民和国家、集体遭受的损失得以挽回，从而保护公民和国家、集体的财产。

(3)有利于保证人民法院审判工作的统一性和严肃性。由于附带民事诉讼是由审理刑事案件的同一审判组织进行审理的，这有利于保证对案件事实认识的统一性，避免因不同审判组织分别进行审判可能对同一违法行为或同一案件事实得出不同的结论，维护法院审判工作的严肃性。

(4)有利于提高诉讼效率和效益。一方面，附带民事诉讼是在刑事诉讼过程中一并解决的，这就极大地避免了公安司法机关的重复劳动，节省了司法资源；另一方面，对于当事人来说，附带民事诉讼可以减少他们重复出庭、重复举证等活动，减轻他们的讼累。

2. (1)通常情况下，应当与刑事案件一并审理。所谓一并审理，是指将刑事诉讼与附带民事诉讼放在同一程序中进行。在审理过程中，在对刑事部分进行法庭调查之后，对附带民事诉讼部分进行调查；在对刑事部分进行法庭辩论之后，对附带民事诉讼部分进行法庭辩论；对刑事部分与附带民事诉讼部分一并进行评议和宣判。之所以要一并进行，是因为案件的附带民事诉讼部分与刑事部分共同构成该案，两诉产生的根据出于同一根源。

(2)只有为了防止刑事案件审判的过分迟延，才可以在刑事案件审判后，由同一审判组织继续审理附带民事诉讼。由于刑事诉讼大多都涉及被告人的人身权利，不能久拖不决，所以刑事诉讼法规定了严格的办案期限。而附带民事诉讼有时候却难以与刑事诉讼同步进行，在这种情形下，为防止刑事诉讼的过分迟延，可以在审判刑事部分后，再由同一审判组织继续审理附带民事诉讼部分，但如果同一审判组织确实无法继续参加审判的，可以更换审判组织成员。

四、论述题

1. 被害人的损失是被告人的犯罪行为造成的。

2. 被害人的损失必须是物质损失。《最高人民法院关于刑事附带民事诉讼范围问题的规定》第 1 条第 1 款也规定："因人身权利受到犯罪侵犯而遭受物质损失或者财物被犯罪分子毁坏而遭受物质损失的，可以提起附带民事诉讼。"所以，附带民事诉讼请求赔偿的损失仅限于物质损失。

3. 存在具有提起附带民事诉讼的权利能力和行为能力的原告人。依据民事诉讼的一般理论，任何人只有同时具备诉讼权利能力和行为能力时，才有资格提起诉讼，也才有能力享有原告的诉讼权利，履行原告的诉讼义务。因此，根据刑事诉讼法和有关司法解释的规定，附带民事诉讼的原告人包括：

(1)因为犯罪行为而遭受物质损失的公民。

(2)被犯罪分子侵害造成物质损害的企业、事业单位、机关、团体等。

(3)当被害人是未成年人或精神病患者等无诉讼行为能力人时，他们的法定代理人或监护人可以代为提起附带民事诉讼。

(4)当被害人死亡时，其法定继承人可以代为提起附带民事诉讼。

(5)如果是国家财产、集体财产遭受损失的，人民检察院在提起公诉时，可以提起附带民事诉讼。

4. 有明确的被告人和具体的诉讼请求。

根据法律和有关规定，附带民事诉讼中依法负有赔偿责任的包括：(1)刑事被告人(公民、法人和其他组织)及没有被追究刑事责任的其他共同致害人；(2)未成年被告人的监护人；(3)已被执行死刑的罪犯的遗产继承人；(4)审结前已死亡的被告人的遗产继承人；(5)对刑事被告人的犯罪行为依法应当承担民事赔偿的单位和个人。

原告人提起附带民事诉讼，不仅要求有明确的被告人，还必须有具体的诉讼请求，即提出应当赔偿的具体数额，同时对加害事实造成的物质损失要有事实根据，并应承担举证责任。

五、案例分析题

1. (1)刘某有权不提起附带民事诉讼，人民法院无权将刘某列为附带民事诉讼的共同原告人。根据《刑诉解释》第 84 条第 2 款的规定，有权提起附带民事诉讼的人放弃诉讼权利的，应当准许，并记录在案。

(2)刑事案件与附带民事诉讼部分应当一并审理，但是在特殊情况下可以分开审理。但是人民法院不能将附带民事诉讼部分交由民事审判庭审理。

根据《刑事诉讼法》第 78 条的规定，附带民事诉讼应当同刑事案件一并审判，只有为了防止刑事案件审判的过分迟延，才可以在刑事案件审判后，由同一审判组织继续审理附带民事诉讼。

(3)有法律依据。根据《刑诉解释》第 95 条的规定，人民法院审理附带民事诉讼案件，在必要的时候，可以决定查封或者扣押被告人的财产。

2. (1)参见《最高人民法院关于刑事附带民事诉讼范围问题的规定》第 1 条、第 2 条。物质损失不包括精神损害赔偿。对于被害人因犯罪行为遭受精神损失而提起附带民事诉讼的，人民法院不予受理。所以，对于甲某提出的精神损害赔偿费不应当支持。

(2)根据《刑诉解释》第 90 条的规定，人民法院对于被害人在审理过程中坚持提起的已经过人民检察院调解、双方达成协议并已经给付的附带民事诉讼,也可以受理。

(3)参见《刑诉解释》第 98 条。附带民事诉讼的原告人经人民法院传票传唤,无正当理由拒不到庭的,应当按自行撤诉处理。

第十一章 立案

一、单项选择题

1. 解析:被告人是否提起反诉与立案条件无关。立案必须同时具备两个条件:一是事实条件,即有犯罪事实;二是需要追究刑事责任,称为法律条件。

答案:D

2. 解析:根据《刑事诉讼法》第 87 条的规定,人民检察院认为公安机关对于应当立案侦查而不立案侦查的,或者被害人认为公安机关对应当立案侦查的案件而不立案侦查,向人民检察院提出的,人民检察院应当要求公安机关说明不立案的理由。人民检察院认为公安机关不立案理由不能成立的,应当通知公安机关立案,公安机关接到通知后应当立案。

答案:C

3. 解析:控告是指被害人就其人身权利、财产权利遭受不法侵害的事实及犯罪嫌疑人的有关情况,向公安司法机关揭露和告发,要求依法追究其刑事责任的诉讼行为。控告与报案、举报是不同的,要区别开来。

答案:A

4. 解析:根据《刑事诉讼法》第 86 条,如果控告人不服,可以申请复议。

答案:C

5. 解析:公安机关在收到通知书后 7 日内应当将说明情况书面答复检察院。人民检察院认为公安机关不立案理由不成立时,发出“立案通知书”,公安机关在收到后 15 日内应当决定立案,并将立案决定书送达人民检察院。

答案:B

6. 解析:法律对公民向哪个公安司法机关举报是没有限制的。公安机关、检察机关、人民法院都应当接受。

答案:D

7. 解析:根据《刑事诉讼法》第 84 条的规定,公安机关、法院、检察院在遇到不属于自己管辖的报案、控告、举报时,都应当接受。对于不属于自己管辖的,应当移送主管机关处理,并且通知报案人、控告人、举报人;对于不属于自己管辖而又必须采取紧急措施的,应当先采取紧急措施,然后移送主管机关。

答案:D

8. 解析:我国《刑事诉讼法》第 86 条规定,人民法院、人民检察院或者公安机关对于报案、控告、举报和自杀的材料,应当按照管辖范围,迅速进行审查,认为有犯罪事实,需要追究刑事责任的时候,应当立案;认为没有犯罪事实,或者犯罪事实显著轻微,不需要追究刑事责任的时候,不予立案,并且将不立案的原因通知控告人。控告人如果不服,可以申请复议。

答案:A

二、多项选择题

1. 解析:立案是整个刑事诉讼程序的开始,也是刑事诉讼的必经程序。这一诉讼阶段具有相对的独立性和特定的诉讼任务,是每个刑事案件都必须经过的法定阶段。

答案:AB

2. 解析:根据《刑事诉讼法》第 86 条的规定,可以得出立案必须具备的条件。总的来说,主要有两个方面:一是有犯罪事实,称为事实条件;二是需要追究刑事责任,即法律条件。

答案:ABCD

3. 解析:立案监督是指有监督权的机关和公民依法对立案活动进行监视、督促或者审核的诉讼活动。立案监督不属于立案的具体程序。

答案:ABC

4. 解析:参见《刑事诉讼法》第 86 条、第 87 条。控告人对不立案决定不服的,可以向报案机关申请复议。被害人认为应当立案侦查而公安机关不予立案的,可以向人民检察院提起申诉。

答案:AC

5. 解析:根据《刑事诉讼法》第 88 条的规定,对于自诉案件,被害人有权向人民法院直接起诉。被害人死亡或者丧失行为能力的,被害人的法定代理人、近亲属有权向人民法院起诉,人民法院应当受理。

答案:ABC

6. 解析:根据我国《刑事诉讼法》第 84 条的规定,被害人对侵犯其人身、财产权利的犯罪事实或者犯罪嫌疑人,有权向公安机关、人民检察院或者人民法院报案或者控告。公安机关、法院、检察院在遇到不属于自己管辖的报案、控告、举报时,都应当接受。对于不属于自己管辖的案件,应当移送主管机关处理,并且通知报案人、控告人、举报人;对于不属于自己管辖而又必须采取紧急措施的案件,应当先采取紧急措施,然后移送主管机关。

答案:ABC

7. 解析:参见《刑事诉讼法》第 83 条、第 84 条。立案来源材料可以是司法机关主动发现的,也可以是他人提供的。

答案:ABCD

8. 解析:根据《人民检察院刑事诉讼规则》第 128 条的规定,在对举报线索进行初查的时候,侦查机关只能使用勘验、询问、鉴定、查询、调取证据材料等不限制被查对象人身、财产权利的措施。不得对被查对象采取强制措施,不得查封、扣押、冻结被查对象的财产。

答案:ABC

9. 解析:参见《人民检察院刑事诉讼规则》第 133 条、第 134 条。

答案:ABCD

10. 解析:参见《刑事诉讼法》第 84 条第 3 款、第 85 条第 1 款。公安机关对于属于自己管辖的举报有权采取紧急措施,报案的控告和举报可以以口头方式提出。

答案:BC

11. 解析:参见《刑事诉讼法》第 86 条、第 87 条。控告人可以对公安机关的决定申请复议。人民检察院可以要求公安机关立案。

答案:AD

三、简答题

1. 刑事诉讼中的立案,是指公安司法机关对于报案、控告、自首以及自诉人起诉等材料,依照管辖范围进行审查,以判明是否确有犯罪事实存在和应否追究刑事责任,并依法决定是否作为刑事案件进行侦查或审判的一种诉讼活动。

立案具有以下特点：(1)立案是法律赋予公安机关、人民检察院、人民法院特有的权力和职责，其他任何机关和个人都无立案权。《刑事诉讼法》第 83 条规定："公安机关或者人民检察院发现犯罪事实或者犯罪嫌疑人，应当按照管辖范围，立案侦查。"

(2)立案是我国刑事诉讼一个独立、必经的诉讼阶段，是刑事诉讼活动开始的标志。其独立性表现在：它与侦查、提起公诉、审判等诉讼阶段相并列，具有特定的诉讼任务和实现任务的特定程序和方式，诉讼主体之间形成了特定的刑事诉讼法律关系。

2. (1)公安机关、人民检察院自行主动获取的材料；

(2)单位和个人的报案或举报；

(3)被害人的报案或者控告；

(4)犯罪人的自首。

四、论述题

报案、控告、举报、自首材料是刑事案件立案材料的最主要来源，公安机关、人民检察院、人民法院必须予以妥善处理，为以后的刑事诉讼活动做好准备。根据刑事诉讼法的有关规定，对立案材料的接受，具体而言应当注意以下几点：

1. 根据《刑事诉讼法》第 84 条的规定，公安机关、人民检察院或者人民法院对于任何单位、个人和被害人的报案、举报和控告以及犯罪人的自首，无论是否属于自己的管辖范围，都应当接受，不得推诿或者拒绝。

2. 为了便于有关单位和个人报案、控告、举报以及犯罪人自首，群众扭送、报案、控告、举报既可以用书面形式提出，也可以用口头形式提出，两者在法律上具有同等效力，司法机关都应当接受。

3. 为了防止诬告陷害，确保控告、举报材料的真实、客观，接受控告、举报的工作人员应当向控告人、举报人说明诬告应负的法律责任，要求其尽量实事求是、客观准确。但是，从鼓励群众大胆揭露犯罪出发，对控告人、举报人因各种主客观因素影响而出现的控告、举报事实有出入甚至错告的，只要不是故意捏造事实、伪造证据诬陷他人的，就绝不能当作诬告处理。

4. 司法机关应当保障扭送人、报案人、控告人、举报人及其近亲属的安全，并为他们保密。司法机关应当采取必要措施保障扭送人、报案人、控告人、举报人及其近亲属的人身、财产安全。

5. 公安司法机关接受案件时，应当制作"接受刑事案件登记表"，作为公安司法机关管理刑事案件的原始材料妥善保管，存档备查。

五、案例分析题

1. 公安机关以丙某不是甲某的近亲属而不予受理的做法是错误的。任何人或者单位都有报案的权利和义务，公安机关都应当接受。

2. 公安机关在接待甲某的时候，要求甲某必须写出详细的报案材料，这是错误的做法。报案可以采用书面形式，也可以采用口头报案形式，公安机关都应当接受。

3. 公安机关经过审查决定不立案，半个月后才将不立案的决定结果告诉甲某，是错误的做法。公安机关决定不立案的情况，应当在 7 日内通知控告人。

4. 根据《六部委规定》第 7 条，检察院向公安机关发出"要求说明不立案理由的通知"，则公安机关应当在收到通知书后 7 日内书面答复检察院。人民检察院认为公安机关不立案理由不成立时，发出"立案通知书"，同时将有关证明应该立案的材料移送公安机关。公安机关在收到后 15 日内应当决定立案，并将立案决定书送达人民检察院。所以本案中，检察机关和公安机关的做法都存在程序错误的问题。

第十二章　侦查

一、单项选择题

1. 解析:本题考察了侦查机关在询问证人时的地点问题,根据《刑事诉讼法》第 97 条,询问证人的地点不同于讯问犯罪嫌疑人的地点,即询问证人不能在其所在市的指定地点进行。

答案:D

2. 解析:本题考察检察机关的鉴定批准程序问题。《人民检察院刑事诉讼规则》第 200 条规定:"鉴定由检察长批准,由人民检察院技术部门有鉴定资格的人员进行。"

答案:C

3. 解析:根据《人民检察院刑事诉讼规则》第 139 条的规定,提讯在押的犯罪嫌疑人,应当填写提审证,在看守所进行讯问——提押犯罪嫌疑人到人民检察院讯问的,应当经检察长批准,由 2 名以上司法警察押解。

答案:B

4. 解析:对于死因不明的尸体公安机关有权决定解剖而不必经过家属同意,参见《刑事诉讼法》第 104 条之规定。

答案:B

5. 解析:参见《刑事诉讼法》第 105 条之规定。

答案:B

6. 解析:侦查机关应当出示工作证以证明其身份。

答案:C

7. 解析:参见《公安机关办理刑事案件程序规定》第 241 条。

答案:B

8. 解析:根据《六部委规定》第 22 条、《刑事诉讼法》第 128 条,公安机关在侦查期间,发现犯罪嫌疑人另有重要罪行,需要重新计算侦查羁押期限的,由公安机关决定,但是要报人民检察院备案。

答案:C

9. 解析:淫秽书刊和雷管都属于违禁物品,匕首属于故意伤害案件的工具,均应予以扣押。

答案:D

10. 解析:刑事诉讼法只是规定了犯罪嫌疑人拒绝接受身体检查时,可以进行强制检查,至于检查被害人的身体应当得到被害人的同意,不得强制检查。

答案:C

11. 解析:本题考察中止侦查。参见《人民检察院刑事诉讼规则》第 241 条。

答案:D

12. 解析:邮件的扣押应当通过邮电机关转交扣押,不能由侦查机关直接扣押。

答案:C

13. 解析:参见《刑事诉讼法》第 165 条、第 166 条之规定,审判阶段的补充侦查应当由人民检察院自行进行,必要时可要求公安机关协助。

答案:B

14. 解析:案情复杂、期限届满不能终结的案件,可以经过上一级人民检察院批准延长。

答案:C

15. 解析:参见《人民检察院刑事诉讼规则》第136条、第158条、第159条、第161条之规定。

答案:D

二、多项选择题

1. 解析:扣押的目的是取得和保全证据,因此扣押的范围是与案件有关的物品和文件。

答案:ABC

2. 解析:公安机关在进行现场侦查时,在必要时可以聘请或指派具有专业知识的人员在侦查人员的主持下进行勘验。

答案:ABCD

3. 解析:公安机关在侦查过程中,发现犯罪嫌疑人另有重要罪行,需要重新计算羁押期限的,不需要经过人民检察院和上级公安机关的批准,但是要报同级人民检察院备案。

答案:AD

4. 解析:犯罪嫌疑人的法定代理人、近亲属及其聘请的律师都可以申请取保候审。

答案:ABC

5. 解析:参见《刑事诉讼法》第96条之规定。

答案:ACD

6. 解析:我国法律没有规定犯罪嫌疑人有沉默权,在讯问时犯罪嫌疑人应该如实回答与案件有关的问题。

答案:ABC

7. 解析:参见《刑事诉讼法》第126条之规定和《六部委规定》第31条。

答案:BCD

8. 解析:参见《人民检察院刑事诉讼规则》第234条、第235条和第237条之规定。

答案:ACD

9. 答案:ABCD

10. 解析:参见《刑事诉讼法》第111条之规定。

答案:AD

11. 解析:询问证人时应该单独进行。

答案:BD

12. 解析:委托鉴定人进行鉴定要有委托书,另外,犯罪嫌疑人的陈述材料不属于本鉴定所需要的材料。

答案:ABC

13. 解析:参见《刑事诉讼法》第104条、第105条、第108条、第110条之规定。

答案:ABCD

14. 解析:参见《刑事诉讼法》第123条和《人民检察院刑事诉讼规则》第218条之规定。

答案:BC

15. 解析:参见《人民检察院刑事诉讼规则》第268条之规定。

答案:ABD

三、简答题

1. 根据我国刑事诉讼法的规定,侦查行为包括:(1)讯问犯罪嫌疑人;(2)询问证人和被害人；(3)勘验和检查；(4)搜查；(5)扣押物证和书证；(6)鉴定；(7)通缉。

2. 询问证人必须符合法定的程序及要求，否则将会影响证人证言的证据资格和证明力。根据刑事诉讼法的规定和司法实践经验，询问证人的程序及其要求主要有：

(1)在侦查阶段，询问证人的主体只能是侦查机关的侦查人员，其他任何机关、单位或个人都无权询问证人。

(2)询问证人时，侦查人员不得少于 2 人。这一规定主要是为了保证询问内容的真实性和合法性。

(3)根据《刑事诉讼法》第 97 条的规定，侦查人员询问证人，可以到证人的所在单位或者住处进行，但是必须出示侦查机关的证明文件。

(4)根据《刑事诉讼法》第 97 条的规定，询问证人应当个别进行。

(5)根据《刑事诉讼法》第 98 条的规定，侦查人员询问证人，应当告知他应当如实地提供证据、证言和有意作伪证或者隐匿罪证要负的法律责任。

(6)侦查人员必须保证证人有客观、充分地提供证据和证言的条件；加强对证人的保护，提高证人作证的积极性、主动性。

(7)询问证人应当采取合法、适当的方法。侦查人员在询问证人时，一般应先让证人就他所知道的案件情况作连续的详细叙述，然后对其陈述的事实，问明其来源和根据。

(8)对特别情况的证人，需要保障他们的诉讼权利。

(9)询问证人应当制作笔录。

3. (1)现场勘验；(2)物证检验；(3)尸体检验；(4)人身检查；(5)侦查试验。

4. 通缉的对象主要是那些已知真实姓名、身份，应当逮捕而潜逃的犯罪嫌疑人。具体包括：(1)经过侦查，对有证据证明有犯罪事实存在，可能判处徒刑以上刑罚的犯罪嫌疑人，应当逮捕而在逃的；(2)罪该逮捕，因故只采用取保候审、监视居住等强制措施的犯罪嫌疑人外逃的；(3)已被逮捕，后变更采用取保候审、监视居住等强制措施的犯罪嫌疑人外逃的；(4)已被拘留、逮捕或被判刑，在讯问、押解或者羁押过程中逃跑的。对于那些尚不够逮捕条件的犯罪嫌疑人逃避侦查的，不得采用通缉措施。

四、论述题

1. 侦查的原则，是指侦查人员在从事侦查工作时必须遵循的基本准则。侦查的原则贯穿侦查活动的始终，对侦查活动全过程产生重大的影响和作用，从而对侦查活动的进行有普遍的指导意义。其主要原则有：(1)合法有效原则；(2)迅速及时原则；(3)客观全面原则；(4)细致完备原则；(5)专群结合原则；(6)保守秘密原则。

2. 侦查羁押期限，是指法律规定的侦查中对犯罪嫌疑人的羁押期限，或者说是指犯罪嫌疑人在侦查中被羁押以后到侦查终结的期限。我国刑事诉讼法对其有着严密的规定：

(1)一般羁押期限

《刑事诉讼法》第 124 条规定："对犯罪嫌疑人逮捕后的侦查羁押期限不得超过 2 个月。"这是对一般刑事案件侦查羁押期限的规定。如果犯罪嫌疑人在逮捕之前已经被拘留的，拘留的期限不包括在侦查羁押期限之内。

(2)特殊羁押期限

特殊羁押期限，也称侦查羁押期限的延长，是刑事诉讼法根据案件的特殊需要，规定在符合法定条件时履行相应的审批手续和程序，便可延长的侦查羁押期限。具体情况有：

①根据《刑事诉讼法》第 124 条的规定，案件复杂、期限届满不能终结的案件，可以经上一

级人民检察院批准延长1个月。

②根据《刑事诉讼法》第125条的规定，因为特殊原因，在较长时间内不宜交付审判的特别重大复杂案件，由最高人民检察院报请全国人民代表大会常务委员会批准延期审理。

③根据《刑事诉讼法》第126条的规定，下列案件在《刑事诉讼法》第124条规定的期限届满不能侦查终结的，经省、自治区、直辖市人民检察院批准或者决定，可以延长2个月：交通十分不便的边远地区的重大复杂案件；重大的犯罪集团案件；流窜作案的重大复杂案件；犯罪涉及面广、取证困难的重大复杂案件。

④根据《刑事诉讼法》第127条的规定，对犯罪嫌疑人可能判处10年有期徒刑以上刑罚的，依照《刑事诉讼法》第126条的规定延长期限届满，仍不能侦查终结的，经省、自治区、直辖市人民检察院批准或者决定，可以再延长2个月。

五、案例分析题

1.(1)甲某在被捕后有权聘请律师为其提供法律帮助。根据刑事诉讼法的有关规定，在侦查阶段，犯罪嫌疑人在被侦查机关第一次讯问后或者被采取强制措施后，有权聘请律师。

(2)本案中的鉴定结论不能作为证据使用。对精神病的医学鉴定，必须由省人民政府指定的医院进行。而本案中的医院是由公安机关指定的，不符合程序要求，所以不能作为证据使用。

(3)犯罪嫌疑人对鉴定结论有异议，有权要求重新鉴定，也可以申请补充鉴定，而且在侦查阶段和审判阶段都可以提出。

2.(1)徐某的妻子有权为其聘请律师，不是必须要本人亲自聘请。根据《刑事诉讼法》第96条的规定，犯罪嫌疑人在被侦查机关第一次讯问后或者采取强制措施之日起，可以聘请律师为其提供法律咨询，代理申诉、控告。根据《六部委规定》第10条，在侦查阶段，犯罪嫌疑人聘请律师的，可以自己聘请，也可以由其亲属代为聘请。

(2)郭某提出的会见徐某的请求应当予以批准。根据《刑事诉讼法》第96条的规定，受委托的律师除了涉及国家秘密的案件，会见犯罪嫌疑人不需要公安机关的批准，不能以侦查过程需要保密为由而不予批准。

(3)根据《六部委规定》第11条，律师提出会见犯罪嫌疑人的，应当在48小时内安排会见，对于组织、领导、参加黑社会组织罪，组织、领导、参加恐怖活动组织罪或者走私犯罪，毒品犯罪，贪污贿赂犯罪等重大复杂的两人以上的共同犯罪案件，律师提出会见犯罪嫌疑人的，应当在5日内安排会见。

(4)刘某的申请应当由公安机关的负责人决定，而不能由刑警队长决定。刘某在此期间不能停止工作。曹某可以对回避结果申请复议。根据《刑事诉讼法》第30条的规定，侦查人员的回避由公安机关负责人决定；对侦查人员的回避作出决定之前，侦查人员不能停止对案件的侦查。对驳回申请回避的决定，当事人及其法定代理人可以申请复议。

3.(1)可以进行勘验、检查，制作笔录，在必要时可以聘请或者指定具有专业知识的人员在侦查人员主持下进行勘验。

(2)公安机关在侦查过程中，发现犯罪嫌疑人还有重要罪行，需要重新计算羁押期限的，应当报人民检察院备案。

(3)犯罪嫌疑人及其法定代理人、近亲属可以为之申请取保候审。

(4)根据《刑事诉讼法》第96条的规定，犯罪嫌疑人在被侦查机关第一次讯问后或者采取强制措施之日起，可以聘请律师为其提供法律咨询、代理申诉、控告。犯罪嫌疑人被逮捕的，聘请的律师可以为其申请取保候审。受委托的律师有权向侦查机关了解犯罪嫌疑人涉嫌的罪名，可以会见在押的犯罪嫌疑人，向犯罪嫌疑人了解有关案件的情况。涉及国家秘密的案件，律师会见在押的犯罪嫌疑人，应当经侦查机关批准。

第十三章 起诉

一、单项选择题

1. 解析：我国实行的是检察一体化的原则。人民检察院审查起诉首先由专人审查，然后再集体讨论，最后由检察长决定或者由检察委员会讨论决定。这一工作模式决定了不是检察官个人起诉，因此，公诉人的行为应当同起诉书一样，应当发表支持起诉的公诉词，而不得发表同起诉书相矛盾的个人意见。

答案：B

2. 解析：《人民检察院刑事诉讼规则》第 288 条规定："人民检察院对于符合刑事诉讼法第十五条规定的情形之一的案件，经检察长决定，应当作出不起诉的决定。"在这里要注意的是，法定不起诉由检察长决定，酌定不起诉和存疑不起诉由检察委员会决定。在该案中，属于法定不起诉的情形。

答案：C

3. 解析：决定立案还是不立案，应当使用的是决定书，而不是裁定书。自诉案件审查决定是否立案的期限是 15 天，而且从受理后的第二天起计算。

答案：D

4. 解析：《刑诉解释》第 176 条规定："人民法院应当根据案件的具体情形，分别作出裁判……(九)被告人死亡的，应当裁定终止审理；对于根据已查明的案件事实和认定的证据材料，能够确认被告人无罪的，应当判决宣告被告人无罪。"在该案中，甲某虽然死亡，但是可以确认他的行为不构成犯罪，如果不能确认的话，就应当裁定终止审理。

答案：B

5. 解析：《人民检察院刑事诉讼规则》第 279 条规定："具有下列情形之一的，可以确认犯罪事实已经查清……(二)属于数个罪行的案件，部分罪行已经查清并符合起诉条件，其他罪行无法查清的……对于符合第(二)项情形的，应当以已经查清的罪行起诉。"处理决定针对的是人，而不是分别针对不同的罪行作出的。在一个人涉嫌数罪的情况下，有的罪行无法查清的，按已经查清的罪名起诉即可。

答案：D

6. 解析：《刑事诉讼法》第 15 条规定："有下列情形之一的，不追究刑事责任，已经追究的，应当撤销案件，或者不起诉，或者终止审理，或者宣告无罪……(二)犯罪已过追诉时效期限的……"

答案：D

7. 解析：《人民检察院刑事诉讼规则》第 282 条规定："起诉书应当一式八份，每增加一名被告人增加起诉书五份。"

答案：A

8. 解析：《人民检察院刑事诉讼规则》第 262 条规定："对于公安机关移送审查起诉的案件，发现犯罪嫌疑人没有违法犯罪行为的，应当书面说明理由将案卷退回公安机关处理；发现犯罪事实并非犯罪嫌疑人所为的，应当书面说明理由将案卷退回公安机关并建议公安机关重新侦查。如果犯罪嫌疑人已经被逮捕,应当撤销逮捕决定,通知公安机关立即释放。”第 263 条规定:“审查起诉部门对于本院侦查部门移送审查起诉的案件,发现具有本规则第二百六十二条规定的情形之一的,应当退回本院侦查部门建议作出撤销案件的处理。”

答案:B

9. 解析:在审查起诉阶段,如果人民检察院认为犯罪嫌疑人的行为不是犯罪行为,就不符合提起公诉的条件,应当直接作出不起诉的决定。

答案:B

10. 解析:《人民检察院刑事诉讼规则》第 279 条规定:“具有下列情形之一的,可以确认犯罪事实已经查清……(三)无法查清作案工具、赃物去向,但有其他证据足以对被告人定罪量刑的……”第 281 条规定:“人民检察院作出起诉决定后,应当制作起诉书。……被告人真实姓名、住址无法查清的,应当按其绰号或者自报的姓名、自报的年龄制作起诉书,并在起诉书中注明。”

答案:D

11. 解析:A 项属于酌定不起诉,C 项属于法定不起诉,D 项属于存疑不起诉。

答案:B

12. 解析:见《刑事诉讼法》第 15 条。

答案:A

13. 解析:《六部委规定》第 38 条规定:“对于适用简易程序审理的公诉案件,无论人民检察院是否派员出庭,都应当向人民法院移送全部案卷和证据材料。”

答案:C

14. 解析:《刑事诉讼法》第 143 条规定:“不起诉的决定,应当公开宣布,并且将不起诉决定书送达被不起诉人和他的所在单位。如果被不起诉人在押,应当立即释放。”第 145 条规定:“对于有被害人的案件,决定不起诉时,人民检察院应当将不起诉决定书送达被害人,被害人如果不服,可以自收到决定后七日以内向上一级人民检察院申诉,请求提起公诉。”

答案:A

15. 解析:《人民检察院刑事诉讼规则》第 279 条规定:“人民检察院对案件进行审查后,认为犯罪嫌疑人的犯罪事实已经查清,证据确实、充分,依法应当追究刑事责任的,应当作出起诉决定。”

答案:B

16. 解析:《人民检察院刑事诉讼规则》第 248 条第 4 款规定:“一人犯数罪、共同犯罪和其他需要并案审理的案件,只要其中一人或者一罪属于上级人民检察院管辖的,全案由上级人民检察院审查起诉。”在本案中故意杀人罪的审查起诉应当由上级人民检察院管辖,故应当将全案移送到上级人民检察院。

答案:A

17. 解析:《刑事诉讼法》第 138 条规定:“人民检察院对于公安机关移送起诉的案件,应当在一个月以内作出决定,重大、复杂的案件,可以延长半个月。”

答案:A

18. 解析:《人民检察院刑事诉讼规则》第 266 条规定:“人民检察院认为犯罪事实不清、证据不足或者遗漏罪行、遗漏同案犯罪嫌疑人等情形,认为需要补充侦查的,应当提出具体的书面意见,连同案卷材料一并退回公安机关补充侦查;人民检察院也可以自行侦查,必要时可以要求公安机关提供协助。”

答案:C

19. 解析:《刑事诉讼法》第142条规定:“对于犯罪情节轻微,依照刑法规定不需要判处刑罚或者免除刑罚的,人民检察院可以作出不起诉决定。”

答案:C

20. 解析:《刑事诉讼法》第139条规定:“人民检察院审查案件,应当讯问犯罪嫌疑人,听取被害人和犯罪嫌疑人、被害人委托的人的意见。”

答案:B

二、多项选择题

1. 解析:《人民检察院刑事诉讼规则》第262条规定:“对于公安机关移送审查起诉的案件,发现犯罪嫌疑人没有违法犯罪的行为,应当书面说明理由将案卷退回公安机关处理;发现犯罪事实并非犯罪嫌疑人所为的,应当书面说明理由,将案卷退回公安机关并建议公安机关重新侦查。如果犯罪嫌疑人已经被逮捕,应当撤销逮捕决定,通知公安机关立即释放。”

答案:CD

2. 解析:《刑事诉讼法》第143条规定:“不起诉的决定,应当公开宣布,并且将不起诉决定书送达被不起诉人和他的所在单位。”第144条规定:“对于公安机关移送起诉的案件,人民检察院决定不起诉的,应当将不起诉决定书送达公安机关。”第145条规定:“对于有被害人的案件,决定不起诉的,人民检察院应当将不起诉决定书送达被害人。”

答案:ABCD

3. 解析:《刑诉解释》第117条规定:“案件经过审查后,应当根据不同情况分别处理:(一)对于不属于本院管辖或者被告人不在案的,应当决定退回人民检察院;(二)对于不符合本解释第一百一十六条第(二)至(九)项规定之一,需要补送材料的,应当通知人民检察院在三日内补送;(三)对于根据刑事诉讼法第一百六十二条第(三)项规定宣告被告人无罪,人民检察院依据新的事实、证据材料重新起诉的,人民法院应当依法受理;(四)依照本解释第一百七十七条规定,人民法院裁定准许人民检察院撤诉的案件,没有新的事实、证据,人民检察院重新起诉的,人民法院不予以受理;(五)对于符合刑事诉讼法第十五条第(二)项至第(六)项规定的情形的,应当裁定终止审理或者决定不予受理;(六)对于被告人真实身份不明,但符合刑事诉讼法第一百二十八条第二款规定的,人民法院应当依法受理。”

答案:AB

4. 解析:AB两项工作不是必经程序,是根据案件的具体情况而定的,可以做也可以不做。而CD两项工作是法定的必经程序。

答案:CD

5. 解析:《人民检察院刑事诉讼规则》第291条规定:“人民检察院决定不起诉的案件,可以根据案件的不同情况,对被不起诉人予以训诫或者责令具结悔过、赔礼道歉、赔偿损失。对被不起诉人需要给予行政处罚、行政处分或者需要没收其违法所得的,人民检察院应当提出检察意见,连同不起诉决定书一并移送有关主管机关处理。”

答案:ABCD

6. 解析:《人民检察院刑事诉讼规则》第273条规定:“共同犯罪中的部分犯罪嫌疑人潜逃的,对犯罪嫌疑人可以中止审查;对其他犯罪嫌疑人的审查起诉应当照常进行。”

答案:BC

7. 解析:《人民检察院刑事诉讼规则》第 286 条规定:“人民检察院对于退回补充侦查的案件,仍然认为证据不足,不符合起诉条件的,经检察委员会讨论决定,可以作出不起诉的决定。”第 288 条规定:“人民检察院对于符合刑事诉讼法第十五条规定的情形之一的案件,经检察长决定,应当作出不起诉决定。”第 289 条规定:“人民检察院对于犯罪情节轻微,依照刑法规定不需要判处刑罚或者免除刑罚的,经检察委员会讨论决定,可以作出不起诉的决定。”

答案:ABC

8. 解析:《适用简易程序的若干意见》第 3 条规定:“人民检察院在提起公诉时,连同全案卷宗、证据材料、起诉书一并移送人民法院。”

答案:BCD

9. 解析:根据《人民检察院刑事诉讼规则》第 265 条、第 258 条、第 343 条的规定可知 A、B、C 三项正确。根据第 350 条的规定,检察机关在庭审中需补充证据,一般应当自行补充,也可以要求公安机关协助,但是不要求书面提供。

答案:ABC

10. 解析:根据《刑诉解释》第 187 条,自诉人因病不能告诉的,近亲属可以代为告诉。乙某的外甥女是亲属而不是近亲属,他的上级领导也不是近亲属。

答案:BC

11. 解析:AD 项属于法定不起诉,B 项属于存疑不起诉,C 项属于酌定不起诉。法定不起诉决定由检察长作出,存疑不起诉和酌定不起诉由检察委员会讨论决定。

答案:BC

12. 解析:被害人对不起诉决定不服的,可以选择申诉也可以选择起诉,申诉并不是起诉的必经程序,但如果申诉的话,是由上级人民检察院对申诉进行复查,而不是作出不起诉决定的人民检察院。

答案:AB

13. 解析:《人民检察院刑事诉讼规则》第 280 条规定:“人民检察院在办理公安机关移送审查起诉的案件中,发现遗漏依法应当移送审查起诉的同案犯罪嫌疑人的,应当建议公安机关补充移送审查起诉;对于犯罪事实清楚,证据确实充分的,人民检察院也可以直接提起公诉。”

答案:AC

14. 解析:《刑事诉讼法》第 131 条规定:“在侦查过程中,发现不应对犯罪嫌疑人追究刑事责任的,应当撤销案件,犯罪嫌疑人已被逮捕的,应当立即释放,发给释放证明,并且通知原批准逮捕的人民检察院。”

答案:BCD

15. 解析:《人民检察院刑事诉讼规则》第 263 条规定:“审查起诉部门对于本院侦查部门移送审查起诉的案件,发现具有本规则第二百六十二条规定的情形之一的,应当退回本院侦查部门建议作出撤销案件的处理。”本案属于自侦案件,审查起诉中发现没有违法犯罪行为的,应当退回本院侦查部门建议作出撤销案件的处理。

答案:ABCD

16. 解析:《刑事诉讼法》第 180 条规定:“被告人、自诉人和他们的法定代理人,不服地方各级人民法院第一审判决、裁定,有权用书状或者口头向上一级人民法院上诉。被告人的辩护人和近亲属,经被告人同意,可以提出上诉。附带民事诉讼的当事人和他们的法定代理人,可以对地方各级人民法院第一审的判决、裁定中的附带民事诉讼部分,提出上诉。”

答案：BCD

17. 解析：《刑事诉讼法》第 36 条规定："辩护律师自人民检察院对案件审查起诉之日起，可以查阅、摘抄、复制本案的诉讼文书、技术性鉴定材料，可以同在押的犯罪嫌疑人会见和通信。"本题中被害人的陈述不属于本条规定的范畴。

答案：ABD

18. 解析：《刑事诉讼法》第 138 条、第 140 条规定："人民检察院审查起诉的案件，改变管辖的，从改变后的人民检察院收到案件之日起计算审查起诉期限……补充侦查完毕移送人民检察院后，人民检察院重新计算审查起诉期限。"《六部委规定》第 34 条规定："人民检察院受理同级公安机关移送审查起诉的案件，按照刑事诉讼法的管辖规定，认为应当由上级人民检察院或者同级其他人民检察院起诉的，应当由人民检察院将案件移送有管辖权的人民检察院审查起诉。"《人民检察院刑事诉讼规则》第 307 条规定："对依法可能判处三年以下有期徒刑、拘役、管制、单处罚金的公诉案件，事实清楚、证据充分，经检察长决定，适用简易程序的，应当向人民法院提出建议。"

答案：AB

19. 解析：《人民检察院刑事诉讼规则》第 320 条规定："律师以外的辩护人向人民检察院申请查阅、摘抄、复制本案的诉讼文书、技术性鉴定材料……具有以下情形之一的，人民检察院可以不予许可……(二)案件事实不清，证据不足，或者遗漏罪行、遗漏同案犯罪嫌疑人需要补充侦查的；(三)涉及国家秘密的……"

答案：AB

20. (1)解析：酌定不起诉的条件是犯罪嫌疑人的犯罪情节轻微，不需要判处刑罚或者免除刑罚，应当由人民检察院根据案件的具体情况，全面考虑、自由裁量、经过选择后作出的决定，该案就属于酌定不起诉的情形。

答案：BCD

(2)解析：《人民检察院刑事诉讼规则》第 295 条规定："不起诉决定书应当送达被害人或者其近亲属及其诉讼代理人、被不起诉人以及被不起诉人的所在单位。"

答案：BCD

(3)解析：《刑事诉讼法》第 143 条规定："不起诉的决定，应当公开宣布，并且将不起诉决定书送达被不起诉人和他的所在单位。"《人民检察院刑事诉讼规则》第 291 条规定："人民检察院决定不起诉的案件，可以根据案件的不同情况，对被不起诉人予以训诫或者责令具结悔过、赔礼道歉、赔偿损失。对被不起诉人需要给予行政处罚、行政处分或者需要没收其违法所得的，人民检察院应当提出检察意见，连同不起诉决定书一并移送有关主管机关处理。"

答案：BCD

三、简答题

1. (1)法定不起诉：

①情节显著轻微、危害不大，不认为是犯罪的；

②犯罪已过追诉时效期限的；

③经特赦令免除刑罚的；

④依照刑法告诉才处理的犯罪，没有告诉或者撤回告诉的；

⑤犯罪嫌疑人、被告人死亡的；

⑥其他法律规定免予追究刑事责任的。

(2)酌定不起诉：对于犯罪情节轻微，依照刑法规定不需要判处刑罚或者免除刑罚的，人民检察院可以作出不起诉决定。

(3)存疑不起诉：对于补充侦查的案件，人民检察院仍然认为证据不足，不符合起诉条件的，可以作出不起诉的决定。

2.《刑事诉讼法》第141条规定："人民检察院认为犯罪嫌疑人的犯罪事实已经查清，证据确实、充分，依法应当追究刑事责任的，应当作出起诉的决定，按照审判管辖的规定，向人民法院提起公诉。"根据这一规定，提起公诉需要具备三个条件：

(1)认定犯罪嫌疑人的犯罪事实已经查清。既不能遗漏同案犯罪嫌疑人也不能遗漏犯罪事实。

(2)证据必须确实、充分。人民检察院提起公诉必须承担举证的义务，没有证据或者证据不确实、不充分的，不应当提起公诉。

(3)依法应当追究犯罪嫌疑人的刑事责任。犯罪嫌疑人没有实施犯罪行为，或者虽然实施犯罪行为，但依法不应当追究行为人的刑事责任的，不能对他提起公诉。

3. 人民检察院在审查案件的时候，必须查明：

(1)犯罪事实、情节是否清楚，证据是否确实、充分，犯罪性质和罪名的认定是否正确；

(2)有无遗漏罪行和其他应当追究刑事责任的人；

(3)是否属于不应追究刑事责任的案件；

(4)有无附带民事诉讼；

(5)侦查活动是否合法。

四、论述题

酌定不起诉，是指人民检察院认为犯罪嫌疑人的犯罪情节轻微，依照刑法规定不需要判处刑罚或者免除刑罚的案件，可以作出不起诉的决定。由此，我们认为酌定不起诉不是有罪认定，而是同无罪判决具有同等的法律效力的。

(1)从酌定不起诉的法律依据、条件和具体情形来看。

我国《刑事诉讼法》第142条规定："对于犯罪情节轻微，按照刑法规定不需要判处刑罚或者免予刑罚的，人民检察院可以作出不起诉决定。"根据这一规定，酌定不起诉必须同时具备两个条件：一是犯罪嫌疑人实施的行为触犯了刑律，符合犯罪构成的要件，已经构成犯罪；二是犯罪行为情节轻微，依照刑法规定不需要判处刑罚或者免除处罚。而依照刑法规定，酌定不起诉情节轻微包括下列情形：

①犯罪嫌疑人在中华人民共和国领域外犯罪，依照我国刑法规定应当负刑事责任，但在外国已经受到过刑事处罚的；

②犯罪嫌疑人又聋又哑，或者是盲人犯罪的；

③犯罪嫌疑人因正当防卫过当或紧急避险超过必要限度，并造成不应有的危害而犯罪的；

④为犯罪准备工具，制造条件的；

⑤在犯罪过程中自动中止或自动有效地防止犯罪结果发生的；

⑥在共同犯罪中，起次要或辅助作用的；

⑦被胁迫、诱骗参加犯罪的；

⑧犯罪嫌疑人自首或者在自首后有立功表现的。

(2)从酌定不起诉的起源来看。

酌定不起诉是在废除免予起诉制度的基础上发展起来的一种不起诉类型。在新刑事诉讼法中，扩大了不起诉的范围，对犯罪情节轻微，依照刑法规定不需要判处刑罚或者免除处罚的，人民检察院可以不起诉，不再使用免予起诉。可见，人民检察院根据现行刑事诉讼法作出的酌定不起诉和免予起诉的本质区别是前者不再具有认定为有罪的实体法律效力，而后者意味着虽然不被起诉但仍然是被认定为有罪。

(3)从无罪推定的角度来看。

《刑事诉讼法》第12条规定："未经人民法院依法判决，对任何人都不得确定有罪。"由此可以认为，人民检察院作出不起诉处理的案件还没有进入审判程序，没有经过人民法院依照法定程序进行审理和判决。因此，人民检察院作出的任何不起诉决定都不可能具有确定有罪的法律效力。虽然人民检察院要对案件进行审查，判断犯罪嫌疑人是否有罪，构成什么犯罪，但是这只是程序意义上的审查。如果人民检察院认为需要确定犯罪嫌疑人有罪，则应当提起公诉，由人民法院对案件进行审理并作出是否有罪的判决。因此，酌定不起诉是一个程序性的决定，阻止了再将案件交付法院审判。由此，其法律效力相当于无罪判决。

(4)从我国的刑事政策来看。

酌定不起诉制度体现了"区别对待"、"惩办和宽大相结合"的刑事政策。对于已经认错悔改、行为危害不大的犯罪嫌疑人，不追诉比追诉更有利于教育和改造，实现刑法的目的。酌定不起诉和其他形式的不起诉一样具有与无罪判决同等的法律效力。

五、案例分析题

1. (1)错误1：根据《刑事诉讼法》第137条、第143条，人民检察院发现不应当对乙某追究刑事责任，应对其作出不起诉的决定，撤销案件。又因为乙某已经被逮捕，所以应当立即释放他。

(2)错误2：不应当将该案退回公安机关补充侦查，而应当继续审查起诉在案的犯罪嫌疑人，《人民检察院刑事诉讼规则》第246条规定："共同犯罪的部分犯罪嫌疑人在逃的，应当要求公安机关在采取必要措施保证在逃的犯罪嫌疑人到案后另案移送审查起诉，对在案的犯罪嫌疑人的审查起诉应当照常进行。"所以，应当继续对丙某审查起诉。

2. (1)甲某的观点不正确。《刑事诉讼法》第139条规定："人民检察院审查案件，应当讯问犯罪嫌疑人，听取被害人和犯罪嫌疑人、被害人委托的人的意见。"讯问犯罪嫌疑人是法律规定的必经程序，不经过讯问犯罪嫌疑人而决定起诉是不合法的。

(2)丁某的观点不正确。根据《刑事诉讼法》第139条(同上)，人民检察院审查起诉时，应当听取被害人的意见，这也是法律规定的必经程序，所以，不听取被害人的意见而起诉是不合法的。

3. 公安机关的做法不正确。

(1)法定不起诉是指对于符合《刑事诉讼法》第15条的情形之一的案件，人民检察院应当作出不起诉的决定。根据该条的规定，情节显著轻微，危害不大，不认为是犯罪的应当不起诉。

(2)根据《刑事诉讼法》第143条、第144条的规定，不起诉的决定应当公开宣布，并且将不起诉决定书送达被不起诉人和他的所在单位。如果被不起诉人在押，应当立即释放。即使公安机关认为不起诉的决定有错误时要求复议、复核的，也不影响对不起诉决定书的执行。

(3)该案中，甲某的行为经人民检察院的审查后认为不构成犯罪，依法作出不起诉的决定。公安机关本来应当在接到不起诉决定书后，立即通知看守所放人，并向同级人民检察院提出复议和向上一级人民检察院提出复核的要求。但是公安机关接到不起诉决定书后，不但不通知看守所放人，反而将甲某的案卷又转报上级公安机关要求批准劳动教养。未获批准后仍不通知放人，而将材料退回原派出所。从而致使甲某在不起诉决定作出后，仍被关押两年。这种做法严重违反了刑事诉讼法的规定，侵犯了甲某的合法的人身权利。

第十四章　第一审程序

一、单项选择题

1. 解析：《刑事诉讼法》第147条规定："基层人民法院、中级人民法院审判第一审案件，应当由审判员三人或者由审判员和人民陪审员共三人组成合议庭进行……高级人民法院、最高人民法院审判第一审案件，应当由审判员三人至七人或者由审判员和人民陪审员共三人至七人组成合议庭进行。"

答案：A

2. 解析：根据《刑事诉讼法》第147条的规定(同上)。

答案：C

3. 解析：告知当事人和其他诉讼参与人出庭的方式是不一样的。对当事人要采取传唤的方式，对其他诉讼参与人则采取通知的方式，而且要在开庭3日以前通知。

答案：A

4. 解析：《刑诉解释》第165条规定："被告人当庭拒绝辩护人为其辩护，要求另行委托辩护人的，应当同意，并宣布延期审理。"

答案：C

5. 解析：《刑事诉讼法》第159条规定："法庭审理过程中，当事人和辩护人、诉讼代理人有权申请通知新的证人到庭，调取新的物证，申请重新鉴定或者勘验。"

答案：C

6. 解析：根据《刑事诉讼法》的有关规定，在法庭的调查过程中，对证人的询问顺序依次应当是公诉人、被害人、被告人、辩护人。

答案：A

7. 解析：《刑事诉讼法》第172条规定："人民法院对于自诉案件，可以进行调解；自诉人在宣告判决前，可以同被告人自行和解或者撤回自诉。"

答案：B

8. 解析：《刑诉解释》第202条规定："自诉人经两次依法传唤，无正当理由拒不到庭的，或者未经法庭准许中途退庭的，人民法院应当决定按自诉人撤诉处理。"在该案中只进行了一次传唤，不能直接按撤诉处理，而应当再合法传唤一次。

答案：B

9. 解析：《刑诉解释》第168条规定："被告人在最后陈述中提出了新的事实、证据，合议庭认为可能影响正确裁判的，应当恢复法庭调查；如果被告人提出新的辩解理由，合议庭认为确有必要的，可以恢复法庭辩论。"

答案：C

10. 解析：《刑事诉讼法》第173条规定："自诉案件的被告人在诉讼过程中，可以对自诉人提起反诉。"

答案：A

11. 解析：根据刑事诉讼法的有关规定，法庭辩论之后的必经的一项程序是被告人的最后陈述。

答案:D

12. 解析:《刑事诉讼法》第 152 条规定:“十六岁以上不满十八岁未成年人犯罪的案件,一般也不公开审理。”第 163 条规定:“宣告判决,一律公开进行。”

答案:C

13. 解析:《刑诉解释》第 176 条规定:“(七)被告人是精神病人,在不能辨认或者不能控制自己行为的时候造成危害结果不予刑事处罚的,应当判决宣告被告人不负刑事责任。”

答案:D

14. 解析:《刑诉解释》第 122 条规定:“依法不公开审理的案件,任何公民包括与审理该案无关的法院工作人员和被告人的近亲属都不得旁听。”

答案:B

15. 解析:《刑诉解释》第 229 条规定:“适用简易程序审理的案件,在法庭审理过程中,发现以下不宜适用简易程序情形的,应当决定中止审理,并按照公诉案件或者自诉案件的第一审普通程序重新审理:(一)公诉案件被告人的行为不构成犯罪的……”

答案:B

16. 解析:《刑事诉讼法》第 150 条规定:“人民法院对提起公诉的案件进行审查后,对于起诉书中有明确的指控犯罪事实并且附有证据目录、证人名单和主要证据复印件或者照片的,应当决定开庭审判。”

答案:A

17. 解析:《刑诉解释》第 183 条规定:“宣判时,公诉人、辩护人、被害人、自诉人或者附带民事诉讼的原告人未到庭的,不影响宣判的进行。”

答案:B

18. 解析:《刑诉解释》第 181 条规定:“在审判过程中,自诉人或者被告人患精神病或者其他严重疾病,以及案件起诉到人民法院后被告人脱逃,致使案件在较长的时间内无法继续审理的,人民法院应当裁定中止审理。”

答案:B

19. 解析:《人民检察院刑事诉讼规则》第 336 条规定:“被告人在庭审中的陈述与在侦查、审查起诉中的供述一致或者不一致的内容不影响定罪量刑的,可以不宣读被告人的供述笔录。被告人在庭审中的陈述与在侦查、审查起诉中的供述不一致,足以影响定罪量刑的,可以宣读被告人供述笔录,并针对笔录中被告人的供述内容对被告人进行讯问,或者提出其他证据进行证明。”

答案:D

20. 解析:在没有被告人被羁押的情况下,对于自诉案件,法律对审理期限作出明确的规定,但是在该案中,由审判员一人独任审判也就说明该案是适用简易程序审理的,根据《刑事诉讼法》第 178 条的规定,“适用简易程序审理案件,人民法院应当在受理后二十日以内审结”。

答案:A

21. 解析:根据《刑事诉讼法》第 183 条的规定,上诉的期限是 10 日,从接到判决书的第二日起算,该案撤回上诉是在上诉期限届满后作出的。又根据《刑诉解释》第 239 条的规定,“被告人、自诉人、附带民事诉讼的原告人和被告人及其法定代理人在上诉期满后要求撤回上诉的,应当由第二审人民法院进行审查。如果认为原判决认定事实和适用法律正确,量刑适当,应当裁定准许被告人撤回上诉;如果认为原判决事实不清,证据不足或者将无罪判为有罪、轻罪重判等，应当不准许撤回上诉，并按照上诉程序进行审理”。

答案：A

22. 解析：《刑诉解释》第176条规定：“（九）被告人死亡的，应当裁定终止审理；对于根据已查明的案件事实和认定的证据材料，能够确认被告人无罪的，应当判决宣告被告人无罪。”

答案：B

23. 解析：《刑诉解释》第176条规定：“（二）起诉指控的事实清楚，证据确实、充分，指控的罪名与人民法院审理认定的罪名不一致的，应当作出有罪判决。”第178条规定：“人民法院在审理中发现新的事实，可能影响定罪的，应当建议人民检察院补充或者变更起诉；人民检察院不同意的，人民法院应当就起诉指控的犯罪事实，依照本解释第一百七十六条的有关规定依法作出判决。”

答案：C

24. 解析：《刑事诉讼法》第209条规定：“第一审人民法院判决被告人无罪、免除刑事处罚的，如果被告人在押，在宣判后应当立即释放。”

答案：B

25. 解析：《刑事诉讼法》第120条规定：“对人身伤害的医学鉴定有争议需要重新鉴定或者对精神病的医学鉴定，由省级人民政府指定的医院进行。”《六部委规定》第18条也规定：“对省级人民政府指定的医院作出的鉴定结论，经质证后，认为有疑问，不能作为定案的根据的，可以另行聘请省级人民政府指定的其他医院进行补充鉴定或者重新鉴定，不能另行聘请其他鉴定机构进行补充鉴定或者重新鉴定。”

答案：C

26. 解析：《刑事诉讼法》第165条规定：“在法庭审判的过程中，遇有下列情形之一，影响审判进行的，可以延期审理：（一）需要通知新的证人到庭，调取新的物证，重新鉴定或者勘验的……”注意，在这种情况下，由人民法院决定是否延期审理，而不是必须延期审理。

答案：D

27. 解析：《刑诉解释》第248条规定：“共同犯罪案件，如果提出上诉的被告人死亡，其他被告人没有提出上诉，第二审人民法院仍应当对全案进行审查。死亡的被告人不构成犯罪的，应当宣告无罪；审查后认为构成犯罪的，应当宣布终止审理。对其他同案被告人仍应当作出判决或者裁定。”

答案：C

28. 解析：《刑事诉讼法》第150条规定：“人民法院对提出公诉的案件进行审查后，对于起诉书中有明确的指控犯罪事实并且附有证据目录、证人名单和主要的证据复印件或者照片的，应当决定开庭审判。”在该案中实物证据的不足并不影响开庭审判。

答案：C

29. 解析：《人民检察院刑事诉讼规则》第312条规定：“具有下列情形之一的，人民检察院应当不建议或者不同意适用简易程序……（五）被告人要求适用普通程序的。”

答案：C

30. 解析：《刑事诉讼法》第149条规定：“合议庭开庭审理并且评议后，应当作出判决。对于疑难、复杂、重大的案件，合议庭认为难以作出决定的，由合议庭提请院长决定提交审判委员会讨论决定。审判委员会的决定，合议庭应当执行。”

答案：A

二、多项选择题

1. 解析:《刑事诉讼法》第 147 条规定:“基层人民法院、中级人民法院审判第一审案件,应当由审判员三人或者由审判员和人民陪审员共三人组成合议庭进行,但是基层人民法院适用简易程序的案件可以由审判员一人独任审判。高级人民法院、最高人民法院审判第一审案件应当由审判员三人至七人或者由审判员和人民陪审员共三人至七人组成合议庭进行。人民陪审员在人民法院执行职务,同审判员有同等的权利……合议庭由院长或者庭长指定审判员一人担任审判长,院长或者庭长参加审判案件的时候,自己担任审判长。”本题中 A 项不是“应当”而是“可以”。D 项中应当由院长自己担任审判长。

答案:BC

2. 解析:《刑诉解释》第 116 条规定:“人民法院对人民检察院提起的公诉案件,应当在收到起诉书后,指定审判员审查以下内容:(一)案件是否属于本院管辖……(四)是否附有起诉前收集的证据目录;(五)是否附有能够证明指控犯罪行为性质、情节等内容的主要证据复印件或者照片;(六)是否附有起诉前提供了证言的证人名单……”根据《适用简易程序的若干意见》,提起公诉时,人民检察院应当向人民法院移送全部卷宗材料。但在该案中,中级人民法院进行审查,也就不存在适用简易程序的问题。

答案:ABD

3. 解析:《刑诉解释》第 355 条规定:“第一审人民法院判处拘役或者有期徒刑宣告缓刑的犯罪分子,判决尚未发生法律效力的,不能立即交付执行。如果被宣告缓刑的罪犯在押,第一审人民法院应当先行作出变更强制措施的决定,改为监视居住或者取保候审,并立即通知有关公安机关。判决发生法律效力后,应当将法律文书送达当地公安机关。”

答案:AB

4. 解析:《刑事诉讼法》第 152 条规定:“人民法院审判第一审案件应当公开进行。但是有关国家秘密或者个人隐私的案件,不公开审理。十四岁以上不满十六岁未成年人犯罪的案件,一律不公开审理。十六岁以上不满十八岁未成年人犯罪的案件,一般也不公开审理。对于不公开审理的案件,应当当庭宣布不公开审理的理由。”第 163 条规定:“宣告判决,一律公开进行。”

答案:AC

5. 解析:人民法院在庭前审查过程中,只能进行书面审查,不能对案件进行庭前调查。本题四个选项都属于调查过程。

答案:ABCD

6. 解析:《刑事诉讼法》第 48 条规定:“凡是知道案件情况的人,都有作证的义务。生理上、精神上有缺陷或者年幼、不能辨别是非、不能正确表达的人,不能作证人。”

答案:ABCD

7. 解析:《刑事诉讼法》第 161 条规定:“在法庭审理过程中,如果诉讼参与人或者旁听人员违反法庭秩序,审判长应当警告制止。对不听制止的,可以强行带出法庭;情节严重的,处以一千元以下的罚款或者十五日以下的拘留。罚款、拘留必须经院长的批准。”

答案:AC

8. 解析:《刑事诉讼法》第 159 条规定:“法庭审理过程中,当事人和辩护人、诉讼代理人有权申请通知新的证人到庭,调取新的物证,申请重新鉴定或者勘验。”第 154 条规定:“告知当事人有权对合议庭组成人员、书记员、公诉人、鉴定人和翻译人员申请回避。”由此可知,申请回避不是辩护人的权利。

答案:ABC

9. 解析:《刑事诉讼法》第 177 条规定:"适用简易程序审理案件,不受本章第一节关于讯问被告人、询问证人、鉴定人、出示证据、法庭辩论程序规定的限制。但在判决宣告前应当听取被告人的最后陈述意见。"

答案:ABC

10. 解析:该案中,甲某不满十六岁,属于未成年人犯罪,根据《刑事诉讼法》第 152 条的规定:"十四岁以上不满十六岁的未成年人犯罪的案件,一律不公开审理。对于不公开审理的案件,应当当庭宣布不公开审理的理由。"其他的程序都属于一审的必经程序。

答案:ABD

11. 解析:参见《刑事诉讼法》第 165 条的规定。

答案:ABCD

12. 解析:《人民检察院刑事诉讼规则》第 363 条规定:"变更、追加或者撤回起诉应当报经检察长或者检察委员会决定,并以书面方式在人民法院宣告判决前向人民法院提出。在法庭审理过程中,公诉人认为需要变更、追加或者撤回起诉的,应当要求休庭,并记明笔录。变更、追加起诉需要给予被告人、辩护人必要时间进行辩护准备的,公诉人可以建议合议庭延期审理。"

答案:CD

13. 解析:《刑事诉讼法》第 156 条规定:"证人作证,审判人员应当告知他要如实地提供证言和有意作伪证或者隐匿罪证要负的法律责任。"《刑诉解释》第 142 条规定:"证人到庭后,审判人员应当先核实证人的身份、与当事人以及本案的关系,告知证人应当如实地提供证言和有意作伪证或者隐匿罪证要负的法律责任。证人作证前,应当在如实作证的保证书上签名。"

答案:ABCD

14. 解析:《刑事诉讼法》第 162 条规定:"依据法律认定被告人无罪的,应当作出无罪判决。"第 30 条规定:"审判人员、检察人员、侦查人员的回避,应分别由院长、检察长、公安机关的负责人决定。"第 161 条规定:"被处罚人对罚款、拘留的决定不服的,可以向上一级人民法院申请复议。"第 189 条规定:"原判事实不清楚或者证据不足的,可以在查清事实后改判;也可以裁定撤销原判,发回人民法院重新审判。"只有选项 A 才适用裁定。

答案:BCD

15. 解析:《刑事诉讼法》第 152 条规定:"人民法院审判第一审案件应当公开进行,但是有关国家秘密或者个人隐私的案件,不公开审理。十四岁以上不满十六岁未成年人犯罪的案件,一律不公开审理。十六岁以上不满十八岁的未成年人犯罪的案件,一般也不公开审理。"《刑诉解释》第 121 条规定:"对于当事人提出申请的确属涉及商业秘密的案件,法庭应当决定不公开审理。"

答案:ACD

16. 解析:《刑事诉讼法》第 171 条规定:"人民法院对于自诉案件进行审查后,按照下列情形分别处理:(一)犯罪事实清楚,有足够的证据的案件,应当开庭审判;(二)缺乏罪证的自诉案件,如果自诉人提不出补充证据,应当说服自诉人撤回自诉,或者裁定驳回自诉。"

答案:AB

17. 解析:《刑事诉讼法》第 170 条规定:"自诉案件包括下列案件:(一)告诉才处理的案件;

(二)被害人有证据证明的轻微刑事案件;(三)被害人有证据证明对被告人侵犯自己人身、财产权利的行为应当依法追究刑事责任,而公安机关或者人民检察院不予追究被告人刑事责任的案件。”第174条规定:“人民法院对于下列案件,可以适用简易程序,由审判员一人独任审判:(一)对依法可能判处三年以下有期徒刑、拘役、管制、单处罚金的公诉案件,事实清楚、证据充分,人民检察院建议或者同意适用简易程序的;(二)告诉才处理的案件;(三)被害人起诉的有证据证明的轻微刑事案件。”

答案:AD

18. 解析:《刑诉解释》第193条规定:“共同被害人中只有部分人告诉的,人民法院应当通知其他被害人参加诉讼。被通知人接到通知后表示不参加诉讼或者不出庭的,即视为放弃告诉的权利。第一审宣判后,被通知人就同一事实又提起自诉的,人民法院不予受理。但当事人另行提起民事诉讼的,不受本解释的限制。”

答案:ABD

19. 解析:《刑事诉讼法》第157条规定:“公诉人、辩护人应当向法庭出示物证,让当事人辨认,对未到庭的证人的证言笔录、鉴定人的鉴定结论、勘验笔录和其他作为证据的文书,应当当庭宣读。审判人员应当听取公诉人、当事人和辩护人、诉讼代理人的意见。”

答案:ABCD

20. 解析:简易程序只能适用于一审程序,不包括二审程序,而且适用简易程序审理案件,不受讯问被告人、询问证人、鉴定人、出示证据、法庭辩论程序规定的限制。

答案:BC

21. 解析:《刑诉解释》第121条规定:“对于当事人提出申请的确属涉及商业秘密的案件,法庭应当决定不公开审理。”《刑事诉讼法》第40条规定:“公诉案件的被害人有权委托诉讼代理人。”第29条规定:“审判人员、检察人员、侦查人员不得违反规定会见当事人及其委托的人。审判人员、检察人员、侦查人员违反前款规定的,应当依法追究法律责任。当事人及其法定代理人有权要求他们回避。”第145条规定:“对于有被害人的案件,决定不起诉的,人民检察院应当将不起诉决定书送达被害人。被害人如果不服,可以自收到决定书7日以内向上一级人民检察院申诉。”在本题中,要注意单位作为被害人,与自然人的诉讼权利相同。

答案:ABCD

22. 解析:《刑事诉讼法》第172条规定:“人民法院对自诉案件,可以进行调解;自诉人在宣告判决前,可以同被告人自行和解或者撤回自诉。本法第一百七十三条第三项规定的案件不适用调解。”《刑诉解释》第197条规定:“人民法院对告诉才处理的和被害人有证据证明的轻微刑事案件,可以在查明事实、分清是非的基础上进行调解。自诉人在宣告判决前可以同被告人自行和解或者撤回起诉。”第206条规定:“告诉才处理的案件和被害人有证据证明的轻微刑事案件的被告人或者其法定代理人在诉讼过程中,可以对自诉人提起反诉。”

答案:BC

23. 解析:《刑诉解释》第222条规定:“人民法院审理具有以下情形之一的案件,不应当适用简易程序:(一)公诉案件的被告人对于起诉指控的犯罪事实予以否认的;(二)比较复杂的共同犯罪的案件;(三)被告人是盲、聋、哑人的;(四)辩护人作无罪辩护的;(五)其他不宜适用简易程序的。”《刑诉解释》第218条规定:“对于公诉案件,人民检察院移送审查起诉时没有建议适用简易程序,人民法院经审查认为符合刑事诉讼法第174条第(一)项规定,拟适用简易程序审理的,应当书面征求人民检察院的意见。人民检察院同意并移送全案卷宗和证据材料后,应当适用简易程序。”由此可见，人民检察院建议并不是适用简易程序的必需条件。

答案：BD

24. 解析：《刑诉解释》第146条规定：“询问证人应当遵循以下规则：(1)发问的内容应当与案件的事实有关；(2)不得以诱导方式提问；(3)不得威胁证人；(4)不得损害证人的人格尊严。”

答案：ABC

25. 解析：《刑诉解释》第200条规定：“调解应当在自愿，合法，不损害国家、集体和其他公民的利益的前提下进行。……调解书经双方当事人签收后即发生法律效力。调解没有达成协议或者调解书签收前当事人反悔的，人民法院应当进行判决。”

答案：AD

26. 解析：《刑诉解释》第155条规定：“公诉人要求出示开庭前送交人民法院的证据目录以外的证据，辩护方提出异议的，审判长如果认为该证据确有出示的必要，可以准许出示。如果辩护方提出对新的证据要做必要准备时，可以宣布休庭，并根据具体情况确定辩护方做必要准备的时间。确定的时间期满后，应当继续开庭审理。”

答案：CD

27. 解析：《人民检察院刑事诉讼规则》第354条规定：“具有下列情形之一的，应当要求人民法院按照普通第一审程序审理：(1)发现依法应当判处3年以上有期徒刑的；(2)案件事实、证据存在较大争议的；(3)被告人是否犯罪，犯有何罪存在疑问的；(4)人民检察院发现被告人有新的犯罪事实需要追加起诉一并审理的。”C项是自诉案件的一种情况，不能适用简易程序，要区别于另两种可以适用简易程序的自诉案件的情况。

答案：ABD

三、简答题

1. (1)基层人民法院、中级人民法院审判第一审案件，应当由审判员三人或者由审判员和人民陪审员共三人组成合议庭进行。

(2)高级人民法院、最高人民法院审判第一审案件，由审判员三人至七人或者由审判员和人民陪审员三人至七人组成合议庭进行。合议庭的成员人数应当是单数。

(3)人民法院审判上诉和抗诉案件，由审判员三人或者五人组成合议庭进行。

(4)合议庭由法院院长或者庭长指定审判员一人担任审判长；院长或者庭长参加审判案件时，自己担任审判长。

2. 自诉案件是指被害人或者其法定代理人、近亲属为追究被告人的刑事责任，直接向人民法院提起诉讼，由人民法院受理的刑事案件。

其特点包括：

(1)自诉案件通常由审判员一人独任审判。

(2)人民法院审理自诉案件可以进行调解。

(3)自诉人在宣告判决前可以同被告人自行和解或者撤回自诉。

(4)自诉案件的被告人在诉讼过程中可以对自诉人提起反诉。

自诉案件包括下列案件：

(1)告诉才处理的案件。包括侮辱、诽谤案，暴力干涉婚姻自由案，虐待案，侵占案。

(2)人民检察院没有提起公诉，被害人有证据证明的轻微刑事案件。包括故意伤害案，非法侵入住宅案，侵犯通信自由案，重婚案，遗弃案，生产、销售伪劣商品案，侵犯知识产权案；属于《刑法分则》第四章、第五章规定的，对被告人可能判处3年以下有期徒刑等刑罚的案件。

(3)被害人有证据证明对被告人侵犯自己人身、财产权利的行为应当依法追究刑事责任,而公安机关或者人民检察院已经作出不予追究的书面决定的案件。

3. 人民法院对于下列案件可以适用简易程序,由审判员一人独任审判:(1)对依法可能判处3年以下有期徒刑、拘役、管制、单处罚金的公诉案件,事实清楚、证据充分,人民检察院建议适用或者同意适用简易程序的。(2)告诉才处理的案件。(3)被害人起诉的有证据证明的轻微刑事案件。

特点:(1)由审判员一人独任审判。(2)公诉案件检察人员可以不出庭支持公诉。(3)法庭调查、法庭辩论程序的简化。(4)简易程序可以变更为一审普通程序。

四、论述题

中国原有的刑事审判程序具有一些优点,被告人享有一些基本的程序保障,但是存在着一些不足:

(1)法官在庭审中一般都有严重的追诉倾向,难以保持客观中立。我国原来的《刑事诉讼法》要求法官在庭审以前对公诉案件进行秘密审查,法官有权进行阅卷和庭外的调查活动。并且只有在确认"犯罪事实清楚、有罪证据已经充分"的情况下才能决定开庭审判。这样法官一开庭就会确认被告人已经构成犯罪,在开庭审判以前法官就已经对案件形成了预断,难以保持冷静、客观、中立的态度。

(2)被告人对审判的参与受到了很大的限制。在庭审中,被告人不享有沉默权,同时也难以提出有效的辩护证据,如果法庭审理再采取书面审理的方式,则被告人难以对提供证言的证人进行质证。

(3)由于法官在庭审前对被告人产生了强烈的有罪预断,而被告人又提不出有力的辩护,因而法官的裁判结论往往是以检察院移送的卷宗为依据,明显违反了程序的自治性和中立性原则。

(4)法官享有广泛的庭外调查权,使公诉人、被告人以及辩护人在法庭调查中的积极性和主动性受到了很大的抑制。

(5)法官对于案件事实的认定,审判委员会对于案件的决定都几乎完全来源于公诉一方的意见,一旦公诉一方出现事实认定上的错误,则法院的审判很难对这种错误有所避免和纠正,从而导致被告人受到不公正的定罪量刑。

(6)原来的刑事审判程序没有注重诉讼程序的经济效益,虽然中国法庭审判活动一般都很简单,但是开庭只是一个过场,仅仅起到一个宣传的作用,真正的审判结论早在审判前就已经作出了,违反了程序的自治性原则。而且法院的法官在庭外承担了大量的司法调查职能。

新的刑事公诉案件的第一审程序的特点是:

(1)裁判者的预断和偏见有望得到减少。修订后的《刑事诉讼法》不仅废止了庭审前的实质审查,而且禁止法官在庭审前实施庭外调查活动。

(2)裁判者在庭审中的主导地位有望得到削弱。在新的法庭审判中,法官不再承担过多的司法调查职能,而在很大程度上仅局限于听审和裁断,由控辩双方来真正主导审判。

(3)控辩双方在法庭调查中的积极性和主动性有望得到充分的发挥。公诉人在提出证据证明指控方面开始发挥主要的作用,被告人的权利也在新的刑事诉讼程序中有了一定的保障,有了防御活动的自主性。

(4)裁判者不像英美国家的法官那样成为完全消极的仲裁者,而是能够控制庭审过程并对法庭调查进行必要的补充,从而在保持中立无偏的情况下积极地参与法庭审判过程。

五、案例分析题

1. (1)在该案中,人民法院向三名被告人送达起诉书副本后的第二天即开庭审理,违反了法律规定。《刑事诉讼法》第151条规定:“人民法院将人民检察院的起诉书副本至迟在开庭十日以前送达被告人。”

(2)在该案中,仅因为犯罪情节严重、影响恶劣就剥夺被告人的辩解权、辩论权、发问权、提出要求权是错误的。根据《刑事诉讼法》的规定,当事人的诉讼权利应当得到保障。

(3)在该案中,法庭的书记员宣读起诉书是错误的,应当由公诉人宣读。

(4)在该案中,宣读完起诉书后,公诉人立即讯问被告人是错误的。应当是宣读完起诉书后,被告人、被害人就起诉书所指控的犯罪事实进行陈述。

(5)在该案中,由审判长向被告人出示物证的做法是错误的。应当是公诉人、辩护人向法庭出示物证,让当事人辨认。

(6)在该案中,证据出示完以后,由公诉人作总结性发言是错误的。应当是公诉人、当事人、辩护人和诉讼代理人可以发表意见,并且还可以相互辩论。

(7)在该案中,公诉人发言后,审判长立即宣布了对被告人的判决是错误的。应当是在辩论终结后,让被告人作最后的陈述,然后由审判长宣布休庭,合议庭评议后,才能作出判决。

2. (1)盗窃案件不应当由人民检察院立案侦查,因为这种案件不属于人民检察院自侦案件的范围。正确的做法是应当由公安机关立案侦查。

(2)人民检察院不能直接逮捕犯罪嫌疑人,因为根据刑事诉讼法的有关规定,逮捕犯罪嫌疑人应当一律由公安机关进行。

(3)人民检察院不应当对案件作出免予起诉的决定,因为新刑事诉讼法已经取消了免予起诉制度。

(4)法院在被害人第一次起诉以后,不予受理的做法以及对被害人的答复是错误的。根据刑事诉讼法的有关规定,对于人民检察院不予追究刑事责任的案件,被害人既可以向上级人民检察院申诉以后,再向人民法院提起自诉,也可以不经申诉程序,直接向人民法院提起刑事自诉。

(5)人民法院对本案适用简易程序审理是错误的。根据《人民法院解释》第219条的规定,自诉案件中只有告诉才处理的案件以及被害人有证据证明的轻微刑事案件才可以适用简易程序,对于公诉转自诉的案件,不适用简易程序。

(6)人民法院对本案进行调解是错误的。《刑事诉讼法》第172条规定:“人民法院对自诉案件,可以进行调解……本法第170条第3项规定的案件不适用调解。”本案则属于这种情况。所以不能对其进行调解。

第十五章　第二审程序

一、单项选择题

1. 解析:所谓反诉,是指在自诉过程中,自诉案件的被告人作为被害人控诉自诉人犯有与本案有联系的犯罪行为,向人民法院提出请求,要求追究其刑事责任的诉讼行为。但是反诉的提出必须遵循一定的条件,譬如反诉的对象必须是本案自诉人,反诉的内容必须是与本案有关的犯罪行为等等。其中反诉应当是在第一审判决宣告之前。《刑诉解释》第265条规定:“在第二审程序中,自诉案件的当事人提出反诉的,第二审人民法院应当告知其另行起诉。”

答案:B

2. 解析:《刑诉解释》第 246 条规定:"第二审人民法院应当就第一审判决、裁定认定的事实和适用法律进行全面审查,不受上诉或者抗诉范围的限制。"本案中,控辩双方对第一审刑事判决未提出抗诉或者上诉,只有被告人对第一审刑事附带民事诉讼判决中的附带民事部分不服,提起上诉,第二审人民法院应当进行全面审查,既审查民事部分,又审查刑事部分。第 250 条规定:"附带民事诉讼案件,只有附带民事诉讼的当事人和他们的法定代理人提出上诉的,第一审刑事部分的判决,在上诉期满后即发生法律效力。"第 262 条规定:"第二审人民法院审理对附带民事诉讼部分提出上诉、抗诉,刑事部分已经发生法律效力的案件,如果发现第一审判决或者裁定中的刑事部分确有错误,应当对刑事部分按照审判监督程序进行再审,并将附带民事诉讼部分与刑事部分一并审理。"

答案:C

3. 解析:二审有开庭审理和不开庭审理两种情形。对于二审的共同犯罪案件,在开庭审理的情况下,没有提起上诉的和没有对其判决提出抗诉的第一审被告人,应当参加法庭调查,并可以参加法庭辩论。

答案:D

4. 解析:《刑事诉讼法》第 190 条规定:"第二审人民法院审判被告人或者他的法定代理人、辩护人、近亲属上诉的案件,不得加重被告人的刑罚。人民检察院提出抗诉或者自诉人提出上诉的,不受前款规定的限制。"

答案:C

5. 解析:本题考察的是上诉不加刑原则。所谓上诉不加刑原则,是指第二审人民法院审判只有被告人一方上诉的案件,在作出新的判决时,不得对被告人判处重于原判的刑罚的一项原则。选项 A 中仅有被告人一方对刑事部分提起上诉,属于第二审人民法院审判只有被告人一方上诉的案件的情形,人民法院第二审不得对被告人加刑,应此选项 A 错误。《刑诉解释》第 257 条第 1 款第 2 项规定:"对原判认定事实清楚、证据充分,只是认定的罪名不当的,在不加重原判刑罚的情况下,可以改变罪名。"选项 B 中二审判决在不加重原判刑罚的情况下,改变罪名是允许的。因此选项 B 为正确答案。《刑诉解释》第 257 条第 1 款第 5 项规定:"对事实清楚、证据充分,但判处的刑罚畸轻,或者应当适用附加刑而没有适用的案件,不得撤销第一审判决,直接加重被害人的刑罚或者适用附加刑,也不得以事实不清或者证据不足发回第一审人民法院重新审理。必须依法改判的,应当在第二审判决、裁定生效后,按照审判监督程序重新审判。"因此,选项 C 发回原审人民法院重审的行为是错误的。《刑诉解释》第 257 条第 1 款第 3 项规定:"对被告人实行数罪并罚的,不得加重决定执行的刑罚,也不能在维持原判决决定执行的刑罚不变的情况下,加重数罪中某罪的刑罚。"选项 D 中一审中被告人数罪并罚,被告人提出上诉,二审法院在维持原判决决定执行的刑罚不变的情况下,加重数罪中盗窃罪的刑期,违反了上诉不加刑原则。

答案:B

6. 解析:《刑诉解释》第 239 条规定:"被告人、自诉人、附带民事诉讼的原告人和被告人及其法定代理人在上诉期满后要求撤回上诉的,应当由第二审人民法院进行审查。如果认为原判决认定事实和适用法律正确、量刑适当,应当裁定准许被告人撤回上诉;如果认为原判决事实不清,证据不足或者将无罪判为有罪、轻罪重判等等,应当不准许撤回上诉,并按照上诉程序进行审理。"

答案:C

7. 解析:《刑事诉讼法》第 185 条规定:"地方各级人民检察院对同级人民法院第一审判决、裁定的抗诉,应当通过原审人民法院提出抗诉书,并且将抗诉书抄送上一级人民检察院。原审人民法院应当将抗诉书连同案卷、证据移送上一级人民法院,并且将抗诉书副本送交当事人。上级人民检察院如果认为抗诉不当,可以向同级人民法院撤回抗诉,并且通知下级人民检察院。"《刑诉解释》第 241 条规定:"人民检察院在抗诉期限内撤回抗诉的,第一审人民法院不再向上一级人民法院移送案件;如果是在抗诉期满后第二审人民法院宣告裁判前撤回抗诉的,第二审人民法院可以裁定准许,并通知第一审人民法院和当事人。"

答案:D

8. 解析:《刑事诉讼法》第 190 条规定:"第二审人民法院审判被告人或者他的法定代理人、辩护人、近亲属上诉的案件,不得加重被告人的刑罚。人民检察院提出抗诉或者自诉人提出上诉的,不受前款规定的限制。"故本题的正确答案是 D。《刑诉解释》第 257 条第 1 款第 3 项规定:"对被告人实行数罪并罚的,不得加重决定执行的刑罚,也不能在维持原判决决定执行的刑罚不变的情况下,加重数罪中某罪的刑罚。"《刑事诉讼法》第 189 条第 2 款规定:"原判决认定事实没有错误,但适用法律有错误,或者量刑不当的,应当改判。"因此,本题应当依法改判,且不得违背上诉不加刑原则。

答案:D

9. 解析:《刑诉解释》第 249 条规定:"审理附带民事诉讼的上诉、抗诉案件,应当对全案进行审查。如果第一审判决的刑事部分并无不当,第二审人民法院只需就附带民事诉讼部分作出处理。如果第一审判决附带民事部分事实清楚,适用法律正确的,应当以刑事附带民事裁定维持原判,驳回上诉、抗诉。"第 250 条规定:"附带民事诉讼案件,只有附带民事诉讼的当事人和他们的法定代理人提出上诉的,第一审刑事部分的判决,在上诉期满后即发生法律效力。应当送监执行的第一审刑事被告人是第二审附带民事诉讼被告人的,在第二审附带民事诉讼案件审结前,可以暂缓送监执行。"

答案:B

10. 解析:《刑事诉讼法》第 185 条规定:"地方各级人民检察院对同级人民法院第一审判决、裁定的抗诉,应当通过原审人民法院提出抗诉书,并且将抗诉书抄送上一级人民检察院。原审人民法院应当将抗诉书连同案卷、证据移送上一级人民法院,并且将抗诉书副本送交当事人。上级人民检察院如果认为抗诉不当,可以向同级人民法院撤回抗诉,并且通知下级人民检察院。"

答案:C

11. 解析:二审审理案件坚持全面审查原则,见《刑事诉讼法》第 186 条;而且二审法院审理案件坚持上诉不加刑原则,见《刑事诉讼法》第 190 条和《刑诉解释》第 257 条。

答案:B

12. 解析:《刑事诉讼法》第 214 条规定:"对于罪犯确有严重疾病,必须保外就医的,由省级人民政府指定的医院开具证明文件,依照法律规定的程序审批。当对其严格管理监督,基层组织或者罪犯的原所在单位协助进行监督。"

答案:A

13. 解析:我国《刑事诉讼法》第 186 条规定:"第二审人民法院应当就第一审判决认定的事实和适用的法律进行全面审查,不受上诉或者抗诉范围的限制。共同犯罪的案件只有部分被告人上诉的,应当对全案进行审查,一并处理。"第 187 条规定:"第二审人民法院对上诉案件,应当组成合议庭，开庭审理。合议庭经过阅卷，讯问被告人，听取其他当事人、辩护人、诉讼代理人的意见，对事实清楚的，可以不开庭审理。对人民检察院抗诉的案件，第二审人民法院应当开庭审理。”

答案:C

14. 解析:《刑诉解释》第 243 条规定:人民法院审理人民检察院提出抗诉的案件，应当通知同级人民检察院派员出庭。对接到开庭通知后人民检察院不派员出庭的抗诉案件，人民法院应当裁定按人民检察院撤回抗诉处理，并通知第一审人民法院和当事人。据此，A 市中级人民法院应当按照 C 项所述方式进行处理。

答案:C

15. 解析:二审法院审理上诉案件，可以开庭审理也可以不开庭审理，但是都要组成合议庭进行审理。而且《刑事诉讼法》第 187 条规定:“第二审人民法院审理上诉、抗诉案件，可以到案件发生地或者原审人民法院所在地进行。”

答案:A

16. 解析:《刑事诉讼法》第 118 条规定:“对于扣押的物品、文件、邮件、电报或者冻结的存款、汇款，经查明确实与本案无关的，应当在三日以内解除冻结、扣押，退还原主或者原邮电机关。”

答案:A

17. 见第 9 题解析。

答案:C

18. 解析:《刑事诉讼法》第 183 条规定:“从接到判决书和裁定书的第二日起算，不服判决的上诉和抗诉的期限为十日，不服裁定的上诉和抗诉的期限为五日。”可知甲某于 5 月 1 日至 5 月 10 日之间享有上诉权。

答案:B

19. 解析:《刑诉解释》第 232 条规定:“地方各级人民法院在宣告第一审判决、裁定时，应当明确告知被告人、自诉人、附带民事诉讼的当事人和他们的法定代理人，如果不服判决或裁定，有权在法定期限内以书状或者口头形式向上一级人民法院提出上诉;被告人的辩护人和近亲属，在法定期限内经被告人同意，也可以提出上诉;附带民事诉讼的当事人和他们的法定代理人，可以对判决或者裁定中的附带民事部分，提出上诉。被告人、自诉人、附带民事诉讼的当事人和他们的法定代理人是否提出上诉，以他们在上诉期满前最后一次的意思表示为准。”

答案:B

20. 解析:《刑事诉讼法》第 205 条第 3 款规定:“最高人民检察院对各级人民法院已经发生法律效力的判决和裁定，上级人民检察院对下级人民法院已经发生法律效力的判决和裁定，如果发现确有错误，有权按照审判监督程序向同级人民法院提出抗诉。”据此可知，C 项表述是符合上述法律规定的。

答案:C

二、多项选择题

1. 解析:《刑事诉讼法》第 190 条第 2 款规定:“原判决认定事实没有错误，但适用法律有错误，或者量刑不当的，应当改判。”因此，选项 C 不应选。《六部委规定》第 46 条规定:“对于人民检察院抗诉的案件，经第二审人民法院审查后，认为应当判处被告人死刑的，按照刑事诉讼法第 189 条的规定处理，即第二审人民法院认为原判决认定事实没有错误，但适用法律有错误，或者量刑不当的，应当改判；认为原判决事实不清或者证据不足的，可以在查清事实后改判或者发回重审。”其中，对于第二审人民法院直接改判死刑的案件，无论该案件的死刑核准权是否下放，都应当报请最高人民法院核准。因此，选项B应选。《刑事诉讼法》第187条规定：“第二审人民法院对上诉案件，应当组成合议庭，开庭审理。合议庭经过阅卷，讯问被告人，听取其他当事人、辩护人、诉讼代理人的意见，对事实清楚的，可以不开庭审理。对人民检察院抗诉的案件，第二审人民法院应当开庭审理。”因此，选项D违反了法律规定。

答案:BD

2. 解析:《刑诉解释》第257条规定:“第二审人民法院审理被告人或者其法定代理人、辩护人、近亲属提出上诉的案件，不得加重被告人的刑罚，并应当执行下列具体规定:(一)共同犯罪案件，只有部分被告人提出上诉的，既不能加重提出上诉的被告人的刑罚，也不能加重其他同案被告人的刑罚；(二)对原判认定事实清楚、证据充分，只是认定的罪名不当的，在不加重原判刑罚的情况下，可以改变罪名……”

答案:BC

3. 解析:刑事判决与裁定的区别有四:其一，判决只解决案件的实体问题而裁定既解决实体问题，也解决程序问题，并且以解决程序问题为主；其二，一个案件可能有几个裁定，而判决只能有一个；其三，判决必须采取书面形式，裁定则采用书面和口头两种形式；其四，上诉、抗诉期限不同，不服一审判决的上诉、抗诉期限是10日，而不服一审裁定的上诉、抗诉期限是5日。

答案:ABCD

4. 解析:《刑诉解释》第238条规定:“被告人、自诉人、附带民事诉讼的原告人和被告人及其法定代理人在上诉期限内要求撤回上诉的，应当准许。”第239条规定:“被告人、自诉人、附带民事诉讼的原告人和被告人及其法定代理人在上诉期满后要求撤回上诉的，应当由第二审人民法院进行审查。如果认为原判决认定事实和适用法律正确，量刑适当，应当裁定准许被告人撤回上诉；如果认为原判决事实不清，证据不足或者将无罪判为有罪、轻罪重判等，应当不准许撤回上诉，并按照上诉程序进行审理。”可见，对于撤回上诉的要求，在不同的时间第二审人民法院的处理是不同的:如果在上诉期内，应当准许；如果在上诉期满后提出，法院需要进行审查。

答案:BCD

5. 解析:参见《刑事诉讼法》第189条规定，选项ACD符合法律规定。

答案:ACD

6. 解析:参见《刑事诉讼法》第191条规定，全部选项都属于该法律规定的情形。故本题的正确答案是ABCD。

答案:ABCD

7. 解析:《刑事诉讼法》第180条规定:“被告人、自诉人和他们的法定代理人，不服地方各级人民法院第一审的判决、裁定，有权用书状或者口头向上一级人民法院上诉。被告人的辩护人和近亲属，经被告人的同意，可以提出上诉。附带民事诉讼的当事人和他们的法定代理人，可以对地方各级人民法院第一审的判决、裁定中的附带民事诉讼部分，提出上诉。对被告人的上诉权，不得以任何借口加以剥夺。”注意:被告人的辩护人有上诉权，但没有独立的上诉权。

答案:AB

8. 解析:《刑事诉讼法》第185条规定:“地方各级人民检察院对同级人民法院第一审判决、裁定的抗诉，应当通过原审人民法院提出抗诉书，并且将抗诉书抄送上一级人民检察院。原审人民法院应当将抗诉书连同案卷、证据移送上一级人民法院,并且将抗诉书副本送交当事人。上级人民检察院如果认为抗诉不当,可以向同级人民法院撤回抗诉,并且通知下级人民检察院。”

答案:AC

9. 解析:《刑诉解释》第 165 条第 1 款规定:“被告人当庭拒绝辩护人为其辩护,要求另行委托辩护人的,应当同意,并宣布延期审理。被告人要求人民法院另行指定辩护律师,合议庭同意的,应当宣布延期审理。”第 181 条规定:“在审判过程中,自诉人或者被告人患精神病或者其他严重疾病,以及案件起诉到人民法院后被告人脱逃,致使案件在较长时间内无法继续审理的,人民法院应当裁定中止审理。”

答案:AB

10. 解析:参见《刑事诉讼法》第 148 条规定和《刑诉解释》第 112 条规定。全部选项都符合上述法律规定。

答案:ABCD

三、简答题

1. (1)不是所有案件都必须经过两级法院审判才宣告终结。对于地方各级人民法院所作的第一审非死刑案件,在法定期限内,当事人没有上诉,检察机关也没有提出抗诉的,该裁定即发生法律效力,不再经过上级法院的二审程序。

(2)根据刑事诉讼法第 197 条的规定,最高人民法院的判决、裁定,都是终审的判决、裁定,当事人不得对其提出上诉,检察机关也不得提出抗诉。

(3)高级人民法院作为二审的死刑立即执行的裁判,必须再进行死刑复核的特殊程序后才能生效。

2. (1)合议庭必须阅卷。合议庭应对一审法院移送来的案卷材料进行全面审阅,充分了解一审判决所依据的证据材料,对一审案件事实的认定和法律适用情况做到心中有数。

(2)必须听取各方面的意见。合议庭应讯问被告人,听取其他当事人、辩护人、诉讼代理人的意见,了解事实真相,防止材料掩盖事实。

(3)事实清楚。包括两层含义:一是案件的事实清楚,有确凿、充分的证据加以证明;二是合议庭经过阅卷和听取各方面的意见,对本案的情况已经认识清楚。

(4)不得是抗诉案件。人民检察院抗诉的案件,即使事实清楚,也必须开庭审理,这是对人民检察院法律监督权的特别保障。

3. 我国刑事诉讼法所规定的二审程序具有明显的单一性特点,这集中表现为以下两点:

(1)法律救济与事实救济程序不分。我国刑事诉讼法对一审案件的救济范围,从《刑事诉讼法》第 180 条、第 181 条和第 186 条的规定来看,上诉人不论是对一审裁判的事实部分还是适用法律部分不服,以及人民检察院不论是认为一审裁判的事实部分还是适用法律部分确有错误,都可以提起上诉或者抗诉。而二审人民法院则不受限于上诉或者抗诉的内容,对一审的事实和适用法律进行全面审查。这种救济模式可以概括为既救济法律也救济事实,并且两者同等重要,适用同一程序。

(2)各级法院二审适用程序不分。我国在法院体系的设置中没有西方国家的治安法院、州法院以及大小刑事法庭等审判机构,也不存在真正意义上的陪审团和陪审制度。从中级人民法院、高级人民法院到最高人民法院在二审程序中对一审事实问题和法律问题的救济适用相同的审判程序和审查方式(复审制或全面审查制),换句话说,为了追求判决的绝对公正性,各级人民法院在二审过程中不论作出一审判决的法院处于何种级别,也不论一审质量是否存有优劣之分,一律适用相同的审判模式。

四、论述题

1. 我国刑事诉讼法没有赋予被害人上诉权,但赋予其请求人民检察院抗诉的诉讼权利。理论界对于是否赋予作为当事人的被害人上诉权,众说纷纭,归纳起来,主要有三种观点。

第一种观点认为,被害人不应当享有上诉权。其主要理由有:(1)检察机关作为国家的法律监督机关和公诉机关,完全可以代表国家、社会的利益,也包括被害人的合法权益,行使自己的职权,对确有错误的一审判决,及时向人民法院提起抗诉,因而赋予被害人上诉权没有必要。(2)如果赋予被害人上诉权,则势必会改变原审的刑事诉讼法律关系,改变诉讼结构,引起审判程序的混乱。(3)如果赋予被害人上诉权,可能出现被害人因感情因素等滥用上诉权的现象,造成二审案件大量增加,加重二审法院的负担。

第二种观点认为,应当赋予被害人独立的上诉权。理由是:(1)被害人是犯罪行为的直接受害者,除有揭露、证实犯罪,惩罚犯罪行为人的强烈愿望外,还有获得物质上和精神上补偿的迫切需要。若完全依托于检察机关,有时由于检察人员认识上的偏差,或者司法腐败,或者着重考虑国家、社会的全局利益,致使被害人的合法权益得不到充分的保障。(2)在刑事诉讼中,被害人和被告人同为当事人,其诉讼地位是完全平等的,因此,对被害人的权利保障和对被告人的权利保障应趋于平衡。(3)赋予被害人上诉权,是当代刑事诉讼发展的趋势,这在国外已有先例。

第三种观点主张在赋予被害人上诉权的同时,建议附加一定的限制条件,比如规定被害人上诉时要有一定的理由,从而避免那些不必要的上诉。

2. 我国刑事诉讼法将全面审查原则作为二审程序的一项基本原则。关于它是否有存在的必要,我国理论界主要有两种观点。

第一种观点认为,全面审查原则应当坚持。由于一审程序以及证据规则的不健全,一审判决的说理部分也不能完全反映一审法院的心证形成过程,加之《刑事诉讼法》对上诉理由缺乏明确的规定,当事人也由于种种原因不一定能够在上诉中提出切中要害的理由。在这种情况下,如果二审法院放弃全面审查,不仅不利于保障当事人的诉讼权利,而且可能导致二审的形式化甚至错误。

第二种观点认为,我国二审程序的全面审查原则应当予以修正,并将二审法院的审查范围严格地限制在争端双方上诉或抗诉的理由上。理由是:(1)全面审查背离了司法审判中应当具有的被动性。它会使法院成为有着自己积极主张的一方当事人,甚至成为事实上的追诉官员,而不仅仅是案件的裁判者。这种控诉不分的状况,不仅不利于被告人的权利保护,也使得二审程序的诉讼结构被扭曲。(2)全面审查背离审判者应当具有的客观性、中立性。因为,作为裁判者的法官是不能把个人价值、情感等因素带进裁判的,而全面审查的要求使得法官成为控诉的提出者,其中立地位难以保障,裁决结果的权威性和公正性也将受到质疑。(3)全面审查有违程序的安定性。程序的不可回复性要求诉讼主体要对自己的一言一行高度负责;程序的不可逆性主要是对举证时间所作的限制,但这种"自缚性"的要求也同样应适用于对上诉审查范围的限制。虽然各级法院和各个法官之间不能简单地等同,但他们对外代表着国家统一的裁判机关,应在一定程度上尊重相互之间的裁判并受之拘束。另外,对于没有争议的部分程序已经终结。全面审查原则则影响司法裁判的权威性和严肃性。如果当事人对上诉审的结果不满,还会求助于其他救济方式,不仅不利于及时息讼,也会对司法裁判的可执行性和强制性构成威胁。(4)不利于提高诉讼效率。在上诉审程序中,如果允许法官审理没有争议的部分,虽然有可能降低道德错误成本,但多余的审查不仅浪费时间、人力、物力等,也使得二审裁判因无法及时作出而背离程序正义的基本要求。

五、案例分析题

1. 根据《刑事诉讼法》第13条的规定,各级人民法院审判第一审案件,既可以只由审判员组成合议庭,也可以由审判员和人民陪审员组成合议庭进行审判;中级人民法院以上的法院审判上诉和抗诉案件,只能由审判员组成合议庭进行,不适用人民陪审员制度;高级人民法院和最高人民法院复核死刑案件,高级人民法院复核死刑缓期执行的案件,应当由审判员组成合议庭进行,也不适用人民陪审员制度。本案中,二审法院审理上诉案件,由人民陪审员参加合议庭是违反法律程序的错误做法。

2. (1)县人民检察院向县人民法院提起公诉是不正确的。县人民检察院应当将本案移送至市(地区)检察院,由市(地区)检察院向市(地区)中级人民法院提起公诉。

(2)人民法院在审理过程中存在以下错误:

第一,被告人甲某是个未成年人,而且可能被判处无期徒刑,他自己表示不委托辩护人,县人民法院仍应当为被告人甲某指定辩护人,而不能只是记录在案。

第二,人民法院应当不公开审理此案。

(3)市人民法院审理本案时的错误:应当对上诉进行全面审查,而不能只对一审判决的事实认定和法律适用进行审查。

第十六章　死刑复核程序

一、单项选择题

1. 解析:高级人民法院核准死刑缓期两年执行的案件,不得以提高审级等方式加重被告人的刑罚。本题中,复核死刑缓期两年执行的法院认为事实清楚,只是适用法律有错误时,不能以提高审级等方式将死刑缓期两年执行改判为死刑立即执行,只能裁定核准死刑缓期两年执行。

答案:B

2. 解析:《刑事诉讼法》第211条规定:"下级人民法院接到最高人民法院执行死刑的命令后,应当在七日以内交付执行。但是发现有下列情形之一的,应当停止执行,并且立即报告最高人民法院,由最高人民法院作出裁定:(1)在执行前发现判决可能有错误的;(2)在执行前罪犯揭发重大犯罪事实或者有其他重大立功表现,可能需要改判的;(3)罪犯正在怀孕。前款第(1)项、第(2)项停止执行的原因消失后,必须报请最高人民法院院长再签发死刑的命令才能执行;由于前款第(3)项原因停止执行的,应当报请最高人民法院依法改判。"

答案:B

3. 解析:根据《最高人民法院关于授权高级人民法院和解放军军事法院核准部分死刑案件的通知》的规定:"自1997年修订后的刑法正式实施之日起,除本院判决的死刑案件外,各地对刑法分则第一章规定的危害国家安全罪,第三章规定的破坏社会主义市场经济秩序罪,第八章规定的贪污贿赂罪判处死刑的案件,经高级人民法院、解放军军事法院二审或复核同意后,仍应报本院核准。对《刑法分则》第二章、第四章、第五章、第六章(毒品犯罪除外)、第七章、第十章规定的犯罪、判处死刑的案件(本院判决和涉及的除外)的核准权,本院依照《中华人民共和国人民法院组织法》第13条的规定,仍授权各省、自治区、直辖市高级人民法院和解放军军事法院行使。"前三项都由最高人民法院核准,只有D项由高级人民法院核准。

答案:D

4. 解析:《刑诉解释》第274条规定:"死刑由最高人民法院核准,但依法授权高级人民法院核准的除外。因人民检察院提出抗诉而由人民法院按照第二审程序改判死刑的案件,应当报请最高人民法院核准。"《六部委规定》第46条规定:"对于人民检察院抗诉的案件,经第二审人民法院审查后,认为应当判处被告人死刑的,按照刑事诉讼法第189条的规定处理,即第二审人民法院认为原判决认定事实没有错误,但适用法律有错误,或者量刑不当的,应当改判;认为原判决事实不清或者证据不足的,可以在查清事实后改判或者发回重审。其中,对于第二审人民法院直接改判死刑的案件,无论该案件的死刑核准权是否下放,都应当报请最高人民法院核准。"

答案:B

5. 解析:最高人民法院《刑诉解释》第279条规定:"被告人判处死刑的数罪中,如果有应当由最高人民法院核准的,或者共同犯罪案件部分被告人被判处死刑的罪中,有应当由最高人民法院核准的,必须将全案报请最高人民法院核准。"本题的核准权在于最高人民法院。此外,还要注意死刑复核是逐级进行的。

答案:C

6. 解析:《刑诉解释》第287条规定:"共同犯罪案件中,部分被告人被判处死刑的,最高人民法院或者高级人民法院复核时,应当对全案进行审查,但不影响对其他被告人已经发生法律效力的判决、裁定的执行;发现对其他被告人已经发生法律效力的判决、裁定确有错误时,可以指令原审人民法院再审。"

答案:C

7. 解析:参见《刑事诉讼法》第202条。

答案:A

8. 解析:《刑事诉讼法》第199条规定:"死刑由最高人民法院核准。"《人民法院组织法》第13条规定:"死刑案件除由最高人民法院判决的以外,应当报请最高人民法院核准。杀人、强奸、抢劫、爆炸以及其他严重危害公共安全和社会治安判处死刑的案件的核准权,最高人民法院在必要的时候,得授权省、自治区、直辖市的高级人民法院行使。"因此,在本案中,该市中级人民法院应在上诉期满后3日内,报请高级人民法院核准。而且由于这类死刑案件是根据最高人民法院的授权核准的,所以由高级人民法院核准死刑判决的裁定,高级人民法院院长签发的执行死刑的命令以及由原审人民法院发布的执行死刑的布告中,均应写明"根据最高人民法院依法授权高级人民法院核准部分死刑案件的规定",以明确其执法依据。

答案:A

9. 解析:《刑诉解释》第274条规定:"死刑由最高人民法院核准,但依法授权高级人民法院核准的除外。因人民检察院提出抗诉而由人民法院按照第二审程序改判死刑的案件,应当报请最高人民法院核准。"云南省高级人民法院属于依法授权的死刑复核机关,但因人民检察院提出抗诉而由人民法院按照第二审程序改判死刑的案件,无论核准权是否下放,都应当报请最高人民法院核准。

答案:D

10. 解析:《刑诉解释》第278条规定:"中级人民法院判处死刑缓期两年执行的第一审案件,被告人不上诉、人民检察院不抗诉的,应当报请高级人民法院核准。高级人民法院对于报请核准的死刑缓期两年执行的案件，按照下列情形分别处理：(一)同意判处死刑缓期两年执行的，应当裁定予以核准；(二)认为原判事实不清、证据不足的，应当裁定发回重新审判；(三)认为原判量刑过重的，应当依法改判。高级人民法院核准死刑缓期两年执行的案件，不得以提高审级等方式加重被告人的刑罚。"《六部委规定》第47条规定："高级人民法院核准死刑缓期两年执行的案件，应当作出核准或者不核准的决定，不能加重被告人的刑罚。"

答案：B

11. 解析：《刑诉解释》第282条规定："高级人民法院复核或者核准死刑(死刑缓期两年执行)案件，必须提审被告人。"

答案：D

二、多项选择题

1. 解析：根据《刑事诉讼法》第200条第1款、第2款的规定，可知在本题中A项和B项违反了我国法律规定的死刑复核程序。

答案：AB

2. 解析：刑事诉讼法规定：中级人民法院判处死刑缓期两年执行的案件，由高级人民法院核准。刑法中也有规定，死刑缓期执行的，可以由高级人民法院判决或者核准。中级人民法院判处死刑缓期两年执行的案件，被告人不上诉，人民检察院不抗诉的，在上诉、抗诉期满后，应当报请高级人民法院核准。高级人民法院复核死刑缓期两年执行的案件后，按下列情形处理：同意判处死刑缓期两年执行的，应当裁定予以核准；认为原判事实不清、证据不足的，应当裁定发回重新审判；认为原判量刑过重的，应当依法改判。高级人民法院不同意判处死刑而改判的判决，是终审的判决。《刑诉解释》第278条和《六部委规定》第47条也有类似规定。

答案：ABD

3. 解析：《刑诉解释》第275条规定："报请最高人民法院核准的死刑案件，按照下列情形分别处理：中级人民法院判处死刑的第一审案件，被告人不上诉、人民检察院不抗诉的，在上诉、抗诉期满后3日内报请高级人民法院复核。高级人民法院同意判处死刑的，应当依法作出裁定后，报请最高人民法院核准；不同意判处死刑的，应当提审或者发回重新审判。"

答案：ABD

4. 解析：《刑诉解释》第279条规定："被告人被判处死刑的数罪中，如果有应当由最高人民法院核准的，或者共同犯罪案件部分被告人被判处死刑的罪中，有应当由最高人民法院核准的，必须将全案报请最高人民法院核准。"第282条规定："高级人民法院复核或者核准死刑(死刑缓期二年执行)案件，必须提审被告人。"而该案是由最高人民法院核准的，因此不必然提审被告人。

答案：ABD

5. 解析：《最高人民法院关于审理刑事案件程序的具体规定》第170条第2款规定："中级人民法院判处死刑缓期二年执行的第一审案件，被告人上诉或者人民检察院抗诉的，高级人民法院经第二审同意判处死刑缓期二年执行的，作出维持原判的裁定；不同意判处死刑缓期二年执行的，直接改判或者发回重新审判。"据此可知，在本题中A项和B项是正确的表述。

答案：AB

6. 解析：根据《刑事诉讼法》第211条的规定，下级人民法院接到最高人民法院执行死刑的命令后，在执行前发现判决可能有错误的，应当停止执行，并且立即报告最高人民法院，由最高人民法院作出裁定；停止执行的原因消失后，必须报请最高人民法院院长再签发执行死刑的命令才能执行。

答案:BC

7. 解析:根据《刑事诉讼法》第 200 条的规定,中级人民法院判处死刑的第一审案件,被告人不上诉的,应当由高级人民法院复核后,报请最高人民法院核准。高级人民法院不同意判处死刑的,可以提审或者发回重审。由此可知,选项 A 正确。《刑诉解释》第 274 条规定:"因人民检察院提出抗诉而由人民法院按照第二审程序改判死刑的案件,应当报请最高人民法院核准。"由此可知,选项 D 不可选。该解释第 282 条规定:"高级人民法院复核中级人民法院判处的死刑缓期二年执行的案件,必须提审被告人。"该解释第 287 条规定:"共同犯罪案件中,部分被告人被判处死刑时,高级人民法院复核时,应当对全案进行审查,发现对其他被告人已经发生法律效力的判决确有错误时,可以指令原审人民法院再审。"由此可知,选项 BC 可选。

答案:BC

8. 解析:《刑诉解释》第 279 条规定:"被告人被判处死刑的数罪中,如果有应当由最高人民法院核准的,或者共同犯罪案件部分被告人被判处死刑的罪中,有应当由最高人民法院核准的,必须将全案报请最高人民法院核准。"第 280 条规定:"报请复核死刑(死刑缓期二年执行)案件,应当一案一报。报送的材料应当包括报请复核的报告、死刑(死刑缓期二年执行)案件综合报告和判决书各 15 份,以及全部诉讼案卷和证据;共同犯罪的案件,应当报送全案的诉讼案卷和证据。"

答案:BC

9. 解析:《刑诉解释》第 285 条规定:"对判处死刑的案件,复核后应当根据案件情形分别作出裁判:(1)原审判决认定事实和适用法律正确、量刑适当的,裁定予以核准;(2)原审判决认定事实错误或者证据不足的,裁定撤销原判,发回重新审判;(3)原审判决认定的事实正确,但适用法律有错误,或者量刑不当,不同意判处死刑的,应当改判;(4)发现第一审人民法院或者第二审人民法院违反法律规定的诉讼程序,可能影响正确判决的,应当裁定撤销原判,发回第一审人民法院或者第二审人民法院重新审判。"

答案:ABCD

10. 解析:《刑诉解释》第 276 条规定:"依授权可以由高级人民法院核准的死刑案件,中级人民法院判处死刑后,被告人不上诉、人民检察院不抗诉的,在上诉、抗诉期满后三日内报请高级人民法院核准。高级人民法院同意判处死刑的,应当裁定核准死刑;不同意判处死刑的,应当依法改判,认为原判事实不清,证据不足的,应当发回中级人民法院重新审判。"

答案:ABC

三、简答题

1. 死刑复核程序作为刑事诉讼的一项特殊程序,与其他诉讼程序相比较,其特殊性主要表现在以下几个方面:(1)死刑复核程序适用的对象仅是判处被告人死刑的案件,其适用对象的特定性和单一性,使其既不同于普通审判程序,也不同于审判监督程序。(2)死刑复核程序是死刑案件的必经程序和终审程序。一切判处死刑案件的判决、裁定,都只有经过最高人民法院或者高级人民法院核准后,才能发生法律效力和交付执行。(3)引起死刑复核程序的方式具有特殊性。死刑复核程序是对判处死刑的案件,在经过普通审判程序审理后,由作出裁判的人民法院主动报请而引起的。人民法院报请复核的方式只能按照人民法院组织系统由下而上逐级报请复核和核准,不得越级进行。(4)死刑案件的核准权,依照刑事诉讼法的规定,只能由最高人民法院或者高级人民法院(含解放军军事法院)行使,其他法院不得行使死刑案件的核准权。

2. 为了保证报送死刑复核案件的质量，根据最高人民法院解释的有关规定，中级人民法院和高级人民法院对于报送复核死刑的案件，必须符合如下要求：(1)一案一报。报送的材料应当包括报请复核的报告、死刑案件综合报告和判决书各15份，以及全部诉讼案卷和证据；共同犯罪的案件，应当报送全案的诉讼案卷和证据。(2)诉讼文书齐备。(3)移送全部证据。就是要求必须将能够证明案件情况并经过查证属实的各种肯定和否定的证据，全部随案卷一起移送。

3. 复核死刑案件，按照《刑诉解释》第283条的规定，应当全面审查以下内容：(1)被告人的年龄，有无责任能力，是否正在怀孕的妇女。(2)原审判认定的主要事实是否清楚，证据是否确实、充分。(3)犯罪情节、后果和危害程度。(4)原审判决适用法律是否正确，是否必须判处死刑，是否必须立即执行。(5)有无法定、酌定从轻或者减轻处罚的情节。(6)其他应当审查的情况。

4. 复核死刑案件，一般都是采用书面审查，或者书面审查与必要的调查核实相结合的方法。具体讲就是：(1)通过阅卷全面审查案件材料和证据。必须查清报送的材料是否齐全，审查各个文件、证据的具体内容是否真实，是否符合法律要求。(2)进行必要的调查核实。合议庭通过阅卷发现案件某个情节、某个证据需要进一步核实时，可以自行调查核实，也可以交由报请复核的人民法院调查核实。(3)提审被告人。提审被告人主要是对高级人民法院复核死刑案件时的要求，是高级人民法院复核死刑时必须采用的方法和必经的程序。最高人民法院复核死刑案件，一般不提审被告人。

四、论述题

1. 死刑复核程序的性质，体现的是该程序是不是一个独立的审判程序的问题。在理论上和司法实践中，对于死刑复核程序是否属于独立的诉讼程序，是否是死刑案件的必经程序，有两种观点：肯定观点和否定观点。它们也各有自己的理由。肯定观点认为，死刑复核程序是刑事诉讼的特别程序，设立这一程序的目的在于保证死刑判决的正确严谨性。否定观点认为，刑事诉讼法并没有规定死刑复核程序是一起死刑案件的必经程序，而只是从审判机关的级别上对死刑案件审理进行限制。

我们认为，死刑复核程序是独立的审判程序，是死刑案件的必经程序。这是因为：(1)法律是将死刑复核程序作为独立的审判程序进行规定的。《刑事诉讼法》第三编第四章对其加以规定，它独立于第一审程序和第二审程序。(2)死刑复核程序具有独立的功能。死刑复核程序是以死刑判决或裁定为审理对象，其功能是对死刑判决、裁定进行复审、核准，以确定死刑判决、裁定是否正确，对犯罪人能否最终适用死刑。(3)死刑复核程序具有专门的、独立的审判组织。《刑事诉讼法》第202条对此作了明确规定。所以，从性质上讲，死刑复核程序不是第二审程序的一部分，是基于其自身的特殊功能而被法律设定的、独立的审判程序，是死刑案件的必经程序。

2. 我国1979年制定的《刑事诉讼法》第146条明确规定："中级人民法院判处死刑缓期二年执行的案件，由高级人民法院核准。"我国现行《刑事诉讼法》第201条规定："中级人民法院判处死刑缓期两年执行的案件，由高级人民法院核准。"两部法律的规定完全一样。因此，死缓案件的核准权，仍由高级人民法院和解放军军事法院行使。现行法律规定死缓案件的核准权由高级人民法院行使，是恰当的。因为：(1)判处死缓的案件，由于缓期二年执行，实际上绝大多数被判处死缓的罪犯，在缓刑期满后都被减刑，并不执行死刑。所以，对这类案件的核准权，完全可以交由地方和军队的高级别的法院负责行使。(2)可以使死缓案件的判决较快地发生法律效力，罪大恶极而又不是非杀不可的犯罪分子能及时受到严厉的惩罚。(3)可以减少最高人民法院复核死刑案件的工作量，有利于它加强对死刑立即执行案件的复核工作，全面履行作为国家最高审判机关的职责。

五、案例分析题

1. (1)丙某应当回避，因为丙某是当事人的近亲属，属于回避的范围。

(2)法院可以将其家人强制带出法庭，情节严重的，可以处以1000元以下罚款或者15日以下拘留，构成犯罪的追究其刑事责任。

(3)法院应宣布延期审理。

(4)乙某自收到判决书起5日内有权请求人民检察院提出抗诉。

(5)甲某此时属于有严重疾病需要保外就医的情形。

2. (1)应该由最高人民法院核准死刑，参见《刑诉解释》第279条和第275条的规定。

(2)在乙某的判决生效后就可以对乙某执行刑罚，参见《刑诉解释》第287条的规定。

第十七章　审判监督程序

一、单项选择题

1. 解析：我国《刑事诉讼法》第203条规定："当事人及其法定代理人、近亲属，对已经发生法律效力的判决、裁定，可以向人民法院或人民检察院提出申诉，但是不能停止判决、裁定的执行。"另外，虽然我国《律师法》第25条规定，律师可以"代理各类诉讼案件的申诉"，但是，律师代理申诉的性质是帮助申诉人行使申诉权，律师本身并不是申诉权主体。

答案：A

2. 解析：我国《刑事诉讼法》第205条规定："各级人民法院院长对本院已经发生法律效力的判决和裁定，如果发现在认定事实上或者在适用法律上确有错误，必须提交审判委员会处理。"

答案：D

3. 解析：根据《刑诉解释》第306条的规定，"最高人民检察院对各级人民法院已经发生法律效力的判决和裁定，上级人民检察院对下级人民法院已经发生法律效力的判决和裁定，如果发现确有错误，按照审判监督程序向同级人民法院提出抗诉的案件，接受抗诉的人民法院应当组成合议庭重新审理"，所以上级人民检察院对下级人民法院的错误判决和裁定有权提出抗诉。

答案：B

4. 解析：根据我国刑事诉讼法的规定，审判监督程序的审理对象为已发生法律效力的判决和裁定，包括业已执行完毕的判决和裁定。

答案：D

5. 解析：根据我国《刑事诉讼法》第203条的规定，当事人对已经发生法律效力的判决和裁定提出申诉以后，不能停止判决、裁定的执行。

答案：D

6. 解析：根据我国《刑事诉讼法》第206条的规定，人民法院按照审判监督程序重新审判的案件，应当另行组成合议庭进行。

答案：C

7. 解析：我国《刑事诉讼法》第207条规定，人民法院按审判监督程序重新审判的案件，应当在作出提审、再审决定之日起3个月内审结，需要延长期限的，不得超过6个月。

答案：B

8. 解析：审判监督程序的审理对象是已经发生法律效力的裁判，而二审程序的审理对象则是尚未生效的裁判，故A项正确。审判监督程序与二审程序都必须依照法定程序进行、对案件进行全面审查，两者的目的也都是保证法院裁判的正确。所以B、C、D三项都不是两者的不同点。

答案：A

二、多项选择题

1. 解析：我国《刑事诉讼法》第204条规定："当事人及其法定代理人、近亲属的申诉符合下列情形之一的，人民法院应当重新审判：(一)有新的证据证明原判决、裁定认定的事实确有错误的；(二)据以定罪量刑的证据不确实、不充分或者证明案件事实的重要证据之间存在矛盾的；(三)原判决、裁定适用法律确有错误的；(四)审判人员在审理该案的时候，有贪污受贿，徇私舞弊，枉法裁判行为的。"

答案：ABCD

2. 解析：根据我国《刑事诉讼法》第203条的相关规定，当事人及其法定代理人、近亲属，对已经发生法律效力的判决、裁定，可以向人民法院或人民检察院提出申诉，故B项应选；被害人、被告人都属于当事人，故A项正确。其他主体不能成为提出申诉的主体。

答案：AB

3. 解析：应该注意再审抗诉和二审抗诉的不同。我国《刑事诉讼法》第205条规定："最高人民检察院对各级人民法院已经发生法律效力的判决和裁定，上级人民检察院对下级人民法院已经发生法律效力的判决和裁定，如果发现确有错误，有权按照审判监督程序向同级人民法院提出抗诉。"

答案：ABC

4. 解析：《刑诉解释》第307条规定："人民法院决定按照审判监督程序重新审判的案件，除人民检察院提起抗诉的外，应当制作再审决定书。再审期间不停止原判决、裁定的执行。"

答案：ABD

5. 解析：根据《刑诉解释》第312条第1款第2项的规定，"原判决、裁定认定事实没有错误，但适用法律有错误，或者量刑不当的，应当改判。按照第二审程序审理的案件，认为必须判处被告人死刑立即执行的，直接改判后，应当报请最高人民法院核准"。因此，A项的说法是正确的。根据该条第1款第4项的规定，只有"按照第二审程序审理的案件，原判决、裁定认定事实不清或证据不足的"，才"可以在查清事实后改判"或"裁定撤销原判，发回原审人民法院重新审判"。因此，B、C、D三项的说法都是错误的。

答案：BCD

6. 解析：根据我国《刑事诉讼法》第205条的规定，"人民检察院抗诉的案件，接受抗诉的人民法院应当组成合议庭重新审理，对于原判决事实不清或者证据不足的，可以指令下级人民法院再审"，即对人民检察院抗诉的案件，人民法院必须再审，没有审查、选择的余地，所以C项的说法是错误的。另外，根据我国《刑事诉讼法》第206条的规定，"人民法院按照审判监督程序重新审判的案件，应当另行组成合议庭进行"，"如果原来是第一审案件，应当按照第一审程序进行"；根据该法第147条，"基层人民法院、中级人民法院审判第一审案件，应当由审判员三人或者由审判员和人民陪审员共三人组成合议庭进行"，所以D项的说法也是错误的。

答案：CD

三、简答题

1. 审判监督程序作为刑事诉讼的一项特殊审判程序，既不同于第二审程序，又不同于死刑复核程序，其特点如下：

(1)审理对象为已生效的判决、裁定。审判监督程序的审理对象必须是已经发生法律效力的判决、裁定，包括已经执行完毕的判决、裁定。

(2)提起程序的法定主体。刑事诉讼法将提起审判监督程序的权力赋予特定的主体。有权提起审判监督程序的主体包括各级人民法院院长和审判委员会，最高人民法院、上级人民法院，最高人民检察院、上级人民检察院。

(3)提起程序的理由是生效判决、裁定在认定事实或适用法律上确有错误。

(4)提起程序没有时间限制。和其他审判程序不同，审判监督程序的提起不受时间限制，无论生效判决、裁定是处在执行的过程中还是已经执行完毕，只要满足了提起审判监督程序的条件，任何时间都可以依法提起该程序。但如果是对法院将有罪误判为无罪或量刑过轻的判决、裁定提起审判监督程序，则要受刑法规定的追诉时效的限制。

(5)再审案件的法院不受审级限制。依照该程序进行再审的法院，既可以是原审的第一审法院或第二审法院，也可以是提审案件的最高人民法院、上一级人民法院以及由其指令的再审的下级人民法院。

(6)再审量刑不受限制。审判监督程序中的裁判依法进行，较为灵活，可以维持原判，也可宣告无罪，可以减轻刑罚，也可加重刑罚。

(7)再审的判决、裁定效力取决于再审的审级。如果原来是第一审案件，应当按照第一审程序进行审判，所作的判决、裁定可以上诉、抗诉；如果原来是第二审案件，或者是上级人民法院提审的案件，应当按照第二审程序进行审判，所作的判决、裁定是终审判决、裁定。

2. 根据现行刑事诉讼法的规定，刑事申诉具有以下特征：

(1)申诉的对象是人民法院作出的，已经发生法律效力的判决、裁定。

(2)申诉不停止原判决、裁定的执行。

(3)申诉并不必然引起审判监督程序。虽然申诉是法律赋予当事人及其法定代理人、近亲属的一项重要权利，但申诉不同于上诉，上诉一经提出，就必然引起第二审程序，因此可以阻止判决、裁定发生法律效力；申诉则不同，它只是司法机关发现生效裁判是否确有错误的一种途径，案件重新审判与否取决于司法机关对申诉的审查，只有通过审查，确认生效裁判确有错误，申诉符合再审的条件，才能对案件重新审判。

(4)申诉是一种诉讼外活动。申诉虽然在刑事诉讼法条文里作了规定，但是申诉是在法院已对被告人作出实体裁判、诉讼程序已经完结的情况下进行的，不具有诉讼上的法律效力，因而是一种非诉讼活动。

3. 根据《最高人民法院关于刑事再审案件开庭审理程序的具体规定》第5条和第6条的规定，人民法院审理下列再审案件，应当依法开庭审理：

(1)依照第一审程序审理的；

(2)依照第二审程序需要对事实或者证据进行审理的；

(3)人民检察院按照审判监督程序提出抗诉的；

(4)可能对原审被告人(原审上诉人)加重刑罚的；

(5)有其他应当开庭审理的情形的。

下列再审案件可以不开庭审理：

(1)原判决、裁定认定事实清楚,证据确实、充分,但适用法律错误,量刑畸重的。

(2)1979 年《中华人民共和国刑事诉讼法》施行以前裁判的。

(3)原审被告人(原审上诉人)、原审自诉人已经死亡或者丧失刑事责任能力的。

(4)原审被告人(原审上诉人)在交通十分不便的边远地区监狱服刑,提押到庭确有困难的;但人民检察院提出抗诉的,人民法院应征得人民检察院的同意。

(5)人民法院按照审判监督程序决定再审,按规定将开庭时间、地点在开庭 7 日前两次通知人民检察院而人民检察院不派员出庭的,对此,人民法院应裁定按人民检察院撤回抗诉处理,并通知诉讼参与人。

四、论述题

1. 审判监督程序又称刑事再审程序,是指人民法院、人民检察院对于已经发生法律效力的判决和裁定,如果发现在认定事实或适用法律上确有错误,依法提出并进行重新审理的一种诉讼程序。在司法实践中,按照审判监督程序审理的案件称作刑事再审案件。第二审程序也称上诉审程序,是指第一审程序的上一级人民法院根据当事人的上诉或检察机关的抗诉,对第一审人民法院所作的未生效的判决、裁定进行审判所必须遵循的诉讼程序。

审判监督程序与第二审程序,从实现审判监督这个意义上讲,基本上是相同的,其任务和目的都是审查原审判决、裁定是否正确,通过审理,维护正确的判决、裁定,纠正错误的判决、裁定,但这两种程序各有不同的特点,其主要区别有:

(1)审理的对象不同。按审判监督程序审理的是已经发生法律效力的判决和裁定,包括正在执行和已经执行完毕的案件。按照第二审程序审理的是尚未发生法律效力的判决和裁定。

(2)提起的主体不同。审判监督程序必须由最高人民法院、上级人民法院以及各级人民法院提交审判委员会讨论决定提起,或者由最高人民检察院、上级人民检察院抗诉提起。第二审程序则由享有上诉权的当事人及其法定代理人、经被告人同意的辩护人或近亲属依法上诉,或者同级人民检察院依法抗诉而引起。

(3)提起的理由不同。审判监督程序的提起有严格的条件限制,即必须经有权提起该程序的机关审查,认为已生效的判决、裁定在认定事实或者适用法律上确有错误,才能提起。而第二审程序对有上诉权的主体提起上诉没有理由限制,只要上诉人依法提出上诉,无论是什么理由或理由是否充分,都必然引起第二审程序。

(4)提起的期限不同。提起审判监督程序,法律没有规定期限,只有要改无罪为有罪时,要受刑法规定的追诉时效期限的限制。而第二审程序的抗诉或上诉,必须在法定期限内作出,如无正当理由逾期上诉或抗诉,人民法院将不予受理。

(5)审理案件的法院不同。按照审判监督程序重新审理的法院,可以是原审人民法院,也可以是任何上级法院;按照第二审程序审判的法院,则只能是第一审人民法院的上一级人民法院。

(6)适用刑罚的原则不同。按照审判监督程序重新审判的案件既可以减轻被告人的刑罚,也可以加重被告人的刑罚。而按照第二审程序审判的案件,必须严格遵守"上诉不加刑"的原则,对被告一方提出上诉的二审案件,改判时不得加重被告人的刑罚。

2. 人民检察院作为公诉主体享有第二审程序的抗诉权,作为刑事诉讼的监督主体享有审判监督程序的抗诉权。这两种抗诉的区别包括:

(1)抗诉的对象不同。二审抗诉的对象为一审未生效的裁判;而审判监督程序抗诉的对象是已经生效的裁判。

(2)抗诉的权限不同。二审抗诉是一审法院同级的人民检察院的权力与职责,限于地方各级人民检察院。最高人民检察院无权对最高人民法院的一审判决按二审抗诉。而审判监督程序的抗诉,除最高人民检察院对全国各级法院的生效裁判均有权提出抗诉外,只有上级人民检察院对下级人民法院的生效裁判向同级人民法院提出抗诉。

(3)接受抗诉的审判机关不同。接受二审抗诉的是提出抗诉的人民检察院的上一级人民法院,而接受审判监督程序抗诉的是提出抗诉的人民检察院的同级人民法院。

(4)提出抗诉的期限不同。二审抗诉,须在法定期限内提出;而审判监督程序的抗诉,除要求由无罪改判为有罪应当遵守刑法有关时效的规定外,没有期限限制。

(5)抗诉的作用与后果不同。二审抗诉是为了阻止一审裁判生效,结果可能改判或发回重审,或维持原判;而审判监督程序为了实事求是,有错必究,结果一般将导致撤销原判,重新审理。

五、案例分析题

1. 本案在诉讼程序上是合法的,表现在以下几个方面:

(1)提出申诉的主体和程序合法。我国《刑事诉讼法》第 203 条规定:"当事人及其法定代理人、近亲属,对已经发生法律效力的判决、裁定,可以向人民法院或者人民检察院提出申诉。"在本案中,申诉的主体是被告人的父亲,属于近亲属;申诉的裁判是核准的死刑裁定,属于已经发生法律效力的裁判;受理申诉的法院是原审法院,也是符合法律规定的。因此,该申诉符合法律的规定。

(2)省高级人民法院对案件决定再审正确。首先,该高级人民法院根据申诉人所提交的有关证据、家族精神病史、当事人精神病历等,发现裁定可能有错误,便根据我国《刑事诉讼法》第 120 条的规定,对张三做了医学鉴定,当认为确有错误后,又根据该法第 205 条和第 211 条的规定,停止执行并由院长提交审判委员会讨论决定,撤销原判决和裁定,进行重新审判。

(3)省高级人民法院改判张三无罪也是正确的。本案中,高级人民法院依据鉴定结论和我国《刑法》第 18 条的规定(关于不负刑事责任的情形的规定),对原审被告人张三改判无罪。

可见,本案在诉讼程序上是合法、正确的,体现了刑事诉讼法的精神,保护了公民的合法权益。

2. 本案在诉讼程序上存在多处错误,具体如下:

(1)最高人民检察院向省高级人民法院提出抗诉是错误的。根据我国《刑事诉讼法》第 205 条的规定,应当向最高人民法院提出抗诉。

(2)本案最后由原一审法院审判不对。第一,本案原来是二审终审的案件,即使最高人民法院认为事实不清或证据不足,也只能依法指令省高级人民法院再审;第二,由于下级法院无权撤销上级法院的裁判,因此,本案由原一审法院审判是错误的。

(3)本案重新审判时由原合议庭进行审理是错误的,违反了我国《刑事诉讼法》第 206 条关于应当"另行组成合议庭进行"的规定。

(4)本案再审的期限不合法,违反了我国《刑事诉讼法》第 207 条规定的"人民法院按照审判监督程序重新审判的案件,应当在作出提审、再审决定之日起 3 个月内审结,需要延长期限的,不得超过 6 个月"。而本案从 2002 年 3 月最高人民检察院提出抗诉后,到 2003 年 6 月重新作出判决时共经过了 1 年零 3 个月。因此,本案严重违反有关再审期限的规定。

(5)一审法院对杨某宣告无罪后,待上诉期满后再释放杨某,违反了我国《刑事诉讼法》第 209 条的规定。因为杨某在监狱服刑,实为在押犯,当其被宣告无罪后,应当立即释放,而不应当等到上诉期满后再予以释放。

第十八章　执行

一、单项选择题

1. 解析：未成年犯人一般是不能与成年犯人关押在一起的，这样做的目的是避免交叉感染。

答案：D

2. 解析：人民法院负责死刑立即执行、罚金、没收财产的执行（参见《刑事诉讼法》第 211 条、第 219 条至第 220 条）；公安机关负责管制、剥夺政治权利、有期徒刑缓刑、拘役以及拘役缓刑的执行，对于在交付刑罚前，剩余刑期在 1 年以下的有期徒刑罪犯，由看守所代为执行（参见《刑事诉讼法》第 213 条）；监狱负责死刑缓期两年执行、无期徒刑和有期徒刑的执行（参见《刑事诉讼法》第 213 条）。

答案：B

3. 解析：参见《刑事诉讼法》第 214 条之规定。

答案：B

4. 解析：这是关于服刑罪犯脱逃后又犯罪是否需要办理逮捕手续的问题。

答案：A

5. 解析：本题考察人民检察院对执行的监督程序。依据《刑事诉讼法》第 222 条的规定，人民检察院认为人民法院减刑假释的裁定不当，应当在收到裁定书副本后 20 日以内，向人民法院提出书面的纠正意见。人民法院应当在收到意见书后的 1 个月以内重新组成合议庭进行审理，作出最终裁定。可以看出，本题中人民法院对人民检察院的书面纠正意见没有重新组成合议庭进行审理是违反法律规定的行为。

答案：C

6. 解析：《刑事诉讼法》第 213 条规定："对于被判处有期徒刑的罪犯，在被交付执行刑罚前，剩余刑期在 1 年以下的，由看守所代为执行。"对于被判处拘役的罪犯，由公安机关执行。

答案：C

7. 解析：《刑事诉讼法》第 209 条规定："第一审人民法院判决被告人无罪免除刑事处罚的，如果被告人在押，在宣判后应当立即释放。"

答案：B

8. 解析：《刑诉解释》第 350 条规定："收监决定书应当分别送达交付执行的公安机关和监狱。罪犯需要羁押执行刑罚，而判决确定前罪犯没有被羁押的，人民法院应当根据生效的判决书或者裁定书将罪犯羁押，并送交公安机关。"

答案：C

二、多项选择题

1. 解析：参见《刑诉解释》第 342 条。

答案：ABC

2. 解析：参见《刑事诉讼法》第 214 条之规定。

答案：AB

3. 解析：判处死刑立即执行判决，即便经过了二审，也不能立即发生法律效力，因为被判处死刑的案件还要经过死刑复核程序后才能发生法律效力，才具有执行力。参见《刑事诉讼法》

第 208 条。

答案:ABD

4. 解析:监狱和其他执行机关在刑罚执行中,如果认为判处有错误或者罪犯提出申诉,应当转请人民检察院或者原审人民法院处理(参见《刑事诉讼法》第 223 条)。

答案:BD

5. 解析:参见《刑诉解释》第 353 条、《刑事诉讼法》第 214 条、《监狱法》第 26 条。

答案:ABCD

6. 解析:参见《刑事诉讼法》第 213 条至第 218 条之规定。

答案:ACD

7. 解析:《刑诉解释》第 343 条规定:"执行死刑前,罪犯提出会见其近亲属或者近亲属提出会见罪犯申请的,人民法院可以准许。"《刑诉解释》第 344 条规定:"人民法院将罪犯交付执行死刑,应当在交付执行 3 日前通知同级人民检察院临场监督。采用枪决、注射以外的其他方法执行死刑的,应当事先报请最高人民法院批准。交付执行的人民法院应当将执行死刑情况及时上报最高人民法院。"

答案:BD

8. 解析:参见《监狱法》第 30 条、第 32 条之规定。

答案:ACD

9. 解析:参见《监狱法》第 16 条之规定。

答案:ABCD

三、简答题

1. 刑事诉讼中的执行,是指司法机关和法律授权的其他国家机关,依照法定程序,将人民法院已经发生法律效力的判决、裁定付诸实现的活动。其具有如下特点:

第一,执行主体的法定性和广泛性。刑事执行是一项非常严肃的司法活动,必须由专门的法定的机关来行使与运用。在执行的主体上也是非常广泛的,包括人民法院、公安机关、人民检察院、监狱以及未成年犯管教所等机关。

第二,执行依据的合法性。执行的依据必须是已经发生法律效力的判决、裁定,除判决被告人无罪,免除刑事处罚的以外,对未发生法律效力的判决、裁定,一律不得交付执行。

第三,执行对象的特殊性。刑事执行的对象只能是触犯刑法并被人民法院判处刑罚的犯罪人。

第四,执行活动的原则性。在执行活动中,执行主体应遵循相应的原则:严格执行的原则、强制执行的原则和迅速及时的原则。

2. 在死刑的执行过程中,如果发生了如下情形,执行机关应当停止执行:

第一,在执行前发现判决可能有错误,应当停止执行死刑。即发现判决在认定事实或者适用法律上可能有错误,这种错误足以影响死刑判决的正确性。

第二,在执行前罪犯揭发重大犯罪事实或者有其他重大立功表现,可能需要改判的,应当停止执行死刑。这一项法律规定体现了我国法律要求和鼓励被判处死刑的罪犯,揭发其他重大犯罪事实,立功赎罪的精神。

第三,罪犯正在怀孕的,应当停止执行死刑。对于怀孕的罪犯在羁押期间人工流产的,应视同正在怀孕。

四、论述题

对于服刑罪犯发现有新罪和漏罪的，应当根据不同情况分别作出下列处理：

第一，在监狱、未成年犯管教所服刑的罪犯，如果发现有漏罪或者又犯新罪，应由监狱或未成年犯管教所进行侦查，侦查终结后，写出起诉意见书，连同案卷材料证据一并移送人民检察院。人民检察院认为需要追究刑事责任的，应按照管辖分工的不同，向当地的基层人民法院或中级人民法院提起公诉，人民法院应当依法进行审判。

第二，在看守所、拘役所服刑的罪犯，被判处有期徒刑或拘役、缓刑的罪犯，被假释的罪犯和被判处管制的罪犯，在服刑期间或者在缓刑期间、假释考验期间内，发现有漏罪或又犯新罪，应由执行的公安机关侦查终结后移送当地人民检察院按照不同情况处理。

第三，对服刑罪犯脱逃后又犯新罪的，应分情况处理。如果新罪是监狱将罪犯抓回后发现的，应当按照前述规定办理；如果新罪是犯罪地的公安机关发现的，应当由犯罪地的公安机关、人民检察院和人民法院依据管辖范围和法定程序处理；人民法院判决后，原则上应将罪犯移送原执行机关执行。

第四，监外执行的罪犯又犯新罪的，由执行地的公安机关、人民检察院和人民法院依法处理后，对其判处的刑罚应当由犯罪地执行，公安机关应将罪犯新的犯罪事实和处理结果，及时通知罪犯原所在监狱或其他机关。

人民法院对于罪犯又犯新罪和漏罪审理后制作的终审判决书，除应送达罪犯交付刑罚执行机关外，还应将副本送达原审人民法院和担负检察任务的人民检察院。

五、案例分析题

(1)该案件的一审由区级人民法院审判是不正确的，判处死刑的案件应当由中级人民法院以上的法院审理。

(2)一审宣判后，人民法院立即对王某、李某的没收财产进行执行是错误的，因为执行的根据必须是生效的判决。

(3)花某在二审结束后才被释放是错误的。第一审法院判决免除刑事处罚的，如果被告人在押的，应当在宣判后立即释放。

(4)省高级人民法院核准对王某的死刑判决并签发死刑的命令是错误的。王某因贪污罪而被判处死刑，应当由最高人民法院核准并签发执行死刑的命令。

(5)经过审查认为死刑判决没有错误的，人民法院不能直接恢复死刑执行，要重新经过最高人民法院的核准。

(6)对李某的暂予监外执行是错误的，李某被判处无期徒刑，不得使用暂予监外执行。

(7)县级人民法院裁定对祖某的减刑是错误的。需要减刑的，应当由罪犯所在地的中级人民法院裁定。同时在作出裁定的时间上也有错误，应当在收到减刑建议书后1个月作出裁定。

第十九章　刑事特别程序

一、单项选择题

1. 解析：《刑事诉讼法》第152条第2款规定："十四岁以上不满十六岁的未成年人犯罪的案件，一律不公开审理。十六岁以上不满十八岁的未成年人犯罪的案件，一般也不公开审理。"现在的问题是，这里的14岁、16岁究竟是指犯罪时的年龄还是审理时的年龄。根据最高人民法院1985年的司法解释，该年龄是指审理时被告人的年龄。

答案：A

2. 解析:参见《刑事诉讼法》第 14 条之规定。

答案:A

3. 解析:《刑事诉讼法》第 16 条第 2 款规定:“对于享有外交特权和豁免权的外国人犯罪应当追究刑事责任的,通过外交途径解决。”根据公约,驻华大使馆外交官属于享有外交特权和豁免权的人员。

答案:C

4. 解析:《最高人民法院司法解释》第 8 条规定:“在中华人民共和国领域外的中国船舶内的犯罪,由犯罪发生后该船舶最初停泊的中国口岸所在地的人民法院管辖。”

答案:A

5. 解析:我国《刑事诉讼法》第 16 条规定:“对于外国人犯罪应当追究刑事责任的,适用本法的规定。对于享有外交特权和豁免权的外国人犯罪应当追究刑事责任的,通过外交途径解决。”本案中,大卫仅仅是留学生,并不享有外交特权和豁免权,因此对其行为应该按照我国的法律来追究刑事责任。

答案:A

6. 解析:在我国是由公安机关行使侦查权,国家安全机关对危害国家安全的案件实施侦查权,检察机关仅仅对贪污贿赂等案件实施侦查权。本案是普通的刑事犯罪案件,当然应该由公安机关实施侦查权。

答案:A

7. 解析:按照我国《刑事诉讼法》第 19 条的规定,普通刑事案件由基层人民法院管辖。我国《刑事诉讼法》第 20 条规定,外国人犯罪的案件由中级人民法院管辖,在本案是共同犯罪案件,而乙为外国人,在这种情况下,就应该由中级人民法院管辖,而基层人民法院不再有管辖权;此处我们还应该注意,并不是说外国人犯罪的案件必须由中级人民法院管辖,而是说最低由中级人民法院进行第一审,并不排除高级人民法院、最高人民法院对这些案件进行第一审。

答案:B

8. 解析:《人民检察院刑事诉讼规则》第 94 条规定:“外国人、无国籍人涉嫌危害国家安全犯罪的案件或者涉及国与国之间政治、外交关系的案件以及在适用法律上确有疑难的案件,需要逮捕犯罪嫌疑人的,由分、州、市级人民检察院审查并提出意见,层报最高人民检察院审查。最高人民检察院经征求外交部的意见后,决定批准逮捕。经审查认为不需要逮捕的,可以直接作出不批准逮捕的决定。”

答案:D

9. 解析:根据我国《刑事诉讼法》的规定,16 岁以上不满 18 岁未成年人犯罪的案件是可以公开审理的。

答案:D

10. 解析:我国《刑事诉讼法》第 152 条规定:“人民法院审判第一审案件应当公开进行。但是有关国家秘密或者个人隐私的案件,不公开审理。14 岁以上不满 16 岁未成年人犯罪的案件,一律不公开审理。16 岁以上不满 18 岁未成年人犯罪的案件,一般也不公开审理。对于不公开审理的案件,应当当庭宣布不公开审理的理由。”注意,不公开审理的案件,判决仍然应当公布。

答案:C

11. 解析:《最高人民法院关于人民法院执行〈中华人民共和国国家赔偿法〉几个问题的解

释》中规定，根据国家赔偿法第 17 条第 2 款、第 3 款的规定，依照刑法第 14 条、第 15 条的规定不负刑事责任的人被羁押，国家不承担赔偿责任。但是对起诉后经人民法院判处拘役、有期徒刑、无期徒刑和死刑并已执行的上列人员，有权依法得到赔偿。判决前被羁押的日期依法不予赔偿。

答案：C

12. 解析：《国家赔偿法》第 19 条第 3 款规定，对没有犯罪事实的人错误逮捕的，作出逮捕决定的机关为赔偿义务机关。本案中，甲某打架斗殴将别人打成轻伤的行为按照刑法的规定“情节轻微，危害不大的，不构成犯罪”。因此属于对没有犯罪事实的人错误逮捕。对其拘留是可以的。

答案：B

13. 解析：根据《国家赔偿法》第 20 条的规定，赔偿请求人要求赔偿，应当先向赔偿义务机关提出，赔偿义务机关对违法行为不予确认的，赔偿请求人有权申诉。

答案：A

14. 解析：《国家赔偿法》第 19 条规定：“对没有犯罪事实或者没有事实证明有犯罪重大嫌疑的人错误拘留的，作出拘留决定的机关为赔偿义务机关。对没有犯罪事实的人错误逮捕的，作出逮捕决定的机关为赔偿义务机关。再审改判无罪的，作出原生效判决的人民法院为赔偿义务机关。二审改判无罪的，作出一审判决的人民法院和作出逮捕决定的机关为共同赔偿义务机关。”

答案：D

15. 解析：《国家赔偿法》第 26 条规定：“侵犯公民人身自由的，每日的赔偿金按照国家上年度职工日平均工资计算。”又《国家赔偿法解释》第 6 条第 2 款规定：“国家上年度职工日平均工资数额，应当以职工年平均工资除以全年法定工作日数的方法计算。年平均工资以国家统计局公布的数字为准。”

答案：D

二、多项选择题

1. 解析：根据《刑诉解释》第 38 条的规定，不满 18 周岁的未成年人属于强制辩护的对象，因此其拒绝辩护之后，必须另行委托或接受人民法院的另行指定。

答案：CD

2. 解析：按照我国法律规定，享有外交特权和豁免权的其他来中国访问的外国人犯罪，应当追究刑事责任的，依据外交途径解决，解决方式一般包括以下几种：(1)建议其派遣国将其召回；(2)宣布为不受欢迎的人，令其限期出境；(3)宣布将其驱逐出境。

答案：ABC

3. 解析：在中华人民共和国领域外的中国航空器内的犯罪，由犯罪发生后该航空器在中国最初降落地的人民法院管辖。只有对于享有外交特权和豁免权的外国人犯罪应当追究刑事责任的，才通过外交途径解决。另外，外国人（包括无国籍人）犯罪的案件，应当由中级人民法院及其以上级别的人民法院管辖。

答案：ABD

4. 解析：《国家赔偿法解释》第 4 条规定：根据《国家赔偿法》第 26 条、第 27 条的规定，人民法院判处管制、有期徒刑缓刑、剥夺政治权利等刑罚的人被依法改判无罪的，国家不承担赔偿责任，但是赔偿请求人在判决生效前被羁押的，依法有权取得赔偿。另外，国家对被减刑部分的刑罚原本无须承担责任,此即国家赔偿的基本原理:有损害,才有赔偿。

答案:BCD

5. 解析:参见《国家赔偿法解释》第2条之规定。

答案:ABCD

6. 解析:当公安机关在行使刑事侦查权时,侵犯《国家赔偿法》第15条所列举的人身权情形之一的,受害人有权提起刑事赔偿;当公安机关行使其他行政职权侵犯公民、法人、其他组织人身权、财产权的,受害人有权提起行政赔偿。本案中甲某本来应行使刑事侦查权,但却以监视居住为名,对受害人违法采取限制人身自由的行政强制措施,公安机关应承担行政赔偿责任。所以,AC项不对。B项错误,因为它把此案归类为刑事赔偿,赔偿法中监视居住不是刑事赔偿的范围,但却是行政赔偿的范围。

答案:ABC

7. 解析:根据《国家赔偿法》第15条第4款的规定,行使监狱管理职权的机关及其工作人员以殴打行为造成公民身体伤害的,受害人有取得赔偿的权利。第24条规定,有本法第15条第4款规定情形的,赔偿义务机关在赔偿损失后,应当向工作人员追偿,对责任人员,构成犯罪的应当依法追究刑事责任。

答案:BCD

8. 解析:《国家赔偿法》第27条第3款规定,侵犯公民生命健康权,造成死亡的,应当支付死亡赔偿金、丧葬费,总额为国家上年度职工平均工资的20倍。对死者生前扶养的无劳动能力的人,还应当支付生活费。

答案:AB

9. 解析:参见《国家赔偿法》第28条之规定及《最高人民法院关于民事、行政诉讼中司法赔偿若干问题的解释》第12条之规定。故本题的正确答案是CD。

答案:CD

10. 解析:参见《国家赔偿法》第2条第1款、第17条、第31条、第4条及《最高人民法院关于民事、行政诉讼中司法赔偿若干问题的解释》第3条,《民事诉讼法》第92条,《行政诉讼法》第11条第5款之规定。

答案:CD

三、简答题

1. 在我国刑事诉讼中,未成年人案件的刑事诉讼除了应当遵循刑事诉讼法规定的基本原则外,根据其自身特点,还应当遵循:(1)教育、感化、挽救原则,即坚持以教育为主,惩罚为辅的原则;(2)分案处理原则,即司法机关在刑事诉讼过程中将未成年人案件与成年人案件实行诉讼程序分离,分案审理,分别关押,分别执行;(3)不公开审理原则,即不允许旁听、采访、刊登等;(4)充分保障未成年犯罪嫌疑人、被告人诉讼权利原则;(5)全面调查原则,即调查案件事实及未成年人的心理、生理、社会环境等;(6)迅速、简约原则。

2. 涉外刑事诉讼程序的特点是由其涉外因素所决定的,主要有以下几个方面:(1)涉外刑事诉讼的法律渊源,除我国的刑事诉讼法律规范外,还有相关的国际条约、协定;(2)在办理涉外刑事案件时,我国司法机关和外国司法机关可以相互请求刑事司法协助;(3)外国人犯罪的刑事案件由中级人民法院以上的人民法院审理,至于我国公民侵犯外国人合法权益的案件,原则上由基层人民法院审理;(4)在办案过程中,不仅要考虑如何适用法律,还要考虑国与国之间的外交关系。

3. 刑事赔偿具有以下特征:(1)刑事赔偿在性质上是一种国家赔偿责任;(2)刑事赔偿是由行使侦查、检察、审判、监狱管理职权的机关及其工作人员行使职权的行为所引起的;(3)刑事赔偿是因为存在违法行使职权行为;(4)刑事赔偿的责任形式是损害赔偿。

四、论述题

1. 根据《国家赔偿法》第 16 条的规定,在刑事诉讼中属于下列情形之一的,国家不承担赔偿责任:(1)因公民自己故意作虚伪供述,或者伪造其他有罪证据被羁押或者被判处刑罚的;(2)依照《刑法》第 17 条、第 18 条之规定不负刑事责任的人被羁押的;(3)依照《刑事诉讼法》第 15 条之规定不追究刑事责任的人被羁押的;(4)行使侦查、检察、审判、监狱管理职权的机关的工作人员行使与职权无关的个人行为;(5)因公民自伤、自残等故意行为致使损害发生的;(6)法律规定的其他免除国家赔偿的情况。

2. 根据《未成年人保护法》、《预防未成年人犯罪法》的相关规定,未成年人案件的起诉程序除适用刑事诉讼法所规定的普通刑事案件的起诉程序外,还应注意以下几点:(1)贯彻全面审查原则。即除查明《刑事诉讼法》第 137 条规定的情况外,还要对侦查时确定犯罪嫌疑人的基本情况审查核实。(2)起诉组织、人员专门化。即应当设立专门的起诉科室或者指定专门人员负责未成年人案件的起诉工作。(3)做好不起诉及其后续工作。(4)起诉移送的材料内容要全面周详。起诉书的内容应增加未成年人的生理、心理、生活及社会环境等内容。

五、案例分析题

1. 刑事司法协助是指一国的法院或者其他司法机关,根据另一国的法院或者司法机关的请求,代为或者协助实行与刑事诉讼有关部门的司法行为。刑事司法协助是司法协助的一种。

2. 国际社会对刑事司法协助有狭义和广义的两种理解。狭义上的刑事司法协助是指与审判有关部门的刑事司法协助,包括送达司法文书、询问证人和鉴定人,搜查、扣押、有关物品的移交以及提供有关法律资料等等。广义上的刑事司法协助除了狭义上的司法协助外,还包括引渡等内容。在理论上,我国学者主张广义的刑事司法协助。

3. 引渡指一国把在其境内而被他国指控为犯罪或已被定罪判刑的人,根据有管辖权的国家的请求,在条约或互惠的基础上,移交给请求国,以便追究其刑事责任或执行刑罚的一项制度。

本案中甲某犯走私毒品、故意杀人等重罪,我国有关部门在掌握了确凿证据后向古巴有关方面提出了司法协助和引渡要求,是符合国际条约和惯例的。

第二部分　模拟试题

模拟试题一

一、单项选择题

1. 解析:刑事诉讼主要是解决犯罪嫌疑人、被告人的刑事责任问题,决定其是否犯罪、犯什么罪、应否判刑和判什么刑的问题。

答案:C

2. 解析:我国《刑事诉讼法》规定,侦查权、检察权和审判权由专门机关依法行使,对于监狱的刑事案件由监狱负责侦查,而在本案中,甲某的故意杀人行为是在监狱中进行的,因此对这一行为应该由监狱负责侦查。

答案:C

3. 解析：本题中要注意犯罪嫌疑人和被告人的区别，在我国刑事诉讼中，涉嫌犯罪的公民，在不同阶段称谓不同，在侦查和审查起诉阶段，称为“犯罪嫌疑人”，在审判阶段，称为“被告人”，同时在自诉案件中，被告人是可以提起反诉的。

答案：C

4. 解析：根据《公安机关办理刑事案件管辖程序规定》第 23 条，该题中的消防部门虽属武警编制，但属公安部系统，该案应由公安机关侦查。

答案：A

5. 解析：院长的回避是由本院的审判委员会决定的。

答案：C

6. 解析：辩护人在刑事诉讼中的法律地位是独立的诉讼参与人，是犯罪嫌疑人、被告人合法权益的专门维护者，既不受公诉人意见的左右，也不受委托人无理要求的约束；既不能成为“第二公诉人”，也不是委托人的代言人。

答案：D

7. 解析：本题考察证明对象的问题。由于杀人工具的生产厂家和出厂日期没有直接联系，因此不需要证明。

答案：D

8. 解析：本题考察逮捕的权限分工问题。逮捕的执行机关是公安机关，而通知是执行的内容之一，因此应当由公安机关进行。

答案：C

9. 解析：在发现新罪，需要另行计算侦查羁押期限时，由公安机关决定，但须报同级人民检察院备案。

答案：C

10. 解析：法律对公民向哪个公安司法机关举报是没有限制的。

答案：D

11. 解析：参见《公安机关办理刑事案件程序规定》第 241 条。

答案：B

12. 解析：参见《人民检察院刑事诉讼规则》第 279 条。

答案：D

13. 解析：人民陪审员与审判员有同等的权利。

答案：D

14. 解析：参见《人民检察院刑事诉讼规则》第 336 条。

答案：B

15. 解析：《刑事诉讼法》第 217 条第 1 款规定：对于被判处徒刑缓刑的罪犯，由公安机关交所在单位或者基层组织予以考察。

答案：C

二、多项选择题

1. 解析：假释考验期内，在公安机关向人民法院提出撤销假释的建议，人民法院应该在 1 个月内予以审核裁定，特殊情况的可以延长 1 个月。

答案：BCD

2. 解析：申诉是法律赋予当事人及其法定代理人、近亲属的诉讼权利。

答案:ABC

3. 解析:参见《人民检察院刑事诉讼规则》第 353 条。

答案:CD

4. 解析:注意:人民陪审员不能出现在二审中。

答案:ABC

5. 解析:参见《人民检察院刑事诉讼规则》第 291 条。

答案:ABCD

6. 解析:对于不用搜查证也可以搜查的情形,《公安机关办理刑事案件程序规定》第 207 条进行了规定。

答案:ACD

7. 解析:根据《刑事诉讼法》第 161 条的规定,审判长对于违反法庭秩序的诉讼参与人或者旁听人员,可以强行带出法庭。经院长批准,可以处以 1000 元以下的罚款或者 15 日以下的拘留。

答案:BD

8. 解析:不起诉决定一旦作出,立即生效,不得上诉、抗诉。根据《刑事诉讼法》第 143 条和第 145 条的规定,BD 项正确。根据《人民检察院刑事诉讼规则》第 287 条的规定,C 选项错误。

答案:ABD

9. 解析:根据《刑诉解释》第 86 条的规定,四个选项全部正确。

答案:ABCD

10. 解析:本案中,公安机关工作人员在行使侦查职权过程中,对没有犯罪事实的人错误拘留,并采取刑讯逼供造成公民身体伤害,符合《国家赔偿法》第 15 条第 2 款和第 4 款的规定,应当承担赔偿责任。甲某被逮捕并非自己故意所致,而是屈打成招,不符合《国家赔偿法》第 17 条第 5 款规定的国家不承担责任的情形。

答案:ABC

三、简答题

1. 辩护是犯罪嫌疑人、被告人及其辩护人针对刑事指控进行反驳、解释或者降低刑事指控,维护犯罪嫌疑人、被告人的权益而进行的诉讼活动。在我国的刑事诉讼中指定辩护分为任意指定辩护和强制指定辩护。

任意指定辩护是指人民法院可以自行决定是否给被告人指定辩护人。任意指定辩护赋予了法官自由裁量权,主要是公诉人出庭公诉的案件,被告人因经济困难或者其他原因没有委托辩护人的,人民法院可以为其指定辩护律师也可以不指定。

强制指定辩护是指人民法院必须依照法律规定为被告人指定辩护人,《刑事诉讼法》规定了三种情况:(1)被告人是盲、聋、哑人,没有委托辩护人的;(2)被告人是未成年人,没有委托辩护人的;(3)被告人可能被判处死刑,未委托辩护人的。

2. 取保候审是公安司法机关在刑事诉讼中,为防止未被羁押的犯罪嫌疑人、被告人逃避侦查、起诉、审判活动,而责成其提供保证人或者交纳保证金以保证其随传随到,保障刑事诉讼活动顺利进行的一种强制方法。其适用对象主要是以下几种:

(1)可能判处管制、拘役或者独立适用附加刑的。

(2)可能判处有期徒刑以上刑罚,采取取保候审不致发生社会危险性的。

(3)应当逮捕的犯罪嫌疑人、被告人患有严重疾病或者是正在怀孕、哺育自己婴儿的妇女。

(4)犯罪嫌疑人、被告人被羁押,案件在法定期限届满尚不能办结的,对犯罪嫌疑人、被告人可以取保候审。

(5)公安机关申请逮捕犯罪嫌疑人、被告人,但人民检察院不予批准的,如果案件需要继续侦查,并且符合取保候审条件的,可依法决定对其取保候审。

(6)持有有效出入境证件,可能出境逃避追究刑事责任,但又不需要逮捕的,可以适用取保候审。

3. 补充侦查是指公安机关或者人民检察院对于案件部分事实不清楚、证据不足或者尚有遗漏罪行、遗漏犯罪嫌疑人的,依照法定程序,在原有侦查工作的基础上继续进行收集补充证据的一种侦查活动。补充侦查包括下列三种情况:

(1)审查批捕阶段的补充侦查。《刑事诉讼法》第 68 条规定人民检察院对于公安机关提请批准逮捕的案件进行审查后,对于不批准逮捕的,人民检察院应当说明理由;需要补充侦查的,应当同时通知公安机关。

(2)审查起诉阶段的补充侦查。《刑事诉讼法》第 140 条规定人民检察院审查起诉的案件,需要补充侦查的,可以退回公安机关补充侦查,也可以自行补充侦查。对于补充侦查的案件,应当在 1 个月以内补充侦查完毕。补充侦查以两次为限。对于补充侦查的案件,人民检察院仍然认为证据不足,不符合起诉条件的,可以作出不起诉决定。

(3)法庭审理阶段的补充侦查。《刑事诉讼法》第 165 条规定在法庭审判过程中,检察人员发现提起公诉的案件需要补充侦查,可以提出延期审理的建议,由人民检察院决定补充侦查。按照这一规定延期审理的案件,人民检察院应当在 1 个月以内补充侦查完毕。

4. 根据《刑事诉讼法》的有关规定,第二审人民法院对上诉、抗诉案件经审查和审理后,以下列方式结案:

(1)原判决认定事实和适用法律正确、量刑适当的,用裁定驳回上诉或者抗诉,维持原判。

(2)原判决认定事实没有错误,但适用法律有错误,或者量刑不当的,用判决改判,不得发回重审,改判时应当遵守上诉不加刑的原则。

(3)原判决事实不清楚或者证据不足的,可以在查清事实后直接用判决改判,也可以用裁定撤销判决,发回重新审判;如果原判是属于"证据不足,指控的犯罪不能成立的无罪判决",二审中没有发现新的证据,原审适用法律又正确的,则不应发回重审,而应当用裁定维持原判。

(4)《刑事诉讼法》规定,对下列属于法律所列举的违反法定程序情形之一的,应当裁定撤销原判,发回原审法院重新审判:

①违反有关公开审判的规定的;

②违反回避制度的;

③剥夺或限制了当事人的法定诉讼权利,可能影响公正审判的;

④审判组织的组成不合法的;

⑤其他违反法律规定的诉讼程序,可能影响公正审判的。

(5)对一审裁定的上诉、抗诉案件,二审法院经过审查后,应当参照以上规定分别处理。但是,无论是维持原裁定,或者是撤销、变更原裁定,都只能适用裁定,而不得适用判决。

5. 监外执行是指被判处有期徒刑或者拘役的犯罪,本应当在监狱或者其他刑罚执行机关执行,但由于出现了法定的某种特殊情形,不适宜在监狱或其他刑罚执行机关执行刑罚时,暂时采取的一种变通执行的方法。监外执行适用于以下几种情形:

(1)有严重疾病,需要保外就医的;

(2)怀孕或者正在哺乳自己婴儿的妇女；

(3)对于被判处有期徒刑、拘役，生活不能自理，适用暂予监外执行而不致危害社会的罪犯，可以暂予监外执行。

四、论述题

由于我国在刑事诉讼制度上的职权主义传统，因此在我国目前刑事诉讼中的证据规则不够完善。主要表现在以下几个方面：首先，在立法形式上缺乏统一性，证据规则散见于刑事诉讼法典和司法解释之中，相互之间存在不一致和不协调之处；其次，在法律效力上缺乏权威性，因为现行的证据规则中多数是最高人民法院、最高人民检察院在有关的司法解释中规定的，这种规定的法律效力等级较低，难以在司法实践中确保统一的贯彻执行；再次，在规则内容上缺乏可操作性，因为多数规则只是从证明的证据力或证据力受限制的情形作出原则性规定，缺少具体的可采性或排除性的规定；最后，在规则体系上缺乏完整性，该有的规则没有。总之，我国现行法律中的证据规则存在许多不如意的地方，但是这些规则正在并将在近期一段时间内仍起作用，影响着诉讼证明活动。

根据我国的法律规定和司法解释，已经初步形成的证据规则主要有：

(1)合法性规则。指证据必须具有合法性，不具有合法性的证据不得作为定案根据。在刑事诉讼中，国家专门机关是收集证据的主要机关，辩护方基本上处于消极被动的地位，因而合法性主要是指审判机关、检察机关、公安机关收集方法的合法性。

(2)优先原则。指表现为某种形式的证据比其他证据形式具有更高的证明价值而应予以优先采纳。在我国，优先原则主要是指原件、原物优先原则。

(3)公开查证原则。是指除涉及国家机密、商业秘密和个人隐私等应当保密的证据外，作为定案根据的证据必须当庭出示，在公开审理的法庭上经双方当事人辨认、质证。未经当庭查证的证据，即使具有证明力，也不得作为定案根据。

(4)补强证据规则。是指由于特定证据类型虚假的可能性较大，法律规定此类证据不得单独作为认定案件事实的依据，只有在其他证据与其相互印证时，方能认定案件。

五、案例分析题

1.(1)张某不能直接向人民法院起诉，而应当向公安机关报案，由公安机关立案侦查，再由人民检察院审查起诉后向人民法院提起公诉，然后才能由人民法院进行审判。只有遇到公安机关或人民检察院作出不追究李某的刑事责任的决定，而张某及其法定代理人认为有足够的证据证明犯罪事实存在时，张某才可以直接向法院起诉。

(2)本案应当由A市中级人民法院管辖。根据我国《刑事诉讼法》第20条关于级别管辖的规定，可能判处无期徒刑、死刑的普通刑事案件的第一审应由中级人民法院管辖。

(3)法院应当为李某指定辩护人。我国《刑事诉讼法》第34条规定，被告人是盲、聋、哑人或者未成年人而没有委托辩护人的，人民法院应当指定承担法律援助义务的律师为其辩护。本案中，李某才15岁，属于未成年人，因此法院应当为其指定辩护人。

(4)张某有权提起附带民事诉讼，赔偿责任由李某的监护人承担。我国《刑事诉讼法》第77条规定，被害人由于被告人的犯罪行为而遭受物质损失的，在刑事诉讼过程中，有权提出附带民事诉讼。本案中，张某作为实体权利遭受犯罪行为直接损害的被害人，有权提起附带民事诉讼。同时，因为李某系未成年人，所以应当由其监护人承担赔偿责任。

2.(1)在本案中，公安机关收集到的证据有物证，证人证言，鉴定结论，勘验、检查笔录等四种。具体来说，公安机关在王家查出的碎玻璃渣、带血的皮带是物证；王某的邻居何某、某甲、某乙等人提供的叙述为证人证言;法医对肖某的死因所作的鉴定属于鉴定结论;公安人员对现场所作的笔录属于勘验、检查笔录。

(2)就算王某不承认逼死肖某的事实,法院也可以认定王某有罪。我国《刑事诉讼法》第46条规定,对一切案件的判处都要重证据,重调查研究,不轻信口供。只有被告人陈述,没有其他证据的,不能认定被告人有罪;没有被告人供述,证据确实充分的,也可以认定被告人有罪。本案中,从公安机关收集到的物证、证人证言、鉴定结论和勘验、检查笔录等证据来看,已经可以证明王某的犯罪事实存在,所以,即使王某拒不承认自己逼死肖某,法院也可以认定王某的杀人罪成立。

模拟试题二

一、单项选择题

1. 解析:诉讼必须具备三个要素才能构成:一是诉讼主体,即争议的双方和居中仲裁者;二是争议事项,即发生了需要解决的争议;三是诉讼的程序,即进行诉讼活动的法定步骤、次序、形式。

答案:C

2. 解析:在纠问式诉讼形式下,诉讼的进行是在官吏主动追问、审问下进行的,当事人包括被害人都不是诉讼主体,只是被纠问、审问的对象。

答案:B

3. 解析:分析本题主要从各自特点的角度考虑,具备一定的专业知识是对鉴定人的要求。知道案件情况是对证人的要求。具有正义感并不是必须具备的条件。

答案:D

4. 解析:根据我国法律的规定,人民检察院享有监督权,对于人民法院的审判活动进行监督。法院的审判具有独立性,不受任何国家机关、社会团体和个人的干涉。

答案:B

5. 解析:翻译人员属于回避的适用范围,本案中乙是本案的当事人之一,涉及刑事责任的分担,与刑事案件有直接的利害关系,所以不能由他作翻译。所以AB选项可以排除。D选项虽然结论正确,但理由不成立。

答案:C

6. 解析:当事人或者法定代理人有权对是否回避的决定提出异议,但是否批准取决于公安司法机关。

答案:C

7. 解析:辩护人存在的意义就在于保障被告人的合法权益,参加法庭调查和辩论当然就是最重要的权利,体现了辩护人的本质作用。

答案:B

8. 解析:检察机关提起公诉,当然应当由检察机关对自己的诉讼请求进行证明,所以应首先由人民检察院承担。

答案:A

9. 解析:证据效力的主要内容是证据的真实性和证明价值。由于证据的证明价值是以证据的真实性为前提的,所以对证据价值的认定离不开对证据真实性的认定,故A项是错误的。证人的作用是证明案件事实,查证证人与本案的关系,与犯罪嫌疑人、被告人的关系,是审查证人证言是否真实可靠的重要方法。由于鉴定人受到主客观条件的影响,鉴定结论可能会发生差错,所以应当审查判断。

答案:D

10. 解析:根据《刑事诉讼法》第 71 条的规定,就可以作出判断。

答案:B

二、多项选择题

1. 解析:国家不能作为诉讼活动的主体。

答案:BCD

2. 解析:辩护人参加诉讼可以肯定:一是辩护的存在是刑事诉讼机制的固有要求,二是辩护的存在是刑事司法民主化的象征,三是辩护的存在有利于确保司法公正,四是辩护有利于刑事争议的解决。

答案:ABCD

3. 解析:首先应该看到,匕首是符合《刑事诉讼法》对证据的要求的,主要问题是区分这把匕首与另两把,选项 C、D 并没有反映出这个问题,所以应当予以排除。

答案:AB

4. 解析:根据《刑事诉讼法》的有关规定,需要运用证据证明的案件事实:(1)被告人的身份;(2)被指控的犯罪行为是否存在;(3)被指控的行为是否为被告人所实施;(4)被告人有无罪过,行为的动机、目的;(5)实施行为的时间、地点、手段、后果以及其他情节;(6)被告人的责任等。刑事诉讼的证明对象还有一个特点就是,虽然事项与定罪量刑或者程序公正有关系,但是如果是众所周知的事实或者已经为法律所确认的,就无须再证明。

答案:ABD

5. 解析:根据证据的来源划分,可以将证据划分为原始证据和传来证据。凡是直接来源于案件事实,未经复制、转述的证据是原始证据;凡是间接来源于案件事实,经过复制、转述的证据是传来证据。李某的证言是转述的证据,属于传来证据。根据证据与案件主要事实的证明关系,可以将证据划分为直接证据和间接证据。凡是能够单独直接指明案件主要事实的证据是直接证据。间接证据是不能单独直接指明案件主要事实,需要与其他证据相结合才能证明的证据。本题中李某的证言能够单独直接证明黄小发抢劫的事实,属于直接证据。凡是能够证明犯罪事实存在和犯罪行为系犯罪嫌疑人、被告人所为的证据,是有罪证据。凡是表现为人的言词的证据,是言词证据。

答案:ABCD

6. 解析:人民检察院审查起诉期间查阅本案的诉讼文书和技术性鉴定材料,须经人民检察院许可;在人民法院对案件审判期间,可以不经人民法院许可,查阅本案的有关材料,了解案情。

答案:BC

7. 解析:《刑诉解释》第 279 条规定:"被告人被判处死刑的数罪中,如果有应当由最高人民法院核准的,或者共同犯罪案件部分被告人被判处死刑的罪中有应当由最高人民法院核准的,必须将全案报请最高人民法院核准。"

答案:BD

三、简答题

1. 犯罪嫌疑人有权拒绝回答与本案无关的提问;在被侦查机关第一次讯问或采取强制措

施之时，有权聘请律师为其提供法律帮助；有权了解讯问笔录记载的内容；有权申请补充鉴定或者重新鉴定；有权自案件移送审查起诉之日起委托辩护人；有权对自己是否犯有被追究的罪行及其轻重进行申辩和解释。

2. 提起附带民事诉讼需要具备下列条件：(1)被告人的犯罪行为给被害人造成了物质损失；(2)被害人因被告人的犯罪行为遭受到了物质损失；(3)被害人的物质损失必须是被告人的犯罪行为所直接造成的；(4)必须在刑事诉讼过程中提起。

四、论述题

1. 我国《刑事诉讼法》第5条规定："人民法院按照法律规定独立行使审判权，人民检察院依照法律规定独立行使检察权，不受行政机关、社会团体和个人的干涉。"

人民检察院、人民法院依法独立行使检察权、审判权包括以下几个方面的内容：

(1)人民检察院、人民法院依照法律规定，独立地对刑事案件行使检察权、审判权，不受行政机关、社会团体和个人的干涉。检察权是对法律的执行和遵守进行专门监督的权力。审判权是指对案件进行审理并作出裁判的权力。人民检察院和人民法院不服从任何行政机关、社会团体和个人有关处理具体刑事案件的指示；任何行政机关、社会团体和个人不仅不得参与人民法院、人民检察院处理刑事案件的活动，而且不得干涉人民法院、人民检察院对具体刑事案件的审判和检察。

(2)人民检察院、人民法院行使检察权、审判权，必须遵守刑事诉讼法的规定，遵守法定程序。人民检察院、人民法院在刑事诉讼中享有广泛的权利，它们的活动决定诉讼的进程，也决定着当事人的命运。人民检察院、人民法院应当依法办案，把检察权和审判权的行使纳入法制轨道，才能保证刑事诉讼的顺利进行。

(3)我国法律规定独立行使检察权、审判权的主体是检察院、法院，而不是检察官、法官，也就是说，是法院独立行使审判权，检察院独立行使检察权。因此，法院院长和审判委员会、检察院院长和检察委员会依照法律规定的职权讨论案件，对案件进行处理。

(4)我国法律规定的独立行使审判权、检察权，与西方国家法律规定的司法独立是有原则区别的。西方资本主义国家的司法独立，是指司法权独立，是相对于立法权、行政权而言的，是资本主义国家政治制度的主要内容。

(5)人民检察院、人民法院依法独立行使检察权、审判权不是绝对的，不能理解为人民检察院、人民法院的检察、审判工作完全独立，不受任何领导和制约。我国是人民民主专政的社会主义国家，人民检察院、人民法院必须接受中国共产党的领导，接受其他国家机关、社会团体的监督和制约。党对检察院的领导，主要是政治领导与组织领导。人民监督法院、检察院的工作，主要通过权力机关的监督和直接监督的方式实现。法院、检察院在独立行使审判权、检察权时，还要受到公安机关的制约。法院和检察院在独立行使职权时，相互之间也有制约和监督关系。此外，下级法院要受上级法院的监督，下级检察院要受上级检察院的领导等。

人民检察院、人民法院依法独立行使检察权、审判权是我国刑事诉讼的基本原则。只有真正使人民检察院、人民法院独立行使检察权、审判权，才能在刑事诉讼中排除一切干扰，实现司法独立和程序公正，做到以事实为根据，以法律为准绳，对一切公民在适用法律上一律平等，保证诉讼顺利进行。

2. 审判监督程序又称刑事再审程序，是指人民法院、人民检察院对于已经发生法律效力的判决和裁定，如果发现在认定事实或适用法律上确有错误，依法提出并进行重新审理的程序。在司法实践中，刑事诉讼中的审判监督程序又称刑事再审程序，按照审判监督程序审理的案件称作刑事再审案件。第二审程序是指第一审人民法院的上一级人民法院对不服第一审未生效的判决、裁定,而提起的上诉或抗诉案件,依法进行重新审判的诉讼程序。

审判监督程序与第二审程序,从实现审判监督这个意义上讲,基本上是相同的,其任务和目的都是审查判断原审判决、裁定是否正确,通过审理,维护正确的判决、裁定,纠正错误的判决、裁定,但这两种程序各有不同的特点,其主要区别是:

(1)审理的对象不同。按审判监督程序审理的是判决和裁定已经发生法律效力包括正在执行和已经执行完毕的案件。按照第二审程序审理的是判决和裁定尚未发生法律效力的案件。

(2)提起的主体不同。审判监督程序必须由最高人民法院、上级人民法院以及各级人民法院提交审判委员会讨论决定提起,或者由最高人民检察院、上级人民检察院抗诉提起。第二审程序则由享有上诉权的当事人及其法定代理人、经被告同意的辩护人和近亲属依法上诉,或者同级人民检察院依法抗诉而引起。

(3)提起的理由不同。审判监督程序的提起,有严格的条件限制,即必须经有权提起审判监督程序的机关审查,认为已生效的判决、裁定在认定事实或者适用法律上确有错误,才能提起。第二审程序对有上诉权的上诉理由未作限制,只要上诉人依法提出上诉,无论是什么理由以及理由是否充分,都必然引起第二审程序。

(4)提起的期限不同。提起审判监督程序,法律没有规定期限,只有要改无罪为有罪时,要受刑法规定的追诉时效期限的限制,而第二审程序的抗诉或上诉,必须在期限内提出,即判决为 10 日,裁定为 5 日,如无正当理由而逾期上诉或抗诉的,第二审人民法院不予受理。

(5)审理案件的法院不同。按照审判监督程序重新审理的法院,可以是原审人民法院,也可以是任何上级法院,按照第二审程序审判的法院,则只能是第一审人民法院的上一级人民法院。

(6)适用刑罚的原则不同。按照审判监督程序重新审判的案件既可以减轻被告人的刑罚,也可以加重被告人的刑罚。而按第二审程序审判的案件,必须严格遵守“上诉不加刑”的原则,对被告一方提出上诉的案件,改判时不得加重被告人的刑罚。

五、案例分析题

1. 人民检察院的做法是不恰当的。

(1)本案中,在没有证明小明实施了犯罪行为的情况下,人民检察院就批准了对小明的逮捕,是错误的。根据《刑事诉讼法》第 60 条的规定,“对有证据证明有犯罪事实,可能判处徒刑以上刑罚的犯罪嫌疑人、被告人,采取取保候审、监视居住等方法,尚不足以防止发生社会危险性,而有逮捕必要的,应即依法逮捕”。

(2)人民检察院以小明的年龄是 17 岁或者 16 岁不影响犯罪成立为由,认为其不属于证明对象是错误的。犯罪嫌疑人、被告人的年龄是最基本的应当查明的对象,尤其是对于未成年人案件来说。

(3)公诉机关认为,小明作为重大抢劫案的犯罪嫌疑人,有义务证明自己没有实施犯罪行为,这种观点是错误的。证明被告人有罪的责任在公诉机关,即控诉方,辩护方没有义务证明自己是无罪的。人民法院的以下做法不当:①未按“疑罪从无”的做法作出无罪判决;②对案件久拖不决,违反审理期限。

2. 刑事诉讼证据的分类是从不同标准对证据进行的进一步认识,对收集、审查证据乃至整个刑事诉讼的证明活动都具有十分重要的意义。

(1)直接证据和间接证据的划分是证据分类的一种形式。它是以单独一个证据所包含的表面上的信息量作为标准对证据进行分类的。凡是单独一个证据所包含的信息内容能够直接证明主要犯罪事实的,就是直接证据。常见的直接证据有:犯罪嫌疑人、被告人承认实施某一犯罪行为的陈述;证人肯定或否定的辩解;被害人指控犯罪嫌疑人、被告人实施犯罪行为的陈述;证人肯定或否定犯罪嫌疑人、被告人实施犯罪行为的证言;载明犯罪嫌疑人、被告人实施或者未实施犯罪行为的书证等。凡是单独一个证据所包含的信息不能直接证明案件的主要事实,而必须同其他证据联系起来才能说明案件的主要事实的,就是间接证据。常见的间接证据有:刑事案件的现场的情况,证明犯罪嫌疑人、被告人有无犯罪目的和动机的事实,说明犯罪嫌疑人、被告人有无犯罪条件的事实,犯罪的工具及其来源和下落,证明刑事案件发生的时间、空间的事实,有关作案人行为特征的事实,被害人死亡或损伤的状况及其鉴定结论等。

在本案中,犯罪嫌疑人张某否认自己是这起事故的肇事者的供述属于直接证据;而公安局的现场勘验,三位拖拉机手、东风牌汽车司机周某、该路段交通管理站管理员钟某、车队队长李某等人的证言均无法直接证明犯罪嫌疑人是谁这一主要事实,故属于间接证据。

我国《刑事诉讼法》规定,证明刑事案件的被告人有罪的证据必须达到确实充分的程度。即凡是与定罪量刑有关的事实和情节,都必须查清,据以定案的单个证据都必须查证属实,而且所有证据综合起来总体上已经足以对犯罪实施者得出确定无疑的结论,并排除其他一切可能。

直接证据相对于间接证据而言,所包含的信息量比较大,但是在证据效力问题上,直接证据并不必然高于间接证据。在司法实践中,遇到的往往是间接证据。在某些案件中,当直接证据无法获得的时候,依靠确实充分的间接证据,也可以认定案件主要事实。一般来说,只要能满足下列情况,就可以运用间接证据认定案件事实。第一,每一个间接证据都应查证属实;第二,每一个间接证据都必须与案件有关联,即能证明案件中的某些事实和情节;第三,间接证据必须形成一个完整的证据体系;第四,间接证据之间、间接证据与案件事实之间必须协调一致;第五,依据间接证据形成的证明体系足以得出肯定的结论。

(2)在本案中,虽然犯罪嫌疑人张某始终否认,但从其他特征来看,已经足以认定其罪行。首先,有证据证明犯罪嫌疑人当天驾驶的东风牌汽车根据车队早就安排的日程于当日10时经过该路段[证据(3)、证据(4)、证据(8)、证据(12)],因此犯罪嫌疑人有作案时间;其次,犯罪嫌疑人张某驾驶的东风牌汽车捺印的车轮胎花纹,经过公安厅司法鉴定部门鉴定,与死者衣服上留下的轮胎花纹种类相同[证据(1)、证据(9)];再次,周某证明,当天上午,他的汽车通过出事现场时,在这条公路56千米处,发现驾驶东风牌汽车的张停下来与别人吵架,此外,他再也没有超过别的东风牌汽车,这一点也与交通管理站管理员钟某的证言能相互印证[证据(6)、证据(7)];最后,通过证据(4)、证据(7)、证据(10),可以证明东风牌卡车司机系同一人。从以上各项证据来看,它们之间能够相互印证,并已经形成一个完整的证明链条,因此,可以认定犯罪嫌疑人实施了犯罪行为。至于犯罪嫌疑人张某拒不承认,根据《刑事诉讼法》第46条的规定,并不会对诉讼活动构成任何障碍。《刑事诉讼法》对口供所作的规定,一方面是考虑到口供本身具有两面性,另一方面也是为了避免司法活动中的唯口供现象,从而避免刑讯逼供。

模拟试题三

一、单项选择题

1. 解析:诉讼参与人可分为当事人和其他诉讼参与人。根据《刑事诉讼法》第82条,“诉讼参与人是指当事人、法定代理人、诉讼代理人、辩护人、证人、鉴定人和翻译人员”,除了当事人外都属于其他诉讼参与人。

答案:A

2. 解析:根据《刑事诉讼法》第 9 条,“人民法院、人民检察院和公安机关对于不通晓当地通用的语言文字的诉讼参与人,应当为他们翻译”,所以,法院有义务聘请翻译。

答案:D

3. 解析:《刑事诉讼法》第 18 条规定:“贪污贿赂犯罪,国家工作人员的渎职犯罪,国家机关工作人员利用职权实施的非法拘禁、刑讯逼供、报复陷害、非法搜查等侵犯公民人身权利的犯罪以及侵犯公民民主权利的犯罪,由人民检察院立案侦查。”

答案:A

4. 解析:《刑事诉讼法》第 30 条规定:“对侦查人员的回避作出决定前,侦查人员不能停止对案件的侦查。”

答案:D

5. 解析:《刑事诉讼法》第 32 条规定:“犯罪嫌疑人、被告人除自己行使辩护权以外,还可以委托一至二人作为辩护人。”

答案:C

6. 解析:《刑事诉讼法》第 49 条规定:“人民法院、人民检察院和公安机关应当保障证人及其近亲属的安全。”

答案:D

7. 解析:《刑事诉讼法》第 56 条规定:“被取保候审的犯罪嫌疑人、被告人应当遵守以下规定:(一)未经执行机关的批准不得离开所居住的市、县。(二)在传讯的时候及时到案。(三)不得以任何形式干扰证人作证。(四)不得毁灭、伪造证据或者串供。”“未经执行机关批准不得会见他人”是被监视居住的人要遵守的规定。注意区分两者。

答案:A

8. 解析:《最高人民法院关于刑事附带民事诉讼范围问题的规定》第 1 条规定:“对于被害人因犯罪行为遭受精神损失而提起附带民事诉讼的,人民法院不予受理。”

答案:A

9. 解析:《刑事诉讼法》第 87 条规定:“人民检察院认为公安机关对应当立案侦查的案件而不立案侦查的,或者被害人认为公安机关对应当立案侦查的案件而不立案侦查,向人民检察院提出的,人民检察院应当要求公安机关说明不立案的理由。人民检察院认为公安机关不立案理由不能成立的,应当通知公安机关立案,公安机关接到通知后应当立案。”

答案:B

10. 解析:《刑事诉讼法》第 159 条规定:“合议庭在案件审理的过程中,发现被告人可能有自首、立功等法定量刑情节,而起诉和移送的证据材料中没有这方面的证据材料的,应当建议人民检察院补充侦查。”

答案:B

11. 解析:《六部委规定》第 38 条规定:“对于适用简易程序审理的公诉案件,无论人民检察院是否派员出庭,都应当向人民法院移送全部案卷和证据材料。”

答案:A

12. 解析:二审法院审理上诉案件,可以开庭审理也可以不开庭审理,但是都要组成合议庭进行审理。而且《刑事诉讼法》第 187 条规定:“第二审人民法院开庭审理上诉、抗诉案件,可以到案件发生地或者原审人民法院所在地进行。”

答案:B

13. 解析:《刑诉解释》第 282 条规定:“高级人民法院复核或者核准死刑(死刑缓期两年执行)案件,必须提审被告人。”

答案:D

14. 解析:《刑诉解释》第 307 条规定:“人民法院决定按照审判监督程序重新审判的案件,除人民检察院提起抗诉的外,应当制作再审决定书。再审期间不停止原判决、裁定的执行。”

答案:A

15. 解析:《刑事诉讼法》第 213 条规定:“对于被判处有期徒刑的罪犯,在被交付执行刑罚前,剩余刑期在 1 年以下的,由看守所代为执行。对于被判处拘役的罪犯,由公安机关执行。”

答案:C

二、多项选择题

1. 解析:《刑事诉讼法》第 24 条规定:“刑事案件由犯罪地的人民法院管辖。如果由被告人居住地的人民法院审判更为适宜的,可以由被告人居住地的人民法院管辖。”第 26 条规定:“上级人民法院可以指定下级人民法院审判管辖不明的案件,也可以指定下级人民法院将案件移送其他人民法院审判。”

答案:CD

2. 解析:《刑事诉讼法》第 30 条规定:“审判人员、检察人员、侦查人员的回避,应当分别由院长、检察长、公安机关负责人决定;院长的回避,由本院审判委员会决定;检察长和公安机关负责人的回避,由同级人民检察院检察委员会决定。”

答案:AD

3. 解析:《刑事诉讼法》第 36 条规定:“辩护律师自人民检察院对案件审查起诉之日起,可以查阅、摘抄、复制本案的诉讼文书、技术性鉴定材料,可以同在押的犯罪嫌疑人会见和通信。”

答案:AB

4. 解析:《刑事诉讼法》第 48 条规定:“凡是知道案件情况的人,都有作证的义务。”第 49 条规定:“人民法院、人民检察院和公安机关应当保障证人及其近亲属的安全。”

答案:ABC

5. 解析:在刑事诉讼中,拘传不以传唤为前提,但是并不禁止在拘传前进行传唤。

答案:AB

6. 解析:《刑事诉讼法》第 77 条规定:“被害人由于被告人的犯罪行为而遭受物质损失的,在刑事诉讼过程中,有权提起附带民事诉讼。”

答案:BCD

7. 解析:《刑事诉讼法》第 132 条规定:“人民检察院直接受理的案件中符合本法第六十条、第六十一条第四项、第五项规定情形,需要逮捕、拘留犯罪嫌疑人的,由人民检察院作出决定,由公安机关执行。”

答案:BCD

8. 解析:《刑事诉讼法》第 190 条规定:“第二审人民法院审判被告人或者他的法定代理人、辩护人、近亲属上诉案件,不得加重被告人的刑罚。人民检察院提出抗诉或者自诉人提出上诉的,不受前款规定的限制。”

答案：AC

9. 解析：《刑诉解释》第 279 条规定："被告人被判处死刑的数罪中，如果有应当由最高人民法院核准的，或者共同犯罪案件部分被告人被判处死刑的罪中有应当由最高人民法院核准的，必须将全案报请最高人民法院核准。"第 280 条规定："报请复核死刑案件，应当一案一报。"

答案：AD

10. 解析：《刑事诉讼法》第 205 条规定："人民检察院抗诉的案件，接受抗诉的人民法院应当组成合议庭重新审理，对于原判事实不清楚或者证据不足的，可以指令下级人民法院再审。"

答案：AC

三、简答题

1. 审判人员、检察人员、侦查人员有下列情形之一的，应当自行回避，当事人及其法定代理人也有权要求他们回避：

(1)是本案的当事人或者是当事人的近亲属的；

(2)本人或者他的近亲属和本案有利害关系的；

(3)担任过本案的证人、鉴定人、辩护人、诉讼代理人的；

(4)与本案当事人有其他关系，可能影响公正处理案件的；

(5)审判人员、检察人员、侦查人员等接受当事人及其委托的人的请客送礼，违反规定会见当事人及其委托的人的；

(6)参加过本案侦查、起诉、审判的有关司法人员以及在一个审判程序中参与过本案审判工作的合议庭组成人员。

2. (1)自人民检察院对案件审查起诉之日起，可以查阅、摘抄、复制本案的诉讼文书、技术性鉴定材料。自人民法院受理案件之日起，可以查阅、摘抄、复制本案所指控的犯罪事实材料。

(2)辩护律师自人民检察院对案件审查起诉之日起，可以同在押的犯罪嫌疑人会见和通信。

(3)经证人或者其他有关单位和个人同意，可以向他们收集与本案有关的材料，也可以申请人民检察院、人民法院收集、调取证据，或者申请人民法院通知证人出庭作证。辩护律师经人民检察院或者人民法院的许可，并且经被害人或者其近亲属、被害人提供的证人同意，可以向他们收集与本案有关的材料。

(4)人民法院决定开庭后，至迟在开庭 3 日以前将通知书送达辩护人。

(5)辩护律师在法庭审理过程中有权参加法庭调查和法庭辩论。

(6)辩护律师在征得被告人同意后，可以对第一审的判决、裁定提出上诉。

(7)辩护律师有权得到与其行使辩护权相关的法律文书。人民检察院的起诉书和抗诉书副本，应当由人民法院转交给辩护律师。人民法院的判决书和裁定书副本，也应当发给辩护律师。

(8)辩护律师对审判人员、检察人员和侦查人员侵犯公民诉讼权利和进行人身侮辱的行为，有权提出控告。

(9)辩护律师认为被告人隐瞒事实的，有权拒绝辩护。

3. (1)审判监督程序的审理对象是已经发生法律效力的判决、裁定，包括业已执行完毕的判决、裁定。二审程序的审理对象是尚未发生法律效力的判决、裁定，不存在需要中止和不需要中止执行的问题。

(2)提起审判监督程序的主体是各级人民法院院长和审判委员会、最高人民法院、上级人民法院、最高人民检察院、上级人民检察院。提起二审程序的主体是当事人或者其代理人，或者经被告人同意的近亲属、辩护人。

(3)提起审判监督程序的前提是发现已生效的判决、裁定在认定事实或者适用法律上确有错误。二审程序没有这样的条件限制。

(4)提起审判监督程序没有时间限制。提起二审程序的上诉、抗诉期限，判决为10日，裁定为5日，超过法定期限不能提起二审程序。

(5)依审判监督程序进行再审的法院，既可以是原审的第一审法院或者第二审法院，也可以是提审案件的最高人民法院、上一级人民法院以及由它们指令再审的下级人民法院。按第二审程序再审的案件，只能由第一审人民法院的上一级人民法院审理。

(6)审判监督程序中的裁判没有任何量刑的限制。二审程序中的裁判要受上诉不加刑的原则的限制。

四、案例分析题

1. (1)第一审法院不应当对本案进行公开审理，因为被告人17岁，是未成年人，根据有关规定应当不公开审理。

(2)第一审法院在被告人交代新的罪行，并查证属实后，直接定罪判刑的做法是错误的。根据《最高人民法院关于执行〈中华人民共和国刑事诉讼法〉若干问题解释》第187条的规定，在这种情况下法院只能建议检察院补充起诉，然后再进行审理，而不能在没有起诉的情况下，直接进行审理并判决。

(3)第二审人民法院加重被告人的刑罚是错误的，因为本案中只有被告人的上诉，人民检察院没有提出抗诉，所以必须适用上诉不加刑的原则。

(4)第二审人民法院的裁判方式是错误的，根据《刑事诉讼法》第192条的规定，对于第一审人民法院严重违反诉讼程序的，应当以裁定的方式撤销原判发回第一审人民法院重审。本案第一审中的上述两种错误都属于严重违反诉讼程序的行为。所以，第二审人民法院不应当以改判的方式结案。

2. (1)本案中，该县人民法院新任院长单独无权决定提起再审程序。《刑事诉讼法》第205条规定，各级人民法院院长对本院已经发生法律效力的判决和裁定，如果发现在认定事实和适用法律上确有错误，必须提交审判委员会处理。

(2)在再审程序中，由原审判此案的合议庭重新审理该案是错误的。为了避免先入为主，排除原办案人员由于个人考虑而影响案件的公正解决，消除当事人或者被害人存在的可能对原审判人员不信任的心理状态，《刑事诉讼法》第206条明确规定，人民法院按照审判监督程序重新审理案件，应当另行组成合议庭进行。

(3)县人民法院经过公开审理，在2001年12月，宣布改判有期徒刑13年，也就是说，在决定再审后的1年后才审结案件，违反了我国刑事诉讼法对再审案件结案期限的规定。《刑事诉讼法》第207条规定，人民法院按照审判监督程序重新审判的案件，应当在作出提审、再审决定之日起3个月内审结，需要延长期限的，不得超过6个月。

五、论述题

1. 《刑事诉讼法》第12条规定："未经人民法院依法判决，对任何人都不得确定有罪。"刑事诉讼法确立这一基本原则，是对我国刑事诉讼制度的重大发展，吸收了无罪推定原则的合理内核，体现了社会主义法治原则的精神。

2. 该原则包含了两个基本要求：

(1)确定被告人有罪的权力由人民法院统一行使。因为对被告人确定有罪的权限是国家审判权的组成部分,专属人民法院,只有人民法院才有权在法律上将被告人确定为犯罪人,所以不论被告人事实上是否有罪,即使事实上表明他有罪,如果不经过人民法院依法判决,法律上就不应当确定他是罪犯。公安机关、人民检察院在立案侦查、审查起诉阶段,根据事实和证据也有权对犯罪嫌疑人作出有罪认定,但这只是程序意义上的,而不是最后的法律定性。这种有罪认定,对法院来说只是前期的准备工作,只有经过法院判决,确定公民有罪才发生法律效力。与增设本原则相呼应,立法取消了免予起诉制度。因为原刑事诉讼法规定人民检察院在审查起诉后作出的免予起诉决定,是确定有罪的决定,这就赋予检察机关以确定有罪权,从而分割了人民法院的审判权力,不符合法治原则的精神。

(2)人民法院确定任何人有罪,也必须依法判决。"依法"包括程序法和实体法的有关规定。未经依法开庭审理,并正式判决,人民法院也不得确定任何人有罪。

3. 该原则具体体现在以下几个方面:

(1)区分犯罪嫌疑人和刑事被告人。公诉案件中在提起公诉前将被追究者称作犯罪嫌疑人,提起公诉后成为被告人。这表明受刑事追究者在整个诉讼过程中不是"罪犯",因此,拥有当事人的地位和资格。

(2)明确由控诉方负举证责任。被告人不负提供证据证明自己无罪的义务,不得因被告人不能证明自己无罪,便推定其有罪。控诉方履行证明责任必须达到法律的要求,否则应当作出对被告人有利的处理。

(3)疑案作无罪处理。我国刑事诉讼法规定,检察机关对被告人提起公诉,人民法院对被告人判决有罪,都必须建立在事实清楚、证据确实充分的基础上。但是在司法实践中,由于主客观条件的限制,有些案件往往不可能查清或者一时难以查清楚。对于这些案件,现行刑事诉讼法遵循疑案作无罪处理的精神,明确规定在审查起诉阶段,对于经过两次补充侦查的案件,检察机关仍然认为证据不足的,应当作不起诉处理。在审判阶段,对于证据不足,不能认定被告人有罪的,人民法院应当作出证据不足,指控的罪名不成立的无罪判决。

模拟试题四

一、单项选择题

1. 解析:我国刑法实行的是从旧兼从轻原则,但本案并不是这种情况。甲某因倒卖外汇已在 1995 年 9 月被审判,判决已生效。在这种情况下,无论新法对甲某的行为的性质和处罚是如何规定的,都不能由新法推翻旧判决。从旧兼从轻原则不适用于这种情况。这不违反罪刑法定原则,而且维护了法律和法院判决的严肃性。

答案:C

2. 解析:《刑事诉讼法》第 54 条规定:"保证人必须符合下列条件:(1)与本案无牵连;(2)有能力履行保证义务;(3)享有政治权利,人身自由未受到限制;(4)有固定的住处和收入。"

答案:D

3. 解析:《刑事诉讼法》第 151 条规定:"人民法院决定开庭审判后,应当进行下列工作……(2)将人民检察院的起诉书副本至迟在开庭十日以前送达被告人。对于被告人未委托辩护人的,告知被告人可以委托辩护人,或者在必要的时候指定承担法律援助义务的律师为其提供辩护……"故而,在本题中,4 月 22 日为法院开始最早审理此案的日期。

答案:D

4. 解析:对于犯罪已过追诉时效的,不追究刑事责任,在侦查阶段,应当撤销案件;在审查起诉阶段,应当不起诉;在审判阶段,应当终止审理,或者宣告无罪。

答案:C

5. 解析:《刑诉解释》第 249 条规定:“审理附带民事诉讼的上诉、抗诉案件,应当对全案进行审查。如果第一审判决的刑事部分并无不当,第二审人民法院只需就附带民事诉讼部分作出处理。如果第一审判决附带民事诉讼部分事实清楚,适用法律正确的,应当以刑事附带民事裁定维持原判,驳回上诉、抗诉。”第 250 条规定:“附带民事诉讼案件,只有附带民事诉讼的当事人和他们的法定代理人提出上诉的,第一审刑事部分的判决,在上诉期满后即发生法律效力。”

答案:D

6. 解析:取保候审的执行机关是公安机关,执行活动的内容包括对保证金的收取,即保证金数额由决定机关确定,但由公安机关收取。

答案:D

7. 解析:《刑事诉讼法》第 158 条规定:“法院审理过程中,合议庭对证据有疑问的,可以宣布休庭,对证据进行调查核实。人民法院调查核实证据,可以进行勘验、检查、扣押、鉴定和查询、冻结。”

答案:D

8. 解析:证人不适用回避。

答案:A

9. 解析:立案管辖指公安机关、人民检察院和人民法院在直接受理刑事案件上的分工;审判管辖是指各级人民法院之间、同级人民法院之间以及普通人民法院与专门人民法院之间在第一审刑事案件上的分工。

答案:D

10. 解析:《刑事诉讼法》第 211 条规定:“下级人民法院接到最高人民法院执行死刑的命令后,应当在七日以内交付执行。”

答案:C

二、多项选择题

1. 解析:我国已经缔结或者参与的国际条约有很多是关于刑事诉讼的内容,这些条约主要是本题所列的几个,但是《经济、社会和文化权利国际公约》不是关于刑事诉讼方面的内容,当然应当排除。

答案:ABC

2. 解析:我国《刑事诉讼法》第 9 条规定:“各民族公民都有用本民族语言文字进行诉讼的权利。人民法院、人民检察院和公安机关对于不通晓当地通用的语言文字的诉讼参与人,应当为他们翻译。在少数民族聚居或者多民族杂居的地区,应当用当地通用的语言进行审讯,用当地通用的文字发布判决书、布告和其他文件。”而在藏族自治区,通用的语言是藏族语言。

答案:BC

3. 解析:对尸体的解剖必须得到县级以上的公安机关负责人的同意。

答案:AD

4. 解析:在对线索进行初查的时候,侦查机关只能使用勘验、询问、鉴定等一般的调查方法。

答案:ABC

5. 解析:拘传是指公安机关、检察院、人民法院强制未被羁押的犯罪嫌疑人、被告人到指定的地点接受讯问的强制方法。而传唤并不是拘传的前提。拘传时间最长不能超过12小时,从被拘传者到案时开始计算。

答案:ABC

6. 解析:告诉才处理以及被害人有证据证明的轻微刑事案件的被告人或者其法定代理人在诉讼过程中,可以对自诉人提起反诉,所以,只有两类自诉案件适用反诉。反诉案件适用自诉案件的规定,并应当与自诉案件一并审理。原自诉人撤诉的,不影响反诉案件的继续审理。

答案:CD

7. 解析:刑事证据的分类,是指按照证据本身的特点,从不同的角度在理论上对证据进行的划分。根据不同的标准,证据可以有不同的分类。根据证据材料来源的不同,可以分为原始证据和传来证据。根据证据与案件事实的证明关系的不同,可以将证据划分为直接证据和间接证据。本题中,B项中的指纹和D项中的杀人凶器不能单独直接证明案件主要事实,属于间接证据。

答案:AC

8. 解析:《刑事诉讼法》第46条规定:"对一切案件的判处都要重证据,重调查研究,不轻信口供。只有被告人供述,没有其他证据的,不能认定被告人有罪和处以刑罚;没有被告人供述,证据确实充分的,可以认定被告人有罪和处以刑罚。"另外,《刑事诉讼法》仍然规定,犯罪嫌疑人对侦查人员的提问,应当如实回答。

答案:AD

9. 解析:参见《刑事诉讼法》第204条和第205条的规定及《人民检察院刑事诉讼规则》第406条的规定。

答案:ABD

10. 解析:参见《刑诉解释》第193条的规定。

答案:ACD

三、简答题

1. 纠问式刑事诉讼即审问式刑事诉讼,是指国家司法机关对犯罪行为,不论是否有被害人控告,均依职权主动进行追究和审判的诉讼制度。它主要有以下特点:第一,法院是唯一的诉讼主体,它既承担控诉职能,又执行审判职能。第二,被告人处于没有任何诉讼权利的地位。纠问式诉讼对被告人实行有罪推定原则。第三,刑讯逼供是主要证明手段。第四,实行法定证据制度。

2.《刑事诉讼法》第8条规定:"人民检察院依法对刑事诉讼实行法律监督。"这一原则反映了我国刑事诉讼法的社会主义性质和特色。法律监督的具体内容包括以下几个方面:第一,对侦查机关的侦查活动的监督,主要是审查侦查活动的法律手续是否齐全,侦查行为是否符合法定程序和要求,尤其是纠正刑讯逼供,排除伪证和非法证据。第二,对人民法院的审判活动的监督。包括程序上的监督和实体上的监督。第三,对刑事执行活动的监督。总之,法律监督原则贯穿刑事诉讼过程的始终,目的在于保障公正、准确、及时地办案,防止违法行为,以惩罚犯罪、保障公民权利。

3. 刑事拘留,是指公安机关、人民检察院在紧急情况下对现行犯、重大嫌疑分子依法采取的剥夺其人身自由的一种临时性强制措施。民事拘留,是在民事诉讼过程中,对于严重妨碍民事诉讼程序的诉讼参与人以及其他人员采用的一种强制措施。两者的主要区别在于:第一,法律性质不同。刑事拘留是预防性措施,民事拘留是一种排除性措施。第二,法律依据不同。刑事拘留的法律依据是刑事诉讼法,民事拘留的法律依据是民事诉讼法。第三,适用机关不同。刑事拘留的决定机关是公安机关或人民检察院,执行机关是公安机关。而民事拘留的决定机关只能是人民法院,交由司法警察执行。第四,适用对象不同。刑事拘留适用于现行犯和重大嫌疑分子,而民事拘留适用于妨碍民事诉讼程序行为的所有人员。第五,羁押期限不同。第六,与判决的关系不同。刑事拘留的羁押期可折抵刑期,民事拘留与判决结果不发生关系。

4. 审判原则是指贯穿于刑事审判过程中并对审判机关开展诉讼活动起指导作用的行为规则。包括:第一,审判公开原则。即审判活动的过程和结果向当事人及其他诉讼参与人公开。第二,直接言词原则。即直接审理和言词审理原则。第三,辩论原则。即双方以公开的、口头的、对立性方式进行充分的辩驳。第四,陪审原则。即从公民中产生陪审员参加法院对案件审判的原则。第五,集中审理原则。第六,证据裁判原则。又称证据裁判主义。第七,有利被告原则。包括疑罪从无和疑罪唯轻。第八,一事不再理原则。

四、论述题

1. 简易程序是相对于普通审判程序而言的,是审判机关审理轻微刑事案件时,通过对普通审判程序的一些环节、步骤加以不同程度的简化,使刑事案件得到快速处理所依据的相对简单的特别审判程序。简易程序有如下特点:

(1)简易程序是审判程序的一种,是第一审程序中的一个独立的诉讼程序。它只是一种特别的审判程序,仍然由法官进行中立、公正的审理和裁判。从结构上看,简易程序也存在控诉、辩护和审判三方并立的刑事诉讼基本构造及其相互之间的刑事诉讼法律关系。

(2)简易程序只是审判程序的某些环节的简化,并不包括侦查、起诉程序的简化。

(3)简易程序只适用于第一审程序,第二审程序、死刑复核程序和审判监督程序都是为了维护正确的判决裁定,纠正错误的判决裁定,这类案件的复杂性和特殊性决定了不适用简易程序。

(4)简易程序只适用于基层人民法院,其他各级人民法院都不适用该程序。因为案情简单、影响不大的刑事案件划归基层人民法院管辖,而性质严重、影响较大的案件划归中级、高级和最高人民法院管辖,所以,只有基层人民法院适用简易程序。

(5)简易程序是相对简单的审判程序,具体表现为庭审程序的简化或省略:从内容上看,简易程序省略了一些不是必不可少的内容,包括一些程序、制度和权利;从效果上看,简易程序迅速快捷,具有提高诉讼效率、节省诉讼成本的作用。

2. 当前,我国辩护人制度的缺陷主要集中在辩护人权利的赋予和保障、辩护人执业风险的消除方面。(1)辩护人权利的赋予和保障。我国的辩护人权利或者过于原则化,或者缺乏保障机制,导致辩护人的部分权利在司法实践中形同虚设。在目前的法律框架下,就辩护人权利的赋予与保障方面,可以从以下方面进行完善。首先,完善辩护人收集材料制度。根据刑事诉讼法的规定,辩护律师收集与案件有关的材料有三条途径,但这三条途径都受到很大限制,实质上不是一项权利。所以,为确保辩护律师履行辩护职能,完善辩护律师收集材料的途径,应当设定检察院、法院对辩护人请求调查的回应制度和强调证人到庭作证制度。其次,完善辩护人查阅案件材料制度。我国现行刑事诉讼法关于这方面的规定实在不足,已经引起有关部门的注意,拟借鉴外国证据开示制度方式来解决这一问题。最后,建立辩护人诉讼权利救济机制。目前,辩护人诉讼权利在司法实践中屡屡遭受侵犯,而且投诉无门。所以,应当完善辩护人权利的保障机制。刑事诉讼法不仅应当规定辩护人诉讼权利被侵犯的投诉途径，还应当规定投诉成立后，侵权者应当承担的法律责任。(2)辩护人执业风险的消除。为了营造辩护人履行职责的宽松法律环境，最直接的方法是确立辩护人责任豁免制度。辩护人责任豁免，一般是指辩护律师在履行职务时，享有民事和刑事责任豁免权，不因其在辩护中的言行而被追究其法律责任。因此，应当在实体上取消立法上的歧视性规定，在程序上设计公平、正当的判断辩护人责任的机制，尽可能消除辩护律师的执业风险，改变当前律师不愿办、不敢办辩护业务的现象。

五、案例分析题

1. 人民法院向被告人送达起诉书副本后第 3 日即开庭审理是错误的。起诉书副本至迟应在开庭 10 日以前送达被告人。

2. 本案中，剥夺被告人发问权是错误的。

3. 由法庭书记员宣读起诉书是错误的，应由公诉人宣读。

4. 宣读起诉书后，公诉人立即讯问被告人是错误的。应是在宣读起诉书后，被告人、被害人就起诉书指控的犯罪事实进行陈述。

5. 由审判长向被告人出示物证是错误的，应由公诉人、辩护人向法庭出示物证。

6. 证据出示后，由公诉人作总结发言是错误的。应由公诉人、当事人、辩护人、诉讼代理人发表意见，并且还可以相互辩论。

7. 公诉人发言后，审判长立即宣判是错误的。应进行法庭辩论，辩论终结后，让被告人作最后陈述，然后休庭，合议庭评议后，才能作出判决。

模拟试题五

一、单项选择题

1. 解析：我国《刑事诉讼法》第 8 条规定："人民检察院依法对刑事诉讼实行法律监督。"故代表国家行使法律监督职能的机关是人民检察院。

答案：C

2. 解析：公诉案件中的被害人虽然拥有当事人地位，但其地位毕竟不同于原告，没有对一审判决的上诉权，而抗诉权则是人民检察院的专有权力；申诉的对象是已经发生法律效力的判决、裁定。根据我国刑事诉讼法的规定，被害人及其法定代理人不服地方各级人民法院第一审判决的，自收到判决书 5 日内，有权请求人民检察院抗诉；人民检察院在收到这一请求后 5 日内，应作出是否抗诉的决定并答复请求人。

答案：D

3. 解析：《刑诉解释》第 14 条规定："正在服刑的罪犯在脱逃期间的犯罪，如果是在犯罪地捕获并发现的，由犯罪地的人民法院管辖；如果是被缉捕押解回监狱后发现的，由罪犯服刑地的人民法院管辖。"

答案：C

4. 解析：六部委《关于刑事诉讼法实施中若干问题的规定》第 5 条规定："对于第一审刑事案件，依法应当由上级人民法院管辖的，不能再指定下级人民法院管辖。"所以 A 项的说法是正确的。

答案：A

5. 解析：本案处于审判阶段，人民法院是聘请杨某的机关；依据我国《刑事诉讼法》第 30 条和第 31 条的规定，对鉴定人的回避应由院长决定。

答案:A

6. 解析:我国《刑事诉讼法》第 33 条规定:“公诉案件自移送审查起诉之日起,犯罪嫌疑人有权委托辩护人。”

答案:D

7. 解析:根据我国《刑事诉讼法》第 4 条的规定,间谍罪应由国家安全机关立案侦查。依照《刑事诉讼法》第 82 条第 1 款的规定,“侦查”包括有关的强制措施;依照《刑事诉讼法》第 4 条的规定,国家安全机关办理危害国家安全的案件,行使与公安机关相同的职权,因此,国家安全机关对其立案侦查的案件中采取取保候审的有执行权。

答案:B

8. 解析:《刑诉解释》第 86 条规定:“附带民事诉讼中依法负有赔偿责任的人包括:(一)刑事被告人(公民、法人和其他组织)及没有被追究刑事责任的其他共同致害人……(三)已被执行死刑的罪犯的遗产继承人。……(五)其他对刑事被告人的犯罪行为依法应当承担民事赔偿责任的单位和个人。”

答案:A

9. 解析:物证是指以其内在属性、外部形态、空间方位等客观存在的特点证明案件事实的物品和痕迹;而书证,则是以文字、符号、图形等方式记载的内容来证明案件事实的文件或其他物品,具有思想内容。在本案中,信件以其记载的内容证明了犯罪嫌疑人,而字条以其字迹找到了犯罪嫌疑人,故信件是书证,字条是物证。

答案:D

10. 解析:《刑事诉讼法》第 86 条规定:“人民法院、人民检察院或者公安机关对于报案、控告、举报和自首的材料,应当按照管辖范围,迅速进行审查,认为有犯罪事实需要追究刑事责任的时候,应当立案。”故 C 项正确,其他三项都不在立案审查之列。

答案:C

11. 解析:我国《刑事诉讼法》第 140 条规定:“人民检察院审查案件,对于需要补充侦查的,可以退回公安机关补充侦查,也可以自行侦查。对于补充侦查的案件,应当在一个月以内补充侦查完毕。”

答案:C

12. 解析:我国《刑事诉讼法》第 15 条规定:“有下列情形之一的,不追究刑事责任,已经追究的,应当撤销案件,或者不起诉,或者终止审理,或者宣告无罪……(二)犯罪已过追诉时效期限的……”人民检察院在审查起诉中对此应作不起诉处理。

答案:B

13. 解析:我国《刑事诉讼法》第 149 条规定:“合议庭开庭审理并且评议后,应当作出判决。对于疑难、复杂、重大的案件,合议庭认为难以作出决定的,由合议庭提请院长决定提交审判委员会讨论决定。审判委员会的决定,合议庭应当执行。”

答案:B

14. 解析:我国《刑事诉讼法》第 189 条规定:“第二审人民法院对不服第一审判决的上诉、抗诉案件,经过审理后,应当按照下列情形分别处理……(三)原判决事实不清楚或者证据不足的,可以在查清事实后改判;也可以裁定撤销原判,发回原审人民法院重新审判。”

答案:A

15. 解析:《刑事诉讼法》第 214 条规定,“对于被判处有期徒刑或者拘役的罪犯,有下列情形之一的，可以暂予监外执行……”，“对于被判处有期徒刑、拘役，生活不能自理，适用暂予监外执行不致危害社会的罪犯，可以暂予监外执行”。另外，应当注意，无期徒刑以上的不予以监外执行。

答案：B

二、多项选择题

1. 解析：本题考察的是刑事诉讼中的专门机关和诉讼参与人。证人是不可替代的，而鉴定人可以替换，所以当证人和鉴定人的身份发生冲突时，证人的身份是第一位的。

答案：AD

2. 解析：本题考察级别管辖。我国《刑事诉讼法》第 20 条规定：“中级人民法院管辖下列第一审刑事案件：(一)反革命、危害国家安全案件；(二)可能判处无期徒刑、死刑的普通刑事案件；(三)外国人犯罪的刑事案件。”

答案：ACD

3. 解析：本题考察关于回避的适用程序。我国《刑事诉讼法》第 30 条规定：“审判人员、检察人员、侦查人员的回避，应当分别由院长、检察长、公安机关负责人决定；院长的回避，由本院审判委员会决定；检察长和公安机关负责人的回避，由同级人民检察院检察委员会决定。对侦查人员的回避作出决定前，侦查人员不能停止对案件的侦查。”

答案：BC

4. 解析：本题考察拒绝辩护和强制辩护。根据《刑诉解释》第 36 条第 3 款的规定，可能被判处死刑的被告人属强制辩护的对象。该《刑诉解释》第 38 条同时规定，“被告人具有本解释第三十六条规定情形之一，拒绝人民法院指定的辩护人为其辩护，有正当理由的，人民法院应当准许，但被告人需另行委托辩护人，或者人民法院应当为其另行指定辩护人。”

答案：AD

5. 解析：本题考察证据分类。直接证据是指能够独立地证明案件主要事实的证据，能直接证明犯罪事实是否存在，以及犯罪嫌疑人、被告人是否有罪；原始证据是指直接来源于案件事实，也就是说来自原始出处的证据，即第一手资料。A 项和 C 项都不是直接证据，必须和其他证据相结合才能证明案件事实。

答案：BD

6. 解析：本题考察被取保候审人的义务。我国《刑事诉讼法》第 56 条规定：“被取保候审的犯罪嫌疑人、被告人应当遵守以下规定：(一)未经执行机关批准不得离开所居住的市、县；(二)在传讯的时候及时到案；(三)不得以任何形式干扰证人作证；(四)不得毁灭、伪造证据或者串供。”

答案：BC

7. 解析：本题主要考察侦查羁押期限。我国《刑事诉讼法》第 128 条第 2 款规定，“犯罪嫌疑人不讲真实姓名、住址，身份不明的，侦查羁押期限自查清其身份之日起计算，但是不得停止对其犯罪行为的侦查取证。对于犯罪事实清楚，证据确实、充分的，也可以按其自报的姓名移送人民检察院审查起诉。”

答案：AB

8. 解析：本题考察关于审理障碍及其处理。根据我国《刑事诉讼法》第 161 条的规定，“在法庭审判过程中，如果诉讼参与人或旁听人员违反法庭秩序，审判长应当警告制止。对不听制止的，可以强行带出法庭；情节严重的，处以一千元以下的罚款或者十五日以下的拘留。”“罚款、拘留必须经院长批准。”

答案:AC

9. 解析:本题考察附带民事诉讼的二审及二审的全面审理原则。《刑诉解释》第 249 条规定:“审理附带民事诉讼的上诉、抗诉案件,应当对全案进行审查。如果第一审判决的刑事部分并无不当,第二审人民法院只需就附带民事诉讼部分作出处理。如果第一审判决附带民事部分事实清楚,适用法律正确的,应当以刑事附带民事裁定维持原判,驳回上诉、抗诉。”第 250 条规定:“附带民事诉讼案件,只有附带民事诉讼的当事人和他们的法定代理人提出上诉的,第一审刑事部分的判决,在上诉期满后即发生法律效力。”

答案:AB

10. 解析:本题考察的是死刑缓期执行的核准。根据我国《刑事诉讼法》第 200 条、第 201 条,《刑诉解释》第 275 条第 1 款,六部委《关于刑事诉讼法实施中若干问题的规定》第 47 条的规定,高级人民法院对中级人民法院报请核准死刑缓期两年执行的第一审案件,如果被告人不上诉、人民检察院不抗诉,不同意判处死刑的,应当提审或发回重审;同意判处死刑缓期执行的,应当作出核准的裁定;不能加重被告人的刑罚。故 ABD 三项都是正确的;而 C 项加重被告人的刑罚,是错误的。

答案:ABD

三、简答题

1. 不起诉是人民检察院对公安机关侦查终结移送起诉的案件,以及自行侦查终结的案件进行审查后,认为案件不符合起诉条件或者可以不将犯罪嫌疑人交付审判,而作出的不将犯罪嫌疑人提交人民法院审判的一种处理决定。人民检察院对犯罪嫌疑人作出的不起诉决定,是对犯罪嫌疑人在法律上处理的结论,一经宣布即具有法律效力,因此,适用不起诉有严格的程序:

(1)不起诉的批准程序。具体案件的承办人审查案件后,根据不起诉的条件提出意见,须经公诉部门会议讨论通过,对拟作法定不起诉的,应报请检察长决定;对拟作证据不足的不起诉或酌定不起诉的,都应报请人民检察院检察委员会讨论决定。

(2)不起诉决定书的制作。人民检察院作出不起诉决定后,应当制作“不起诉决定书”。

(3)不起诉决定的公布程序。人民检察院作出的不起诉决定,应当公开宣布,并且应当将不起诉决定书送达被不起诉人和他的所在单位,如果被不起诉人在押,应当立即释放。

(4)对不起诉的申诉、复议和复核。根据《刑事诉讼法》第 144 条的规定,对于公安机关移送起诉的案件,人民检察院决定不起诉的,应当将不起诉决定书送达公安机关。公安机关认为不起诉的决定有错误的时候,可以要求复议,如果意见不被接受,可以向上一级人民检察院提请复核。

(5)对不起诉决定书的申诉。对于有被害人的案件,不起诉决定书应当送达被害人。被害人如果不服,可以向上一级人民检察院申诉,请求提起公诉。被害人也可以不经申诉程序,接到人民检察院不起诉决定书后直接向人民法院对被不起诉人提起诉讼,使公诉案件转化为自诉案件。

2. 对公诉案件的审查,是指人民法院对人民检察院提起公诉的案件,进行庭前审查,决定是否开庭审判的活动。对公诉案件的审查,根据案件的具体情况可以作如下处理:

(1)依法受理,决定开庭审理。案件经审查后,认为符合规定的开庭审判条件的,应当依法受理,并决定开庭审理。

(2)要求补充材料。案件经审查后,认为存在诉讼文书或某些证据目录等不齐备等情况,应当要求人民检察院在限期内补充材料。

(3)不予受理。案件经审查后,如果存在下列情况之一的,应当决定不予受理:对于不属于本院管辖或者被告人不在案的案件,应当决定退回人民检察院;对经检察院补充后仍不符合开庭条件的,或者逾期未予补充的,应当决定不予受理;人民法院裁定准许人民检察院撤诉的案件,没有新的事实、证据,人民检察院重新起诉的,人民法院不予受理。

(4)驳回起诉。对于有刑事诉讼法第 15 条第 2 款至第 6 款规定的情形的,应当裁定终止审理或者决定不予受理、驳回起诉。

3. 刑事诉讼中的拘留又称刑事拘留,是指侦查机关在侦查过程中遇到法定的紧急状况,对现行犯或者重大嫌疑分子所采取的,临时剥夺其人身自由并予以羁押的强制方法。拘留的适用对象特定。《刑事诉讼法》第 61 条规定,公安机关对于现行犯或者重大嫌疑分子,如果有下列情形之一的,可以先行拘留:

"(一)正在预备犯罪、实行犯罪或者在犯罪后即时被发觉的;

(二)被害人或者在场亲眼看见的人指认他犯罪的;

(三)在身边或者住处发现有犯罪证据的;

(四)犯罪后企图自杀、逃跑或者在逃的;

(五)有毁灭、伪造证据或者串供可能的;

(六)不讲真实姓名、住址,身份不明的;

(七)有流窜作案、多次作案、结伙作案重大嫌疑的。"

四、论述题

在刑事诉讼理论中,法官、原告和辩护人的关系是裁判方、控诉方和辩护方三者之间的法律关系,因此题中观点所描述的刑事诉讼中"法官、原告和辩护人都集中到一个人身上"的情形涉及刑事诉讼结构的问题,是刑事诉讼模式的一种。

刑事诉讼模式又称刑事诉讼结构、诉讼构造或者诉讼形式,是指国家专门机关在当事人和其他诉讼参与人的参加下进行刑事诉讼的基本方式,以及专门机关、诉讼参与人在刑事诉讼中形成的法律关系的格局。它反映了刑事诉讼中控诉、辩护及审判职能的相互关系及当事人在诉讼中的地位和作用。根据这个标准,可以将历史上存在过的刑事诉讼分为控告式诉讼、纠问式诉讼和混合式诉讼三种类型。

本题所说的"法官、原告和辩护人都集中到一个人身上",就是指封建社会时期盛行的纠问式诉讼,其主要特征有:

(1)司法机关集侦查、控诉、审判职能于一身,不论是否有被害人或其他人的控告,都由司法机关根据职权主动追究犯罪,司法机关负责调查事实、收集证据,由于没有专门的侦查起诉机关,对犯罪的侦查、起诉、审判三权合一。

(2)被告人处于没有任何诉讼权利的地位。对被告人实行有罪推定,被告人沦为诉讼客体,成为刑讯逼供的对象;在刑事诉讼中只能承认有罪,没有任何诉讼权利。

(3)刑讯逼供是主要的证明手段。在纠问式诉讼中,被告人的口供是定案的最有力证据,在所有证据中证明力最强,被视为"证据之王",因此,刑讯逼供制度化、合法化,这是纠问式诉讼的显著特点。

(4)实行法定证据制度。法定证据成为判定案件的主要根据。所谓法定证据,就是一切证据的证明力的大小,以及对它们的取舍和运用,都由法律预先明文加以规定,法官在审理案件过程中不得自由评断和取舍。

(5)纠问式诉讼的审理不允许当事人在法庭上辩论,审判通常不公开进行,判决主要以审讯被告人的书面记录或被告人的认罪供词为根据,因此在这种诉讼模式下的审理又称作书面审理主义或间接审理主义。

纠问式诉讼盛行于中世纪后期欧洲大陆国家的君主专制时代和我国的封建时代。它和之前的弹劾式诉讼相比,诉讼民主性是倒退了,但确立了犯罪由国家追诉的原则,这是诉讼历史发展的必然。

在这种诉讼模式中,人权保障难以成为诉讼价值之一。纠问式诉讼模式中关于裁判、控告、辩护职能的分工设置正如马克思所说,是与心理学的全部规律相矛盾的。由于三种职能都集中在司法机关身上,即司法机关的任务具有多重性,那么司法机关参加诉讼的主观目的和价值追求也必然有多重性特点。由于主观意识指导实践行为,那么司法机关诉讼目的和价值追求的多重性必然导致其实践行为中诉讼行为的矛盾与分歧。法官既是犯罪的追诉者,又是犯罪的辩护者,还是裁判者,他就很难作出正确、中立的裁判。司法机关收集的证据不需要当事人的质证便必然有效,所以在现实中,为了获得证据,刑讯逼供的现象司空见惯。被追诉者则毫无地位可言。以这点来说,"辩护、审判、控告"职能的集中,是与心理学的全部规律相矛盾的。

纠问式诉讼是不符合现代科学诉讼结构要求的,在历史上曾造成无数冤假错案,枉法裁判,在现代历史上已经被抛弃。在现代刑事诉讼中,强调控告、审判、辩护三职能的分工,强调控辩双方的主体地位,保障法官的居中地位,是人类诉讼历史发展的大势所趋。

五、案例分析题

1. 上级法院不接受李菊的上诉是正确的。因为该案是人民检察院提起公诉的案件,原告是人民检察院。被害人虽然也是原告一方当事人,但不是案件的起诉方,无权对案件直接提起上诉。

人民检察院接受李菊的抗诉请求,并依法作出抗诉是正确的。我国《刑事诉讼法》第182条规定:"被害人及其法定代理人不服地方各级人民法院第一审的判决的,自收到判决书后5日内,有权请求人民检察院提出抗诉。人民检察院自收到被害人及其法定代理人的请求后5日内,应当作出是否抗诉的决定并且答复请求人。"在本案中,被害人李菊不服一审法院对张枫作出的判决,她虽然不能直接向上级人民法院提出上诉,但她依法有权要求人民检察院抗诉,这是法律赋予被害人的一项重要诉讼权利,以保护被害人的合法利益。人民检察院接受被害人李菊的抗诉请求,并依法对张枫的判决提出抗诉,都是符合法律规定的。

2. 本案在诉讼程序上有以下错误:

(1)"以审判员李乙为审判长与两名人民陪审员组成合议庭。"因为张甲是由李乙抓获扭送归案的,李乙应当作为该案的证人,其身份具有不可替代性,在组成合议庭时,他理应回避而不能成为审判人员。

(2)"公开审理了此案。"该案是强奸案,涉及被害人隐私,不应当公开审理。

(3)"合议庭经评议,当庭宣判。"张甲在庭审中主动交代其一年前实施的盗窃罪,应当由侦查机关侦查、检察机关起诉后再行审理,不能当庭审理并判处刑罚。

(4)"宣判后,告知张甲如不服本判决,可以在接到本判决书后的第2日起5日内上诉于市中级人民法院。"判决的上诉期限应该是10日,而不是5日。上诉既可以通过原审法院提出,也可以直接向第二审法院提出。

(5)中级人民法院认为“量刑过轻，于是发回原审人民法院重新审判”。根据上诉不加刑原则，第二审法院不能以量刑过轻为由发回原审人民法院重审，导致事实上的加刑。

(6)“原审人民法院接到案件后，以李乙为审判长与两位审判员组成合议庭重新审理此案。”对于发回重审的案件，原审合议庭应该回避，原审人民法院应当另行组成合议庭进行审判。“另行组成”是指原合议庭成员全部不得作为重新组成的合议庭的成员。

(7)“宣判时，告知张甲，本判决为终审判决，不得上诉。”本案重审由原一审人民法院进行，判决为第一审判决，可以上诉。

第三部分　全真试题

厦门大学2002年招收攻读硕士学位研究生入学考试试题

一、名词解释

1. 立案管辖是指公安机关、人民检察院和人民法院之间在立案受理的刑事案件上的分工。

2. 取保候审是公安机关在刑事诉讼中，为防止未被羁押的犯罪嫌疑人、被告人逃避侦查、起诉、审判活动，而责成其提供保证人或交纳保证金亦保证其随传随到，保障刑事诉讼活动顺利进行的一种强制方法。

3. 回避制度指侦查人员、检察人员、审判人员以及书记员、翻译人员和鉴定人，因与案件或与案件的当事人有利害关系或者其他可能影响案件公正处理的关系，不得参与办理该案件或者参与该案的其他诉讼活动的一项诉讼制度。

4. 附带民事诉讼指人民法院、人民检察院，在当事人以及其他诉讼参与人的参加下，在依法追究被告人刑事责任的同时，附带解决由于被告人的犯罪行为而使被害人遭受物质损失的赔偿问题所进行的诉讼活动。

5. 审判监督程序指人民法院、人民检察院发现已发生法律效力的刑事判决、裁定在认定事实或适用法律上确有错误时，依法提出并由人民法院对案件重新审理的一种诉讼程序。

二、简答题

1. 主要有两点基本要求，一是确定被告人有罪的权力统一由人民法院行使；二是人民法院确定任何人有罪也要依法判决，包括依据程序法和实体法的有关规定。

这个原则在实际审判活动中的体现：(1)区分犯罪嫌疑人和刑事被告人；(2)明确由控诉方负举证责任；(3)疑案作无罪处理。

刑事诉讼法确立这一原则，是对我国刑事诉讼制度的重大发展，吸收了无罪推定原则的合理内核，体现了社会主义法治原则的精神。

2. 诉讼参与人是指基于与案件的客观联系，或者基于自身的专业知识且受委托或聘请而依法参与刑事诉讼的，享有一定的诉讼权利和承担一定诉讼义务的单位或者个人。包括当事人、法定代理人、诉讼代理人、辩护人、证人、鉴定人和翻译人员。

根据与案件是否有利害关系，诉讼参与人可以分为当事人与其他诉讼参与人。当事人指被害人、自诉人、犯罪嫌疑人、被告人、附带民事诉讼的原告人和被告人。当事人以外的诉讼参与人称为其他诉讼参与人。

当事人与其他诉讼参与人的主要区别在于：(1)当事人与案件有直接的利害关系，其他诉讼参与人则与案件没有利害关系。(2)当事人参与诉讼的全过程，其他诉讼参与人一般只参与某阶段。(3)当事人享有广泛的诉讼权利，承担广泛的诉讼义务，因而一般能够独立承担控诉职能或者辩护职能，其他诉讼参与人没有这个独立性。(4)当事人的行为对刑事诉讼法律关系以及刑事诉讼程序都会产生重大影响，其他诉讼参与人没有这样的影响。

3. (1)法定不起诉，又称绝对不起诉或者强制不起诉，指人民检察院在审查案件中发现犯罪嫌疑人符合刑事诉讼法第 15 条规定的六种情形之一的，应当对案件的犯罪嫌疑人作出不起诉的决定。其适用条件是要符合刑事诉讼法第 15 条的规定。

(2)酌定不起诉，又称相对不起诉，指对于犯罪情节轻微，依照刑法规定不需要判处刑罚或者免除刑罚的，人民检察院可以作出不起诉决定。其适用条件：一是犯罪嫌疑人有犯罪事实，且已经查清，证据确实充分；二是犯罪情节轻微，可以不予刑罚处罚或者可以免除刑罚处罚。

(3)证据不足不起诉，又称存疑不起诉，指对于补充侦查案件，人民检察院仍然认为证据不足，不符合起诉条件的，可以作出不起诉的决定。其适用条件：一是案件已经经过补充侦查；二是人民检察院仍然认为证据不足，不符合起诉条件。

4. 法人单位能够成为刑事附带民事诉讼的原告人，因为根据法律规定，机关、团体、企事业单位和非法人组织，具有民事权利和民事行为能力，当其因犯罪行为遭受物质损失时，也有权提起附带民事诉讼。《刑事诉讼法》第 77 条规定的“被害人”作为犯罪侵害的对象，应当既包括自然人，也包括单位，因为两者都是可以受到犯罪侵害的权利主体。

5. 上诉不加刑，指第二审人民法院审理只有被告人或者其法定代理人、辩护人、近亲属提出的上诉时，不得以任何理由加重原判的刑罚。

(1)共同犯罪案件，只有部分被告人提出上诉的，既不能加重提出上诉的被告人的刑罚，也不能加重其他同案被告人的刑罚。

(2)只是认定罪名不当的，在不加重原判刑罚的情况下可以改变罪名。

(3)对被告人实行数罪并罚的，不得加重决定执行的刑罚，也不得加重数罪中某个罪名的刑罚。

(4)对被告人判处拘役或者有期徒刑宣告缓刑的，不得撤销缓刑或者延长缓刑考验期。

(5)对事实清楚、证据充分，但判处的刑罚畸轻，或者应当适用附加刑而没有适用的案件，不得撤销第一审判决，直接加重被告人的刑罚或者适用附加刑，也不得以事实不清或者证据不足发回第一审人民法院重新审理。

三、论述题

1. 根据《刑事诉讼法》第 35 条的规定，辩护人的责任是根据事实和法律，提出证明犯罪嫌疑人、被告人无罪、罪轻或者减轻、免除其刑事责任的材料和意见，维护犯罪嫌疑人、被告人的合法权益。具体内容有：(1)为犯罪嫌疑人、被告人辩护；(2)维护犯罪嫌疑人、被告人在实体上的权益和诉讼权利；(3)以消极的方式为犯罪嫌疑人、被告人辩护；(4)不得以积极行为的方式妨碍公安司法机关对该方面事实的探求。

辩护人的诉讼地位是以事实和法律为基础，专门维护犯罪嫌疑人、被告人合法权益的独立的诉讼参与人。(1)辩护人不是基于法律的直接规定而参加刑事诉讼，而是基于委托或者指定而参加的。(2)辩护人是专门维护犯罪嫌疑人、被告人合法权益的诉讼参与人。(3)辩护人是独立的诉讼参与人。

2. 我国刑事审判的原庭审模式是较为典型的职权主义模式。新刑事诉讼法所确立的审判方式，重新调整了控、辩、审三方的关系，改革了相关的庭前审查程序和庭审程序，从而确立了一种新的庭审方式。它吸收、借鉴了一些当事人主义审判方式的优点，同时又具备浓厚的中国特色。(1)庭前程序以程序审为主，不排除实体审查。(2)庭审程序中法官职权主义因素和对抗制因素共存。(3)诉讼主体享有特殊的权利和义务,并因此而具有特别的法律地位。(4)审判法官及合议庭的裁决受审判委员会的制约,没有确立法官独立审判原则。

刑事诉讼庭审方式变革强调审判职能,将运作的核心转移到庭审活动中来;强调控辩方各自的举证责任;强调控辩方的依法举证、质证,明确双方不举证或者举证不充分的风险;强调法官在庭审时的中立性,调动控辩双方的积极性;强调"罪从判定",明确"未经人民法院依法判决,对任何人不能确定有罪"的原则;强调庭审法官审判责任制,强化审判工作制约机制。

刑事审判方式的改革,能够有效保护当事人,特别是犯罪嫌疑人的合法权益,促进公平审判;能够强化法官的审判职责,促进公正审判;能够坚持程序公正和实体公正并重、公正与效率并重、惩罚犯罪与保障人权并重。

四、案例分析题

1. 匕首、皮包、录音、厂长秘书、笔记本、蔡某供言、司法鉴定、厂长陈述、勘验笔录。

2. 根据我国《刑事诉讼法》第 42 条的规定,证据有 7 种:物证、书证,证人证言,被害人陈述,犯罪嫌疑人、被告人的供述和辩解,鉴定结论,勘验、检查笔录,视听资料。

在本案的证据中,匕首、皮包属于物证,笔记本属于书证,录音属于视听资料,厂长秘书属于人证,蔡某证言属于犯罪嫌疑人的供述和辩解,司法鉴定属于鉴定结论,公安机关的勘验笔录属于勘验笔录,厂长陈述属于被害人陈述。

3. 证据可以分为:(1)言词证据和实物证据。厂长秘书和厂长的陈述、蔡某供言、司法鉴定属于言词证据,其他属于实物证据。

(2)有罪证据和无罪证据。蔡某在供述中自称有精神病属于无罪证据,其他属于有罪证据。

(3)原始证据和传来证据。本案中的所有证据都属于原始证据。

(4)直接证据和间接证据。厂长秘书、蔡某供言、厂长陈述属于直接证据,其他证据属于间接证据。

厦门大学 2003 年招收攻读硕士学位研究生入学考试试题

一、简答题

1. (1)根据《刑事诉讼法》第 5 条的规定:人民法院依照法律的规定独立行使审判权,人民检察院依照法律的规定独立行使检察权,不受行政机关、社会团体和个人的干涉。这项原则强调司法机关在刑事诉讼活动中不受任何其他机关、团体和个人的干涉,只服从法律。在我国强调此原则的意义在于保证司法行为的公正性,为司法机关创造在刑事诉讼中正确适用和实施法律的必要条件,与此同时也强化了司法人员的责任感。

(2)该原则中的"独立"是指法院、检察院作为一个组织整体集体行使审判权、检察权,而不是某个审判员、检察人员的独立行使。

(3)该原则是建立在我国民主集中制的政治制度基础上的,是在中国共产党领导下进行的,即独立行使司法权离不开作为权力机关的各级人大的监督和党的领导。

(4)我国司法机关在独立行使司法权的同时,还必须自觉接受来自社会和人民群众的监督,实行审务公开,检务公开,虚心听取来自各方面的建议和批评。

2. (1)讯问的主体只能是侦查机关侦查人员,并且讯问时侦查人员不得少于两人。

(2)对于不需逮捕的犯罪嫌疑人,可以传唤到其所在县、市内指定地点或其住处进行讯问,对于被羁押的犯罪嫌疑人可以在其羁押处或侦查机关内讯问,第一次讯问应该在拘留、逮捕后的24小时内进行。

(3)讯问时应该首先讯问犯罪嫌疑人是否有犯罪行为,让他供述有罪情节或做无罪辩解。

(4)讯问聋哑人或不通晓当地语言文字的犯罪嫌疑人,应有相关翻译人员在场,并将此情况记录在案,由以上人员签字盖章。

(5)讯问未成年人时根据需要可以通知其法定代理人到场。

(6)当场制作笔录,交由犯罪嫌疑人阅读后签字盖章确认。

3. 根据证据对案件事实的证明作用和证据的内容,是肯定犯罪嫌疑人、被告人实施了犯罪还是否认其犯罪,可以把证据分为控诉证据和辩护证据。值得注意的是,控诉证据一般是由控方即检察院提供的,而辩护证据一般是被告人、犯罪嫌疑人方提供的,但不可机械地以哪一方提供的来认定,而要以内容来划分,如被告人供认自己犯罪的供述经查证属实,就可以作为控诉证据。作此分类的意义在于使办案人员全面客观地收集证据,既要收集对犯罪嫌疑人不利的控诉证据,又要收集对其有利的辩护证据,只有全面收集和运用证据,才能查明案件的事实真相。(考生可根据自己的理解展开作答,尤其注意二者的辩证统一关系)

4. (1)被害人的损失是由被告人的犯罪行为造成的,即二者具有因果关系。

(2)被害人的损失是物质损失。

(3)存在具有提起附带民事诉讼权利能力和行为能力的原告人。

(4)有明确的被告人和具体的诉讼请求。

5. 审判监督程序是指法院、检察院发现已发生法律效力的刑事判决、裁定在认定事实或适用法律上确有错误时,依法提出并由人民法院对案件重新审理的一种诉讼程序。与二审程序的区别如下:

(1)对象不同:审判监督程序的审理对象为已生效的判决、裁定;二审程序针对的是未发生法律效力的判决、裁定。

(2)提起程序的主体不同:有权提起审判监督程序的是各级人民法院院长和审判委员会、最高人民法院、上级人民法院、最高人民检察院以及上级人民检察院;二审程序可以因被告人的上诉或同级人民检察院的抗诉而启动。

(3)提起程序的理由不同:审判监督程序的提起理由是发现已生效的裁判确有错误;二审则无此限制,只要有权主体在法定期间内均可提起。

(4)时间限制的不同:审判监督程序的提起不受时间限制,二审程序的提起则受到严格的时间限制。

(5)量刑上有无限制不同:审判监督程序中的裁判结果依法进行,无特别限制;二审程序只有被告方上诉的要受“上诉不加刑”原则的限制。

(还有诸多区别,考生可以自己归纳,言之成理即可)

二、论述题

提示:主要从司法公正、诉讼价值、诉讼目的等方面来展开论述,要有个人观点,要求论证富有逻辑性,层次分明,论证充分。

1. 司法公正:通过司法实现公正,乃是现代社会公正理论体系中的一个基本命题,而且司法公正往往被看作是实现社会公正的最后一道防线。司法公正包括实体公正与程序公正,前者是指司法裁判的结果使当事人的实体权利义务处于公正合理的状态,具体要求有认定事实清楚,定性准确,适用法律无误,处理恰当;后者是指诉讼参与人在诉讼活动中得到公正的对待,所得到的权利主张机会是公正的,具体要求有程序的独立、平等、民主、公开、科学、审判人员的中立以及程序与裁决的参与性。二者不可偏废，也就是说通过公正的程序活动达到公正的裁判结果，才是司法公正的精义所在，其中程序公正是实体公正的前提和基础，实体裁判公正是程序公正的归宿和目标，两者相辅相成。注意纠正重实体轻程序的倾向。

2. 诉讼价值：刑事诉讼的法律价值在根本上是指，为一定社会所认可的在刑事程序和司法中应当满足和实现的特定利益。最基本的表现形态有“安全价值”和“自由价值”两方面。要注意纠正片面强调“安全价值”而忽视“自由价值”的观点，以避免出现一味追求惩罚犯罪而忽视基本的人权保障之错误实践。

3. 诉讼目的：刑事诉讼的目的是指国家制定刑事诉讼法进行刑事诉讼活动所期望达到的目标，是立法者根据国家和社会的需要并基于对刑事诉讼固有属性的认识，预先设计的关于刑事诉讼结果的理想模式。可以分为根本目的和直接目的。前者与法律的一般目的是一致的，即在于维护国家的宪法体制和秩序。后者表现为两个方面，一方面国家通过刑事诉讼活动，在准确及时地查明案件事实真相的基础上对构成犯罪的被告人正确适用刑法，惩罚犯罪，实现国家刑罚权；另一方面，国家在进行刑事诉讼过程中保障诉讼参与人的合法权益不受侵犯，特别是保障犯罪嫌疑人及被告人的诉讼权利得到充分行使。二者应并重，不可确立一个绝对优越的价值标准。同时二者既有统一的一面还有矛盾冲突的一面，当二者无法兼顾时应采取权衡原则，综合考虑作出最有益于实现刑事诉讼根本目的的选择。

厦门大学 2004 年招收攻读硕士学位研究生入学考试试题

一、简答题

1. 本题主要从以下几个方面来回答：保证刑法的正确实施；惩罚犯罪保护人民；保护国家安全和社会公共安全，维护社会主义社会秩序；保证准确及时地查明犯罪事实，正确适用法律，惩罚犯罪分子；保障无罪的人不受刑事追究；教育公民自觉遵守法律，积极同犯罪行为作斗争；惩罚犯罪保障人权等等。

2. 辩护人是指接受犯罪嫌疑人、被告人委托或者人民法院指定而参加刑事诉讼，帮助犯罪嫌疑人、被告人行使辩护权，履行辩护职能，专门维护犯罪嫌疑人、被告人合法权益的诉讼参与人。他的诉讼地位有以下特点：

(1) 辩护人不是基于法律的直接规定而参加刑事诉讼，而是基于委托或者指定而参加的；

(2) 辩护人是专门维护犯罪嫌疑人、被告人合法权益的诉讼参与人；

(3) 辩护人是独立的诉讼参与人。

3. 刑事诉讼中的证明责任就是公诉方和辩护方在审判中向法庭提供证据证明其主张之案件事实的责任。它的分配原则有以下几种：

(1) 公诉案件由公诉方承担证明责任；

(2) 自诉案件由自诉人承担证明责任；

(3) 犯罪嫌疑人、被告人不承担证明责任；

(4) 人民法院不承担证明责任。

4. 控告式诉讼形式又称弹劾式刑事诉讼，就是个人享有控告犯罪的绝对权利，国家审判机关不主动追究犯罪，而是以居中仲裁者的身份处理刑事案件。它的特点有：

第一，控诉与审判职能分离，实行不告不理原则；

第二，原告和被告的诉讼地位平等，享有对等的权利，承担对等的义务；

第三，与弹劾式诉讼相适应，各国多实行神示证据制度。

5. 死刑复核程序是人民法院对判处死刑的案件进行审查核准所应遵循的特别程序。

死刑复核程序的性质体现的是该程序是不是一个独立的审判程序的问题,我国的死刑复核程序是独立的审判程序,是死刑案件的必经程序,这是因为:

第一,法律是将死刑复核程序作为独立的审判程序进行规定的;

第二,死刑复核程序具有独立的功能;

第三,死刑复核程序具有专门的独立的审判组织。

总之,从性质上讲,死刑复核程序不是第二审程序的一部分,是基于自身的特殊功能而被法律设定的独立的审判程序,是死刑案件的必经程序。

二、论述题

司法公正包含了公平、公正、正义的内容。

公平,更多地用来表述人们在法律面前或者纠纷中的双方当事人在审判过程中应该得到的平等的地位和待遇;

公正,更多地用于强调裁判者在对待当事人双方和适用法律或社会正义时所应当具有的不偏不倚、公而无私的品质。

公平是正义的横向坐标轴,公正则是正义的纵向坐标轴,正义恰好就坐落在二者的交叉点上。

正义比公平、公正具有更多更大的包容性,或者说正义包容了公平和公正。如果说正义是一个总括性的范畴,则公正概念更倾向适用于具体的特定的案件处理之中。

而我们所讲的司法公正,就是司法机关在适用法律的过程中体现的公平与正确,即现行法所设定的内容和价值,被司法机关准确地在裁判活动中加以贯彻和实现。它具体包含了以下内容:

第一,实体公正。它包含了以下几点:(1) 司法裁判所认定的事实清楚,即发现真实;(2) 裁判的定性准确;(3) 司法裁判适用法律正确;(4) 案件的处理恰当。

第二,程序公正。它由以下几个要素构成:(1) 程序的独立性;(2) 审判人员的中立性;(3) 程序的平等性;(4) 程序的民主性;(5) 程序和裁决的参与性;(6) 程序的公开性;(7) 程序的科学性。

第三,实体公正应当与程序公正并举,司法公正既要求法院的审判过程坚持正当程序的原则,做到程序公正,也要求法院的审判结果体现公平正义的精神,做到实体公正。

另外考生还要有自己的观点,论证充分,富有逻辑性,说服力强,并要有一定深度。

厦门大学 2005 年招收攻读硕士学位研究生入学考试试题 A 卷

一、简答题

1. 犯罪既遂即故意犯罪的完成形态,是指行为人所实施的犯罪行为已经具备了刑法分则所规定的某一犯罪的全部构成要件。犯罪既遂的类型包括四种,即行为犯、举动犯、结果犯和危险犯。

(1)行为犯,指以危害行为的完成作为犯罪客观要件齐备标准的犯罪。只要行为人完成了刑法规定的犯罪行为,犯罪的客观方面即为完备,犯罪即成为既遂形态。它以行为是否实施完成为区分标志。

(2)举动犯,指按照法律规定,行为人一着手犯罪实行行为即构成既遂的犯罪。

(3)结果犯,指由危害行为和危害结果共同构成犯罪的客观方面的犯罪。缺少危害结果,犯罪的客观方面就不具有完整性或者说犯罪客观方面的要件就不齐备。结果犯的结果，是指有形的、可以计量的具体危害结果，是与犯罪的性质相一致的结果。

(4)危险犯，指危害行为和危害行为所造成的危险状态共同构成犯罪客观方面完整性的犯罪。

2. 两者的区别表现在：(1)法条竞合的一个行为，只是出于一个罪过，并且是产生一个结果；想象竞合犯的一个行为，往往是数个罪过和数个结果。(2)法条竞合，是由于法规的错杂规定即法律条文内容存在着包容关系，以致一个犯罪行为触犯数个刑法规范；想象竞合犯则是由于犯罪的事实特征，即出于数个罪过、产生数个结果，以致一行为触犯数罪名。(3)法条竞合，一行为触犯的数个刑法规范之间存在着此一规范规定的犯罪构成包容另一规范规定的犯罪构成关系；想象竞合犯，一行为触犯规定的数个罪名的法条不存在上述犯罪构成之间的包容关系。(4)法条竞合，在竞合的数法规中，仅仅一法规可以适用其行为，在法律适用问题上，依照特别法优于普通法等原则来解决；想象竞合犯，竞合的数法规均可以适用其行为，其法律适用问题，依照“从一重处断”的原则来解决。(5)法条竞合的一行为所符合的数个犯罪构成中只有一个可以最恰当地评价其行为，想象竞合必须由多个犯罪构成进行多重评价。

3. (1)客体要件不完全相同：前者侵犯了公款的占有权和使用权，后者侵犯了公款的所有权整体。

(2)侵害对象不完全相同：前者只包括公款，在特殊情况下包括特定公物；后者既包括公款，也包括公物。

(3)客观方面行为不同：前者是暂时占有、使用公款，而后者是以侵吞、窃取、骗取或者其他方式非法将公共财物占为已有。

(4)主观方面固有的内容不同：前者是以暂时占有、使用公款为目的，后者是以永久性不法所有为目的。

(5)其他区别。如犯罪手段的不同。

4. 走私既遂未遂的认定，原则上应以是否已经逃避海关监管为标准。已经逃避海关监管的，就是走私既遂，未逃避海关监管的则为走私未遂。至于是否逃避海关监管则应根据不同的走私行为方式具体分析。

(1)绕关走私，即从未设海关的地点或者不经过海关运输，携带国家禁止进出境的物品或者依法应当缴纳税款的货物、物品进出境的。这种走私行为的特点是根本不向海关申报而逃避海关监管。对此，应适用国境标准说，只要将走私物品移入或移出我国国(边)境的就应视为既遂。

(2)通关走私，即经过设立海关的地点，但采取伪报、瞒报、伪装、藏匿等欺骗手段，瞒过海关的监督、检查，运输、携带、邮寄国家禁止、限制进出口或者依法应当缴纳税款的货物、物品进出境的行为。对此，应以是否脱离海关监控为标准。即使行为人已经实施了伪报、瞒报行为，但只要走私货物、物品尚在海关监控之中，海关尚未放行的，在海关例行的开箱检查而案发的，皆应认定为未遂。只有在走私货物、物品已脱离海关监控，海关对该走私货物、物品已无法定检查、控制权时，该走私行为才属既遂。

(3)后续走私，即未经海关许可并且补缴关税，擅自将批准进口的来料加工、来件装配、补偿贸易的原材料、零件、制成品、设备等保税货物或者特定减税、免税进口的货物，在境内销售牟利的，则应以内销行为实施完毕为既遂判定标准。

(4)海上(水上)走私，即在内海、领海、界河、界湖运输、收购、贩卖国家禁止进出口的物品，或者运输、收购、贩卖国家限制进出口的货物、物品，数额较大，没有合法证明的。此种走私犯罪行为属于举动犯，一经查出在上述特定地点实施上述行为而无合法证明即构成既遂，无未遂可能。

(5)间接走私，即直接向走私人非法收购国家禁止进口物品的，或者直接向走私人非法收购走私进口的其他货物、物品，数额较大的。此种情况，应以收购行为实施完毕为既遂标准。

5. 作为与不作为是刑法中行为的两种基本形式。刑法上的不作为是指当为而不为，即行为人在意志支配下，违反命令规范，消极地实施不为法律所要求的或所期待的行为，是“有所不为”。特定义务产生的根据，在刑法理论上又称为特定义务的来源。实际上，这反映的是作为义务的分类，其实质是作为义务的范围问题。关于特定义务的来源，我国刑法学界通常认为有三个来源，即：

(1)法律明文规定的特定义务。由法律明文规定的特定义务，包括宪法、法律和各种法规所规定的且为刑法要求实施的义务。符合法律条件的具有某种特定身份的人，必须履行这种特定义务。

(2)职务上或业务上要求履行的义务。担任某种职务或从事某种业务的人，其职务的本身和业务性质，就决定了他负有某种特定的义务，如果不履行这种义务，造成严重后果或者情节恶劣、依照刑法规定应当追究刑事责任的，就是不作为犯罪。例如，值班医生有救护病人的义务，值班消防队员有灭火的义务。

(3)行为人的法律地位或者法律行为所产生的义务。例如，对自己管理下的建筑物或动物，对自己监护下的精神病人，在有发生侵害法益的危险的时候，管理人或者监护人有防止其发生的义务。

(4)行为人先前行为具有发生一定危险结果的危险，行为人负有防止其发生的义务。例如，运载剧毒物品落入河中，污染水源，行为人就负有防止他人用水中毒的义务。所谓先前行为既包括作为也包括不作为、故意行为和过失行为。

6. 抢夺罪与抢劫罪都是带有“抢”字的侵犯财产罪，其目的都具有非法占有公私财物的一面，一般主体亦可能相同，但侵害客体与客观方面则不同。抢劫罪侵害的是复杂客体，即公私财物所有权和公民的人身权利；抢夺罪侵害的是单一客体，即财产所有权。抢劫罪在客观方面是使用暴力、胁迫或其他方法；抢夺罪则不是采取这些方法，而是采取公然夺取的方法。从实践中来考察，准确区分抢夺罪与抢劫罪的关键在于把握行为人取财时是否实施了侵害他人人身的行为，考察行为人是否凭借这种侵害人身行为而非法获取财物。不可否认，行为人实施抢夺行为也要使用一定的强力，然而这种抢夺中的“强力”与抢劫中的“暴力”有着本质的区别。主要区别有以下五点：

(1)两者的作用对象不同。抢夺行为中的“强力”行为通常只作用于被抢物本身，而不作用于被害人本身；而抢劫罪中的“暴力”行为是指向被害人的人身。

(2)两者的强度不同。抢夺罪中使用的强力，行为人通常有节制，将力的大小及造成的结果控制在一定的范围内，而且通常赤手空拳进行抢夺；而抢劫罪中的暴力，行为人通常使用的强度比较大，往往还使用凶器进行抢劫。

(3)造成的后果不同。抢夺罪使用的强力通常不造成被害人的人身伤亡，而抢劫罪的暴力往往导致被害人重伤或死亡。

(4)行为人主观方面的具体内容不同。抢夺行为人使用强力的目的只在于迅速夺得财物，没有致伤、致残被害人的追求；而抢劫行为人使用暴力，往往有意致伤、致残被害人，从而使被害人失去反抗能力，以便占有被害人的财物。

(5)被害人的心理状态不同。抢夺行为人在实施强力之前，被害人处于不备状态，没有恐惧心理；而抢劫行为人实施暴力之前，被害人往往已经意识到自己面临暴力的威胁，以致心理呈现惊恐状态。

7. 根据我国《刑事诉讼法》的规定，证人依法享有以下诉讼权利：(1)证言自由提供权。证人有权按照自己知道的案件情况提供证言，不受任何机关、团体、单位和个人的干涉。(2)民族语言使用权。证人有权使用本民族语言文字进行诉讼。(3)侵权控告提出权。证人对司法工作人员侵犯其诉讼权利和人身侮辱的行为，有权提出控告。(4)安全保障请求权。证人有权要求公安司法机关保障自身及近亲属的安全。(5)诉讼信息知情权。司法工作人员到证人所在单位进行询问时，证人有权要求他们出示公安司法机关的证明文件。(6)经济费用求偿权。证人有权向公安司法机关要求赔偿因到庭作证所支出的费用，以及所减少的劳动收入。

8.《刑事诉讼法》第11条规定："被告人有权获得辩护，人民法院有义务保证被告人获得辩护。"法律虽未规定犯罪嫌疑人有权获得辩护，但犯罪嫌疑人在刑事诉讼中享有同被告人相同的诉讼权利，因此，这一原则全面准确的说法应是"犯罪嫌疑人、被告人有权获得辩护原则"。根据刑事诉讼法的有关规定，这一原则在刑事诉讼中体现为以下几个方面：(1)犯罪嫌疑人、被告人在整个刑事诉讼过程中都有权为自己辩护。(2)犯罪嫌疑人在侦查阶段只能自行辩护，犯罪嫌疑人在审查起诉阶段、被告人在审判阶段既可以自行辩护，也可以委托律师或法律允许的其他人为自己辩护。(3)犯罪嫌疑人在侦查阶段有权得到律师的法律帮助。(4)公安机关、人民检察院有义务保证犯罪嫌疑人在侦查阶段获得律师的法律帮助，人民检察院有义务保证犯罪嫌疑人在审查起诉阶段获得辩护，人民法院有义务保证被告人在审判阶段获得辩护。

辩护权是犯罪嫌疑人、被告人最基本的诉讼权利，赋予犯罪嫌疑人、被告人辩护权，是现代法治的要求，是诉讼民主的表现，也是查明案件客观事实和正确适用法律的必要条件。我国《刑事诉讼法》赋予犯罪嫌疑人、被告人辩护权，并在制度和程序上充分保障犯罪嫌疑人、被告人行使辩护权。在任何情况下，对任何犯罪嫌疑人、被告人都不得限制或剥夺其辩护权。

9. (1)审判监督程序的审理对象是已经发生法律效力的判决、裁定，包括业已执行完毕的判决、裁定。二审程序的审理对象是尚未发生法律效力的判决、裁定，不存在需要中止和不需要中止执行的问题。

(2)提起审判监督程序的主体是各级人民法院院长和审判委员会、最高人民法院、上级人民法院、最高人民检察院、上级人民检察院。提起二审程序的主体是当事人或者其代理人，或者经被告人同意的近亲属、辩护人。

(3)提起审判监督程序的前提是发现已生效的判决、裁定在认定事实或者适用法律上确有错误。二审程序没有这样的条件限制。

(4)提起审判监督程序没有时间限制。提起二审程序的上诉、抗诉期限，判决为10日，裁定为5日，超过法定期限不能提起二审程序。

(5)依审判监督程序进行再审的法院，既可以是原审的第一审法院或者第二审法院，也可以是提审案件的最高人民法院、上一级人民法院以及由它们指令再审的下级人民法院。按第二审程序再审的案件，只能由第一审人民法院的上一级人民法院审理。

(6)审判监督程序中的裁判没有任何量刑的限制。二审程序中的裁判要受上诉不加刑的原则的限制。

10. 根据附带民事诉讼的性质和《刑事诉讼法》的规定，附带民事诉讼的提起条件是：

(1) 被害人的损失是被告人的犯罪行为造成的。这里的犯罪行为是指被告人在刑事诉讼中被指控的犯罪行为,而不是人民法院以生效判决确定的犯罪行为。只要行为人被公安司法机关进行刑事追诉,因其行为遭受损失的人就可以提起附带民事诉讼。如果被告人的行为最终没有被人民法院以生效判决确定为实体法意义上的犯罪行为,不影响附带民事诉讼的提起和进行。被害人的损失是被告人的犯罪行为造成的,说明被害人的损失必须与被告人的行为之间有因果关系。这种因果关系必须是直接的因果关系。

(2)被害人的损失必须是物质损失。这在有关法律中已有明确规定,如《刑事诉讼法》第77条第1款中规定的是"被害人由于被告人的犯罪行为而遭受物质损失的",第2款规定的是"如果是国家财产、集体财产遭受损失的"。《刑法》第36条规定:由于犯罪行为而使被害人遭受经济损失的,对犯罪分子除依法给予刑事处罚外,并应根据情况判处赔偿经济损失。最高人民法院于2000年12月4日通过的《关于刑事附带民事诉讼范围问题的规定》第1条第1款也规定:"因人身权利受到犯罪侵犯而遭受物质损失或者财物被犯罪分子毁坏而遭受物质损失的,可以提起附带民事诉讼。"所以,附带民事诉讼请求赔偿的损失仅限于物质损失。最高人民法院《关于刑事附带民事诉讼范围问题的规定》第1条第2款明确规定:"对于被害人因犯罪行为遭受精神损失而提起附带民事诉讼的,人民法院不予受理。"

(3)存在具有提起附带民事诉讼的权利能力和行为能力的原告人。依据民事诉讼的一般理论,任何人只有同时具备诉讼权利能力和行为能力时,才有资格提起诉讼,也才有能力享有原告的诉讼权利,履行原告的诉讼义务。因此,根据《刑事诉讼法》和有关司法解释的规定,附带民事诉讼的原告人包括:

① 因为犯罪行为而遭受物质损失的公民。

②被犯罪分子侵害造成物质损害的企业、事业单位、机关、团体等。

③当被害人是未成年人或精神病患者等无诉讼行为能力人时,他们的法定代理人或监护人可以代为提起附带民事诉讼。

④当被害人死亡时,其法定继承人可以代为提起附带民事诉讼。

⑤如果是国家财产、集体财产遭受损失的,人民检察院在提起公诉时,可以提起附带民事诉讼。

(4)有明确的被告人和具体的诉讼请求。附带民事诉讼被告人,是指对其犯罪行为造成的损失负有赔偿责任的人。通常情况下,附带民事诉讼被告人就是刑事被告人本人,但也可以是对其犯罪行为造成的物质损失负有赔偿责任的其他人。

根据法律和有关规定,附带民事诉讼中依法负有赔偿责任的人包括:①刑事被告人(公民、法人和其他组织)及没有被追究刑事责任的其他共同致害人;②未成年被告人的监护人;③已被执行死刑的罪犯的遗产继承人;④审结前已死亡的被告人的遗产继承人;⑤对刑事被告人的犯罪行为依法应当承担民事赔偿的单位和个人。

原告人提起附带民事诉讼,不仅要求有明确的被告人,还必须有具体的诉讼请求,即提出应当赔偿的具体数额,同时对加害事实造成的物质损失,要有事实根据,并应承担举证责任。

二、论述题

1."明知自己的行为会发生危害社会的结果,并且希望或者放任这种结果发生,因而构成犯罪的,是故意犯罪。"从我国《刑法》的规定可以看出,要构成故意的犯罪必须具备两个方面的因素:一是行为人明知自己的行为会发生危害社会的结果,即行为人主观上认识到自己是明知而为之;二是行为人是希望或者放任危害结果的发生,即行为人意志上有希望或者放任的因素。只有具备了这两个条件，才成立犯罪故意。

(1)犯罪故意的认识因素

行为人明知自己的行为会发生危害社会的结果，这是构成犯罪故意的认识因素，是故意犯罪在主观认识方面必须具备的因素，行为人是明知而为之。如果一个人的行为虽然在客观上可能发生或已经发生了危害社会的结果，但行为人本身在实施行为时并未认识到自己的行为会发生这种结果，该行为便不构成故意犯罪。

①行为人对行为的明知，就是在主观因素上必须具备：

A. 对行为情状和性质的认识，即认识刑法规定的危害社会的行为。行为人只有认识到自己实施的行为具有危害社会的情状和性质，才能够谈到对行为产生的危害结果有所认识，主观才能与客观相联系。因此，行为人要"明知自己的行为会产生危害社会的结果"首先需要对行为的情状和性质进行认识。如果行为人对行为的性质没有认识，那就根本不存在故意的犯罪。例如，假想的防卫便是这种情况。假想防卫是一个人由于主观认识错误，对实际不存在的不法侵害却误以为存在，因此对假想中的不法侵害实施了防卫，造成他人的无辜损害。假想防卫之所以不是故意犯罪是因为行为人对于自己行为的性质认识有错误，并不是明知而为之。

B. 对行为结果的认识，即认识到行为会产生危害社会的结果。行为人必须认识到自己的行为不是产生一般的结果，而是会导致危害社会的结果，即其结果是行为的可期待的后果。如投毒罪，行为人需要认识到自己的投毒行为可能产生危害别人生命的严重后果。

对于行为结果的认识需要区分行为犯和危险犯的不同。行为犯只要实施了危害行为即产生危害社会的结果；而危险犯中的危险存在抽象危险和具体危险，抽象危险由立法推定该危险是否属于危害社会的行为，具体危险则必须当行为人的行为足以造成一定的危害社会的危险时才成立故意犯罪。

C. 对行为与结果之间的因果关系的认识，即行为人应该认识到自己的行为是导致危害结果的原因。如果行为人虽然认识到某种危害结果，但认为与本人的行为毫无关系，就不存在对所发生的危害结果进行故意的犯罪。

行为人对于因果关系的认识只要求概括性认识，即认识到其行为一般情况下会导致什么样的结果，并不要求行为人要知道具体因果关系的历程。

D. 对危害行为和危害结果相联系的其他犯罪构成要件事实的认识。在一些故意犯罪中，要求行为人除了对危害行为、危害结果有所认识外，还要求认识到特定的其他法定事实。具体包括：a. 对法定的犯罪对象的认识。对行为对象的认识采用法定符合说，只要求符合法定的犯罪对象，不要求具体对象也符合。例如，为了盗窃枪支，结果盗窃的是财物，并且行为人继续占有，则行为人虽然犯罪对象错误，但大故意包含小故意，既然连枪支都敢盗窃，更何况是一般财物，所以应认定行为人构成盗窃财物既遂。b. 对法定的犯罪手段要有认识。例如，非法拘禁罪，要求行为人明知自己是以非法拘禁的特定手段侵犯他人人身自由。c. 对法定的犯罪时间、地点要有认识。例如，妨害司法罪，要求行为人明知自己的行为发生在司法程序正在进行之中。

②有关犯罪故意的认识因素，有以下几个问题需要注意：

A. 对主体本身身份的认知问题。当前学者认为这是犯罪认定的条件，不要求行为人认识主体本身的身份，只要条件符合(即主体达到刑事责任年龄)就可以认定犯罪故意，不符合的，法律上就不认定。刑法中，有些犯罪要求特殊主体的，对于特殊主体的身份也只是犯罪故意认定的条件，而不要求主体认识到主体的特殊身份。

B.对规范的构成要件的认知问题。当前一些学说主张,对规范的构成要件的认知应以社会一般人的认识为标准。只要他们认为符合规范的构成要件,则推定行为人有认知能力。例如,贩卖美沙酮(曾用以戒毒的药品,现已列为毒品),如果行为人对美沙酮这一毒品的性质认识错误而进行贩卖,则其行为属于法律认识错误。如果行为人将美沙酮误认为蜂蜜而贩卖,则属于事实认识错误。

C.对行为的社会危害性的认知问题。行为人的行为是否具有社会危害性,应按广大人民的价值观念为判断标准。如果广大人民群众认为该行为具有社会危害性,则该行为构成犯罪。行为人故意实施此类行为就构成犯罪的故意。

D.对行为的违法性的认知问题。行为人构成犯罪的故意必须对行为的性质及其结果具有明知的认识因素,但这种"明知"是只要求明知社会危害性,还是既要求明知社会危害性又要求明知刑事违法性?对此问题国外刑法理论主要有以下三种学说:一是"违法意识不必要说"("不知法律不赦"是罗马法以来的传统格言,根据这一格言,成立故意不需要有违法性的认识),二是"违法性认识必要说",三是"责任说"。我国刑法理论对这一问题的看法也不尽一致。我们认为,按照刑法的规定,犯罪故意的认识因素表现为行为人明知自己的行为及行为结果的危害性,而没有再要求行为人明知行为及结果的刑事违法性。犯罪故意如果包含刑事违法性认识显然不合理。首先,社会危害性是按广大人民的价值观念为判断标准的,所以社会上正常的一般公民对于行为是否构成社会危害性都有所了解,而不必要求认知刑事违法性。其次,如果还要求行为人明知其行为的刑事违法性,则行为人需要明确知道其行为和结果触犯刑法的具体条文,将如何定罪量刑,这不具有现实性和合理性,一般公民很难做到。而且这种规定可能使行为人以不懂法律条文为借口企图实施犯罪或者逃避惩罚。

但上述情况也存在例外。比如,某种行为一向不为刑法所禁止,后来在一个特殊时期或某种特定情况下为刑法规定所禁止,如果行为人确实不知法律已经禁止而仍然实施该行为的,便不能说其是故意触犯刑法,而且此时行为人往往同时缺乏对行为及其结果的社会危害性的认识,这种情况下难以认定行为人具有犯罪的故意。

③如何界定明知自己的行为"会发生"危害社会的结果?这里的"会发生"包含两层意义:一是明知自己的行为必然要发生某种特定的危害结果。例如,行为人甲故意给乙喂食含有氰化钾的食物,甲主观上就是明知自己的行为会导致乙的死亡。二是明知自己的行为可能要发生某种特定的结果。例如,甲在乙经常饮用的饮水机中放入氰化钾,甲明知乙可能会饮用该水,也可能不会饮用该水,但危害结果的发生还是具有可能性。只要行为人明知其行为必然或可能发生危害结果就符合犯罪故意的认识特征。

(2)犯罪故意的意志因素

行为人"希望或者放任危害结果的发生"是犯罪故意的意志因素。意志因素对人的行为起支配作用,并且决定着结果的发生。犯罪故意的意志就是行为人决定犯罪行为的方向、方式,控制犯罪行为的心理过程。确切地讲,认识因素仅仅是犯罪故意成立的前提,并不是构成犯罪故意的关键,意志因素才是犯罪故意成立的标志,是构成犯罪故意的核心。

犯罪故意的意志因素有两种表现形式:

一是希望危害结果的发生,即行为人对危害结果的发生持积极追求的心理态度。在刑法理论上,由希望这一意志因素构成的故意是直接故意,行为人是通过有目的的相关活动去实现其期望发生的结果。因此,行为与结果之间的关系是手段与目的之间的关系,意志通过行为对结果起支配作用。

二是放任危害结果的发生，即行为人对可能发生的结果采取纵容的心理态度，虽然不希望、不积极追求危害结果的发生，但也不反对、不阻止这种结果的发生，而是听之任之。在刑法理论上，由放任这一因素构成的故意是间接故意。在放任的情况下，发生之结果并非行为人积极追求的目的，通常认为放任行为没有自身目的，但并不排斥其他目的的存在。我国学者认为：在行为过程中，行为人所追求的不是其所放任的结果而是别的结果。放任的结果只是希望的结果的派生物，放任的结果不属于行为人目的的内容。放任不是也不能等同于追求结果，否则，便与放任的含义相悖。放任的意志性表现在行为人的两可态度，发生或不发生都可以，这表明行为人具有接受危害结果发生的危险。

“希望”和“放任”两词准确地涵盖了犯罪故意的意志因素，既包含了明显的犯意，又包含了模糊而随意的犯意，给认定犯罪故意划定了明确的界限，科学地反映了犯罪故意的意志因素。

2. (1)不足及背景：由于我国在刑事诉讼制度上的职权主义传统，因此在我国目前刑事诉讼中的证据规则不够完善。主要表现在以下几个方面：首先，在立法形式上缺乏统一性，证据规则散见于刑事诉讼法典和司法解释之中，相互之间存在不一致和不协调之处；其次，在法律效力上缺乏权威性，因为现行的证据规则中多数是最高人民法院、最高人民检察院在有关的司法解释中规定的，这种规定的法律效力等级较低，难以在司法实践中确保统一地贯彻执行；再次，在规则内容上缺乏可操作性，因为多数规则只是从证明的证据力或证据力受限制的情形作出原则性规定，缺少具体的可采性或排除性的规定；最后，在规则体系上缺乏完整性，该有的规则没有。总之，在我国现行法律中的证据规则存在许多不如意的地方，但是这些规则正在并将在近期一段时间内仍起作用，影响着诉讼证明活动。

(2)合理建议：根据我国的法律规定和司法解释，已经初步形成的证据规则主要有：

①合法性规则。就是证据必须具有合法性，不具有合法性的证据不得作为定案根据。在刑事诉讼中，国家专门机关是收集证据的主要机关，辩护方基本上处于消极被动的地位，因而合法性主要是指审判机关、检察机关、公安机关收集方法的合法性。

②优先原则。指表现为某种形式的证据比其他证据形式具有更高的证明价值而应予以优先采纳。在我国，优先原则主要是指原件、原物优先原则。

③公开查证原则。是指除涉及国家机密、商业秘密和个人隐私等应当保密的证据外，作为定案根据的证据必须当庭出示，在公开审理的法庭上经双方当事人辨认、质证。未经当庭查证的证据，即使具有证明力，也不得作为定案根据。

④补强证据规则。是指由于特定证据类型虚假的可能性较大，法律规定此类证据不得单独作为认定案件事实的依据，只有在其他证据与其相互印证时，方能认定案件。

三、案例分析题

案例一解析：

丁构成强奸罪和故意杀人罪(未遂)。理由是：丁出于奸淫的目的，违背妇女意志，采用暴力的方式实施了强奸行为，构成强奸罪。之后为杀人灭口，实施了非法剥夺他人生命的行为，构成故意杀人罪。但由于意志以外的原因未能将其杀害，属于犯罪未遂，系实行终了的犯罪未遂。处罚：数罪并罚。

案例二解析：

1. 甲某的行为分别构成：(1)非法携带枪支、弹药、管制刀具，构成危及公共安全罪。须具体分析。(2)破坏交通工具罪。须具体分析。(3)构成暴力危及飞行安全罪。须具体分析。

2. 根据数罪并罚原则对甲某的行为进行刑事制裁。

厦门大学2006年招收攻读硕士学位研究生入学考试试题A卷

一、简答题

1.（1）刑法的规制机能。包括评价机能与导向机能两个方面。①评价机能：指刑法具有告诉人们如何评价各种行为的机能。根据刑法的规定评价各种行为是否违反刑法，是否对社会有害。②导向机能：指刑法具有引导人们实施合法行为，不实施非法行为的机能。

（2）刑法的保护机能。指刑法具有保护合法权益不受犯罪侵犯的机能。我国刑法第2条规定的刑法的任务明确表达了刑法保护一切合法权益的机能。

（3）刑法的保障机能。指刑法具有限制国家刑罚权的发动，保障无罪的人不受刑事追究以及犯罪的人不受法外制裁的机能。刑法一方面给一切守法公民提供了不受刑事追究的法律保障。另一方面，从对犯罪人也只能根据刑法规定的法定刑给予处罚，不得超出刑法规定的范围科处刑罚来看，刑法也为犯罪人不受法外刑的惩罚提供了法律保障。

2. 答题要点：以下三种情形属于挪用公款归个人使用：一是将公款供本人、亲友或者其他自然人使用（给不具有法人资格的私营公司、企业使用）；二是以个人名义将公款供其他单位使用（必须明确何为以个人名义）；三是个人决定以单位名义将公款供其他单位使用，谋取个人利益的（必须明确何为"个人决定"及"谋取个人利益"的范围）。

3. 教唆犯概念。（略）

关于教唆犯的处罚，把握以下几点：（1）教唆他人犯罪的，应当按照其在共同犯罪中所起的作用处罚；（2）教唆不满18周岁的人犯罪的，应当从重处罚；（3）如果被教唆的人没有犯被教唆罪的，对于教唆犯，可以从轻或减轻处罚。

4. 答题要点：侵犯的客体与对象不同，犯罪主体不同，犯罪的时间方面不同，犯罪的客观方面不同，犯罪目的有所不同。

5.（1）刑罚的目的指国家设定刑罚、适用刑罚和执行刑罚所希望达到的结果，其具体内容表现为特殊预防和一般预防。

（2）特殊预防是指通过对犯罪人适用一定的刑罚以防止其重新犯罪。特殊预防的对象是犯罪人。

（3）一般预防是相对于特殊预防而言的，是指通过对犯罪人适用刑罚而达到防止尚未犯罪的人走上犯罪道路的刑罚目的。一般预防的对象是没有犯罪的社会成员，包括潜在犯罪人即社会上的不稳定分子、被害人即直接或者间接受犯罪行为侵害的人、其他社会成员即潜在犯罪人及被害人以外的广大社会成员。

6. 答题要点：主要体现在客观要件的区别：（1）前者不是当场劫取财物，后者是当场劫取财物，存在一定的时间差；（2）前者是向第三人索取财物，后者是向被害人直接索取财物。

7. 答题要点：刑事诉讼法第5条的规定，基本概念，与西方国家"司法独立"的区别。强调作为组织整体的独立，建立在民主集中制的政治体制上，在中国共产党的领导下，接受社会和人民群众的监督。

8. 答题要点：刑事诉讼法第150条的规定。"主要证据"的范围，移送的方式及其与全案卷宗移送的区别。采取主要证据移送主义的主要原因，防止法官的先入为主，又能够使法官进行程序性的审查。

9. 答题要点：对象为判处死刑的案件；是死刑案件的必经程序和终审程序；与第二审程序、审判监督程序相比具有特殊性。核准权的问题其性质是，该程序是独立的审判程序，具有独立的功能，具有专门的、独立的审判组织。

10. 根据我国《刑事诉讼法》的规定，证人依法享有以下诉讼权利：(1)证言自由提供权。证人有权按照自己知道的案件情况提供证言，不受任何机关、团体、单位和个人的干涉。(2)民族语言使用权。证人有权使用本民族语言文字进行诉讼。(3)侵权控告提出权。证人对司法工作人员侵犯其诉讼权利和人身侮辱的行为，有权提出控告。(4)安全保障请求权。证人有权要求公安司法机关保障自身及近亲属的安全。(5)诉讼信息知情权。司法工作人员到证人所在单位进行询问时，证人有权要求他们出示公安司法机关的证明文件。(6)经济费用求偿权。证人有权向公安司法机关要求赔偿因到庭作证所支出的费用，以及所减少的劳动收入。

二、论述题

1. (1)根据刑法第 81 条的规定，对犯罪分子适用假释，必须符合下列条件：①假释的对象是被判处无期徒刑、有期徒刑的犯罪分子；②假释必须在刑罚执行一定刑期后作出。根据我国刑法第 81 条和有关司法解释的规定，“刑罚执行一定刑期”是指下列情形：被判处有期徒刑的犯罪分子，执行原判刑期二分之一以上的；被判处无期徒刑的犯罪分子，实际执行 10 年以上的。对无期徒刑减为有期徒刑的罪犯，仍应按原判无期徒刑实际执行 10 年以上计算。对死缓犯减刑后假释的，其实际执行的刑期不得少于 12 年。死缓犯实际执行的刑期自死缓 2 年期满第 2 日起计算。对判处有期徒刑的罪犯适用假释，执行原判刑期二分之一以上的起始时间，应从羁押之日起计算。“执行一定刑期”不是绝对的条件。我国刑法第 81 条还规定了“如果有特殊情况，经最高人民法院核准，可以不受上述执行刑期的限制”。③必须确有悔改，不致再危害社会。④必须不属于法定排除的情形。

(2)为了实现刑罚的目的，我国刑法规定了不适用假释的具体情形。根据刑法第 81 条第 2 款的规定，对累犯以及因杀人、爆炸、抢劫、强奸、绑架等暴力性犯罪被判处 10 年以上有期徒刑、无期徒刑的犯罪分子，不得假释。

2. 答题要点：(1)证明责任的基本概念及其与举证责任的关系；(2)证明责任的分配；(3)证明责任倒置问题。

三、案例分析题

案例一解析：根据本案犯罪事实，从刑法评价上看，周某先后实施了盗窃的行为(盗窃财物未遂，仅窃取了一张空白现金支票)、伪造企业印章的行为(私刻企业厂长、主办会计的印章，因该印章能起到单位证明的作用，应视为伪造企业印章)、伪造金融票证的行为(在盗取的空白现金支票上加盖伪造的印章，填写现金数额，假冒出票人的名义签发现金支票)、票据诈骗的行为(使用伪造的金融票证到金融部门兑票提款)，分别构成了盗窃罪、伪造企业印章罪、伪造金融票证罪和票据诈骗罪。

周某存在两个犯罪故意，即盗窃财物的故意和利用盗取的空白现金支票实施诈骗获取财物的故意。围绕利用盗取的空白现金支票诈骗财物的目的，周某又实施了伪造企业印章及伪造金融票证的准备行为。相对于票据诈骗目的而言，伪造企业印章及伪造金融票证是手段行为，可以按“牵连犯”的理论，仅以票据诈骗罪论处。至于周某先前的盗窃故意及行为，虽亦为未遂，但却是独立的，与其后实施的票据诈骗行为并无内在的牵连关系，也不存在前一行为是后一行为所必经阶段的吸收关系。因此，本案符合盗窃罪(未遂)和票据诈骗罪(未遂)两个犯罪的构成要件，应以上述两罪论处。

案例二解析：要点：(1)说明故意杀人罪和故意伤害致死罪的区别及其判断方法；(2)过失杀人罪与故意杀人罪的区分关键；(3)本案应该定故意伤害(致死)罪。

图书在版编目(CIP)数据

刑事诉讼法学习题集/李兰英主编. —厦门:厦门大学出版社,2005.6
(厦门大学法学院教学资料系列/陈晓明主编)
ISBN 7-5615-2387-4/D·265

Ⅰ.刑… Ⅱ.李… Ⅲ.刑事诉讼法-中国-高等学校-习题 Ⅳ.D925.2-44

中国版本图书馆 CIP 数据核字(2005)第 050856 号

厦门大学出版社出版发行
(地址:厦门大学 邮编:361005)
http://www.xmupress.com
xmup @ public.xm.fj.cn
三明地质印刷厂印刷
2005 年 7 月第 1 版 2006 年 9 月第 2 版
2006 年 9 月第 2 次印刷
开本:787×1092 1/16 印张:16.25
字数:412 千字 印数:3 201-6 200 册
定价:24.00 元